CODE CIVIL

DU

ROYAUME D'ITALIE

TRADUIT EN FRANÇAIS

PAR LE PROF. J. B. GANDOLFI

Secrétaire au Consulat d'Italie à Genève

AVEC DEUX TABLES COMPARATIVES

DES CODES FRANÇAIS & PIÉMONTAIS

ANNECY

IMPRIMERIE DE CHARLES BURDET

—

1868

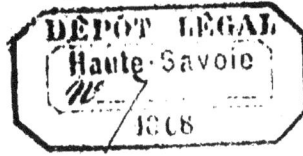

CODE CIVIL

DU

ROYAUME D'ITALIE

Ayant rempli les prescriptions de la loi sur la propriété littéraire, toute contravention sera poursuivie.

CODE CIVIL

DU

ROYAUME D'ITALIE

TRADUIT EN FRANÇAIS

PAR LE PROF. J. B. GANDOLFI

secrétaire au consulat d'Italie à Genève

AVEC DEUX TABLES COMPARATIVES

DES CODES FRANÇAIS & PIÉMONTAIS

ANNECY

IMPRIMERIE DE CHARLES BURDET

—

1868

Explications de quelques abréviations.

Les lettres Ap. misent quelques fois avant les articles du Code Charles Albert, indiquent l'appendice de ce Code datée du 20 juin 1837.

Les indications 20 al., 448 a. 2 et autres semblables, signifient que c'est l'alinéa de l'article, et non l'entête de l'article.

Les indications 3§ et al. et autres semblables, signifient que l'on cite cumulativement l'entête de l'article et son alinéa.

PRÉFACE

Depuis la séparation de Nice et de la Savoie, il y a encore en Italie l'arrondissement d'Aoste, où les bureaux publics se tiennent en langue française. Mais le gouvernement ne fait plus publier officiellement les lois dans cette langue, parce qu'il veut introduire peu à peu dans ce pays la langue italienne. Cependant cette population, composée presque entièrement de campagnards illettrés, qui ne connaissent que leur patois, a absolument besoin qu'on lui lise les lois d'une manière non équivoque, dans une langue qui ait quelque rapport avec ce patois.

C'est pourquoi le Chev. Caveri, sous-préfet de l'Arrondissement, et qui, d'après les expressions des journaux du pays, a montré plus d'activité et d'initiative dans son administration, et a fait plus à lui seul, en quelques années, que tous ses prédécesseurs depuis vingt ans, et auquel un grand nombre de Communes ont décerné solennellement la bourgeoisie, comme attestation de leur reconnaissance, a pris l'initiative de faire traduire officieusement les lois principales pour l'usage de cette population. Il voulut bien

me charger d'abord de traduire la loi administrative en y
ajoutant des commentaires; et, après l'accueil favorable
qui a été fait à cette publication, et que sa grande utilité
fut constatée, il voulut encore m'engager à traduire le Code
civil, dont la connaissance est d'une importance extrême
dans ce pays, où le morcellement indéfini de la propriété
donne lieu à des procès renaissants, qui forment l'occupation principale de cette population, et sont une gangrène
qui dévore toute prospérité, qui perpétue la misère dans
les familles. La plus grande source de ces procès, c'est
l'ignorance de la loi, car bien souvent une simple lecture
du Code aurait suffi pour les prévenir.

Dans cette traduction, il fallait pourvoir à une difficulté
légale, c'est-à-dire, trouver une base à la confiance que,
légalement, on aurait pu lui accorder. C'est dans cette vue
que j'ai cité en marge de chaque article et de chaque alinéa
du Code italien l'article ou l'alinéa correspondant des Codes
français et piémontais, en me servant pour ce dernier de
la publication française officielle, qui a été publiée à Cham-
béry. En même temps, je me suis fait une obligation de
n'employer dans ma traduction que les mots, les phrases,
les expressions que je trouvais dans l'un ou l'autre de ces
deux Codes, quand même grammaticalement on aurait pu
y trouver à redire, afin de donner au lecteur la certitude
légale que toutes les expressions par moi employées étaient
les expressions consacrées. La matière juridique est nécessairement la même dans les trois Codes. Les questions
peuvent y être différemment résolues, mais toutes les expressions techniques s'y trouvent nécessairement. En confron-
tant donc article par article ces trois Codes, il était impossible
de ne pas trouver les expressions françaises consacrées
correspondant aux expressions consacrées du Code italien;
et en indiquant en marge cette confrontation par les numéros

de chaque article, je fournissais un moyen accessible à tout le monde de s'assurer de l'exactitude légale de ma traduction.

Ce travail m'a donné assez de peine, car dans un grand nombre d'endroits la matière a été si différemment refondue, que des articles entiers du Code français ou piémontais se trouvent bien souvent réduits à une simple phrase incidentelle d'un autre article. C'est pourquoi j'ai dû souvent indiquer cette phrase par les expressions, *au commencement, in fine, première phrase, deuxième période*, et autres semblables. Quelquefois je n'ai pas trouvé de prescriptions explicites correspondantes dans les trois Codes. Alors j'ai cité l'article, qui contenait le principe logique, auquel se rattachaient ces prescriptions, et qui l'appliquait d'une manière analogue, ou contradictoire, en ajoutant les expressions *par analogie, par exclusion*, etc. J'ai ajouté à la table des matières deux tables comparatives ayant pour base le numéro d'ordre des Codes français et piémontais, afin que ceux, qui ne connaissent que l'un ou l'autre de ces deux Codes, puissent trouver immédiatement les articles correspondants du Code italien, et, au moyen de celui-ci, les articles du troisième code.

Le Code italien a porté dans la législation des réformes très-importantes; presque toutes les dispositions restrictives des Codes français et piémontais y ont été supprimées. Je citerai le mariage des prêtres, que ce Code permet, et qui en effet a eu lieu en plusieurs villes d'Italie, depuis que ce Code est en vigueur. Que l'on approuve, ou que l'on désapprouve une pareille législation, il n'en est pas moins important de la remarquer. Je citerai encore l'injurieux article 1781 du Code français, contre lequel les ouvriers ont vainement pétitionné, et qui est supprimé dans le Code italien. D'autre part de grandes augmentations y ont été introduites en plusieurs matières, surtout dans celle si compliquée des servitudes. On y trouve bien quelque défaut, quelque omission. Par exemple, entre autres choses, on ne comprend pas facilement l'article 12, qui menace des peines contre ceux qui se feraient naturaliser à l'étranger. Cet article se trouve en contradiction avec l'article 10, qui admet la naturalisation des étrangers dans le royaume. Si la dénaturalisation est une action punissable, comment l'article 10 peut-il l'admettre? Est-ce qu'une action est mauvaise, lorsqu'elle nous est contraire, et honnête, lorsqu'elle nous favorise? Si cette action est honnête, pourquoi lui créer des impossibilités par l'obligation du service militaire? La société moderne qui, depuis 89, n'est plus fondée sur le droit divin, mais sur le droit populaire, c'est-à-dire n'a plus pour base la théologie, mais l'économie politique, reconnaît à l'homme le droit de sortir d'une société dès qu'elle ne lui convient plus, lorsqu'il n'a pas pris avec elle des engagements à terme fixe. Cependant, tel qu'il est, le Code italien est le meilleur de tous.

Je crois que cette traduction peut intéresser les jurisconsultes étrangers, aussi bien que les italiens, car rien n'est plus utile que l'étude comparée des différentes législations. J'espère donc qu'elle sera favorablement accueillie.

VICTOR-EMMANUEL II

PAR LA GRACE DE DIEU ET LA VOLONTÉ DE LA NATION

ROI D'ITALIE

Vu la loi du 2 avril 1865, n° 2215, par laquelle le Gouvernement du Roi a été autorisé à publier le Code civil présenté au Sénat du Royaume, dans les séances du 15 juillet et 26 novembre 1863, avec les modifications y faites de commun accord par la commission du Sénat et le ministre garde des sceaux, et avec les modifications reconnues nécessaires, conformément à l'article 2 de la même loi ;

Eu l'avis du Conseil des ministres,

Sur la proposition de notre garde des sceaux, ministre secrétaire d'État, pour les affaires de grâce et justice et des cultes ;

Nous avons décrété et décrétons :

Décret
du
20 juin
1837.
art. 1er.
Article 1er. — Le Code civil et les dispositions qui le précèdent sur la publication, l'interprétation et l'application des lois en général, sont approuvés et seront exécutoires dans toutes les provinces du Royaume à dater du 1er janvier 1866.

Art. 2. — Un exemplaire dudit Code, publié par l'imprimerie royale, par nous signé, et contre-signé par notre garde des sceaux, servira d'original et sera déposé et conservé dans les archives générales du Royaume.

Art. 3. — La publication dudit Code se fera en en transmettant un exemplaire imprimé à chaque commune du Royaume, pour être déposé dans la salle du conseil communal et exposé durant un mois entier, pendant six heures par jour, afin que toute personne puisse en prendre connaissance.

Nous ordonnons que le présent décret, muni du sceau de l'Etat, soit inséré dans le recueil officiel des lois et décrets du royaume d'Italie, et mandons à quiconque il appartiendra de l'observer et de le faire observer.

Donné à Florence, le 25 juin 1865.

VICTOR-EMMANUEL.

Enregistré à la Cour des Comptes le 30 juin 1865.
Registre 33, Actes du gouvernement, page 45;

AYRES.

(Place du Sceau).
Vu, le Garde des Sceaux,
VACCA.

G. VACCA.

DISPOSITIONS

Code
Albertin.

Code
Napoléon

8   ARTICLE 1er. — Les lois promulguées par le Roi deviennent 1
obligatoires dans tout le royaume le quinzième jour après
la publication, à moins que, dans la loi publiée, il ne soit
autrement ordonné.

al.   La publication consiste dans l'insertion de la loi dans le al.
recueil officiel des lois et décrets, et dans l'avis de cette insertion donné par la *Gazette officielle* du Royaume.

11   ART. 2. — La loi ne dispose que pour l'avenir ; elle n'a pas 12
d'effet rétroactif.

14   ART. 3. — Dans l'application de la loi on ne peut lui attribuer »
un autre sens que celui qui résulte clairement de la signification propre des termes d'après leur combinaison, et de l'intention du législateur.

15   Si une question ne peut être résolue par une disposition »
précise de la loi, on aura égard aux dispositions qui règlent
les cas semblables ou les matières analogues; si, néanmoins,
la question est encore douteuse, on aura recours aux principes généraux du droit.

»   ART. 4. — Les lois pénales, et celles qui restreignent le »
libre exercice du droit ou font exception aux règles générales ou à d'autres lois, ne peuvent s'étendre au-delà des cas
et des temps par elles exprimés.

ART. 5. — Les lois ne sont abrogées que par des lois postérieures, soit qu'il y ait une déclaration expresse du législateur, soit qu'il y ait incompatibilité entre les nouvelles dispositions et les précédentes, ou que la nouvelle loi règle
toute la matière qui était réglée par la loi antérieure.

12 al. 2   ART. 6. — L'état et la capacité des personnes et les rap- 3 al. 2
ports de famille sont réglés par les lois de la nation à
laquelle ces personnes appartiennent.

ART. 7. — Les biens meubles sont soumis à la loi de la
nation du propriétaire, sauf les dispositions contraires de la
loi du pays où ils se trouvent.

12 al. 1   Les immeubles sont soumis aux lois du pays où ils sont 3 al. 1
situés.

»   ART. 8. — Cependant les successions légitimes ou testa- »

mentaires, soit pour l'ordre de la succession, soit pour la détermination des droits successifs et la validité intrinsèque des dispositions, sont réglées par la loi nationale de la personne dont la succession est en question, quelle que soit la nature des biens, et quel que soit le pays où ces biens se trouvent.

797 Art. **9**. — Les formes extrinsèques des actes entre vifs ou 999 de dernière volonté sont déterminées par la loi du lieu où ils sont faits. Cependant, les personnes qui disposent ou qui contractent ont la faculté de suivre les formes de la loi de leur nation, pourvu que celle-ci soit commune à toutes les parties contractantes.

» La substance et les effets des donations et des dispositions de dernière volonté sont censés être réglés par la loi nationale des personnes qui disposent. La substance et les effets des obligations sont censés être réglés par la loi du pays dans lequel les actes ont été passés, et, si les parties contractantes sont étrangères et appartiennent à une même nation, ils sont censés être réglés par la loi de leur nation. Il est facultatif, en tous cas, aux parties de manifester une volonté différente. »

14, 15 Art. **10**. — La compétence et les formes de la procédure 29, 30 sont réglées par la loi du lieu où se fait le jugement. 31, 32

» Les moyens de preuve des obligations sont déterminés » par les lois du pays où l'acte a été passé.

» Les sentences prononcées par des autorités étrangères en » matière civile auront force exécutoire dans le Royaume, si elles sont déclarées exécutoires dans les formes établies par le Code de procédure civile, sauf les dispositions des conventions internationales.

» Les formes d'exécution des actes et des sentences sont » réglées par la loi du pays où l'on procède à l'exécution.

12 Art. **11**. — Les lois pénales et de police et de sûreté 3 publique obligent tous ceux qui habitent le territoire du Royaume.

13 Art. **12**. — Malgré les dispositions des articles précédents, 6 les lois, les actes et les sentences d'un pays étranger et les dispositions et les conventions privées ne pourront, en aucun cas, déroger aux lois prohibitives du Royaume qui concernent les personnes, les biens ou les actes, ni aux lois qui se rapportent d'une manière quelconque à l'ordre public et aux bonnes mœurs.

CODE CIVIL

DU

ROYAUME D'ITALIE

———————

LIVRE PREMIER
Des Personnes.

———

TITRE I.

DES CITOYENS ET DE LA JOUISSANCE DES DROITS CIVILS.

Code albertin.		Code Napoléon
18	**1.** Tout citoyen jouit des droits civils, à moins qu'il n'en soit déchu par une sentence pénale.	8
25	**2.** Les communes, les provinces, les institutions publiques, civiles ou ecclésiastiques, et en général tous les corps moraux légalement reconnus, sont considérés comme des personnes et jouissent des droits civils, conformément aux lois.	»
26	**3.** L'étranger est admis à jouir des droits civils attribués aux citoyens.	11
19	**4.** L'enfant d'un père citoyen est citoyen.	10
20	**5.** Si le père a perdu la jouissance des droits civils avant la naissance de l'enfant, celui-ci est réputé citoyen, s'il est né dans le royaume et y tient sa résidence.	10 al.
20	Il peut cependant, dans le terme d'une année depuis sa majorité, qui sera déterminée par les lois du royaume, opter pour la qualité d'étranger en en faisant la déclaration devant l'officier de l'état civil du lieu de sa résidence, ou,	10 a

s'il se trouve en pays étranger, devant les agents royaux diplomatiques ou consulaires.

20　　**6.** L'enfant né en pays étranger d'un père, qui a perdu la jouissance des droits civils avant sa naissance, est réputé étranger.　　10 al.

»　　Il peut cependant opter pour la qualité de citoyen, pourvu qu'il en fasse la déclaration conformément à l'article précédent et fixe son domicile dans le royaume, dans le terme d'une année de ladite déclaration.　　10 al.

»　　Mais, s'il a accepté un emploi public dans le royaume, ou s'il a servi ou sert dans l'armée nationale de terre ou de mer, ou a satisfait de tout autre manière à la levée militaire sans en invoquer l'exemption pour la qualité d'étranger, il sera, sans autre, réputé citoyen.　　»

22　　**7.** Lorsque le père est inconnu, l'enfant né d'une mère citoyenne est citoyen.　　»

Si la mère a perdu la jouissance des droits civils avant la naissance de l'enfant, on applique à celui-ci les dipositions des deux articles précédents.

23　　Si la mère aussi est inconnue, est citoyen l'enfant né dans le royaume.　　»

24　　**8.** L'enfant né dans le royaume d'un étranger qui y a établi son domicile depuis dix ans sans interruption, est réputé citoyen ; la résidence pour raison de commerce ne suffit pas pour déterminer le domicile.　　9

24　　Il peut cependant élire la qualité d'étranger, pourvu qu'il en fasse la déclaration dans le délai et dans la forme dont à l'art. 5.　　9

24　　Si l'étranger n'a pas fixé son domicile dans le royaume depuis dix ans, l'enfant est réputé étranger, mais on lui applique les deux alinéas de l'art. 6.　　9

21　　**9.** La femme étrangère qui se marie avec un citoyen, acquiert la qualité de citoyen et la conserve dans sa viduité.　　12

26　　**10.** L'étranger peut aussi acquérir la qualité de citoyen par la naturalisation accordée par une loi ou par un décret royal.　　11

26　　Le décret royal n'aura aucun effet, s'il ne sera pas enregistré par l'officier de l'état civil du lieu où l'étranger entend fixer ou a fixé son domicile, et si celui-ci ne prêtera pas serment par devant le même officier d'être fidèle au Roi et d'observer le Statut et les lois du Royaume.　　13

»　　L'enregistrement doit être fait dans six mois dès la date du décret, sous peine de déchéance.　　»

»   La femme et les enfants mineurs d'un étranger qui aura   »
obtenu la naturalisation deviennent citoyens, pourvu qu'ils
aient fixé eux aussi leur résidence dans le royaume ; mais
les enfants peuvent choisir la qualité d'étranger en en faisant la déclaration conformément à l'art. 5.

11. La qualité de citoyen se perd :

»   1° Par celui qui y renonce par une déclaration devant   »
l'officier de l'état civil du lieu de son domicile, et qui transfère sa résidence en pays étranger ;

31   2° Par celui qui a été naturalisé en pays étranger ;   17 n. 1

35   3° Par celui qui, sans permission du gouvernement, a   17 n. 2
accepté un emploi d'un gouvernement étranger ou est entré   21
au service militaire d'une puissance étrangère.

38   La femme et les enfants mineurs de celui qui a perdu la   »
qualité de citoyen deviennent étrangers, sauf qu'ils aient
continué à tenir leur résidence dans le royaume.

39   Ils peuvent cependant recouvrer cette qualité dans les cas   18
et avec les moyens spécifiés dans l'alinéa de l'art. 14, pour
la femme, et dans les deux alinéas de l'art. 6, pour les enfants.

»   **12.** La perte de la qualité de citoyen, dans les cas ex-   »
primés dans l'article précédent, n'exempte pas des obligations du service militaire, ni des peines infligées à ceux qui
portent les armes contre la patrie.

»   **13.** Le citoyen, qui a perdu cette qualité pour un des   20
motifs exprimés dans l'art. 11, la recouvre, pourvu :

39   1° Qu'il rentre dans le royaume avec une permission spé-   »
ciale du gouvernement ;

39   2° Qu'il renonce à cette même qualité acquise en pays   »
étranger, à l'emploi ou au service militaire accepté en ce
pays ;

39   3° Qu'il déclare par devant l'officier de l'état civil de fixer,   20
et qu'il fixe réellement dans le courant de l'année son domicile dans le royaume.

10   **14.** La femme citoyenne qui se marie à un étranger   19
devient étrangère, lorsque par le fait du mariage elle acquiert la condition du mari.

al.   Si elle devient veuve, elle recouvre la qualité de citoyenne,   al.
pourvu qu'elle ait sa résidence dans le royaume , ou qu'elle
y rentre, et, dans tous les cas, qu'elle déclare par devant
l'officier de l'état civil de vouloir y fixer son domicile.

11   **15.** L'acquisition ou le recouvrement de la qualité de   20
citoyen, dans les cas ci-dessus spécifiés, n'a d'effet que du

jour qui suivra celui dans lequel on aura rempli les conditions et les formalités prescrites.

TITRE II.

DÜ DOMICILE CIVIL ET DE LA RÉSIDENCE.

66   **16.** Le domicile civil d'une personne est dans le lieu où elle a le siége principal de ses affaires et de ses intérêts. 102

»   La résidence est dans le lieu où la personne tient sa demeure habituelle. »

67   **17.** Le transfert de la résidence dans un autre lieu, avec l'intention d'y fixer son siége principal, entraîne le changement de domicile. 103

68 et a. Cette intention résulte d'une double déclaration faite au bureau de l'état civil de la commune que l'on quitte et à 104

69 celui de la commune où l'on fixe son domicile; elle résulte aussi de tout autre fait qui présente la même évidence. 105

71   **18.** La femme qui n'est pas légalement séparée a le domicile du mari; si elle reste veuve, elle le conserve jusqu'à ce qu'elle en ait acquis un autre. 108

71   Le mineur non émancipé a le domicile de son père, ou de sa mère, ou de son tuteur. 108

al. Le majeur interdit a le domicile de son tuteur. 108

75   **19.** On peut élire un domicile spécial pour certaines affaires ou certains actes. 111

75 Cette élection doit résulter d'une preuve écrite. 111

TITRE III.

DES ABSENTS.

CHAPITRE I.

De la présomption d'absence et de ses effets.

76   **20.** La personne qui a cessé de paraître dans le lieu de son dernier domicile ou de sa dernière résidence, sans qu'on en ait de nouvelles, est présumée absente. 112

76   **21.** Jusqu'à ce que l'absence est seulement présumée, le tribunal civil du dernier domicile ou de la dernière rési-

dence de l'absent, dans le cas où celui-ci n'y ait pas laissé   120

77   de procureur, peut, sur instance des personnes intéressées   113
ou des héritiers présomptifs, ou du ministère public, nommer une personne pour représenter l'absent en justice, ou
dans la formation des inventaires, comptes, liquidations et
partages auxquels il soit intéressé, et ordonner toute autre
mesure qui puisse être nécessaire pour la conservation de
son patrimoine.

76   Si l'absent a laissé un procureur, le tribunal pourvoira   112
seulement aux actes qui ne pourraient être faits par le procureur en force de son mandat ou de la loi.

CHAPITRE II.
De la déclaration d'absence.

79
86   **22.** Après trois ans consécutifs d'absence présumée, ou   115
après six ans, si l'absent a laissé un procureur pour admi-   121
nistrer, les héritiers légitimes présomptifs, et, en contradictoire de ceux-ci, les héritiers testamentaires ou quiconque
croira avoir sur les biens de l'absent des droits dépendants
de son décès, pourront se pourvoir devant le tribunal pour
que l'absence soit déclarée.

80   **23.** Le tribunal, si la demande est admissible, ordon-   116
nera qu'une enquête soit faite.

83   Cette ordonnance sera publiée à la porte du dernier do-   »
micile ou de la dernière résidence de l'absent, et notifiée
aux personnes en contradictoire desquelles la demande a
été proposée, et au procureur de l'absent.

85
in fine.   Un extrait de cette ordonnance sera aussi publié deux   »
fois, avec l'intervalle d'un mois d'une fois à l'autre, dans le
journal des annonces judiciaires du district et dans le journal
officiel du royaume.

82   **24.** Après que l'enquête aura été faite, et après six mois   119
depuis la seconde publication, le tribunal statuera sur la
demande de déclaration d'absence.

83   **25.** La sentence qui déclare l'absence sera notifiée et   118
publiée conformément à l'art. 23.

CHAPITRE III.
Des effets de la déclaration de l'absence.

SECTION I.
De l'envoi en possession provisoire des biens de l'absent.

84   **26.** Après six mois dès la seconde publication de la sen-   123

tence qui déclare l'absence, le tribunal, sur instance de quiconque croira y avoir intérêt ou sur celle du ministère public, ordonnera l'ouverture des actes de dernière volonté de l'absent, s'il en existe.

81   Les héritiers testamentaires de l'absent, en contradictoire des héritiers légitimes, et, à défaut d'héritiers testamentaires, ceux qui auraient été héritiers légitimes au jour des dernières nouvelles de l'absent, ou bien leurs héritiers respectifs, pourront demander au tribunal l'envoi en possession provisoire des biens.   **120**

81 a. 1   Les légataires, les donataires, ainsi que tous ceux qui auraient sur les biens de l'absent des droits subordonnés à la condition de son décès, pourront demander, en contradictoire des héritiers, d'être admis à l'exercice provisoire de ces droits.   **123** 2ᵉ part.

81 **et a. 1,** **in fine.**   Toutefois, ni les héritiers ni les autres personnes ci-dessus indiquées ne pourront obtenir l'envoi en possession des biens ou l'exercice de leurs droits éventuels, que moyennant un cautionnement dans la somme qui sera déterminée par le tribunal.   **120 inf** **123 inf**

81 a. 2   L'époux de l'absent, indépendamment de ce qui lui revient en force de l'acte de mariage, ou par droit de succession, pourra, en cas de besoin, obtenir du tribunal une pension alimentaire, qui sera déterminée d'après la condition de la famille et l'importance de la fortune de l'absent.   **124**

85   **27.** Si quelqu'un des héritiers présomptifs ou des ayants droit sur les biens de l'absent ne peut donner caution, le tribunal peut ordonner telle autre sûreté qu'il croira convenable dans l'intérêt de l'absent, eu égard à la qualité des personnes, à leur parenté avec l'absent et aux autres circonstances.   **»**

88   **28.** L'envoi en possession provisoire donne à ceux qui l'obtiendront, ainsi qu'à leurs successeurs, l'administration des biens de l'absent, le droit de faire valoir en justice ses raisons et la jouissance des rentes de ses biens dans les limites fixées ci-après.   **125**

89   **29.** Ceux qui auront obtenu l'envoi provisoire devront faire procéder à un inventaire des biens meubles et à la description des immeubles de l'absent.   **126**

91   Ils ne pourront, sans une autorisation judiciaire, aliéner ni hypothéquer les biens immeubles ni faire aucun autre acte qui excède la simple administration.   **128**

89 al.   Le tribunal ordonnera, s'il en est besoin, la vente en tout   **126a. 1**

ou en partie des biens meubles, et, en ce cas, il sera fait emploi du prix.

90   **30**. Les ascendants, les descendants et l'époux qui ont   127
obtenu l'envoi provisoire des biens, retiennent à leur profit
la totalité des rentes.

90 a. 1   **31**. Si ceux qui ont obtenu l'envoi provisoire sont pa-   127
et **2**   rents jusqu'au sixième degré, ils doivent tenir en réserve la
cinquième partie des revenus dans les premières dix années du jour de l'absence, et, après ces dix années, la dixième
partie jusqu'à trente ans seulement.

90 a. 3   S'ils sont parents à un degré plus éloigné ou s'ils sont   127
étrangers, ils doivent tenir en réserve le tiers des revenus
dans les dix premières années, et le sixième dans les années
suivantes jusqu'à trente ans.

90 a. 4   Après trente ans, la totalité des revenus appartiendra, en 127 al.
tous cas, à ceux qui auront obtenu l'envoi en possession
provisoire.

92   **32**. Si, pendant la possession provisoire, quelqu'un   »
prouvera qu'au moment de la présomption d'absence il avait
un droit préférable ou égal à celui du possesseur, il pourra
exclure celui-ci de la possession ou s'y faire associer; mais
il n'a droit aux fruits que dès le jour de la demande judiciaire.

93   **33**. Si, pendant la possession provisoire, l'absent revient   131
ou si son existence est prouvée, les effets de la déclaration
d'absence cesseront, sans préjudice, s'il y a lieu, des mesures conservatoires et d'administration prescrites par
l'art. 21.

»   Les possesseurs provisoires des biens doivent en faire la   »
restitution avec les revenus, conformément à l'art. 31.

94   **34**. Si, pendant la possession provisoire, l'époque de la   130
mort de l'absent était prouvée, la succession sera déférée à
ceux qui étaient à cette époque ses héritiers légitimes ou
testamentaires, ou à leurs successeurs. Ceux qui auraient
joui des biens seront tenus de les restituer avec leurs revenus, conformément à l'art. 31.

98   **35**. Après l'envoi en possession provisoire des biens,   131
quiconque a des raisons à faire valoir contre l'absent doit
les proposer contre ceux qui ont obtenu l'envoi en possession.

SECTION II.

De l'envoi en possession définitif des biens de l'absent.

93 **36.** Si l'absence s'est prolongée pendant trente ans depuis l'envoi provisoire, ou s'il s'est écoulé cent ans depuis la naissance de l'absent et si les dernières nouvelles qu'on a eues de lui remontent au moins à trois ans en arrière, le tribunal, sur instance des parties intéressées, ordonnera l'envoi en possession définitif, et déclarera les cautions déchargées et cessées les autres sûretés qui auraient été prescrites. **129**

93 2ᵉ part. **37.** Après la déclaration de la possession définitive cessera aussi toute surveillance d'administration et toute dépendance de l'autorité judiciaire, et ceux qui auront obtenu l'envoi en possession provisoire, ou leurs héritiers et successeurs, pourront procéder au partage définitif et disposer des biens en toute liberté. **129 2ᵉ part. 140**

» **38.** Si les cent ans depuis la naissance de l'absent s'accomplissaient avant la déclaration d'absence ou postérieurement, mais avant l'envoi en possession provisoire, les ayants droit, après avoir, dans le premier cas, fait déclarer l'absence, pourront demander que l'envoi en possession et l'exercice des droits subordonnés à la condition du décès de l'absent soient accordés d'une manière définitive, pourvu que les dernières nouvelles de l'absent remontent au moins à trois ans en arrière. »

96 **39.** Si, après l'envoi en possession définitif, l'absent reparaît, ou si son existence est prouvée, il recouvrera ses biens dans l'état où ils se trouveront, et il aura droit de percevoir le prix de ceux qui auraient été aliénés, si ce prix sera encore dû, ou d'obtenir les biens sur lesquels ce prix aurait été employé. **132**

97 **40.** Les enfants et les descendants de l'absent pourront également dans les trente ans, à compter du jour de l'envoi définitif, faire valoir les droits qui leur compètent sur les biens de l'absent, d'après les règles établies par l'article précédent, sans qu'ils soient tenus à prouver le décès de celui-ci. **133**

» **41.** Si, après l'envoi en possession définitif, l'époque du décès de l'absent était prouvée, ceux qui, à cette époque, auraient été ses héritiers ou ses légataires ou auraient acquis un droit dépendamment de sa mort, ou leurs successeurs, » peuvent proposer les actions qui leur compètent, sans préjudice des droits que les possesseurs auraient acquis par la prescription et des effets de la bonne foi relativement aux fruits perçus.

SECTION III.

Des effets de l'absence relativement aux raisons éventuelles qui peuvent compéter à l'absent.

99   **42.** Personne n'est admis à réclamer un droit au nom   135
d'un individu dont on ignore l'existence, s'il ne prouve que cet individu existait quand ce droit a été ouvert.

100   **43.** S'il s'ouvre une succession à laquelle soit appelé,   136
en tout ou en partie, un individu dont l'existence ne soit pas constatée, elle sera dévolue à ceux avec lesquels cet individu aurait eu le droit de concourir, ou à ceux qui l'auraient recueillie à son défaut, sauf le droit de représentation.

100 al.   Ceux qui, à son défaut, recueilleront la succession, devront   »
faire procéder à l'inventaire des biens meubles et à la description des immeubles.

101   **44.** Les dispositions des deux articles précédents auront   137
lieu sans préjudice des actions en pétition d'hérédité et d'autres droits qui compèteraient à l'absent ou à ses représentants ou ayants cause ; ces droits ne s'éteindront qu'après le laps de temps établi par la prescription.

102   **45.** Tant que l'absent ne se représentera pas, ou que les   138
actions ne seront point exercées de son chef, ceux qui auront recueilli la succession ne seront pas tenus de restituer les fruits par eux perçus de bonne foi.

CHAPITRE IV.

De la surveillance et de la tutelle des enfants mineurs de l'absent.

103   **46.** Si l'absent présumé laisse des enfants mineurs, leur   141
mère aura l'exercice de la puissance paternelle, aux termes de l'article 220.

104   **47.** Si la mère était décédée lorsque l'absence présumée   142
du père a été constatée, ou si elle vient à décéder avant que l'absence ait été déclarée, ou si elle est dans l'impossibilité d'exercer la puissance paternelle, la surveillance de l'enfant sera déférée par le conseil de famille aux ascendants

les plus proches, dans l'ordre établi par l'article 244, et, à leur défaut, à un tuteur provisoire.

TITRE IV.

DE LA PARENTÉ ET DE L'ALLIANCE.

»   **48.** La parenté est le lien des personnes qui descendent » d'une même souche.

La loi ne reconnaît pas ce lien au-delà du sixième degré.

917   **49.** La proximité de la parenté s'établit d'après le nombre 735 des générations,

918   Chaque génération forme un degré.   735

919   **50.** La suite des degrés forme la ligne. La suite des degrés 736 entre les personnes qui descendent l'une de l'autre constitue la ligne directe ; la suite des degrés entre les personnes qui ont un auteur commun, sans descendre l'une de l'autre, constitue la ligne collatérale.

al. 1er.   La ligne directe se distingue en ligne descendante et en al. 1er. ligne ascendante.

al. 2.   La première est celle qui lie le chef avec ceux qui descendent al. 2. de lui ; la deuxième est celle qui lie une personne avec ceux dont elle descend.

920   **51.** En ligne directe, on compte autant de degrés qu'il y 737 a de générations, non compris l'auteur commun.

921   En ligne collatérale, les degrés se comptent par les géné- 738 rations depuis l'un des parents jusques et non compris l'au- teur commun, et depuis celui-ci jusqu'à l'autre parent.

»   **52.** L'alliance est le lien entre un époux et les parents de » l'autre époux.

On est allié d'un époux dans la même ligne et au même degré dans lequel on est parent de l'autre époux.

L'alliance ne cesse par le décès de l'époux dont elle dérive, même lorsqu'il n'y a pas d'enfants, que pour certains effets et dans les cas spécifiquement déterminés par la loi.

———

TITRE V.

DU MARIAGE.

CHAPITRE PREMIER.

Des fiançailles et des conditions nécessaires pour contracter le mariage.

SECTION PREMIÈRE.

Des fiançailles.

106   **53.** La promesse réciproque d'un mariage futur ne pro-   »
duit pas une obligation légale de le contracter ni d'exécuter
ce qu'on aurait convenu dans le cas qu'on ne la tiendrait
pas.

107   **54.** Si la promesse a été faite par acte public ou par acte   »
sous seing privé, par une personne majeure ou par un mineur
assisté des personnes dont le concours est nécessaire pour
célébrer le mariage, ou bien si elle résulte des publications
ordonnées par l'officier de l'état civil, celui qui a promis et
qui refuse de tenir sa promesse sans de justes motifs est
tenu d'indemniser l'autre partie des dépenses qu'elle a faites
ensuite de cette promesse de mariage.

Cependant, la demande ne sera plus admissible après une
année du jour dans lequel la promesse devait être exécutée.

SECTION II.

Des conditions nécessaires pour contracter mariage.

108   **55.** L'homme avant dix-huit ans révolus, la femme avant   144
quinze ans révolus, ne peuvent contracter mariage.

108   **56.** On ne peut contracter un second mariage si l'on est   147
lié par un mariage antérieur.

145   **57.** La femme ne peut contracter un second mariage   228
qu'après dix mois depuis la dissolution ou l'annulation du
mariage précédent, excepté le cas dont à l'article 107.

Cette défense n'existe plus dès le jour que la femme a
accouché.

108   **58.** En ligne directe, le mariage est prohibé entre tous   161
les ascendants et descendants légitimes ou naturels et les
alliés dans la même ligne.

108   **59**. En ligne collatérale, le mariage est prohibé : 1° entre   162
les sœurs et les frères légitimes ou naturels ; 2° entre les   162
108   alliés au même degré ; 3° entre l'oncle et la nièce, la tante   163
et le neveu.

108   **60**. Le mariage est prohibé :   »
Entre l'adoptant et l'adopté, et ses descendants ;
Entre les enfants adoptifs de la même personne ;
Entre l'adopté et les enfants qui pourraient être survenus
à l'adoptant ;
Entre l'adopté et l'épouse de l'adoptant, et entre l'adop-
tant et l'épouse de l'adopté.

»   **61**. Les interdits pour infirmité mentale ne peuvent con-   »
tracter mariage.
Si l'instance en interdiction n'est que commencée, on suspendra la célébration du mariage jusqu'à ce que l'autorité
judiciaire ait définitivement statué.

»   **62**. Celui qui aura été convaincu, par un jugement criminel,   »
comme principal coupable ou comme complice d'un homi-
cide volontaire commis, manqué ou tenté sur la personne
d'un des époux, ne peut contracter mariage avec l'autre
époux.
S'il n'y a eu que le jugement de se faire lieu, ou s'il n'y a
eu que le mandat d'arrêt, on suspendra le mariage jusqu'à
jugement définitif.

106 al.   **63**. Le fils qui n'a pas atteint l'âge de vingt-cinq ans   148
accomplis, la fille qui n'a pas atteint l'âge de vingt et un ans
accomplis ne peuvent contracter mariage sans le consentement de leur père et mère. En cas de dissentiment, le consentement du père suffit.

al. 1.   Si l'un des deux est décédé, ou s'il est dans l'impossibilité   149
de manifester sa volonté, le consentement de l'autre suffit.

»   L'enfant adoptif, qui n'a pas atteint sa vingt et unième   »
année, ne pourra contracter mariage sans le consentement
de l'adoptant, indépendamment du consentement de ses
père et mère.

al. 1.   **64**. Si le père et la mère sont décédés, ou s'ils sont   150
dans l'impossibilité de manifester leur volonté, les mineurs
ne peuvent contracter mariage sans le consentement des
aïeuls et aïeules ; s'il y a dissentiment entre l'aïeul et l'aïeule
de la même ligne, le consentement de l'aïeul suffit.

106 a. 1   Le dissentiment entre les deux lignes emporte consente-   150 al.
ment.

al. 3.   **65**. S'il n'y a ni père ni mère, ni adoptant, ni aïeul ni   160
aïeule, ou s'ils sont tous dans l'impossibilité de manifester

leur volonté, les mineurs ne peuvent contracter mariage sans le consentement du conseil de famille.

106 al.   **66.** La disposition de l'article 63 est applicable aux enfants naturels légalement reconnus. A défaut d'ascendants vivants et d'adoptants capables de consentir, le consentement sera donné par le conseil de tutelle.   158

»   Il appartiendra aussi à ce conseil de donner le consentement au mariage des enfants naturels qui n'ont pas été reconnus, lorsqu'il n'y a pas d'adoptant.   159

119   **67.** Le fils majeur peut appeler à la Cour d'appel contre le refus de consentement des ascendants ou du conseil de famille ou de tutelle.   151 et suiv¹

109   Dans l'intérêt de la fille ou du fils mineur, l'appel pourra être introduit par les parents ou les alliés, ou par le ministère public.   »

109·   La cause est portée à audience fixe, et la Cour statue, après avoir entendu à huis-clos les parties intéressées et le ministère public.   »

»   Les procureurs ou autres défenseurs ne sont pas admis.   »

»   Le jugement de la Cour ne sera pas motivé ; on ne pourra qu'y faire mention du consentement qui aurait été donné devant la Cour même.   »

108   **68.** Le Roi, lorsqu'il y a des causes graves, peut lever les prohibitions portées par les numéros 2 et 3 de l'article 59.   164

108   Il peut aussi accorder les dispenses d'âge et admettre au mariage l'homme qui a quatorze ans accomplis et la femme qui a douze ans accomplis.   145

»   **69.** Les dispositions de l'article 55, ainsi que celles des numéros 2 et 3 de l'article 59 et de l'article 67, ne sont pas applicables au Roi et à la famille royale.   »

»   Pour la validité des mariages des princes et des princesses royales, il est nécessaire d'obtenir le consentement du Roi.   »

CHAPITRE II.

Des formalités préliminaires du mariage.

108   **70.** La célébration du mariage doit être précédée par deux publications, qui devront être faites par l'officier de l'état civil.   63

63   L'acte de publication énoncera les nom, prénoms, professions, lieu de naissance et de résidence des époux, s'ils sont majeurs ou mineurs, et les nom, prénoms, professions et résidence de leur père et mère.   »

108   Le préteur doit faire précéder l'acte de notoriété de la lec- »
ture desdits articles et d'un avertissement sérieux aux déclarants sur l'importance de leur attestation et sur la gravité
des conséquences qui peuvent en résulter.

108   **79.** Les époux doivent présenter au bureau de l'état »
civil de la commune où ils entendent célébrer le mariage :

»   Les extraits de leur acte de naissance ;   70

»   Les actes de décès ou les jugements qui prouvent la disso- »
lution ou la nullité de leurs précédents mariages ;

108   Les actes constatant le consentement des ascendants ou du 73
Conseil de famille ou de tutelle, dans les cas où ce consentement est voulu par la loi ;

»   Un certificat constatant que les publications ont été faites, 69
ou le décret de dispense ;

»   Toutes les autres pièces qui, dans la variété des cas, 69
peuvent être nécessaires pour justifier la liberté des époux
et leur condition de famille.

108   **80.** Si un des époux était dans l'impossibilité de présenter 70
son acte de naissance, il pourra y suppléer avec un acte
de notoriété fait devant le préteur du lieu de sa naissance ou
de son domicile.

»   L'acte de notoriété contiendra la déclaration assermentée 71
de cinq témoins de l'un ou de l'autre sexe, même parents
des époux, par laquelle ils indiqueront avec toute exactitude et précision les noms, prénoms, profession et résidence
de l'époux et de ses père et mère, s'ils sont connus, le lieu,
et, pour autant que cela est possible, l'époque de sa naissance, les motifs pour lesquels il ne peut produire l'acte
relatif et les causes de science de chaque témoin.

106 a. 4   **81.** Le consentement des ascendants, s'il n'est pas donné 73
personnellement par devant l'officier de l'état-civil, doit
résulter d'un acte authentique, qui contienne l'indication
précise, aussi bien de l'époux auquel on le donne que de
l'autre époux.

»   L'acte exprimera aussi les noms, prénoms, profession et 73
résidence, et le degré de parenté des personnes qui donnent
le consentement.

»   Le consentement du Conseil de famille ou de tutelle »
doit résulter d'une délibération qui contienne les indications
susdites.

CHAPITRE III.

Des oppositions au mariage.

» **82.** Le père, la mère, et, à leur défaut, les aïeuls et 173
aïeules peuvent former opposition au mariage de leurs enfants et descendants pour toute cause admise par la loi et qui
soit un obstacle à la célébration du même, quand même les
enfants ou descendants mâles auraient déjà atteint la vingt-
cinquième année et les filles la vingt-unième.

» **83.** S'il n'y a aucun ascendant, le frère et la sœur, l'oncle 174
et la tante et les cousins germains majeurs peuvent former
opposition :

» 1º Pour défaut du consentement requis par l'article 65 ;   n. 1
» 2º Pour infirmité d'esprit d'un des époux.   n. 2

» **84.** Pour les causes indiquées dans l'article précédent, 175
l'opposition peut aussi être formée par le tuteur ou le curateur qui y aurait été autorisé par le Conseil de famille.

» **85.** Le droit de former opposition appartient aussi à 172
l'époux de la personne qui veut contracter un autre mariage.

» **86.** S'agissant du mariage de la veuve en contravention »
de l'article 57, le droit de former opposition appartient aux
ascendants les plus proches et à tous les parents du premier
mari.

Dans le cas d'annullation d'un mariage précédent, le droit
de former opposition appartient aussi à la personne avec
laquelle le mariage avait été contracté.

» **87.** Le ministère public doit toujours former opposition »
au mariage, s'il lui résulte qu'un empêchement y fait obstacle.

» **88.** L'acte d'opposition doit énoncer la qualité qui donne 176
à l'opposant le droit de former opposition et les motifs de la
même, et il doit contenir élection de domicile dans la commune où réside le tribunal sur le territoire duquel ce mariage doit être célébré.

» **89.** L'acte sera notifié, dans la forme des citations, aux 66
époux et à l'officier de l'état civil par devant lequel le mariage
doit être célébré.

» **90.** L'opposition formée par une personne qui en aura le 68
droit, et pour un motif admis par la loi, suspend la célébration du mariage jusqu'au jugement définitif qui aura rejeté
l'opposition.

»   **91.** Si l'opposition est rejetée, les opposants, autres   179
néanmoins que les ascendants ou le ministère public, pourront être condamnés à des dommages-intérêts.

»   **92.** Les dispositions de ce chapitre et du chapitre précé-   »
dent ne sont pas applicables au Roi et à la famille royale.

CHAPITRE IV.

De la célébration du mariage.

108   **93.** Le mariage doit être célébré dans la maison commu- 74, 165
nale, publiquement et par devant l'officier de l'état civil de la
commune, où l'un des époux aura son domicile ou sa résidence.

108   **94.** Dans le jour indiqué par les parties intéressées, l'offi-   75
cier de l'état civil, en présence de deux témoins, même parents, fera lecture aux époux des articles 130, 131 et 132 du
présent Titre ; il recevra de chacune des parties personnellement, l'une après l'autre, la déclaration qu'elles veulent se
prendre respectivement pour mari et femme, et, ensuite, il
prononcera, au nom de la loi, qu'elles sont unies par le
mariage.

»   L'acte de mariage sera dressé immédiatement après la   75
célébration.

108   **95.** La déclaration des époux de se prendre respective-   »
ment pour mari et femme ne peut être soumise à aucun
terme ni à aucune condition.

Si les parties ajoutaient un terme ou une condition, et y
persistaient, l'officier de l'état civil ne pourra pas procéder
à la célébration du mariage.

Ap. 19   **96.** S'il y a nécessité ou convenance de célébrer le ma-   »
riage dans une commune différente de celle indiquée par
l'article 93, l'officier de l'état civil requerra par écrit l'officier du lieu où le mariage doit se célébrer.

La réquisition sera mentionnée dans l'acte de célébration,
et elle y sera insérée.

Le jour successif à la célébration du mariage, l'officier
devant lequel celui-ci aura été célébré enverra une copie
authentique de l'acte à l'officier qui l'aura requis.

108   **97.** Si un des époux se trouve dans l'impossibilité d'aller   »
à la maison communale, soit par infirmité, soit par tout
autre empêchement justifié au bureau de l'état civil, l'officier se transportera avec le secrétaire dans le lieu où se

trouve l'époux empêché, et, en présence de quatre témoins, il y procèdera à la célébration du mariage, conformément à la disposition de l'art. 94.

»   **98.** L'officier de l'état civil ne peut refuser la célébration » du mariage que par un motif admis par la loi.

»   En cas de refus, il en délivre un certificat, avec l'indication » des motifs.

»   Si les parties croient le refus injuste, il sera pourvu par » le tribunal, après avoir entendu le ministère public, sauf en tous cas le recours à la Cour d'appel.

»   **99.** Pour le mariage du Roi et de la famille royale, l'offi- » cier de l'état civil est le président du Sénat du Royaume.

»   Le Roi fixe le lieu de la célébration, qui peut aussi se faire » par procuration.

CHAPITRE V.

Du mariage des citoyens en pays étranger et des étrangers dans le royaume.

Ap. 20   **100.** Le mariage célébré en pays étranger entre citoyens, 170 ou entre un citoyen et une étrangère est valable, pourvu qu'il soit célébré dans les formes établies dans ce pays, et que le citoyen n'ait point contrevenu aux dispositions conte- nues à la Section seconde du Chapitre premier du présent Titre.

20   Les publications doivent aussi se faire dans le royaume 170 conformément aux art. 70 et 71. Si l'époux citoyen n'a pas sa résidence dans le royaume, les publications se feront dans la commune de son dernier domicile.

Ap. 20   **101.** Le citoyen qui a contracté mariage en pays étranger 171 doit, dans le terme de trois mois après son retour dans le royaume, le faire inscrire dans les registres de l'état civil de la commune où il aura fixé sa résidence, sous peine d'une amende qui pourra être portée jusqu'à cent livres.

»   **102.** La capacité de l'étranger de contracter mariage est » déterminée par les lois du pays auquel il appartient.

Cependant, l'étranger est aussi soumis aux empêchements portés dans la Section seconde du Chapitre premier du pré- sent Titre.

»   **103.** L'étranger, qui veut contracter mariage dans le » royaume, doit présenter à l'officier de l'état civil une décla- ration de l'autorité compétente du pays auquel il appartient, constatant que, d'après les lois dont il relève, rien n'obste au mariage projeté.

»   Si l'étranger a sa résidence dans le royaume, il doit en »   outre faire procéder aux publications, conformément aux dispositions du présent Code.

CHAPITRE VI.
Des demandes en nullité de mariage.

»   **104.** Le mariage contracté en contravention des art. 55,   184   56, 58, 59, 60 et 62 peut être attaqué par les époux, les ascendants les plus proches, le ministère public, et par tous ceux qui y auraient un intérêt légitime et actuel.

»   Ces mêmes personnes peuvent attaquer le mariage célébré   191   par devant un officier de l'état civil non compétent ou sans la présence des témoins voulus.

»   Une année après la célébration du mariage, la demande   »   en nullité pour incompétence de l'officier de l'état civil n'est plus recevable.

108   **105.** Le mariage peut être attaqué par celui des époux   180   dont le consentement n'a pas été libre.

108   Lorsqu'il y a eu erreur de personne, l'action en nullité   al.   peut être intentée par celui des époux qui a été induit en erreur.

108   **106.** La demande en nullité pour les causes dont en   181   l'article précédent n'est plus admissible, s'il y a eu cohabitation suivie pendant un mois après que l'époux a reconquis sa pleine liberté, ou a reconnu son erreur.

108   **107.** L'impuissance manifeste et perpétuelle, si elle est   »   antérieure au mariage, peut être proposée comme cause de nullité par l'autre époux.

108   **108.** Le mariage contracté sans le consentement des ascendants, ou du conseil de famille ou de tutelle, peut être   182   attaqué par les personnes dont le consentement était requis et par celui des époux qui avait besoin de ce consentement.

»   Il ne peut être attaqué par le fils qui avait atteint sa   »   vingt-unième année lorsqu'il le contracta.

108   **109.** L'action en nullité, dans le cas de l'article précédent, ne pourra être intentée ni par les époux ni par les   183   parents dont le consentement était requis, lorsque le mariage aura été par eux expressément ou tacitement approuvé, ou après six mois depuis qu'ils ont eu connaissance dudit mariage sans qu'ils aient réclamé.

108   Cette action ne pourra pas non plus être intentée par   183   l'époux qui, après avoir atteint sa majorité, a laissé passer six mois sans réclamer.

108   **110**. Le mariage contracté par des personnes qui n'é-   185
taient pas parvenues, ou dont une n'était pas parvenue à
l'âge requis, ne pourra plus être attaqué :

1° Lorsqu'on aura laissé passer six mois après avoir atteint l'âge voulu ;

2° Lorsque la femme a conçu même sans avoir cet âge.

108   **111**. Le mariage contracté avant que les époux, ou l'un   186
d'eux eût atteint l'âge requis, ne peut être attaqué par les
ascendants, ni par le conseil de famille ou de tutelle qui
y auraient consenti.

»   **112**. Le mariage de celui qui aurait été interdit pour   »
infirmité d'esprit peut être attaqué par l'interdit même, par
son tuteur, par le conseil de famille et par le ministère public, si, lorsqu'il a été contracté, il y avait déjà sentence
définitive d'interdiction, ou s'il résulte que l'infirmité qui a
donné lieu à l'interdiction existait déjà à l'époque du mariage.

La nullité ne pourra plus être prononcée, si la cohabitation a continué pendant trois mois après que l'interdiction
a été révoquée.

108   **113**. L'époux peut en tous temps attaquer le mariage de   188
»   l'autre époux ; si l'on oppose la nullité du premier mariage,   189
cette opposition devra être jugée préalablement.

»   Le mariage contracté par l'époux d'un absent ne peut être   »
attaqué pendant l'absence.

108   **114**. L'action en nullité ne peut être intentée par le mi-   190
nistère public après la mort d'un des époux.

108   **115**. Lorsque la demande en nullité est proposée par   »
un des époux, le tribunal peut, sur instance de l'un d'eux,
ordonner leur séparation provisoire pendant le jugement ;
il peut aussi l'ordonner d'office, si les deux époux ou l'un
d'eux sont mineurs.

103   **116**. Le mariage déclaré nul, s'il a été contracté de   201
bonne foi, produit les effets civils tant à l'égard des époux
qu'à l'égard des enfants, quand même ils seraient nés avant
le mariage, pourvu qu'ils aient été reconnus avant l'annulation du même.

115 al.   Si un seul des époux est de bonne foi, le mariage ne pro-   202
duit les effets civils qu'en sa faveur et en faveur de ses enfants.

CHAPITRE VII.

Des preuves de la célébration du mariage.

114   **117.** Nul ne peut réclamer le titre d'époux et les effets 191
civils du mariage, s'il ne représente l'acte de célébration
extrait des registres de l'état civil, sauf les cas prévus par
l'art. 364.

114   **118.** La possession d'état, quoique alléguée par les deux 195
époux, ne dispense pas de présenter l'acte de célébration.

»   **119.** La possession d'état, conforme à l'acte de célébra- 196
tion du mariage, couvre tout défaut de forme.

161   **120.** Malgré les dispositions des art. 117 et 118, la légi- 197
timité des enfants issus de deux individus qui aient vécu
publiquement comme mari et femme, et qui soient tous deux
décédés, ne pourra être contestée sous le seul prétexte du
défaut de présentation de l'acte de célébration toutes les
fois que cette légitimité est prouvée par une possession
d'état qui n'est point contredite par l'acte de naissance.

»   **121.** Lorsqu'il y aura des indices que, pour dol ou faute »
de l'officier public, l'acte de mariage n'a pas été inscrit sur
les registres destinés à ces fins, les époux pourront faire
déclarer l'existence du mariage selon les règles établies
dans les cas de défaut des actes de l'état civil, pourvu qu'il
y ait les conditions suivantes :

»   1° Que l'on présente un extrait des publications faites ou »
le décret de dispense ;

»   2° Qu'il y ait une preuve non douteuse d'une possession »
d'état conforme à l'une ou à l'autre de ces pièces.

»   **122.** Si la preuve de la célébration légale du mariage 198
est fondée sur le résultat d'une procédure pénale, l'inscription de la sentence dans le registre de l'état civil assure au
mariage tous les effets civils, à compter du jour de sa célébration, tant à l'égard des époux qu'à l'égard des enfants.

CHAPITRE VIII.

Dispositions pénales.

»   **123.** Les époux et l'officier de l'état civil qui auraient 192
célébré le mariage sans qu'on ait procédé aux publications
requises seront punis d'une amende de deux cents à mille
livres.

» **124.** L'officier de l'état civil qui admettrait à la célébration du mariage des personnes qui se trouvent dans quelque cas d'empêchement ou de prohibition dont il ait connaissance, sera puni d'une amende de cinq cents à deux mille livres.   156

» Il sera puni de la même amende, s'il aura célébré un mariage hors de sa compétence, ou dans lequel les parties contractantes auraient voulu ajouter un terme ou quelque condition, ou bien lorsqu'on n'aura pas présenté au bureau de l'état civil les documents prescrits par les art. 79 et 80.   193

» **125.** L'officier de l'état civil qui aura fait procéder à la publication d'un mariage sans la réquisition ou le consente- »
» ment des deux époux ou en contravention à l'art. 74, sera puni d'une amende de cent à cinq cents livres.   157

» **126.** La même amende de l'article précédent sera appli- 192 193 quée à l'officier de l'état civil qui aura, d'une manière quelconque, contrevenu aux dispositions des art. 72, 75, 76, 93, 94, 96, 98 et 103, ou commettra tout autre contravention pour laquelle le présent Chapitre n'a pas établi une peine spéciale.

» **127.** Lorsque le mariage aura été annulé pour cause 202 d'un empêchement connu par un des époux qui l'aurait laissé ignorer par l'autre, l'époux coupable sera puni d'une amende qui ne sera pas moindre de mille livres et qui ne pourra dépasser trois mille livres, et même, selon les cas, de la prison, qui pourra être portée jusqu'à six mois, indépendamment de l'indemnité à l'époux trompé, quand même celui-ci n'aurait pas donné la preuve spécifique du dommage souffert.

» **128.** La femme qui contracterait mariage contrairement » à l'art. 57, l'officier qui l'aurait célébré et l'autre époux seront punis d'une amende de trois cents à mille livres.

145 La femme déchoit de toute donation, gain dotal et suc- » cession provenant du premier mari.

» **129.** L'application des peines établies dans les articles » précédents est proposée par le ministère public par devant le tribunal correctionnel.

CHAPITRE IX.

Des droits et des devoirs qui naissent du mariage.

SECTION I.

Des droits et des devoirs des époux entre eux.

125   **130.** Le mariage donne aux époux l'obligation réci- 212
proque de la cohabitation, de la fidélité et de l'assistance.

127   **131.** Le mari est le chef de la famille ; la femme suit sa 213
» condition civile, prend son nom et est obligée de l'accom- 214
pagner partout où il juge à propos de fixer sa résidence.

126 127 **132.** Le mari a l'obligation de protéger la femme, de la 214
garder chez soi et de lui fournir le nécessaire aux besoins
de la vie, proportionnellement à sa fortune.

128   La femme doit contribuer à l'entretien du mari, si celui-ci 212
n'a pas de moyens suffisants.

»   **133.** L'obligation du mari de fournir les aliments à la »
femme cesse, si la femme s'éloigne sans de justes motifs du
toit conjugal et refuse d'y retourner.

»   L'autorité judiciaire peut encore, selon les circonstances, »
ordonner au profit du mari et des enfants issus de ce mariage le séquestre provisoire d'une partie des rentes para-
phernales de la femme.

130   **134.** La femme ne peut donner, aliéner, hypothéquer 217 226
des biens immeubles, contracter des emprunts, céder ou re-
129 couvrer des capitaux, se porter caution ni transiger ou ester 215
en jugement pour de tels actes sans l'autorisation du mari.

137   Le mari peut, par acte public, donner à sa femme l'auto- 223
risation pour les susdits actes en général ou pour quelques-
uns d'entre eux, sauf à lui le droit de la révoquer.

»   **135.** L'autorisation du mari n'est pas nécessaire : »
134   1° Lorsqu'il est mineur, interdit, absent ou condamné à 224 222
plus d'un an de prison, pendant qu'il subit sa peine ; 221
143   2° Lorsque la femme est légalement séparée par la faute 217
du mari ;
136   3° Lorsque la femme est marchande. 220
129 134 **136.** Si le mari refuse d'autoriser sa femme, ou s'il s'agit 218
131 133 d'un acte dans lequel il y ait opposition d'intérêt, ou si la 219
femme est légalement séparée par sa faute ou par sa faute
en même temps que par celle du mari, ou par consentement

mutuel, il sera nécessaire d'obtenir l'autorisation du tribunal civil.

135   Le tribunal ne peut accorder l'autorisation avant d'avoir   219
entendu le mari ou de l'avoir cité à comparaître en chambre   in fine.
de conseil, sauf les cas d'urgence.

138   **137.** La nullité dérivant du défaut d'autorisation ne peut   225
être opposée que par le mari, par la femme et par ses héritiers ou ses ayants cause.

SECTION II.

Des droits et des devoirs des époux, relativement aux enfants

et des droits des aliments entre les parents.

116   **138.** Le mariage donne aux époux l'obligation de nourrir,   203
d'élever et d'instruire leurs enfants.

al.   Cette obligation tombe sur le père et la mère en propor-   »
tion de leur fortune, en tenant compte, dans la quote-part
de la mère, des fruits de la dot.

al.   Lorsqu'ils n'auront pas des moyens suffisants, cette obli-   »
gation tombera sur les autres ascendants dans l'ordre de
leur proximité.

118   **139.** Les enfants sont tenus de fournir les aliments à   205
leurs père et mère et aux autres ascendants qui sont dans
le besoin.

119 120   **140.** L'obligation réciproque des aliments existe aussi 206 207
entre le beau-père, la belle-mère, le beau-fils et la belle-
fille.

119   Cette obligation cesse :   206

n. 1   1° Lorsque la belle-mère ou la belle-fille sont convolées   206
en secondes noces ;

n. 2   2° Lorsque l'époux qui produisait l'affinité et les enfants   206
issus de son union avec l'autre époux et leurs descendants
sont décédés.

121   **141.** Les frères et les sœurs ont aussi droit aux aliments   »
strictement nécessaires, lorsqu'ils ne peuvent se les procurer à cause d'une infirmité de corps ou d'esprit, ou toute
autre cause qui pourrait leur être imputée.

»   **142.** L'obligation des aliments tombe en premier lieu   »
sur l'époux, en second lieu sur les descendants, en troisième
lieu sur les ascendants, en quatrième lieu sur le beau-fils
et la belle-fille, en cinquième lieu sur le beau-père et la
belle-mère, et enfin sur les frères et les sœurs.

Entre les descendants la graduation est réglée par l'ordre
dans lequel ils seraient appelés à la succession légitime de
la personne qui a droit aux aliments.

122   **143.** Les aliments doivent être fixés en proportion du   208
besoin de celui qui les demande et de la fortune de celui
qui les doit.

123   **144.** Si, après l'assignation des aliments, il survient un   209
changement dans la fortune de celui qui les fournit ou de
celui qui les reçoit, l'autorité judiciaire pourvoira pour les
faire cesser, les réduire ou les augmenter, suivant les cas.

124   **145.** Celui qui doit fournir les aliments a le choix ou de   210
satisfaire à cette obligation moyennant une pension alimentaire ou de recevoir et entretenir dans sa demeure la personne qui a droit aux aliments.

124   Cependant l'autorité judiciaire pourra, suivant les circon-   210 211
stances, déterminer le mode de prestation des aliments.

»   En cas d'urgente nécessité, l'autorité judiciaire peut aussi   »
mettre provisoirement l'obligation des aliments à charge
d'un seul de ceux qui y sont tenus principalement ou subsidiairement, sauf le droit de répétition envers les autres.

»   **146.** L'obligation de fournir les aliments cesse par la   »
mort de celui qui y était tenu, quand même il les aurait
fournis ensuite de jugement.

117   **147.** Les enfants n'ont pas d'action contre leurs père et   204
mère pour les obliger à leur faire une assignation pour
cause de mariage ou autre titre quelconque.

CHAPITRE X.

De la dissolution du mariage et de la séparation des époux.

144   **148.** Le mariage ne se dissout que par la mort de l'un   227
140   des époux; cependant la séparation de corps est admise.   »

»   **149.** Le droit de demander la séparation appartient aux   306
époux dans les seuls cas déterminés par la loi.

140 al.   **150.** La séparation peut être demandée pour cause d'a-   229
»   dultère ou d'abandon volontaire ou pour cause d'excès, de   231
sévices, de menaces et d'injures graves.

140 al.   L'action en séparation n'est admise pour l'adultère du   230
mari que dans le cas qu'il entretienne une concubine dans
son habitation ou notoirement ailleurs, ou qu'il y ait un tel
ensemble de circonstances que le fait constitue une injure
grave pour la femme.

140 al.   **151.** La séparation peut aussi être demandée contre   232

l'époux condamné à une peine criminelle, sauf le cas que la sentence soit antérieure au mariage et que l'autre époux l'ait connue.

» **152.** La femme peut demander la séparation lorsque le » mari, sans de justes motifs, ne prendra pas une résidence fixe, ou, en ayant les moyens, se refusera à la fixer d'une manière conforme à sa condition.

» **153.** La conciliation fait cesser le droit de demander la 272 séparation; elle entraîne aussi l'abandon de la demande qui aurait été introduite.

142 **154.** Le tribunal qui prononcera la séparation déclarera 302 lequel des deux époux doit garder les enfants et pourvoir à leur entretien, à leur éducation et à leur instruction.

Le tribunal peut ordonner, pour de graves motifs, que les enfants soient placés dans une maison d'éducation ou près d'une tierce personne.

142 **155.** Quelle que soit la personne à laquelle les enfants 303 seront confiés, le père et la mère conservent le droit de veiller à leur éducation.

» **156.** L'époux dont la faute a été la cause de la sépara- 299 tion, perd le gain dotal et tous les avantages que l'autre époux lui aurait concédés dans le contrat de mariage, et même l'usufruit légal.

» L'autre époux conserve le droit au gain dotal et à tous les 300 autres avantages qui dérivent du contrat de mariage, quand même ils auraient été stipulés avec réciprocité.

» Si la sentence de séparation est prononcée par la faute » des deux époux, chacun d'eux encourt la perte susdite, sauf le droit aux aliments en cas de besoin.

» **157.** Les époux peuvent faire cesser, de commun accord, » par une déclaration expresse ou par le fait de leur coha- bitation, les effets de la séparation, sans qu'il y ait besoin de l'intervention de l'autorité judiciaire.

» **158.** La séparation, par le seul consentement des époux, » ne peut avoir lieu sans l'homologation du tribunal.

TITRE VI.

DE LA FILIATION.

CHAPITRE I.

De la filiation des enfants conçus ou nés pendant le mariage.

151 **159.** Le mari est le père de l'enfant conçu pendant le 312 mariage.

» **160.** Est présumé conçu pendant le mariage l'enfant né »
entre le cent quatre-vingtième jour depuis la célébration du
mariage et le trois centième après la dissolution ou l'annulation du même.

153   **161.** Si l'enfant est né avant le cent quatre-vingtième 314
jour du mariage, le mari, et, après son décès, ses héritiers,
ne pourront le désavouer dans les cas suivants :

n. 1   1° Si le mari a eu connaissance de la grossesse avant le »
mariage ;

n. 2   2° S'il résulte de l'acte de naissance que le mari y a as- »
sisté personnellement, ou au moyen d'une autre personne
par lui spécialement autorisée par acte authentique ;

n. 3   3° Si l'enfant n'est pas déclaré viable.   »

151 al.   **162.** Le mari peut désavouer l'enfant conçu pendant le 312 al.
mariage, s'il prouve que, pendant le temps qui a couru
depuis le trois centième jusqu'au cent quatre-vingtième jour
avant la naissance de cet enfant, il était, soit pour cause
d'éloignement, soit par l'effet de quelque accident, dans
l'impossibilité physique de cohabiter avec sa femme.

152 al.   **163.** Le mari peut aussi désavouer l'enfant conçu pen- »
dant le mariage, si, pendant le temps qui a couru depuis le
trois centième jusqu'au cent quatre-vingtième jour avant la
naissance de cet enfant, il vivait légalement séparé de sa
femme.

»   Ce droit ne lui appartient pas s'il y a eu réunion, même »
seulement temporaire, entre les époux.

152   **164.** Le mari ne peut désavouer l'enfant en alléguant 313
son impuissance, sauf qu'il s'agisse d'une impuissance manifeste.

152 al.   **165.** Le mari ne peut pas non plus désavouer l'enfant pour 313
cause d'adultère, à moins que la naissance ne lui ait été
cachée ; auquel cas il sera admis à prouver, par tous les
genres de preuves, dans le jugement même dans lequel il
proposera son instance, les faits de l'adultère et du recèle-
ment, ainsi que tous autres faits propres à exclure la paternité.

152 al.   Le seul aveu de la mère ne suffit pas pour exclure la pater- »
in fine. nité du mari.

154   **166.** Dans tous les cas où le mari est autorisé à réclamer, 316
il devra proposer judiciairement sa demande dans les délais
suivants :

154   Dans les deux mois, s'il se trouve sur le lieu de nais- 316
sance de l'enfant ;

al. 1   Dans les trois mois après son retour sur le lieu de nais- al. 1

sance de l'enfant ou du domicile conjugal, s'il était absent ;

al. 2   Dans les trois mois après la découverte de la fraude, si   al. 2
on lui avait caché la naissance de l'enfant.

155   **167.** Si le mari est mort sans avoir proposé son action,   317
mais avant l'échéance du délai utile, les héritiers auront
deux mois pour contester la légitimité de l'enfant, à compter
de l'époque où celui-ci serait entré en possession des biens
du défunt, ou de l'époque où les héritiers seraient trou-
blés par l'enfant dans cette possession.

156   **168.** L'action tendant à contester la paternité sera pro-   318
posée contre l'enfant s'il a atteint la majorité, et, s'il est mineur ou interdit, elle sera proposée en contradictoire d'un
curateur nommé par le tribunal devant lequel l'action aura été
proposée.

156   La mère devra, dans tous les cas, être évoquée dans ce   318
in fine. jugement.   in fine.

157   **169.** La légitimité de l'enfant né trois cents jours après   315
la dissolution ou l'annulation du mariage pourra être contestée par quiconque y aura intérêt.

CHAPITRE II.

Des preuves de la filiation des enfants légitimes.

158   **170.** La filiation des enfants légitimes se prouve par les   319
actes de naissance inscrits sur le registre de l'état civil.

159   **171.** A défaut de ce titre, la possession constante de   320
l'état d'enfant légitime suffit.

160   **172.** La possession d'état s'établit par une réunion de   321
faits qui, par leur ensemble, suffisent à prouver les rapports
de filiation et de parenté entre un individu et la famille à
laquelle il prétend appartenir.

al. 1   Les principaux de ces faits sont :   al. 1
al. 2   Que l'individu a toujours porté le nom du père auquel il   al. 2
prétend appartenir ;

al. 3   Que le père l'a traité comme son enfant et a pourvu, en   al. 3
cette qualité, à son entretien, à son éducation et à son établissement ;

al. 4   Qu'il a été constamment reconnu pour tel dans la société ;   al. 4
al. 5   Qu'il a été reconnu pour tel par la famille.   al. 5
163   **173.** Nul ne peut réclamer un état contraire à celui que   322
lui donnent son titre de naissance d'enfant légitime et la
possession conforme à ce titre.

›   Et, réciproquement, nul ne peut contester l'état de celui   »
qui a une possession conforme à son acte de naissance.

164   **174.** A défaut d'acte de naissance et de possession d'état,   323
ou si l'enfant a été inscrit sous de faux noms, ou comme né
de père et mère inconnus, ou s'il s'agit de supposition ou de
substitution d'enfant, quand même, dans ces deux derniers
cas, il y aurait un acte de naissance conforme à la possession
d'état, la preuve de la filiation peut se faire par témoins.

al.   Cette preuve ne peut être admise que lorsqu'il y a com-   al.
mencement de preuve par écrit, ou lorsque les présomptions ou indices, résultant de faits dès lors constants, sont
assez graves pour déterminer l'admission.

165   **175.** Le commencement de preuve par écrit résulte des   324
titres de famille, des registres et papiers domestiques du
père ou de la mère, des actes publics ou privés émanés
d'une des parties engagées dans la contestation, ou qui y
aurait intérêt si elle était vivante.

166   **176.** La preuve contraire pourra se faire par tous les   325
moyens propres à établir que le réclamant n'est pas l'enfant
de la mère qu'il prétend avoir, ou même, si la maternité est
prouvée, qu'il n'est pas l'enfant du mari de la mère.

169   **177.** L'action en réclamation d'état est imprescriptible à   328
l'égard de l'enfant.

170   **178.** Cette action ne peut être intentée par les héritiers   329
ou les descendants de l'enfant qui n'a pas réclamé, qu'autant
qu'il est décédé mineur ou dans les cinq années après sa
majorité.

170 al.   Lorsque l'action a été commencée par l'enfant, elle peut   330
être poursuivie par les héritiers ou les descendants, s'il n'y
a pas eu désistement formel ou péremption d'instance.

CHAPITRE III.

De la filiation des enfants nés hors mariage et de la légitimation.

SECTION I.

De la filiation des enfants nés hors mariage.

171   **179.** L'enfant naturel peut être reconnu par le père ou   331
par la mère, tant conjointement que séparément.

172   **180.** Ne pourront cependant être reconnus :   331

n. 1   1º Les enfants nés de personnes dont l'une aurait été, à   331
l'époque de la conception, liée en mariage avec une autre
personne ;

n. 2	2° Les enfants nés de personnes qui ne pouvaient con- tracter mariage, pour cause de parenté ou d'affinité en ligne directe, à l'infini, ou pour cause de parenté en ligne collaté- rale au second degré.	331
180	**181.** La reconnaissance d'un enfant naturel se fera dans son acte de naissance ou par un acte authentique antérieur ou postérieur à la naissance.	334
181	**182.** La reconnaissance n'aura d'effet qu'à l'égard de celui des époux qui l'a faite et ne donne à l'enfant reconnu aucun droit vers l'autre époux.	336
182	**183.** L'enfant naturel d'un des époux né avant le ma- riage et reconnu pendant le même ne peut être introduit dans la maison conjugale qu'avec le consentement de l'autre époux, sauf que celui-ci n'eût déjà donné son consentement à la reconnaissance.	337
»	**184.** Celui qui a reconnu un enfant naturel en a la tutelle légale durant sa minorité.	338
»	Si la reconnaissance a été faite par le père et la mère, la tutelle appartient de préférence au père.	»
»	Sont applicables à cette tutelle les prescriptions des articles 221, 222, 223, 224, 225, 226, 227 et 233.	»
183	**185.** L'enfant naturel prend le nom de famille de celui qui l'a reconnu, ou le nom du père, s'il a été reconnu par le père et la mère.	338
183	**186.** Celui qui a reconnu un enfant naturel a l'obligation de l'entretenir, de l'instruire, de lui donner une éducation et une profession ou un métier, et même de lui fournir, dans la suite, les aliments en cas de besoin, si l'enfant n'a pas un époux ou des descendants en état de les lui fournir. Il a aussi cette obligation vers les descendants légitimes de l'enfant naturel prédécédé, si leur mère ou les ascen- dants maternels ne sont pas en état d'y pourvoir.	338
»	**187.** L'enfant naturel doit les aliments à celui qui l'a reconnu, si celui-ci n'a pas d'ascendants ou de descen- dants légitimes, ou un époux en état de les lui fournir.	338
184	**188.** La reconnaissance peut être contestée par l'enfant et par quiconque y ait intérêt.	339
185	**189.** La recherche de la paternité n'est admise que dans les cas d'enlèvement ou de viol, lorsque l'époque de l'enlè- vement ou du viol se rapporte à celle de la conception.	340
186	**190.** La recherche de la maternité est admise.	341
al.	L'enfant qui réclamera sa mère sera tenu de prouver qu'il est identiquement le même que l'enfant dont elle est	al. 1
al.	accouchée. Il ne sera reçu à faire cette preuve par témoins	al. 2

que lorsqu'il aura déjà un commencement de preuve par écrit, ou lorsque les présomptions et les indices résultant de faits déjà certifiés seront assez graves pour déterminer l'admission.

»   **191.** L'instance pour déclaration de paternité ou de maternité peut être contesté par quiconque y ait intérêt. »

»   **192.** La sentence qui déclare la filiation naturelle produit les effets de la reconnaissance. »

187   **193.** Dans les cas où la reconnaissance est défendue, l'enfant ne sera jamais admis à la recherche de la paternité ou de la maternité. 342

al.   Néanmoins, l'enfant naturel aura toujours action pour obtenir les aliments : »

»   1° Si la paternité ou la maternité résulte indirectement d'un jugement civil ou pénal ; »

»   2° Si la paternité ou la maternité dérive d'un mariage déclaré nul ; »

187 al.   3° Si la paternité ou la maternité résulte d'une déclaration explicite faite par écrit par le père ou la mère. »

SECTION II.

De la légitimation des enfants naturels.

176   **194.** La légitimation confère à celui qui est né hors mariage la qualité d'enfant légitime. 333

171   Elle se fait par le mariage subséquent contracté entre le père et la mère de l'enfant naturel ou par décret royal. 333

172 173   **195.** Les enfants qui ne peuvent pas être légalement reconnus ne peuvent être légitimés ni par le mariage subséquent ni par décret royal. 335

175   **196.** Il se fait lieu aussi à la légitimation des enfants prédécédés en faveur de leurs descendants. »

176   **197.** Les enfants légitimés par le mariage subséquent acquièrent les droits des enfants légitimes dès le jour du mariage, s'ils ont été reconnus par les deux époux dans l'acte de mariage ou antérieurement, ou dès le jour de la reconnaissance si celle-ci est postérieure au mariage. »

176 al.

177   **198.** La légitimation peut être accordée par décret royal, s'il y a les conditions suivantes : »

al. 1   1° Qu'elle soit demandée par le père et la mère ou par l'un d'eux seulement ; »

al. 2   2° Que celui qui la demande n'ait pas d'enfants légitimes » ou légitimés par le mariage subséquent, ni des descendants de ceux-ci;

al. 3   3° Que le même se trouve dans l'impossibilité de légitimer »
l'enfant par le mariage subséquent ;

»   4° Que, si le requérant est lié par un mariage, le consen- »
tement de l'autre époux soit constaté.

179   **199.** Si le père ou la mère ont énoncé par testament ou »
par un autre acte public la volonté de légitimer les enfants
naturels, ceux-ci pourront demander la légitimation après
le décès, pourvu qu'à l'époque de ce décès il y eût les conditions prescrites par les numéros 2 et 3 de l'article précédent.

179   En ce cas, la demande sera notifiée à deux des plus »
proches parents de celui qui aura énoncé cette volonté
jusqu'au quatrième degré.

»   **200.** La demande en légitimation, accompagnée des »
pièces justificatives, sera présentée à la Cour d'appel dans
le district de laquelle le requérant a sa résidence.

»   La Cour, après avoir entendu le ministère public, décla- »
rera en chambre de Conseil si les conditions prescrites par
les deux articles précédents existent, et, par suite, s'il se fait
ou ne se fait pas lieu à la légitimation demandée.

»   Si la délibération de la Cour d'appel est affirmative, le »
ministère public la transmettra, avec les documents relatifs
et avec les informations prises d'office, au ministère de
grâce et justice, qui, après avoir entendu l'avis du Conseil
d'Etat sur l'admissibilité de la légitimation, en fera rapport
au Roi.

»   Si le Roi accorde la légitimation, le décret royal sera en- »
voyé à la Cour qui aura donné son avis; il sera inscrit sur
un registre spécial et émargé, sur la demande des parties
intéressées, sur l'acte de naissance de l'enfant.

178   **201.** La légitimation par décret royal produit les mêmes »
effets que la légitimation par mariage subséquent, mais seulement du jour de son obtention et à l'égard du père ou de
la mère qui l'a demandée.

TITRE VII.

DE L'ADOPTION.

CHAPITRE I.

De l'adoption et de ses effets.

188   **202.** L'adoption est permise aux personnes de l'un et de   343
l'autre sexe qui n'auront pas de descendants légitimes ou
légitimés et auront cinquante ans accomplis, et dix-huit au
moins de plus que les individus qu'ils se proposent d'adopter.

189   **203.** Nul ne peut avoir plusieurs enfants adoptifs, si   »
ceux-ci ne sont adoptés par le même acte.

190   **204.** Nul ne peut être adopté par plusieurs, si ce n'est   344
par deux époux.

191   **205.** Les enfants nés hors mariage ne peuvent être adop-   »
tés par leur père et mère.

192   **206.** Le mineur ne peut être adopté s'il n'a pas dix-huit   346
ans révolus.

193   **207.** Le tuteur ne peut adopter la personne dont il a eu   »
la tutelle qu'après avoir donné les comptes de son administration.

104   **208.** L'adoption se fait par le consentement de l'adoptant   »
et de l'adopté.

188 al.   Si l'adopté ou l'adoptant ont encore leurs père et mère ou   344 al.
un époux survivant, ils seront tenus de rapporter le consen-   345 al.
tement de ceux-ci.   in fine.

104 al.   **209.** Si l'adopté est mineur et n'a plus son père ou sa   346
mère vivants, il devra rapporter, selon les cas, l'approbation du conseil de famille ou de tutelle.

196   **210.** L'adopté prend le nom de famille de l'adoptant et   347
199   l'ajoute au sien. Les droits de successibilité de l'adopté sur   350
les biens de l'adoptant sont déterminés dans le Titre: *Des
Successions.*

198   **211.** Le père et la mère adoptifs ont l'obligation de con-   349
tinuer, en cas de besoin, l'éducation de l'adopté et de lui
fournir les subsides et les aliments dont il aurait besoin.

198   L'obligation des aliments, en cas de besoin, est réciproque   349
entre l'adoptant et l'adopté. Néanmoins, dans l'adoptant,
cette obligation précède celle des père et mère légitimes ou
naturels, et, dans l'adopté, elle lui est commune avec celle
des enfants légitimes ou naturels de l'adoptant.

197   **212.** L'adopté conservera tous ses droits et ses devoirs 349 envers sa famille naturelle.

199 108   L'adoption n'entraîne aucun rapport civil entre l'adoptant 348 350 et la famille de l'adopté, ni entre l'adopté et les parents de l'adoptant, sauf les prescriptions du Titre : *Du Mariage.*

CHAPITRE II.

Des formes de l'adoption.

202   **213.** La personne qui se propose d'adopter et celle qui 353 voudra être adoptée se présenteront personnellement devant le président de la Cour d'appel du domicile de l'adoptant, pour y passer acte de leur consentement réciproque, et cet acte sera reçu par le greffier de la Cour.

202   Devront aussi intervenir personnellement ou par procu- » ration les personnes dont le consentement est requis aux termes des art. 208 et 209.

203   **214.** L'acte d'adoption sera présenté à la Cour dans les 354 dix jours suivants, par copie authentique et par la partie la plus diligente, pour être soumis à l'homologation.

204   **215.** La Cour, après s'être procuré les renseignements 355 convenables, vérifiera :

1   1° Si toutes les conditions de la loi ont été remplies ;   1

2   2° Si la personne qui se propose d'adopter jouit d'une 2 bonne réputation ;

»   3° Si l'adoption est utile à l'adopté.   »

205   **216.** La Cour, après avoir entendu le ministère public 356 en chambre de conseil, et sans aucune autre forme de pro- cédure, prononcera, sans énoncer de motifs, en ces termes : *Il y a lieu* ou *il n'y a pas lieu à l'adoption.*

208 a. 2   **217.** L'adoption admise par la Cour d'appel produit ses » effets du jour de l'acte de consentement ; mais, jusqu'à ce que le décret d'admission n'est pas prononcé, l'adoptant aussi bien que l'adopté peuvent révoquer leur consente- ment.

209   Si l'adoptant venait à mourir après la présentation de 360 l'acte à la Cour et avant l'homologation, l'instruction sera continuée et l'adoption admise, s'il y a lieu.

al.   Les héritiers de l'adoptant pourront présenter à la Cour, al. par le moyen du ministère public, tous mémoires et obser- vations pour démontrer l'inadmissibilité de l'adoption.

207   **218.** Le décret de la Cour d'appel, qui admettra l'adop- 358 tion, sera publié et affiché en tels lieux et en tel nombre

d'exemplaires que la Cour jugera convenable, et il sera en outre inséré dans le journal des annonces judiciaires du district et dans le journal officiel du royaume.

208   **219.** Dans les deux mois qui suivront le décret de la 359
Cour, l'acte d'adoption sera inscrit en marge de l'acte de naissance de l'adopté dans les registres de l'état civil.

al. 1   L'inscription n'aura lieu que sur le vu d'une copie au- al.
thentique de l'acte d'adoption et du décret de la Cour d'appel, ainsi que des certificats d'avoir fait les publications et les insertions voulues.

al. 2   Si l'adoption n'est pas inscrite dans ce délai, elle n'aura al.
d'effet vis-à-vis des tiers que du jour où l'inscription sera faite.

TITRE VIII.

DE LA PUISSANCE PATERNELLE.

210   **220.** L'enfant, à tout âge, doit honneur et respect à ses 371
père et mère.

211   Il reste sous leur autorité jusqu'à sa majorité ou à son 372
émancipation.

217   Durant le mariage, le père seul exerce cette autorité, et, 373
s'il ne peut l'exercer, elle est exercée par la mère.

217   Après la dissolution du mariage, la puissance paternelle 390
est exercée par l'époux survivant.

212   **221.** L'enfant ne peut quitter la maison paternelle, ou 374
la maison que le père lui a destinée, sans la permission du même, si ce n'est pour enrôlement volontaire dans l'armée nationale. S'il la quitte sans permission, le père aura droit de l'y faire rentrer, en recourant, s'il en est besoin, au président du tribunal civil.

al. 1   Lorsque de justes motifs rendraient nécessaire l'éloigne- »
ment de l'enfant de la maison paternelle, le président, sur instance des parents ou du ministère public, et après s'être procuré des renseignements sans aucune formalité judiciaire, pourvoira de la manière la plus convenable, sans énoncer de motifs dans le décret.

»   S'il y a danger dans le retard, il sera pourvu par le pré- »
teur, qui en fera rapport immédiat au président. Celui-ci confirmera, révoquera ou modifiera la mesure qui aura été prise.

214 et   **222.** Le père qui ne réussirait pas à mettre un frein aux 275 et
suivants. égarements de l'enfant, pourra l'éloigner de la famille en lui suivants,

al. 3 fournissant les aliments strictement nécessaires, selon sa
fortune, et en recourant, s'il en est le cas, au président du
218 tribunal, il pourra le placer dans la maison d'éducation ou
de correction qu'il jugera propre à le corriger et à le rendre
meilleur.

217 L'autorisation peut être demandée même verbalement, et
le président pourvoira sans aucune formalité judiciaire et
sans énoncer de motifs dans son décret.

212 a. 2 **223.** Dans les cas prévus dans les deux articles précé-382 al.
dents, il pourra y avoir recours au président de la Cour
d'appel contre les décrets du président du tribunal, et on
devra toujours entendre le ministère public.

232 **224.** Le père représente les enfants nés et à naître dans 380
al. 231 tous les actes civils, et en administre les biens.

232 Il ne peut cependant aliéner, hypothéquer, engager les al.
biens de l'enfant, contracter en son nom des emprunts ou
autres obligations qui excèderaient les limites de la simple
administration, si ce n'est pour cause de nécessité ou d'utilité évidente de l'enfant et avec l'autorisation du tribunal
civil.

233 Si des intérêts contraires venaient à naître entre les enfants soumis à la même puissance paternelle ou entre ceux-ci
et le père, il sera nommé aux enfants un curateur spécial.

La nomination du curateur sera faite par l'autorité judiciaire ordinaire, devant laquelle ventilerait le procès, et,
en tout autre cas, par le tribunal civil.

225. Pour le recouvrement des capitaux ou pour la vente
des effets mobiliers sujets à détérioration, l'autorisation du
préteur suffira, à condition que le produit de la vente soit
placé autrement et que la sûreté de ce placement soit reconnue par le préteur.

226. Les successions échues aux enfants soumis à la
puissance paternelle seront acceptées par le père avec bénéfice d'inventaire.

Si le père ne peut ou ne veut les accepter, le tribunal,
sur la réquisition de l'enfant ou d'un parent, ou même sur
instance d'office par le procureur du Roi, pourra en autoriser l'acceptation, préalable nomination d'un curateur spécial et après avoir entendu le père.

233 2º **227.** La nullité des actes faits en contravention des ar-
partie. ticles précédents ne peut être opposée que par le père ou
l'enfant et ses héritiers ou ayants cause.

121 **228.** Le père a l'usufruit des biens échus à l'enfant par 384
succession, donation ou tout autre titre lucratif, et le con-

serve jusqu'à ce que l'enfant soit émancipé ou ait atteint la majorité.

229. Ne sont pas soumis à la jouissance légale :

227   1° Les biens légués ou donnés sous la condition que le père n'en jouira pas, condition qui cependant ne pourra s'étendre aux biens réservés à l'enfant à titre de légitime ;   387

226   2° Les biens légués ou donnés à l'enfant pour entreprendre une carrière, un métier ou une profession ;   »

228   3° Les biens provenus à l'enfant par une succession, legs ou donation qui auraient été acceptés dans l'intérêt de l'enfant contre le consentement du père ;   »

226   4° Les biens acquis par l'enfant à l'occasion ou par l'exercice de la milice, de charges, emplois, professions et   387

229   métiers, ou tout autrement par son propre travail et son industrie séparés.   287

230   **230.** La jouissance légale entraîne les charges suivantes :   385

n. 2   1° Les frais d'entretien, éducation et instruction de l'enfant ;   n. 2

n. 3   2° Le payement des annuités ou des intérêts des capitaux qui courent du jour où la jouissance s'est ouverte ;   n. 3

n. 1   3° Toutes les autres charges auxquelles sont soumis les usufruitiers.   n. 1

235   **231.** Les dispositions des articles précédents sont applicables à la mère qui exerce la puissance paternelle.   390

»   La jouissance légale échoit à la mère, même lorsque la puissance paternelle est exercée par le père, si celui-ci en est exclu par des motifs qui lui soient personnels.   »

225a.1   **232.** La jouissance légale cesse par la mort de l'enfant   386
235   ou par le passage du père ou de la mère à de secondes   386
noces.

230   **233.** Si le père ou la mère abusent de la puissance paternelle, en en violant ou en en négligeant les devoirs, ou par une mauvaise administration des biens de l'enfant, le tribunal, sur instance d'un des plus proches parents ou même du ministère public, pourra pourvoir à la nomination d'un tuteur à la personne de l'enfant ou d'un curateur à ses biens, priver le père ou la mère de la jouissance en tout ou en partie, et prendre toutes autres mesures qu'il jugera convenable dans l'intérêt de l'enfant.   »

231a.2   **234.** Si, après que la jouissance légale a cessé, le père   389 al. ou la mère ont continué à jouir des biens de l'enfant, cohabitant avec eux, sans procuration, mais sans opposition, ou même avec procuration, mais sous la condition de rendre compte des fruits, ils ne seront tenus, eux aussi bien que leurs héritiers, qu'à restituer les fruits qui existeront encore à l'époque de la demande.

240   **235.** Le père peut, par testament ou par acte authentique, imposer des conditions à la mère survivante pour l'éducation des enfants et pour l'administration des biens.   391 392

»   La mère qui ne voudra pas accepter ces conditions pourra demander d'en être dispensée, en faisant convoquer par le préteur un conseil de famille, composé aux termes des articles 252 et 253, afin qu'il délibère sur la dispense demandée.   »

»   La délibération du conseil de famille sera soumise à l'homologation du tribunal, qui pourvoira après avoir entendu le ministère public.   »

251   **236.** Si, lors du décès du père, la mère est enceinte, le tribunal, sur instance d'une personne intéressée, peut nommer un curateur au ventre.   393

253   **237.** Si la mère veut se remarier, elle devra, avant l'acte de mariage, faire convoquer le conseil de famille, aux termes des art. 252 et 253.   395

al. 2   Le conseil décidera si l'administration des biens doit être conservée à la mère, et il pourra lui imposer des conditions pour cette administration et pour l'éducation des enfants.   »

»   Les délibérations du conseil de famille seront soumises au tribunal, qui pourvoira, aux termes de l'art. 235.   »

253 a. 1   **238.** A défaut de la convocation prescrite par l'article précédent, la mère perdra de droit l'administration, et son nouveau mari sera solidairement responsable des conséquences de la tutelle exercée par le passé et indûment conservée par la suite.   395 al.

»   Le préteur, sur instance du ministère public ou de quelques-unes des personnes indiquées dans les art. 252 et 253, ou même d'office, devra convoquer le conseil de famille pour délibérer sur les conditions à établir pour l'éducation des enfants et sur la nomination d'un curateur à leurs biens.   »

253 a. 2   Le conseil de famille pourra réintégrer la mère dans l'administration des biens.   »

»   Sont applicables aux délibérations du conseil de famille les dispositions du second alinéa de l'art. 237.   »

254   **239.** Lorsque l'administration des biens est conservée à la mère ou lui est restituée, son mari est toujours censé comme associé à cette administration, et en devient solidairement responsable.   396

TITRE IX.

DE LA MINORITÉ, DE LA TUTELLE ET DE L'ÉMANCIPATION.

CHAPITRE I.

De la minorité.

211   **240.** Le mineur est l'individu qui n'a point encore l'âge   388
de vingt-un ans accomplis.

CHAPITRE II.

De la tutelle.

SECTION I.

Des tuteurs.

236   **241.** Si le père et la mère sont décédés ou déclarés ab-   403
sents, ou s'ils ont encouru, ensuite d'une condamnation
pénale, la perte de la puissance paternelle, la tutelle est
ouverte.

215 248   **242.** Le droit de nommer un tuteur parent ou même   397
étranger appartient au dernier mourant des père et mère.

250   La nomination doit être faite par acte notarié ou par tes-   398
in fine. tament.

»   **243.** La nomination d'un tuteur faite par le père ou la   »
mère qui, à l'époque de sa mort, n'exerçait pas la puissance
paternelle, n'a point d'effet.

257   **244.** S'il n'y a pas de tuteur nommé par le père ou la   402
mère, la tutelle appartient de droit à l'aïeul paternel, et, à
défaut de celui-ci, à l'aïeul maternel.

260   **245.** Lorsqu'un enfant mineur restera sans père ni mère,   403
ni tuteur par eux élu, ni aïeul paternel ou maternel, comme
aussi lorsque le tuteur de l'une des qualités ci-dessus exprimées se trouvera exclu ou valablement excusé, il sera
pourvu, par le conseil de famille, à la nomination d'un tuteur.

»   **246.** Quel que soit le nombre des enfants, il ne pourra   »
leur être nommé qu'un seul tuteur.

»   S'il vient à naître opposition d'intérêt entre les mineurs   »
soumis à la même tutelle, on pourvoira de la manière indiquée à l'art. 224.

240 **247.** Quiconque nomme pour son héritier un mineur »
peut lui nommer un curateur spécial pour la seule administration des biens qu'il lui lègue, quoique le mineur se trouve
sous la puissance paternelle.

» **248.** Si la tutelle légale conférée au père ou à la mère »
par l'article 184 venait à cesser pendant la minorité des
276 a. 1 enfants, ou s'il s'agit d'enfants mineurs de père et mère »
inconnus, non recouvrés dans un hospice, il sera pourvu à
la nomination d'un tuteur par le conseil de famille.

SECTION II.

Du Conseil de Famille.

» **249.** Lorsqu'une tutelle est ouverte on constitue, devant »
261 le préteur du mandement où se trouve le siége principal des 406
affaires du mineur, un conseil de famille permanent pour
tout le temps de cette tutelle.

» Néanmoins, si le tuteur avait son domicile ou le tranfé- »
rait dans un autre mandement, le siége du conseil pourra
être transféré dans ce mandement par décret du tribunal
civil.

261 **250.** L'officier de l'état civil qui recevra la déclaration 406
et al. de l'acte de décès d'une personne qui aura laissé des enfants mineurs, ou devant lequel une veuve aura contracté
mariage, devra en informer promptement le préteur.

261 Le tuteur nommé par le père ou la mère, le tuteur légi- 406
time et les parents qui, en force de la loi, sont membres du
conseil de famille, doivent dénoncer au préteur le fait qui
donne lieu à la tutelle, sous peine des dommages solidairement.

261 Le préteur, après s'être procuré les renseignements op- 406
portuns, convoquera, dans le plus bref délai, le conseil de
famille, pour prendre les mesures nécessaires dans l'intérêt
des mineurs.

262 **251.** Le conseil de famille se compose du préteur, qui 407
261 271 le convoque et le préside, et de quatre conseillers. 406 416

» Feront aussi partie du conseil de famille : le tuteur, le »
protuteur, et, pour le mineur émancipé, le curateur.

» Le mineur aura droit, après sa seizième année révolue, »
d'assister au conseil de famille, dont on devra, par consé-
quent, lui notifier la réunion, mais il n'aura pas voix délibé-
rative.

263 **252.** Sont conseillers de droit, dans l'ordre suivant, lors- 408
qu'il ne font pas partie du conseil en d'autres qualités :

1° Les ascendants mâles du mineur ; 2° les frères germains ; 3° les oncles.

Dans chaque ordre, les plus proches seront préférés et, à
égal degré, les plus âgés.

264 **253.** N'existant pas les conseillers indiqués par l'article 409
précédent ou n'étant pas en nombre suffisant, le préteur
doit nommer à la même charge d'autres personnes, en
les choisissant, autant que possible et convenable, parmi
les plus proches parents ou alliés du mineur.

A défaut de parents et d'alliés, le préteur pourvoira aux
termes de l'article 261.

265 **254.** Le préteur aura la faculté, pour raison de distance 410
ou autres graves motifs, de dispenser de la charge de conseiller
les personnes qui en feront la demande, en les remplaçant
par d'autres, d'après les règles établies dans les deux articles précédents.

» Le préteur remplacera aussi avec les mêmes règles les »
conseillers qui, durant la tutelle, sortiront de leur charge.

267 **255.** Les personnes appelées dans les conseils de famille 412
sont tenues d'y intervenir personnellement. L'absence non

268 justifiée est punie par une amende qui ne pourra excéder 413
cinquante francs.

» Dans le cas où un conseiller serait habituellement absent, »
le préteur devra le remplacer par une autre personne, et, si

269 ce conseiller ne donne pas la preuve d'une cause juste et 414
permanente de son absence, le préteur en fera rapport au
procureur du roi, qui demandera, contre ce conseiller, en
jugement civil, l'application d'une amende qui n'excèdera
pas cinq cents francs.

» **256.** Dans le procès-verbal de la première réunion du »
conseil de famille, on énoncera les faits dont chacun de ses
membres tire sa qualité, et on déclarera s'il est régulièrement constitué.

» Après six mois du jour de la première convocation, les »
actes du conseil de famille ne pourront plus être contestés
pour raison d'incompétence ou d'irrégularité de sa constitution. Même durant les six mois, ces actes ne pourront
être annulés au préjudice des tiers qui seront en bonne foi.

261 **257.** Durant la tutelle, le préteur doit convoquer le con- 406
seil de famille, lorsqu'il lui en sera fait la demande par le
tuteur ou le protuteur, ou le curateur, ou par deux conseillers ou des personnes qui y auront un intérêt légitime.

» **263.** Dans les conseils de famille ou de tutelle, le ministère du préteur et de tout autre officier est gratuit, ainsi que celui des membres qui le composent. »

SECTION III.

Du Protuteur.

279 **264.** Celui qui a droit de nommer le tuteur peut, » avec les mêmes formes, nommer le protuteur; à défaut, la nomination sera faite par le conseil de famille.

281 Dans les cas où le conseil de famille est appelé à nommer 422 le tuteur et le protuteur, la nomination du tuteur devra précéder celle du protuteur, et celle-ci sera faite immédiatement après dans la même réunion.

280 **265.** Le tuteur ne peut entrer en fonction s'il n'y a pas 421 de protuteur, et, dans ce cas, il doit faire procéder sans retard à sa nomination.

280 al. Si le tuteur contrevient à cette disposition, il pourra al. être destitué et il sera toujours tenu à tous dommages.

278 **266.** Le protuteur agit dans l'intérêt du mineur et le 420 al. représente dans les cas où ses intérêts seraient en opposition avec ceux du tuteur.

278 Il est tenu aussi de faire procéder à la nomination d'un 424 nouveau tuteur, si la tutelle devient vacante ou est abandon- 2°part. née, et, en attendant, il représente le mineur et peut faire tous les actes conservatoires, et même les actes d'administration qui n'admettent pas de retard.

284 **267.** Le protuteur cesse de ses fonctions par la nomi- 425 nation d'un nouveau tuteur; le conseil de famille peut le nommer de nouveau.

SECTION IV.

De l'Incapacité, de l'Exclusion et de la Destitution des charges tutélaires.

302 **268.** Ne peuvent être tuteurs, protuteurs, curateurs, ni 442 membres des conseils de famille, et doivent cesser de ces fonctions, s'ils y ont été nommés :

n. 4 1° Les femmes autres que les ascendantes et les sœurs ger- n. 3 maines non mariées ;

n.2et3 2° Ceux qui n'ont pas la libre administration de leurs n.1et2 biens ;

n. 5   3° Tous ceux qui ont ou sont exposés à avoir, ou dont les   n. 4
        père ou mère, les descendants ou l'époux ont pareillement ou
        sont exposés à avoir avec le mineur un procès dans lequel la
        fortune de ce mineur ou une partie notable de ses biens se-
        raient compromis.

»   **269.** Sont exclus de ces mêmes charges et doivent en   »
        être révoqués s'ils y ont été nommés :

303   1° Ceux qui auront été condamnés à une peine criminelle ;   443

303   2° Ceux qui auront été condamnés à la prison pour vol,   443
        fraude, faux ou attentat aux bonnes mœurs ;

304   3° Les personnes d'une inconduite notoire et celles   444
n. 1 et 2 qui sont notoirement incapables d'administrer, ou dont l'in-   n. 1 et 2
        fidélité ou la négligence aurait été prouvée, ou qui se seront
        rendues coupables d'abus d'autorité dans l'exercice de la
        tutelle ;

302 n. 3   4° Les faillis non réhabilités.   422 n. 2

305   **270.** En cas de condamnation à une peine correctionnelle   443
        pour une cause autre que celles indiquées dans le numéro 2°
        de l'article précédent, le condamné ne peut être tuteur jus-
        qu'à ce qu'il n'ait subi sa peine.

305   S'il était déjà entré dans l'exercice de la tutelle, et si la   443
        peine était de plus d'un an de prison, il perd la tutelle et il
        ne peut y être réintégré pendant qu'il subit sa peine ; si
        celle-ci est de moins d'un an, le conseil de famille peut le
        révoquer.

307   **271.** Les instances auxquelles les dispositions des deux   446
        articles précédents peuvent donner lieu seront proposées
        devant le conseil de famille, sauf appel devant le tribunal.

»   Cet appel pourra même être fait par le ministère public.   448 a. 2

308   Lorsqu'il s'agira d'exclure ou de révoquer le tuteur ou le   447
        protuteur, le conseil de famille ne pourra délibérer qu'a-
        près avoir entendu ou dûment cité les mêmes.

SECTION V.

Des causes qui dispensent de la charge de Tuteur et de Protuteur.

287   **272.** Sont dispensés de la charge de tuteur et de protu-   427
        teur :

»   1° Les princes de la famille royale, sauf qu'il s'agisse de   al. 1
        la tutelle d'autres princes de la même famille ;

»   2° Les présidents des chambres législatives ;   al. 1

al. 4   3° Les ministres secrétaires d'Etat ;   al. 1

al. 5 — 4° Les présidents du Conseil d'Etat, de la Cour des Comptes, — al. 2
des Cours judiciaires, et les chefs du Ministère public près
les mêmes Cours ;

al. 6 — 5° Les secrétaires et les directeurs généraux des adminis- — al. 4
trations centrales du royaume et les chefs des administra-
tions provinciales.

288 — **273.** Sont également dispensés d'entrer ou de continuer — 428
dans l'exercice de la tutelle et des charges de protuteur :

252 — 1° Les femmes qui peuvent être tutrices ; — 394

292 — 2° Ceux qui sont âgés de soixante-cinq ans révolus ; — 433

293 — 3° Ceux qui sont atteints d'une infirmité grave et perma- — 434
nente ;

296 — 4° Le père de cinq enfants vivants. Les enfants morts en — 436
et al. 1 — activité de service dans l'armée nationale de terre ou de mer — et al. 1
seront comptés pour opérer la dispense ;

291 295 — 5° Celui qui est déjà chargé d'une tutelle ; — 435 et a

288 — 6° Les militaires en activité de service ; — 428 a. 1

288 — 7° Ceux qui auront une mission du gouvernement hors du — 428 a. 1
289 290 — royaume, ou qui, pour cause de service public, ont leur — 429
résidence hors du territoire du tribunal où la tutelle a été — 430 431
constituée.

291 — **274.** Celui qui n'est ni parent ni allié du mineur ne peut — 432
être tenu d'accepter la tutelle ou la charge de protuteur, si
des parents ou alliés en état d'exercer ces charges, et qui
n'en soient pas dispensés pour une cause légitime, ré-
sident dans le territoire du tribunal dans lequel la tutelle
a été constituée, ou dans lequel se trouve une portion considérable des biens du mineur.

Si les motifs pour lesquels un parent ou un allié ont été
dispensés viennent à cesser, l'étranger qui sera entré en
fonction comme tuteur ou protuteur pourra obtenir sa dispense.

298 et — **275.** La demande, pour la dispense, se fait devant le con- — 438 et
suivants. — seil de famille. — suivants.

La décision du conseil, qui rejette la demande, pourra
être contestée, par devant le tribunal, par le tuteur ou par
le protuteur qui l'a proposée, et celui-ci sera tenu de continuer en attendant dans l'exercice de ses fonctions.

» — En ce cas, un délégué spécial du conseil de famille sera — »
admis à en défendre la décision.

» — **276.** Le conseil de famille pourra en tout temps dispenser — »
le tuteur, le protuteur et le curateur de leur charge, s'ils
consentent à y renoncer et si le conseil jugera une telle mesure
nécessaire dans l'intérêt du mineur ;

»   Si la délibération du conseil de famille n'a pas été prise à ›
l'unanimité, elle sera soumise à l'homologation du tribunal.

SECTION VI.

De l'Exercice de la Tutelle.

311   **277.** Le tuteur prend soin de la personne du mineur, 450
le représente dans les actes civils et en administre les biens.

312   **278.** Le conseil de famille, lorsque la tutelle ne sera pas »
exercée par l'aïeul paternel ou maternel, pourra délibérer
sur le lieu où le mineur doit être élevé, ainsi que sur l'éducation qu'il conviendra de lui donner, après avoir entendu
le mineur lui-même, s'il a dix ans révolus.

313   **279.** Le tuteur qui aura de graves sujets de mécontente- 408
ment sur la conduite du mineur en fera rapport au conseil de
famille, qui pourra l'autoriser à provoquer du président les
mesures indiquées dans l'art. 222.

314   **280.** Le mineur doit respect et obéissance à son tuteur. »
Si le tuteur abuse de son autorité ou néglige les devoirs
de sa charge, le mineur pourra porter plainte au conseil de
famille.

316   **281.** Dans les dix jours qui suivront celui dans lequel il 451
aura reçu la notification légale de sa qualité, le tuteur requerra la levée des scellés, s'ils ont été apposés, et fera procéder immédiatement à l'inventaire des biens du mineur,

322   malgré toutes les dispenses qui pourraient lui avoir été »
données.

316 al.   Cet inventaire devra être clos dans le mois, sauf au pré- ›
teur de proroger ce terme, si les circonstances l'exigent.

321   **282.** L'inventaire se fera avec l'intervention des protu- 451
teurs et la présence de deux témoins, qui seront choisis
parmi les parents ou les amis de la famille, et il sera reçu
par le notaire qui aura été nommé par le père ou la mère,
ou, à défaut, par le conseil de famille.

»   Le préteur ou le conseil de famille pourra permettre que »
l'inventaire soit fait sans notaire, lorsque la valeur des biens
n'excèdera pas trois mille francs.

321   L'inventaire sera déposé à la préture. ›
»   Dans l'acte de dépôt, le tuteur et le protuteur déclare- ›
ront par serment la sincérité de l'inventaire.

320   **283.** Dans l'inventaire on indiquera les meubles, »
créances et dettes, les écritures, papiers et notes relatives

à l'actif et au passif du patrimoine, et on fera la description des immeubles,

» Le préteur ou le conseil de famille déterminera si on doit procéder à l'estimation des meubles et à la description de l'état des immeubles, et comment on doit y procéder. »

» **284.** Si dans le patrimoine du mineur se trouvaient des établissements industriels ou commerciaux, on procédera à l'inventaire de l'établissement dans les formes en usage dans le commerce, et avec l'intervention du protuteur et de toutes autres personnes que le préteur ou le conseil de famille croirait à propos de déléguer. »

Cet inventaire sera aussi déposé à la préture, et sa récapitulation sera enregistrée dans l'inventaire général.

317 **285.** Le tuteur qui aura des dettes, des créances ou tout 451 al. autre intérêt envers le mineur, devra le déclarer, sur interpellation du notaire, avant que l'on commence les opérations relatives à l'inventaire.

317 Le notaire fera mention, dans l'inventaire, de l'interpella- 451 tion qu'il aura faite et de la réponse qui aura été donnée.

317 Lorsque l'inventaire se fait sans notaire, l'interpellation 451 au tuteur sera faite par le préteur, qui fera mention des réponses du tuteur au procès-verbal du dépôt.

319 **286.** Si le tuteur, ayant connaissance de sa créance ou 451 de ses raisons et étant expressément interpellé, n'en fera pas déclaration, il décherra de tous ses droits.

318 Si, connaissant d'être débiteur, il ne déclarera pas sa » dette, il pourra être destitué de la tutelle.

» **287.** Les valeurs en numéraire ou en effets au porteur et les objets précieux, qui se trouveraient dans le patrimoine du mineur, seront déposés dans la caisse des dépôts judiciaires ou dans celle qui sera désignée par le préteur, et y resteront jusqu'à ce que le conseil de famille n'aura pas délibéré à leur égard.

327 **288.** Le tuteur qui ne fera pas l'inventaire dans le terme » et dans la forme prescrits, malgré toutes dispenses, ou qui le fera infidèle, sera tenu aux dommages et pourra être destitué de la tutelle.

324 **289.** L'administration du tuteur, pendant que l'inven- » taire ne sera pas terminé, doit se limiter aux affaires qui n'admettent pas de retard.

325 **290.** Dans les deux mois qui suivront la clôture de l'in- 452 al. ventaire, le tuteur fera vendre aux enchères publiques les meubles du mineur.

325 Le conseil de famille pourra autoriser le tuteur à con- 452 inf

server les meubles en tout ou en partie, et même à les vendre à parti privé.

328   **291.** Après que l'inventaire aura été fait, le conseil de 454 famille règlera, par approximation, la dépense annuelle de l'entretien, de l'éducation et de l'instruction du mineur,

329 ainsi que celle de l'administration de ses biens, en fixant la 455 somme à laquelle commencera, pour le tuteur, l'obligation d'employer l'excédant des revenus, le mode de l'emploi et le terme dans lequel cet emploi doit être fait.

330   Le tuteur qui aura omis de provoquer les délibérations 456 du conseil de famille sur ces objets deviendra responsable, après l'échéance de trois mois, des intérêts de toute somme excédant les dépenses strictement nécessaires.

»   **292.** Le tuteur, autre que l'aïeul paternel ou maternel, » est tenu de donner caution, s'il n'en est pas dispensé par le conseil de famille par délibération qui sera soumise à l'homologation du tribunal.

»   Le conseil déterminera la somme pour laquelle on devra » donner caution.

»   Le conseil de famille indiquera sur quels biens le tuteur » devra inscrire l'hypothèque légale, si celui-ci ne préfère donner une autre espèce de caution ; si le tuteur ne possèdera pas de biens suffisants, on procèdera à la nomination d'un nouveau tuteur.

»   Le conseil de famille délibèrera à ce sujet dans sa pre- » mière réunion.

»   **293.** Le conseil de famille pourra, dans le cours de la » tutelle, exiger du tuteur la caution dont il aurait été dispensé, et pourra aussi le décharger de celle qu'il aurait donnée.

  Il pourra aussi étendre ou restreindre l'inscription hypothécaire qu'on aurait prise à la place de la caution, et même en autoriser la radiation.

  Dans tous les cas, la délibération du conseil doit être soumise à l'homologation du tribunal.

»   **294.** Le conseil de famille pourra aussi fixer des con- » ditions spéciales pour le recouvrement et l'emploi de la portion des revenus qui excèdera la somme fixée aux termes de l'art. 291.

328 al.   **295.** Le conseil de famille, si des circonstances parti- 454 al. culières l'exigent, pourra autoriser le tuteur à s'aider, dans sa gestion, d'une ou de plusieurs personnes salariées et gérant sous sa responsabilité.

337   **296.** Le tuteur ne pourra, sans l'autorisation du conseil »

de famille, recouvrer les capitaux du mineur, les employer,
331   emprunter, donner des gages ou des hypothèques, aliéner   457
les biens meubles et immeubles, à l'exception des fruits et
des meubles facilement sujets à détérioration, céder ou
336   transférer des créances ou des titres de créance, acquérir   »
des biens immeubles ou meubles, à l'exception des objets
nécessaires à l'économie domestique ou à l'administration
438   des biens, faire des locations pour plus de neuf ans, accepter   461
340   ou répudier des successions, accepter des donations ou des   463
342   legs soumis à des charges et des conditions, procéder à des   465
partages ou les provoquer en justice.
344   Il ne pourra non plus, sans ladite autorisation, faire   467
341   des compromis ou des transactions, introduire des actions   464
en justice autres que des actions au possessoire ou pour le
recouvrement des rentes, sauf les cas d'urgence.
»   **297.** L'autorisation du conseil de famille ne peut être   »
générale, mais doit être spéciale pour chaque acte et chaque
contrat.

331 a.3   Autorisant des ventes d'immeubles, le conseil de famille   457 a.3
in fine.   déterminera si elles doivent être faites par enchères publi-   in fine.
333 331   ques ou à parti privé.   459 460
335
336 al.   **298.** S'il y a, dans les biens du mineur, des titres au   »
porteur, et si le conseil de famille n'en aura pas délibéré la
conversion dans un autre emploi, le tuteur devra les con-
vertir en une inscription nominative.
»   **299.** Les établissements de commerce ou d'industrie,   »
qui se trouveront dans les biens du mineur, seront aliénés
et liquidés par le tuteur dans les formes et avec les garanties qui auront été déterminées par le conseil de famille.
Le conseil de famille pourra autoriser la conservation de
ces établissements, lorsqu'il y aura utilité évidente pour le
mineur; cette délibération sera soumise à l'homologation
du tribunal.
315   **300.** Le tuteur et le protuteur ne peuvent acheter les   450 a.2
biens du mineur ni accepter la cession d'aucune raison ou
créance vers le même. Ils ne peuvent non plus prendre ses
biens à ferme sans l'autorisation du conseil de famille.
332   **301.** Toutes les délibérations du conseil de famille qui   458
autoriseront des actes d'aliénation, de gage ou d'hypothèque
des biens du mineur, devront être soumises à l'homologation
du tribunal.
344 a.1   Seront pareillement soumises à l'homologation du tri-   467 al.
bunal les délibérations qui autorisent le tuteur à contracter

des emprunts, et celles relatives aux transactions, aux compromis et aux partages dans lesquels le mineur serait intéressé.

SECTION VII.

Des comptes de la tutelle.

345   **302.** Tout tuteur, lorsque son administration finit, est   469
tenu d'en rendre compte.

346   **303.** Le tuteur, autre que l'aïeul paternel ou maternel,   470
devra présenter toutes les années les états de situation de
sa gestion au conseil de famille, qui, avant de délibérer, les
fera examiner par un de ses membres.

al.   Ces états de situation seront rédigés et remis, sans frais,   al.
sur papier non timbré et sans aucune formalité de justice,
et, après la délibération du conseil de famille, ils seront
déposés à la préture.

345 al.   **304.** Toute exemption de l'obligation de rendre le compte   »
définitif ou de présenter les états annuels de situation est
de nul effet.

347   **305.** Le compte définitif de la tutelle sera rendu, quand   471
le mineur aura atteint sa majorité ou sera émancipé.

347   Les frais seront à la charge du mineur, et ils seront, en   471
et al. 1 attendant, avancés par le tuteur.

al. 2   On allouera au tuteur toutes dépenses suffisamment jus-   al.
tifiées et reconnues utiles au mineur.

348   **306.** Lorsque la gestion du tuteur cessera avant que   »
l'administré ait atteint sa majorité ou soit émancipé, le
compte de la gestion devra être rendu à celui qui succèdera
dans la tutelle et en présence du protuteur ; la reddition
du compte ne sera cependant définitive que lorsqu'elle sera
approuvée par le conseil de famille.

al.   Si l'administré décède pendant sa minorité, le compte   »
sera rendu à ses héritiers.

»   **307.** Si la tutelle cesse par la majorité de l'administré,   »
le compte sera rendu à l'administré lui-même ; mais le tuteur
ne sera pas valablement libéré, si l'administré n'aura pas été
assisté dans l'examen du compte par le protuteur ou par
une autre personne qui, à défaut du protuteur, aura été
désignée par le préteur.

349 al.   Aucun traité ne pourra intervenir entre le tuteur et le   472
mineur, devenu majeur, avant l'approbation définitive du
compte de tutelle.

351 **308.** La somme à laquelle s'élèvera le reliquat dû par 474
le tuteur portera intérêt à compter du jour de la clôture
du compte, sans qu'il soit nécessaire d'en faire la demande.

al.   Les intérêts de ce qui sera dû au tuteur par le mineur al.
ne courront que du jour de la demande judiciaire faite après
la clôture du compte.

352 **309.** Les actions du mineur contre le tuteur et le pro- 475
tuteur, et celles du tuteur contre le mineur, relativement à
la tutelle, se prescrivent par dix ans, à compter du jour de
la majorité ou du décès de l'administré, sans préjudice, cependant, des dispositions relatives à l'interruption et à la
suspension du cours des prescriptions.

al.   La prescription établie par cet article n'est pas applicable 475
à l'action pour le payement du reliquat résultant du compte
définitif.

CHAPITRE III.

De l'Émancipation.

»   **310.** Le mineur est émancipé de plein droit par le ma- 476
riage.

238 353 **311.** Le mineur, qui a dix-huit ans révolus, pourra être 477
émancipé par le père ou la mère qui exercera la puissance
paternelle, et, à défaut, par le conseil de famille.

238   L'émancipation s'opèrera par la déclaration faite devant al.
353 al. le préteur par le père ou la mère, ou par délibération du
conseil de famille.

355 **312.** L'enfant naturel pourra être émancipé par le père 478
ou la mère qui en aura la tutelle légale, et, à défaut, par
le conseil de tutelle, dans les formes établies par l'article
précédent.

356 **313.** Pour l'émancipation des mineurs indiqués dans »
l'art. 262, le conseil de tutelle sera présidé par le préteur.

357 **314.** Lorsque l'émancipation aura été déclarée, le con- 480
seil de famille ou de tutelle nommera un curateur au mineur in fine.
émancipé.

    Néanmoins, si l'émancipation est faite par le père ou la
mère, le mineur émancipé aura pour curateur l'émanci-
pant.

»   **315.** Le mineur émancipé par l'effet du mariage aura »
pour curateur le père, et, à défaut, la mère.

357   S'il n'y a ni père ni mère, le conseil de famille ou de 480
tutelle lui nommera un curateur. in fine.

» La femme mineure mariée a pour curateur le mari ou le »
curateur du mari, si celui-ci est mineur ou sans conseil judiciaire, et enfin le tuteur du mari, si celui-ci est interdit.

» Si elle est veuve ou séparée de corps ou de biens, elle »
aura pour curateur le père ou la mère, et, à défaut, il lui
sera nommé un curateur par le conseil de famille ou de
tutelle.

358   **316.** Le compte de l'administration précédente sera   480
rendu au mineur émancipé, assisté de son curateur, et si
celui-ci est le même qui doit rendre le compte, le conseil
de famille ou de tutelle nommera un curateur spécial.

241 359   **317.** L'émancipation confère au mineur la capacité de   481
faire de son chef tous les actes qui n'excèdent pas la simple
administration.

360   **318.** Le mineur émancipé peut, avec l'assistance du   482
curateur, recouvrer les capitaux sous condition de leur
donner un emploi utile, et ester en justice, soit comme demandeur, soit comme défendeur.

361 362   **319.** Pour tous les actes qui excèdent la simple admi- 483 484
nistration, outre le consentement du curateur, il est encore
nécessaire d'obtenir l'autorisation du conseil de famille ou
de tutelle.

361   Les délibérations du conseil relatives aux biens du mi-   »
neur émancipé seront soumises à l'homologation du tribunal dans tous les cas indiqués dans l'art. 304.

»   **320.** Si le curateur refuse son consentement, le mineur   »
pourra en appeler au conseil de famille.

363   **321.** Le mineur émancipé pourra être privé du bénéfice 485
de l'émancipation par délibération du conseil de famille ou
de tutelle, lorsque ses actes démontreront son incapacité
d'administrer.

»   La délibération du conseil n'aura lieu que sur la demande »
du père ou de la mère, si l'émancipation aura été par eux
concédée et s'ils seront en vie.

364   Le mineur rentrera sous la puissance paternelle ou dans 486
l'état de tutelle dès le jour de la révocation de l'émancipation, et y restera jusqu'à ce qu'il ait atteint sa majorité.

366   **322.** La nullité des actes faits en contravention des dis-   »
positions du présent titre, relativement à l'intérêt du mineur, ne peut être opposée que par le tuteur, par le mineur
et par ses héritiers ou ayants cause.

TITRE X.

DE LA MAJORITÉ, DE L'INTERDICTION ET DU CONSEIL JUDICIAIRE.

CHAPITRE PREMIER.

De la Majorité.

CHAPITRE II.

De L'Interdiction.

388 389   **330.** L'époux majeur, et non légalement séparé, est tu- 506 507
teur de plein droit de l'autre époux interdit par infirmité
mentale.

»   Est aussi tuteur de droit, après l'époux, le père de l'in- »
terdit, et, à défaut de père, la mère.

390   Venant à cesser la tutelle de l'époux, du père ou de la »
mère, le tuteur est nommé par le conseil de famille ou de
tutelle, sauf que le père ou la mère survivant, dans la pré-
voyance de l'interdiction de l'enfant, le lui ait désigné par
testament ou par acte notarié.

340   **331.** Lorsque la tutelle sera exercée par l'époux, par le 470
père ou la mère, le conseil de famille ou de tutelle pourra
dispenser le tuteur de l'obligation de présenter les états
annuels mentionnés dans l'article 303.

325   **332.** Le tuteur de l'interdit ne sera pas tenu de faire 452
vendre les meubles qui servent à l'habitation de la famille.

391   **333.** Nul n'est tenu de continuer dans la tutelle de l'in- 508
terdit au-delà de dix ans, à l'exception des époux, des
ascendants et des descendants.

394   **334.** La dot et les autres conventions matrimoniales des 511
enfants d'un interdit seront réglées par le conseil de famille
ou de tutelle.

384   **335.** Les actes faits par l'interdit, postérieurement à la 502
2ᵉ pér. sentence d'interdiction, ou même après la nomination de 2ᵉ pér.
l'administrateur provisoire, sont nuls de droit.

384 al.   La nullité ne peut être proposée que par le tuteur, par »
l'interdit et ses héritiers ou ayants cause.

385   **336.** Les actes antérieurs à l'interdiction peuvent être 503
annulés, si la cause de l'interdiction existait à l'époque où
ces actes ont eu lieu, et toutes les fois que, par la nature du
contrat, ou par le grave préjudice qui en serait dérivé, ou
pourrait en dériver à l'interdit, ou de toute autre manière,
il conste de la mauvaise foi de celui qui a contracté avec
l'interdit.

386   **337.** Après la mort d'un individu, les actes par lui faits 504
ne pourront être attaqués, pour cause d'infirmité mentale,
que lorsqu'on aura provoqué l'interdiction avant son décès,
ou lorsque la preuve ou l'interdiction résultera de l'acte
même qui est attaqué.

305   **338.** L'interdiction sera révoquée par instance des pa- 512
rents, de l'époux ou du ministère public, lorsque la cause
qui y a donné lieu viendrait à cesser.

»   Le conseil de famille ou de tutelle devra veiller pour »
reconnaître si la cause de l'interdiction continue.

CHAPITRE III.

Du Conseil judiciaire.

380   **339.** Celui qui est atteint d'infirmité mentale, mais dont 499
l'état n'est pas tellement grave pour donner lieu à l'inter-
369 diction, et le prodigue, pourront être déclarés par le tribu- 513
nal incapables de plaider, transiger, emprunter, recevoir
des capitaux, en donner décharge, aliéner ou grever ses
biens d'hypothèques, ni faire d'autres actes qui excèdent la
simple administration, sans l'assistance d'un curateur, qui
sera nommé par le conseil de famille ou de tutelle,
326   La défense de procéder sans l'assistance d'un conseil 511
peut être provoquée par ceux qui ont droit de demander
l'interdiction.
»   **340.** Le sourd et muet et l'aveugle de naissance, lors- »
qu'ils auront atteint la majorité, seront de plein de plein
droit censés sous conseil judiciaire, sauf que le tribunal
les ait déclarés capables de pourvoir à leurs intérêts.
381 al.   **341.** La nullité des actes faits par celui qui est placé »
sous conseil judiciaire, sans l'assistance du conseil, ne peut
être proposée que par lui-même et par ses héritiers et
ayants cause.
395   **342.** La défense de procéder sans conseil judiciaire sera 512
révoquée, comme l'interdiction, lorsque la cause qui y a
donné lieu viendrait à cesser.

TITRE XI.

DES REGISTRES DE TUTELLE DES MINEURS
OU DES INTERDITS, ET DES CURATELLES DE CEUX
QUI SONT ÉMANCIPÉS OU PLACÉS
SOUS CONSEIL JUDICIAIRE.

»   **343.** Dans chaque préture il sera tenu un registre des »
tutelles des mineurs ou des interdits, et un autre des curatelles de ceux qui sont émancipés ou placés sous conseil
judiciaire.
»   **344.** Chaque tuteur ou curateur devra faire insérer, »
dans ce registre, sa tutelle ou curatelle, dans quinze jours
de son entrée en fonction. Tous les membres du conseil de

famille ou de tutelle devront veiller à ce que l'inscription soit exécutée. Le préteur pourra l'ordonner d'office.

La tutelle légale, attribuée au père et à la mère par l'article 184, n'est pas soumise à l'inscription.

345. Le registre des tutelles contiendra, pour chacune d'elles, un chapitre spécial dans lequel on devra énoncer :

Le nom, le prénom, la condition, l'âge et le domicile de l'individu soumis à tutelle ;

Le nom, le prénom, la condition et le domicile du protuteur et des autres membres du conseil de famille ou de tutelle ;

Le titre qui confère la qualité de tuteur et de protuteur, ou la sentence qui a prononcé l'interdiction ;

Le jour de l'ouverture de la tutelle ;

La date de l'inventaire ;

La date des réunions du conseil et l'objet des délibérations prises.

346. Dans le registre, on tiendra note des états annuels de l'administration du tuteur et de leurs résultats.

347. Si le siège de la tutelle est transféré dans une autre préture, le tuteur en fera la déclaration dans le registre de celle qu'il abandonne et en provoquera l'inscription dans le registre de celle où il le transfère.

348. Le registre des curatelles de ceux qui sont émancipés ou placés sous conseil judiciaire aura, pour chacune d'elles, un chapitre spécial dans lequel on devra énoncer :

Le nom, le prénom, la condition, l'âge et le domicile de l'individu émancipé ou placé sous conseil judiciaire ;

Le nom, le prénom, la condition et le domicile du père ou de la mère qui l'a émancipé, ou des membres du conseil de famille ou de tutelle qui a délibéré sur l'émancipation ;

La date de l'émancipation ou de la sentence de nomination du conseil judiciaire ;

Le nom, le prénom, la condition et le domicile du curateur nommé à celui qui a été émancipé ou placé sous conseil judiciaire, et des membres du conseil de famille ou de tutelle ;

Le titre qui confère la qualité de curateur.

La date des réunions du conseil et l'objet des délibérations prises.

349. Le préteur surveillera la tenue des registres, et, à la fin de chaque année, il fera un rapport au procureur

du roi sur les mesures prises pour obtenir l'exécution de
la loi.

Les registres seront tenus sur papier non timbré, et l'enregistrement se fera gratuitement.

TITRE XII.

DES ACTES DE L'ÉTAT CIVIL.

CHAPITRE I.

Dispositions générales.

Ap. 1.   **350.** Les actes de naissance, de mariage et de décès ,
doivent être dressés dans la commune où ces faits ont lieu.

Ap. 0.   **351.** Les actes et les déclarations qui doivent se faire 37
devant l'officier de l'état civil seront reçus en présence de
deux témoins choisis par les parties intéressées, et qui
devront être du sexe masculin, avoir vingt et un an accomplis et résider dans la commune.

Ap. 2.   **352.** Les actes de l'état civil énonceront la commune, la 34
maison, l'année, le jour et l'heure dans lesquels ils seront
reçus ; le nom, le prénom et la qualité de l'officier devant
lequel ils seront dressés ; le nom, le prénom, l'âge, la profession et le domicile ou la résidence des individus qui y
sont indiqués comme déclarants ou comme témoins, et les
documents présentés par les parties ;

»   L'officier de l'état civil donnera lecture de l'acte et y fera 38
mention de l'exécution de cette formalité.

Ap. 3.   **353.** Les actes seront signés par les déclarants, les 39
témoins et l'officier ; si les déclarants ou les témoins ne
peuvent souscrire, on fera mention de la cause de l'empêchement.

»   **354.** Les parties intéressées, lorsqu'elles ne seront pas 36
tenues de comparaître personnellement, pourront se faire
représenter par un fondé de procuration spéciale et authentique.

Ap. 8.   **355.** Les officiers de l'état civil ne pourront insérer, 35
dans les actes qu'ils recevront, que les déclarations et les
indications prescrites ou permises pour chaque acte.

Ap. 1.   **356.** Les registres de l'état civil seront tenus en double 40
original.

Ap. 1.   **357.** Les registres, avant d'être employés, seront pa- 41
rafés, sur chaque feuille, par le président du tribunal civil

ou par un juge du tribunal que celui-ci aura délégué, par décret qui devra être inscrit sur la première page du registre.

Ap. 2.   **358**. Les actes seront inscrits sur les registres, de suite,   42
sans aucun blanc.

Ap. 4,   Les ratures et les renvois seront approuvés et signés avant   42
Ap. 54 la clôture des actes ; il n'y sera rien écrit par abréviation, et
les dates seront toujours écrites en toutes lettres.

Ap. 4.   **359**. Toute annotation sur un acte déjà inscrit sur les   49
registres, si elle est légalement ordonnée, devra se faire en
marge du même, sur la requête des parties intéressées, par
l'officier de l'état civil, sur les registres courants ou sur ceux
déposés aux archives de la commune, et par le greffier du
tribunal sur les registres déposés au greffe. A l'effet de quoi
l'officier de l'état civil en donnera avis, dans les trois jours,
au procureur du roi, qui veillera à ce que les annotations
soient faites, d'une manière uniforme, sur les deux originaux
des registres.

Ap. 7.   **360**. Les registres seront clos par l'officier de l'état-civil,   43
à la fin de chaque année, par une déclaration expresse,
écrite et signée immédiatement, et après le dernier acte inscrit sur le registre ; et l'un des doubles sera déposé, dans
les quinze jours, aux archives de la commune, l'autre au
greffe du tribunal.

»   **361**. Les procurations et les autres pièces annexées aux   44
actes de l'état civil seront visées par l'officier public et annexées au double qui doit demeurer au greffe du tribunal.

Ap. 8.   **362**. Les registres de l'état civil sont publics ; les offi-   45
ciers de l'état civil ne peuvent refuser les extraits et les certificats négatifs qui leur seraient demandés, et ils sont tenus
de faire les recherches dont les particuliers peuvent avoir
besoin, relativement aux actes confiés à leur garde.

Ap. 8.   Les extraits contiendront toutes les annotations qui se   45
trouveront sur l'acte original.

61   **363**. Les actes de l'état civil, dressés conformément aux   45
dispositions des articles précédents, feront foi, jusqu'à inscription en faux, sur ce que l'officier public atteste avoir eu
lieu en sa présence.

»   Les déclarations des comparants font foi, jusqu'à preuve   »
contraire.

»   Les indications étrangères à l'acte n'ont aucune valeur.   »

63   **364**. Si l'on aura pas tenu de registres, ou s'ils auront   46
été détruits ou perdus en tout ou en partie, ou s'il y aura
eu interruption dans la tenue des mêmes, la preuve des

naissances, des mariages et des décès sera reçue tant par documents et écritures que par témoins.

al.   Si le défaut, la destruction, la perte ou l'interruption »
seront dus au dol du requérant, il ne sera pas admis à la
preuve autorisée par cet article.

65   **365**. Le procureur du roi est chargé de veiller à ce que 53
Ap.50 la tenue des registres soit régulière, et il pourra en tout
temps en vérifier la situation.

Ap.50 Il devra, chaque année, procéder à leur vérification, lors- 53
al.   qu'ils seront déposés au greffe du tribunal ; il dressera, avec
l'aide du greffier, un procès-verbal des résultats de la vérification, ordonnera le dépôt des registres dans les archives du
62   tribunal et provoquera l'application des peines pécuniaires 51
Ap.51 contre ceux qui les auront encourues, comme aussi les rec-
tifications requises par l'intérêt public, après avoir entendu
les parties intéressées.

Ap. 9 **366**. Lorsqu'un des cas indiqués dans l'art. 364 viendra 46
à se vérifier, le tribunal, sur instance du procureur du Roi,
pourra ordonner, si cela est possible, que les actes omis,
perdus ou détruits, soient refaits, ou bien qu'il soit suppléé,
à leur défaut, par des actes judiciaires de notoriété, moyennant la déclaration de quatre personnes au moins, informées
et dignes de foi, et toujours après avoir entendu les parties
intéressées et sans préjudice de leurs droits.

»   S'il venait à résulter qu'un mariage a été célébré par »
devant un officier de l'état civil incompétent, et si l'action
pour le contester était périmée, le tribunal, sur instance du
procureur du roi, pourra ordonner la transmission d'une
copie authentique de l'acte à l'officier devant lequel le mariage aurait dû être célébré.

64 1418 **367**. Les actes des états civils faits en pays étrangers 47
Ap. 36 font foi, s'ils auront été rédigés dans les formes prescrites
et al.   par les lois dudit pays.

Ap. 38 Le citoyen, qui aura fait procéder à quelqu'un de ces »
actes, devra en remettre copie, dans les trois mois, à l'agent
royal diplomatique ou consulaire de la résidence la plus
voisine, sauf qu'il préfère la transmettre directement au
bureau de l'état civil indiqué dans l'article suivant.

Ap. 36 **368**. Les citoyens, qui se trouvent hors du royaume, 48
ont la faculté de faire recevoir les actes de naissance, de
mariage ou de décès par les agents royaux diplomatiques ou
consulaires, pourvu que l'on observe les formes établies par
le présent Code.

Ap. 38 Les agents royaux diplomatiques ou consulaires et les » officiers qui en font les fonctions doivent, dans les trois mois, transmettre une copie desdits actes, aussi bien de ceux qui leur sont consignés que de ceux qu'ils reçoivent eux-mêmes, au ministère des affaires étrangères, qui les fera parvenir :

Ap. 38   Les actes de naissance, au bureau de l'état civil du domicile du père de l'enfant, ou de la mère, si le père est inconnu ; »

»   Les actes de mariage, au bureau de l'état civil des communes du dernier domicile des époux ; »

Ap. 38   Les actes de décès, au bureau de l'état-civil de la commune du dernier domicile du défunt. »

»   **369.** Le président du sénat remplira les fonctions d'officier de l'état civil, avec l'assistance du notaire de la couronne, pour les actes de naissance, de mariage et de décès du Roi et des personnes de la famille royale. »

»   **370.** Les actes seront inscrits sur un double registre original, dont l'un sera conservé dans les archives générales du royaume et l'autre dans les archives du Sénat, aux termes de l'article 38 du Statut. »

CHAPITRE II.

Des Actes de naissance et de reconnaissance de la filiation.

Ap. 42   **371.** La déclaration de naissance se fera, dans les cinq jours de l'accouchement, à l'officier de l'état civil du lieu ; l'enfant lui sera aussi présenté.   55

»   L'officier de l'état civil pourra, pour de graves circonstances, dispenser les parties intéressées de la présentation de l'enfant, en s'assurant, par d'autres moyens, de la vérité de la naissance. »

Ap. 13   **372.** Après les cinq jours de l'accouchement, la déclara- 55
Ap. 42   tion ne pourra se faire qu'avec les formes prescrites pour la rectification des actes de l'état civil.

Ap. 13   **373.** La déclaration de naissance doit être faite par le 56
Ap. 42   père ou par une personne par lui fondée de procuration spéciale, et, à défaut, par le docteur en médecine ou en chirurgie, par la sage-femme ou autres personnes qui auront assisté à l'accouchement, et, lorsque la mère sera accouchée hors de son habitation ordinaire, par le chef de famille ou par l'officier délégué de l'établissement où l'accouchement a eu lieu.

Ap. 13   La déclaration peut aussi être faite par la mère, ou par une personne par elle fondée de procuration spéciale. »

»   L'acte de naissance sera rédigé de suite.   56 al.

Ap. 12   **374.** L'acte de naissance devra énoncer la commune, la   57 maison, le jour et l'heure de la naissance, le sexe du nouveau-né et le nom qui lui a été donné.

»   Si le déclarant ne donne pas de nom au nouveau-né, il lui » sera donné par l'officier de l'état civil.

»   S'il y a des jumeaux, on en fera mention dans chacun des » actes, en indiquant celui qui est né le premier et celui qui est né le second.

»   Lorsque, au moment de la déclaration de naissance, l'en- » fant ne sera pas vivant, l'officier de l'état civil énoncera cette circonstance, sans tenir compte de la déclaration des comparants, que l'enfant soit né vivant ou mort.

Ap. 12   **375.** Si la naissance provient d'une union légitime, la   57 déclaration devra énoncer, en outre, les noms, prénoms, profession et domicile du père et de la mère.

Ap. 14   **376.** Si la naissance provient d'une union illégitime, la   57 déclaration ne pourra énoncer que les nom, prénoms, profession et domicile du père ou de la mère qui feront la déclaration.

Ap. 14   Lorsque la déclaration est faite par d'autres personnes,   57 on n'énoncera que les nom, prénoms, profession de la mère, s'il résulte, par acte authentique, qu'elle consent à la déclaration.

Ap. 43   **377.** Toute personne qui aura trouvé un enfant nouveau-   58 né sera tenue de le remettre à l'officier de l'état civil, ainsi que les vêtements et autres effets trouvés avec l'enfant, et de déclarer toutes les circonstances de temps et de lieu où celui-ci aura été trouvé.

Ap. 43   Il en sera dressé un procès-verbal détaillé, qui énoncera,   al. al.   en outre, l'âge apparent de l'enfant, son sexe, le nom qui lui sera donné et l'autorité civile à laquelle il sera remis.

00   Ce procès-verbal sera inscrit sur les registres.   al.

Ap. 15   **378.** Lorsqu'un enfant aura été remis à un hospice pu- »
Ap. 16 blic, la direction de cet hospice devra, par le moyen d'un de ses employés délégué à cet effet, en transmettre la déclaration écrite, dans les trois jours suivants, à l'officier de l'état civil de la commune où l'hospice est établi, en indiquant le jour et l'heure dans lesquels l'enfant exposé a été recueilli, son sexe, son âge apparent et les objets qu'on a trouvés sur lui.

Ap. 12   L'administration devra aussi indiquer à l'officier de l'état   57 civil les nom et prénoms donnés à l'enfant, et le numéro d'ordre auquel il aura été inscrit.

Ap. 17   **379.** S'il naît un enfant hors de la commune où le père » et la mère ont leur domicile ou leur résidence, l'officier, qui aura reçu l'acte, en transmettra, dans les dix jours, une copie authentique à l'officier de l'état civil de ladite commune, pour qu'elle soit par lui inscrite dans les registres avec la date du jour dans lequel la copie lui sera parvenue.

Ap. 32   **380.** S'il naît un enfant pendant un voyage de mer,   59
Ap. al. l'acte de naissance doit être dressé dans les vingt-quatre heures, sur les bâtiments de la marine royale, par le commissaire de marine ou par celui qui en fera les fonctions; sur les bâtiments de propriété privée, par le capitaine où patron du navire, ou par celui qui en fait les fonctions.

Ap. al.   L'acte de naissance sera inscrit à la suite du rôle d'équi-   59
in fine. page.

Ap. 34   **381.** Au premier port où le bâtiment abordera, si le   60 port est en pays étranger et si un agent royal diplomatique ou consulaire y a résidence, le commissaire de marine, le capitaine ou le patron seront tenus de déposer entre ses mains une copie authentique des actes de naissance qu'ils
Ap. 35 auront reçus, et, si le port est dans le royaume, ils seront   »
tenus de déposer les actes originaux au bureau de l'autorité
Ap.a.1 maritime, qui en fera la transmission à l'officier de l'état   al.
civil indiqué dans l'art. 368.

»   **382.** L'acte de reconnaissance d'un enfant sera inscrit   62
dans les registres avec l'indication de sa date, et on en fera mention en marge de l'acte de naissance, s'il en existe un.

CHAPITRE III.

Des Actes de mariage.

Ap. 18   **383.** L'acte de mariage doit énoncer :   76
Ap. 1   Les noms, prénoms, âge, profession, lieux de naissance,   1
de domicile ou résidence des époux;
Ap. 3   Les noms, prénoms, domicile ou résidence de leurs père   3
et mère;
Ap. 4   Le consentement des ascendants, ou du conseil de famille   4
ou de tutelle, dans les cas où il est nécessaire, ou bien la mesure mentionnée dans l'art. 67;
Ap. 5   La date des publications qu'on aura faites ou le décret de   6
dispense;
Ap. 6   La date du décret de dispense qui aurait été accordée   »
de quelqu'un des empêchements mentionnés dans l'art. 68;
»   La déclaration des époux de vouloir s'unir en mariage;   8

» Le lieu où le mariage a été célébré, dans le cas prévu par »
l'art. 97, et le motif du transport;

» La reconnaissance de l'union des époux, que l'officier de »
l'état civil fait au nom de la loi.

» **384.** La sentence définitive, qui aurait prononcé la nul- »
lité du mariage, devra être transmise par les soins du greffier du tribunal ou de la Cour qui l'a prononcée et aux frais
du demandeur, et, par copie authentique, au bureau de l'état
civil où le mariage a été célébré.

» Cette sentence sera annotée en marge de l'acte de ma- »
riage.

CHAPITRE IV.

Des Actes de décès.

Ap. 21 **385.** Aucune inhumation ne sera faite sans une auto- 77
risation, sur papier libre et sans frais, de l'officier de l'état
civil.

» L'officier de l'état civil ne pourra la délivrer qu'après 77
s'être assuré du décès, personnellement ou au moyen d'une
personne par lui déléguée, et que vingt-quatre heures après
le décès, sauf les cas prévus par les règlements spéciaux.

» **386.** L'acte de décès sera dressé par l'officier de l'état 78
civil, sur la déclaration de deux témoins qui en soient
informés.

Ap. 23 **387.** L'acte de décès énoncera le lieu, le jour et l'heure 79
Ap. 22 du décès, les nom, prénoms, âge, profession et domicile ou
résidence du défunt; les nom et prénoms de l'époux survivant, si l'individu décédé était marié, ou de l'époux prédécédé, s'il était veuf; les nom et prénoms, âge, profession et
domicile des déclarants.

Ap. 22 Le même acte énoncera, en outre, pour autant qu'on peut al.
les connaître, les nom, prénoms, profession et domicile du
père et de la mère du défunt, et le lieu de sa naissance.

Ap. 45 **388.** En cas de décès dans un hôpital, un collège ou 80
autre institution, le supérieur ou celui qui en fait les fonctions sera tenu d'en donner avis dans les vingt-quatre
heures, avec les indications prescrites par l'article précédent, au bureau de l'état civil.

Ap. 45 **389.** Lorsqu'il y aura des signes ou indices de mort 81
violente, ou d'autres circonstances qui donneront lieu de le
soupçonner, on ne pourra faire l'inhumation qu'après que
l'officier de police judiciaire, assisté d'un docteur en méde-

cine ou en chirurgie, aura dressé procès-verbal de l'état du cadavre et des circonstances y relatives, ainsi que des renseignements qu'il aura pu recueillir sur les nom, prénoms, âge, profession et lieu de naissance et de domicile du défunt.

Ap. 40   **390.** L'officier de police devra transmettre immédiatement au bureau de l'état civil du lieu où l'individu est décédé les renseignements énoncés dans son procès-verbal, d'après lesquels l'acte de décès sera rédigé.   82

»   **391.** En cas de décès, sans qu'il soit possible de retrouver ou de reconnaître le cadavre, le syndic ou un autre officier public en dressera procès-verbal et le transmettra au procureur du roi, qui, après en avoir obtenu l'autorisation du tribunal, le fera annexer au registre de l'état civil.   »

»   **392.** S'il y aura eu inhumation d'un cadavre sans l'autorisation de l'officier public, l'acte de décès ne sera reçu qu'après la sentence que le tribunal aura prononcée sur instance d'une personne intéressée ou du ministère public.   »

La sentence sera insérée dans les registres.

Ap. 48   **393.** En cas de décès dans les prisons ou maisons d'arrêt ou de détention, il en sera donné avis immédiatement par les concierges ou gardiens à l'officier de l'état civil.   84

Ap. 46   **394.** Les greffiers seront tenus d'envoyer, dans les vingt-quatre heures de l'exécution d'une sentence portant peine de mort, à l'officier de l'état civil du lieu où le condamné aura été exécuté, tous les renseignements énoncés en l'art. 387, d'après lesquels l'acte de décès sera rédigé.   83

Ap. 24   **395.** Dans tous les cas de mort violente, ou dans les In fine.   prisons et maisons de détention ou d'exécution de sentence portant peine de mort, on ne fera aucune mention de ces circonstances dans les registres, et les actes de décès seront simplement rédigés dans les formes établies par l'art. 387.   85

Ap. 33   **396.** En cas de décès pendant un voyage de mer, l'acte et al.   de décès sera dressé par les officiers indiqués dans l'art. 380, et on observera les prescriptions de l'art. 381.   86

»   Si, par le naufrage d'un navire, toutes les personnes de l'équipage et tous les passagers étaient péris, l'autorité maritime, après s'être assurée du désastre, en fera insérer une déclaration authentique dans les registres de chaque commune des personnes décédées.   »

»   Si une partie seulement de l'équipage et des passagers aura péri, et si parmi ceux qui sont péris se trouvaient les officiers susmentionnés, les actes de décès seront dressés   » par les consuls royaux à l'étranger ou par les autorités maritimes du royaume sur déclaration des survivants.

» **397.** Lorsque quelqu'un décède dans un lieu différent de celui de sa résidence, l'officier de l'état civil qui reçoit l'acte de décès doit transmettre, dans les dix jours, copie authentique de l'acte au bureau de l'état civil de la commune où le défunt avait sa résidence.

CHAPITRE V.

Des Actes de l'état civil des militaires en campagne.

Ap. 28   **398.** Les fonctions d'officier de l'état civil, pour les actes   88 89
Ap. 20 concernant les militaires en campagne ou les personnes   90 91
Ap. 31 employées à la suite des armées, sont remplies par les em-   94 et
ployés désignés par les règlements.   suivants.
»   **399.** Les déclarations de naissance et de décès doivent   02
Ap. 28 être faites dans le plus bref délai possible, et contenir les   »
Ap. 20 indications prescrites par les précédents Chapitres du
al. 1   présent Titre.
Ap. 30   **400.** Les officiers qui remplissent les fonctions relatives   93
Ap. 31 à l'état civil sont tenus d'envoyer les actes par eux reçus au ministère de la guerre ou de la marine, qui devront les transmettre à l'officier de l'état civil indiqué dans l'art. 368.

CHAPITRE VI.

De la rectification des Actes de l'état civil.

Ap. 52   **401.** Les demandes de rectification des actes de l'état   99
civil doivent être proposées devant le tribunal duquel dépend le bureau de l'état civil où se trouve l'acte dont on demande la rectification.
Ap. 9   **402.** Le jugement de rectification ne pourra, dans aucun   100
in fine. temps, être opposé aux parties intéressées qui ne l'auraient point requis ou qui n'y auraient pas été régulièrement appelées.
Ap. 10   **403.** Les jugements de rectification passés en chose   101
jugée doivent être déposés, par les soins de ceux qui les ont provoqués, au bureau de l'état civil où se trouve l'acte rectifié.
Ap. 10   L'officier de l'état civil en fera mention en marge de   101
l'acte.

CHAPITRE VII.

Dispositions pénales.

62 **404.** Les contraventions aux dispositions contenues dans 50
le présent Titre sont punies par le tribunal civil avec une
peine pécuniaire qui ne sera pas moindre de dix francs et
ne dépassera pas deux cents francs.

» L'action sera provoquée par le ministère public. »

62 **405.** Toute altération ou omission coupable dans les 52
actes et dans les registres de l'état civil donne lieu à l'action
en dommages, outre les sanctions établies par les lois pénales.

LIVRE SECOND

Des biens, de la propriété et de ses différentes modifications.

TITRE I.

DE LA DISTINCTION DES BIENS.

397 **406.** Toutes les choses qui peuvent être l'objet de pro- 516
priété publique ou privée, sont des biens meubles ou immeubles.

CHAPITRE PREMIER.

Des Biens immeubles.

398 **407.** Les biens sont immeubles, ou par leur nature, ou 517
par leur destination, ou par l'objet auquel ils s'appliquent.

399 400 **408.** Sont immeubles par leur nature les fonds de terre, 518 519
les bâtiments, les moulins et autres constructions fixées sur
piliers ou faisant partie d'un bâtiment.

400 al. **409.** Sont aussi considérés comme immeubles les mou- »
lins, les bains et toutes autres constructions flottantes, lors-

qu'elles seront et devront être solidement attachées au rivage
par des cordes ou des chaînes, et qu'il y aura sur ce rivage
un bâtiment expressément destiné à leur service.

400 al.   Lesdits moulins, bains et constructions flottantes sont »
considérés comme formant une seule chose avec le bâtiment
qui leur est destiné, et avec le droit du propriétaire de les
tenir même sur des eaux qui ne lui appartiennent pas.

402   **410.** Les arbres sont immeubles jusqu'à ce qu'ils ne   521
sont pas abattus.

401   **411.** Les récoltes pendantes par les racines et les fruits   520 et
des arbres non encore recueillis, sont pareillement immeu-   al.
bles; ils deviennent meubles dès que les grains sont coupés
et les fruits détachés, quoique non encore enlevés, sauf
lorsque la loi dispose autrement.

403   **412.** Les sources, les réservoirs et les cours d'eau sont   »
aussi immeubles.

al.   Les conduits servant à faire arriver des eaux dans un   523
bâtiment ou autre fonds, sont aussi immeubles et font partie
du bâtiment et du fonds auquel les eaux sont destinées.

404   **413.** Sont immeubles par destination les objets que le   524
propriétaire d'un fonds y a placés pour le service et l'exploitation de ce fonds. Tels sont :

al. 2   Les animaux attachés à la culture ;   al. 2
al. 3   Les ustensiles ruraux ;   al. 3
al. 4   Le foin et les semences donnés aux fermiers ou colons   al. 4
partiaires;
al. 5   La paille, la litière et l'engrais ;   al. 11
al. 6   Les pigeons des colombiers ;   al. 5
al. 7   Les lapins des garennes ;   .   al. 6
al. 8   Les ruches à miel ;   al. 7
al. 9   Les poissons des étangs ;   al. 8
al. 10   Les pressoirs, chaudières, alambics, cuves et tonnes ;   al. 9
al. 11   Les ustensiles nécessaires à l'exploitation des forges, pa-   al. 10
peteries, moulins et autres usines;
al. 12   Sont pareillement immeubles par destination tous autres   »
objets que le propriétaire a consignés au fermier ou au colon
partiaire pour le service et l'exploitation du fonds;
al. 13   Les animaux consignés par le propriétaire du fonds au   522
fermier ou au colon partiaire pour la culture, estimés ou
non, sont compris parmi les immeubles, tant qu'ils demeurent attachés au fonds par l'effet de la convention. Sont, au
»   contraire, réputés biens meubles les animaux que le pro-   522 al.
priétaire donne à cheptel à d'autres qu'au fermier ou au colon
partiaire.

404
al. 14

414. Sont aussi immeubles par destination tous effets
mobiliers que le propriétaire a attachés au fonds ou à l'édifice à perpétuelle demeure.

524
al. 12

405

Tels sont les effets scellés en plomb, en plâtre ou à chaux,
ou à ciment, ou autrement, ou lorsqu'ils ne peuvent être
détachés sans être fracturés ou détériorés, ou sans briser
ou détériorer la partie du fonds ou de l'édifice à laquelle ils
sont attachés.

525

al. 1-2

Les glaces, les tableaux et autres ornements sont censés
mis dans l'édifice à perpétuelle demeure, lorsqu'ils font corps
avec le parquet, les parois ou le plafond auquel ils sont
attachés.

al. 1-2

al. 3

Les statues sont immeubles lorsqu'elles sont placées dans
une niche pratiquée exprès pour les recevoir ou lorsqu'elles
font partie d'un édifice de la manière sus-indiquée.

al. 3

406

415. La loi considère comme immeubles par l'objet auquel ils s'appliquent :

526

al. 4-5

Les droits du bailleur et ceux de l'emphytéote sur les
fonds soumis à emphytéose;

»

al. 1

Les droits d'usufruit et d'usage sur les choses immobilières et le droit d'habitation;

al. 1

al. 2

Les servitudes foncières;

al. 2

al. 3

Les actions qui tendent à revendiquer des immeubles ou
des droits qui s'y rapportent.

al. 3

CHAPITRE II.

Des Biens meubles.

408

416. Les biens sont meubles par leur nature ou par la
détermination de la loi.

527

409

417. Sont meubles par leur nature les corps qui peuvent se transporter d'un lieu à un autre, soit qu'ils se meu-
vent par eux-mêmes, comme les animaux, soit qu'ils ne puissent changer de place que par l'effet d'une force étrangère,
comme les choses inanimées, quand même ces choses for-
meraient une collection ou seraient l'objet d'un commerce.

528

410

418. Sont meubles par la détermination de la loi les
droits, obligations et actions, même hypothécaires, qui ont
pour objet des sommes d'argent ou des effets mobiliers; les
actions ou intérêts dans les compagnies de commerce ou
d'industrie, encore que des immeubles appartiennent à ces
compagnies. Dans ce dernier cas, ces actions ou intérêts
sont réputés meubles à l'égard de chaque associé, et seulement tant que dure la société :

529

al.   Sont aussi meubles les rentes viagères perpétuelles sur   al.
l'Etat ou sur des particuliers, sauf en ce qui concerne les
rentes sur l'État, les dispositions des lois sur la dette publique.

411   **419.** Les bateaux, bacs, navires, moulins et bains sur   531
bateaux, et généralement toute construction flottante non
indiquée dans l'art. 409, sont meubles.

412   **420.** Les matériaux qui proviennent de la démolition   532
d'un édifice, ou sont assemblés pour en construire un nouveau, sont meubles jusqu'à ce qu'ils soient employés à la
construction.

413   **421.** Les expressions *biens meubles, mobiliers* ou *effets*   535
mobiliers, employées dans les dispositions de la loi ou de
l'homme, sans autre addition ni désignation qui en restreignent le sens, comprennent généralement tout ce qui est
censé meuble, d'après les règles ci-dessus établies.

414   **422.** Le mot *meubles*, employé seul dans les dispositions   533
de la loi ou de l'homme, sans autre addition ni désignation
qui en étende le sens, ou sans opposition aux *immeubles*, ne
comprend pas l'argent comptant ou ce qui le représente,
les pierreries, les créances, les titres de rente sur la dette
publique, et des entreprises commerciales ou industrielles,
les livres, les armes, les tableaux, les statues, les monnaies,
médailles, ou autres objets appartenant à des sciences ou
à des arts, les instruments des sciences, des arts et métiers,
le linge du corps, les chevaux, équipages, grains, vins, foins
et autres denrées, comme aussi ce qui fait l'objet d'un commerce.

415   **423.** Les mots *meubles meublants* ne comprennent que   534
les meubles destinés à l'usage et à l'ornement des appartements, comme tapisseries, lits, siéges, glaces, pendules,
tables, porcelaines et autres objets de cette nature.

al.   Ils comprennent aussi les tableaux et les statues qui font   al. 1-2
partie du meuble d'un appartement, mais non les collections
de tableaux, de statues, de porcelaines et autres qui peuvent être dans les galeries ou pièces particulières.

416   **424.** L'expression *maison meublée* ne comprend que les   535 al.
417   meubles meublants; l'expression *maison avec tout ce qui*   536
s'y trouve comprend tous les objets meubles, à l'exception
de l'argent comptant et de ce qui le représente, des créances
ou autres droits, dont les titres se trouveraient dans cette
maison.

CHAPITRE III.

Des Biens dans leur rapport avec ceux à qui ils appartiennent.

418   **425.** Les biens appartiennent ou à l'État, ou aux pro- »
vinces, ou aux communes, ou aux institutions publiques et
autres corps moraux, ou aux particuliers.

 »   **426.** Les biens de l'État se distinguent en domaine pu- »
blic et en biens patrimoniaux.

420 422 **427.** Les routes nationales, les rivages, les ports, les 538
golfes, les rades de la mer, les fleuves, les torrents, les
portes, les murs, les fossés, les bastions des places de guerre
et des forteresses, font partie du domaine public.

419 421 **428.** Toute autre espèce de biens appartenant à l'État 539
font partie de son patrimoine.

422 423 **429.** Les terrains des fortifications ou des bastions des 540 541
places de guerre, qui n'ont plus cette destination, et tous
autres biens qui cessent d'être destinés à l'usage public et
à la défense nationale, passent du domaine public au patrimoine de l'État.

425   **430.** Les biens du domaine public sont, par leur nature, 537 al.
inaliénables; ceux du patrimoine de l'État ne peuvent être
aliénés que conformément aux lois qui les concernent.

432   **431.** Les usines et les salines sont réglées par des lois 537 al.
spéciales.

434   **432.** Les biens des provinces et des communes se dis- 542
tinguent en biens d'usage public et en biens patrimoniaux.

436   La destination, la forme et les conditions de l'usage public, 542
les formes d'administration et d'aliénation des biens patrimoniaux sont réglées par des lois spéciales.

438   **433.** Les biens des institutions civiles ou ecclésiastiques »
et des autres corps moraux appartiennent aux mêmes, lorsque
les lois du royaume leur reconnaissent la capacité d'acquérir
et de posséder.

436   **434.** Les biens des institutions ecclésiastiques sont sou- 537 al.
mis aux lois civiles et ne peuvent être aliénés sans l'autorisation du gouvernement.

437   **435.** Les biens qui n'ont pas été indiqués dans les pré- 537
cédents articles appartiennent aux particuliers.

TITRE II.

DE LA PROPRIÉTÉ.

CHAPITRE PREMIER.

Dispositions générales.

439   **436.** La propriété est le droit de jouir et disposer des   544
choses de la manière la plus absolue, pourvu qu'on n'en fasse
pas un usage prohibé par les lois ou par les règlements.

440   **437.** Les productions de l'intelligence appartiennent à   »
leurs auteurs, d'après les règles établies par des lois spéciales.

441   **438.** Nul ne peut être contraint de céder sa propriété   545
ou d'en permettre à d'autres l'usage, si ce n'est pour cause
d'utilité publique légalement reconnue et déclarée, et moyennant le payement d'une juste indemnité.

al. 1-2   Les règles qui concernent l'expropriation pour cause   »
412 413 d'utilité publique sont déterminées par des lois spéciales.

444   **439.** Le propriétaire d'une chose a droit de la revendi-   »
quer de tout possesseur de bonne ou de mauvaise foi, sauf
les exceptions établies par les lois.

al.   Si le possesseur de bonne ou de mauvaise foi, après que la   »
demande judiciaire lui a été intimée, a cessé par son fait
propre de posséder la chose, il est tenu de la recouvrer pour
le compte du demandeur, à ses propres frais, et, s'il ne le
peut, de lui en représenter la valeur, sans préjudice du droit
du demandeur d'agir contre le nouveau possesseur de bonne
ou de mauvaise foi.

458   **440.** Celui qui a la propriété du sol a aussi la propriété   552
de l'espace qui s'élève au-dessus de sa surface, et de tous
les objets qui se trouvent sur le sol ou dans le sol.

501   **441.** Tout propriétaire peut obliger son voisin à établir   646
à frais communs les limites de leurs propriétés contigues.

502   **442.** Tout propriétaire peut clore son fonds, sauf les   647
droits de servitude qui appartiennent à des tiers.

409   **443.** La propriété d'une chose, soit mobilière, soit im-   546
mobilière, donne droit sur tout ce qu'elle produit, ou qui
s'y unit naturellement ou artificiellement : ce droit s'appelle
droit d'accession.

CHAPITRE II.

Du Droit d'accession sur ce qui est produit par la chose.

450   **444.** Les fruits naturels et les fruits civils appartiennent,   547
par droit d'accession, au propriétaire de la chose qui les
produit.

451   Les fruits naturels sont ceux qui proviennent directement   583
de la chose, avec ou sans le concours de l'industrie de   et al.
l'homme, comme les blés, le foin, le bois, le croît des animaux et les produits des minières, carrières et tourbières.

al. 1   Sont fruits civils ceux qui s'obtiennent de la chose par   584
occasion, comme les intérêts des capitaux, les rentes des
emphytéoses, des cens, des rentes viagères et de toute autre
rente.

al. 2   Les baux et les loyers des fonds appartiennent à la classe   al.
des fruits civils.

452   **445.** Celui qui récolte les fruits de la chose est tenu de   548
rembourser aux tiers les frais de culture, des semences et
travaux par eux faits.

CHAPITRE III.

Du Droit d'accession sur ce qui s'incorpore et s'unit à la chose.

457   **446.** Tout ce qui s'incorpore et s'unit à la chose appar-   551
tient au propriétaire, suivant les règles ci-après établies.

SECTION PREMIÈRE.

Du droit d'accession relativement aux choses immobilières.

458a.1   **447.** Le propriétaire peut faire au-dessus de son sol 552a.1
toutes les constructions et plantations qu'il juge à propos,
sauf les exceptions établies au Chapitre : *Des servitudes fon-*
cières.

458a.2   Pareillement, il peut faire au-dessous toutes les construc- 552a.2
tions et fouilles qu'il jugera à propos, et tirer de ces fouilles
tous les produits qu'elles peuvent fournir, sauf les dispositions des lois et des règlements relatifs aux mines et celles
de police.

460   **448.** Toutes constructions, plantations ou ouvrages sur   553
un terrain ou dans l'intérieur sont présumés faits par le

propriétaire à ses frais, et lui appartenir jusqu'à ce que le contraire ne soit prouvé, sans préjudice cependant des droits légitimement acquis par des tiers.

461 **449.** Le propriétaire du sol qui a fait des constructions, plantations ou ouvrages avec des matériaux qui ne lui appartenaient pas, doit en payer la valeur. Il sera tenu aussi aux dommages en cas de mauvaise foi ou de faute grave ; mais le propriétaire des matériaux n'a pas le droit de les enlever, sauf qu'il puisse le faire sans détruire la construction ou faire périr les plantations. **554**

462 **450.** Lorsque les plantations, constructions et ouvrages ont été faits par un tiers avec ses matériaux, le propriétaire du fonds a droit de les retenir ou d'obliger celui qui les a faits à les enlever. **555**

al. 1 Si le propriétaire du fonds demande la suppression des plantations et constructions, elle est aux frais de celui qui les a faites, sans aucune indemnité pour lui ; il peut même être condamné à des dommages et intérêts pour le préjudice que peut avoir éprouvé le propriétaire du fonds. al. 1

al. 2 Si le propriétaire préfère conserver ces plantations et constructions, il aura le choix ou de rembourser la valeur des matériaux et le prix de la main-d'œuvre, ou de payer une somme de valeur égale à celle dont le fonds a augmenté de valeur. al. 2

al. 2 Néanmoins, si les plantations, constructions et ouvrages ont été faits par un tiers évincé qui, attendu sa bonne foi, n'aurait pas été condamné à la restitution des fruits, le propriétaire ne pourra demander la suppression desdits ouvrages, plantations et constructions, mais il aura seulement le droit d'opter comme ci-dessus. al. 2

404 **451.** Si les plantations, constructions ou autres ouvrages ont été faits par un tiers, avec des matériaux qui ne lui appartenaient pas, le propriétaire des matériaux n'a pas le droit de les revendiquer, mais il peut prétendre une indemnité du tiers qui les a employés, et même du propriétaire du sol, mais seulement sur le prix que celui-ci devrait encore. »

463 **452.** Si, dans la construction d'un édifice, on occupait de bonne foi une portion du fonds attigu, et, si la construction était faite au su du voisin, sans opposition de sa part, la construction et le sol occupé pourront être déclarés propriété de l'auteur de la construction ; mais celui-ci sera tenu de payer au propriétaire du sol deux fois la valeur de l'emplacement occupé, outre les dommages. »

468 **453.** Les atterrissements et accroissements qui se forment **556**

successivement et imperceptiblement aux fonds riverains des fleuves et des rivières s'appellent *alluvions*.

al.   L'alluvion profite au propriétaire riverain, soit qu'il s'a-   al.
gisse d'un fleuve ou d'une rivière navigable, flottable ou non ;
à la charge, dans le premier cas, de laisser le marchepied
ou chemin de hallage, conformément aux règlements.

406   **454.** Les relais que forme l'eau courante, en se retirant in-   557
sensiblement de l'une de ses rives et en se portant sur l'autre,
appartiennent au propriétaire de la rive découverte, sans
que le riverain du côté opposé puisse réclamer le terrain
perdu.

al.   Ce droit n'a pas lieu à l'égard des relais de la mer.   al.

407   **455.** Il n'y a pas droit d'alluvion à l'égard des lacs et étangs,   558
dont le propriétaire conserve toujours le terrain que l'eau
couvre, quand elle est à la hauteur de la décharge du lac ou
de l'étang, encore que le volume de l'eau vienne à diminuer.

407   Réciproquement, le propriétaire du lac et de l'étang n'ac-   al.
quiert aucun droit sur les terres riveraines que l'eau vient à
couvrir dans des crues extraordinaires.

408   **456.** Si un fleuve ou une rivière enlève, par une force   559
subite, une partie considérable et reconnaissable d'un fonds
riverain et la porte vers un fonds inférieur ou sur la rive
opposée, le propriétaire de la partie enlevée peut réclamer
sa propriété dans l'année. Après ce délai, la demande n'est
plus recevable, à moins que le propriétaire du fonds, auquel
la partie enlevée a été unie, n'eût pas encore pris possession
de celle-ci.

469   **457.** Les îles, îlots et atterrissements qui se forment dans   560
le lit des fleuves ou des rivières navigables ou flottables appartiennent à l'Etat, s'il n'y a titre ou prescription contraire.

470   **458.** Les îles et atterrissements qui se forment dans les   561
fleuves ou dans les rivières non navigables et non flottables
appartiennent aux propriétaires riverains, du côté où l'île
s'est formée. Si les îles ou atterrissements s'étendent des
deux côtés de la ligne, qu'on suppose tracée au milieu du
fleuve ou de la rivière, cette ligne marquera les confins de
la propriété des riverains des deux côtés.

al. 1-2   La partie de l'île ou de l'atterrissement appartenant aux pro-   »
priétaires du même côté est déterminée par les perpendicu-
laires, qui, à partir de la ligne du milieu du fleuve ou de la
rivière, tombent sur les points extrêmes du confin riverain
de leur fonds.

471   **459.** Les dispositions des deux articles précédents ne   »
sont pas applicables au cas où l'île se soit formée avec des

terrains enlevés par une force subite d'un côté et transportés dans le fleuve ou dans la rivière.

471 Le propriétaire du fonds, auquel le terrain a été enlevé, conserve la propriété de ce terrain ; mais, s'il s'agit d'un fleuve navigable ou flottable, l'Etat a droit de se faire céder la propriété, moyennant le paiement d'une indemnité proportionnée.

472 **460.** Si un fleuve ou une rivière, en se formant un bras nouveau, coupe et embrasse le fonds d'un propriétaire riverain et en fait une île, ce propriétaire conserve la propriété du fonds, sauf ce qui est établi dans l'article précédent. 562

473 **461.** Si un fleuve ou une rivière se forme un nouveau cours, en abandonnant son ancien lit, le terrain de ce lit appartient aux propriétaires riverains des deux côtés. Ils se le partagent jusqu'au milieu du même, dans la proportion de l'étendue du confin riverain de leur fonds respectif. 563

474 **462.** Les pigeons, lapins, poissons, qui passent dans un autre colombier, garenne ou étang, appartiennent aux propriétaires de ces objets, pourvu qu'ils n'y aient point été attirés par fraude ou artifice. 564

SECTION II.

Du droit d'accession relativement aux choses mobilières.

475 **463.** Le droit d'accession, lorsqu'il a pour objet des choses mobilières appartenant à différents propriétaires, est réglé par les principes de l'équité naturelle. 565

al. Les dispositions suivantes serviront de règle au juge pour se déterminer, dans les cas non prévus, suivant les circonstances particulières. al.

476 **464.** Lorsque deux choses, appartenant à différents propriétaires, ont été unies de manière à former un tout, mais sont toutes les deux séparables sans une détérioration considérable, chaque propriétaire conserve la propriété de sa chose et a droit d'en obtenir la séparation. Mais si les deux choses ne sont pas séparables sans que l'une en soit considérablement détériorée, le tout appartient au propriétaire de la chose qui forme la partie principale, à la charge de payer à l'autre la valeur de la chose qui a été unie. 566

477 **465.** Est réputée partie principale celle à laquelle l'autre n'a été unie que pour l'usage, l'ornement ou le complément de la première. 567

478 **466.** Néanmoins, si la chose unie est beaucoup plus pré- 568

cieuse que la chose principale, et si elle a été employée sans le consentement du propriétaire, celui-ci a le choix : ou de s'approprier le tout, en payant au propriétaire de la chose principale la valeur de celle-ci, ou de demander la séparation de la chose unie, même quand il pourrait en résulter quelque dégradation de la chose à laquelle elle a été jointe.

470   **467.** Si, de deux choses unies pour former un seul tout, l'une ne peut point être regardée comme l'accessoire de l'autre, celle-là est réputée principale qui est la plus considérable en valeur ou en volume, si les valeurs sont à peu près égales.   569

480   **468.** Si un artisan ou une personne quelconque a employé une matière qui ne lui appartenait pas à former une chose d'une nouvelle espèce, soit que la matière puisse ou non reprendre sa première forme, le propriétaire de celle-ci a droit à la propriété de la chose qui a été formée, en remboursant le prix de la main-d'œuvre.   570

482   **469.** Lorsqu'une personne a employé en partie la matière qui lui appartenait et en partie celle qui ne lui appartenait pas à former une chose d'une nouvelle espèce, sans que ni l'une ni l'autre des deux matières soit entièrement transformée, mais de manière qu'elles ne puissent pas se séparer sans détérioration, la chose est commune aux deux propriétaires, en raison, quant à l'un, de la matière qui lui appartenait, et, quant à l'autre, en raison à la fois, et de la matière qui lui appartenait, et du prix de la main-d'œuvre.   572

481   **470.** Si cependant la main-d'œuvre était tellement importante qu'elle surpassât de beaucoup la valeur de la matière employée, l'industrie serait alors réputée la partie principale, et l'ouvrier aurait droit de retenir la chose travaillée, en remboursant au propriétaire le prix de la matière.   571

483   **471.** Lorsqu'une chose a été formée par le mélange de plusieurs matières appartenant à différents propriétaires, si les matières peuvent être séparées sans inconvénient, celui qui n'a pas donné son consentement au mélange a droit d'en obtenir la division.   573

al.   Si les matières ne peuvent plus être séparées, ou si cette séparation ne peut avoir lieu sans inconvénient, la propriété est commune aux différents propriétaires en proportion de la valeur des matières appartenant à chacun d'eux.   al.

484   **472.** Si cependant la matière appartenant à l'un des propriétaires pouvait être réputée principale ou était de beaucoup supérieure à l'autre par la valeur, et si les deux matières ne pouvaient plus être séparées, ou si la séparation   574

occasionnait des dommages, le propriétaire de la matière supérieure aura droit à la propriété de la chose provenue du mélange, en remboursant à l'autre la valeur de sa matière.

485 **473.** Lorsque la chose reste en commun entre les propriétaires des matières dont elle a été formée, chacun d'eux peut en demander la vente aux enchères au profit et aux frais communs. 575

486 **474.** Dans tous les cas où le propriétaire de la matière employée à son insu peut réclamer la propriété de cette chose, il a le choix de demander la restitution de sa matière, en même quantité, qualité ou valeur. 576

487 **475.** Ceux qui auront employé des matières appartenant à d'autres, sans leur consentement, pourront aussi être condamnés à des dommages-intérêts, sans préjudice de l'action pénale, si le cas y échoit. 577

TITRE III.

DES MODIFICATIONS DE LA PROPRIÉTÉ.

CHAPITRE PREMIER.

De l'usufruit, de l'usage et de l'habitation.

492 **476.** Les droits d'*usufruit,* d'*usage* et d'*habitation* sont réglés par le titre dont ils dérivent ; la loi ne supplée qu'à ce qui n'est pas prévu par ce titre, sauf lorsqu'elle dispose autrement.

SECTION PREMIÈRE.

De l'Usufruit.

488 **477.** L'usufruit est le droit de jouir des choses dont un autre a la propriété comme le propriétaire lui-même, mais à charge d'en conserver la substance, tant dans sa matière que dans sa forme. 578

489 **478.** L'usufruit est établi par la loi ou par la volonté de l'homme. 579

490 Il peut être établi avec la détermination du temps ou sous 580
491 condition, et sur toute espèce de biens meubles ou immeubles. 581

6

§ PREMIER.

Des Droits de l'usufruitier.

493   **479.** L'usufruitier a le droit de jouir de tous fruits, naturels ou civils, que peut produire l'objet dont il a l'usufruit.   582

494   **480.** Les fruits naturels qui, au moment de l'ouverture de
l'usufruit, sont encore pendants par branches ou par racines,   585

494   appartiennent à l'usufruitier ; ceux qui sont dans le même   al.
état, au moment où finit l'usufruit, appartiennent au propriétaire, sans reconnaissance, de part ni d'autre, des labours et
des semences, mais sans préjudice de la portion des fruits
qui pourrait être acquise au colon partiaire, qui s'y trouvait
au commencement ou à la cessation de l'usufruit.

495   **481.** Les fruits civils sont réputés s'acquérir jour par
jour, et appartiennent à l'usufruitier à proportion de la durée de son usufruit.   586

498   **482.** L'usufruit d'une rente viagère donne à l'usufruitier
le droit d'en percevoir les arrérages jour par jour pendant
la durée de son usufruit.   588

498   Il doit toujours restituer le surplus qu'il aurait perçu par
anticipation.   »

497   **483.** Si l'usufruit comprend des choses dont on ne peut   587
faire usage sans les consommer, comme l'argent, les grains,
les liqueurs, l'usufruitier a aussi droit de s'en servir, à
charge d'en payer la valeur, à la fin de l'usufruit, d'après
l'estimation qui en aurait été faite à son commencement. Si
cette estimation n'avait pas été faite, il aura le choix : ou de
rendre les choses en pareille quantité et qualité, ou d'en payer
le prix courant au moment de la cessation de l'usufruit.

499   **484.** Si l'usufruit comprend des choses qui, sans se con-   589
sommer de suite, se détériorent peu à peu par l'usage,
comme le linge et les meubles meublants, l'usufruitier a le
droit de s'en servir pour l'usage auquel elles sont destinées,
et n'est obligé de les rendre, à la fin de l'usufruit, que dans
l'état où elles se trouvent, à charge cependant d'en indemniser le propriétaire, si elles ont été détériorées par son dol
ou par sa faute.

500   **485.** Si l'usufruit comprend des bois taillis, l'usufruitier   590
est tenu d'observer l'ordre et la quantité des coupes, conformément à l'aménagement des mêmes, ou à l'usage cons-
tant des propriétaires ; mais il n'a pas droit à indemnité pour
les coupes, soit de taillis, soit de baliveaux, soit de futaie, qu'il
n'aurait pas faites pendant sa jouissance.

486. L'usufruitier profite encore, toujours en se confor-   501
mant aux époques et à l'usage des propriétaires précédents,
des parties de bois de haute futaie qui ont été mises en
coupes réglées, soit que ces coupes se fassent périodiquement sur une certaine étendue de terrain, soit qu'elles se
fassent d'une certaine quantité d'arbres pris indistinctement
sur toute la surface du domaine.

487. Dans tous les autres cas, l'usufruitier ne peut tou-   592
cher aux arbres de haute futaie, sauf qu'il s'agisse d'arbres
épars dans la campagne, qui, par l'usage du lieu, soient destinés à être coupés périodiquement.

488. L'usufruitier peut employer, pour faire les répara-   592
tions dont il est tenu, les arbres arrachés ou brisés par accident. Il peut même, pour cet objet, en faire abattre, s'il est
nécessaire, mais à la charge d'en faire constater la nécessité
au propriétaire.

489. L'usufruitier peut prendre, dans les bois, des écha-   593
las pour les vignes comprises dans l'usufruit, et même les
produits annuels ou périodiques des arbres, en suivant l'u-
sage du pays ou la coutume des propriétaires.

490. Les arbres fruitiers qui meurent, ceux mêmes qui   594
sont arrachés ou brisés par accident, appartiennent à l'usufruitier, à la charge de les remplacer par d'autres.

491. Les arbres qu'on peut tirer d'une pépinière font   590 al.
aussi partie de l'usufruit, à la charge par l'usufruitier de se
conformer aux usages des lieux, soit pour l'époque et le
mode de l'extraction, soit pour le remplacement des rejetons.

492. L'usufruitier peut céder à un titre quelconque,   595
onéreux ou gratuit, l'exercice de son droit.

493. Les baux passés par l'usufruitier, pour un temps   595
excédant cinq ans, ne sont valables, en cas de cessation de
l'usufruit, que pour les cinq ans qui courent au moment où
cesse l'usufruit, en calculant les premiers cinq ans du jour
où a commencé le bail, et les autres successifs du jour de
l'échéance des premiers cinq ans.

Les baux de cinq ans et au-dessous que l'usufruitier a   »
contractés ou renouvelés plus d'un an avant leur expiration,
s'il s'agit de biens ruraux, et plus de six mois avant, s'il s'agit
de maisons, sont sans effet, à moins que leur exécution n'ait
commencé avant la fin de l'usufruit.

Si l'usufruit devait cesser à une époque certaine et déter-   »
minée, les baux faits par l'usufruitier ne dureront, en tous
cas, que pour l'année, et, s'il s'agit de fonds dont la récolte
principale soit biennale ou triennale, pour le biennat ou

Left margin numbers: 501, 502, 502 al., 503, 504, 500 al., 503, 506, 507, , triennat, qui est en cours à l'époque dans laquelle cesse l'usufruit.

508 509　**494.** L'usufruitier jouit des droits de servitude inhérents 596 597 au fonds dont il a l'usufruit, et généralement de tous ceux dont le propriétaire peut jouir.

510　Il jouit aussi des mines, des carrières et des tourbières, 598 qui sont ouvertes et en exploitation à l'époque où commence l'usufruit.

al.　Il n'a aucun droit, cependant, aux mines, carrières ou al. tourbières non encore ouvertes, ni au trésor qui pourrait être découvert pendant la durée de l'usufruit, sauf les raisons qui pourraient lui compéter s'il l'avait découvert lui-même.

511　**495.** Le propriétaire ne peut, en aucune manière, nuire 599 al. 1　aux droits de l'usufruitier, et celui-ci, ou celui qui le repré- al. 1 sente, ne peut, à la cessation de l'usufruit, réclamer aucune indemnité pour les améliorations qu'il aurait faites, encore que la valeur de la chose en fût augmentée.

al. 2　La plus-value pourra néanmoins se compenser par les al. 1 détériorations qui auraient eu lieu sans une faute grave de l'usufruitier.

al. 3　S'il n'y a pas lieu à compensation, l'usufruitier peut re- al. 1 prendre les augmentations faites, si elles peuvent être enle-vées avec quelque profit pour lui et sans inconvénient pour la propriété, sauf que le propriétaire ne préfère les retenir, en remboursant à l'usufruitier une somme d'argent corres-pondant au prix que celui-ci en pourrait tirer s'il les déta-chait du fonds.

al. 4　L'usufruitier pourra aussi enlever les glaces, les tableaux al. 2 et autres ornements qu'il aurait fait placer dans le fonds tenu en usufruit, mais à la charge de rétablir les lieux dans leur premier état.

§ 2.

Des obligations de l'usufruitier.

512　**496.** L'usufruitier prend les choses dans l'état où elles 600 sont, mais il ne peut entrer en jouissance qu'après avoir fait dresser, en présence du propriétaire ou lui dûment appelé, un inventaire des meubles et un état des immeubles sujets à l'usufruit.

al.　Les frais relatifs sont à la charge de l'usufruitier.　　　》

al.　Si l'usufruitier a été dispensé de faire l'inventaire, cet 》 inventaire pourra être demandé par le propriétaire à ses frais.

513 **497.** L'usufruitier doit donner caution de jouir en bon 601
père de famille, s'il n'en est dispensé par l'acte constitutif
de l'usufruit.

513 Les père et mère ayant l'usufruit légal des biens de leurs 601
enfants, le vendeur ou le donateur, sous réserve d'usufruit,
ne sont pas tenus de donner caution.

514 **498.** Si l'usufruitier ne peut donner une caution suffi- 602
sante :

514 Les immeubles sont donnés à ferme ou mis sous admi- 602
nistration, sauf à l'usufruitier la faculté de se faire donner,
pour sa propre habitation, une maison comprise dans l'usufruit ;

al. 1 Les sommes comprises dans l'usufruit sont placées à al. 1
intérêt ;

» Les titres au porteur sont convertis en titres nominatifs »
en faveur du propriétaire, avec annotation de l'usufruit ;

al. 2 Les denrées sont vendues, et le prix en provenant est al. 2
pareillement placé à intérêt ;

al. 3 Les intérêts des capitaux, les rentes et les prix des fermes al. 3
appartiennent, dans ces cas, à l'usufruitier.

515 **499.** A défaut de caution de la part de l'usufruitier, le 603
propriétaire a droit de demander que les meubles qui dé-
périssent par l'usage soient vendus, pour le prix en être
placé, comme celui des denrées ; et alors l'usufruitier jouit
aussi des intérêts.

al. Cependant, l'usufruitier pourra demander, et l'autorité 603
judiciaire pourra ordonner, suivant les circonstances, qu'une
partie des meubles nécessaires pour son usage lui soit dé-
laissée, à charge de les rendre à la fin de l'usufruit.

516 **500.** Le retard de donner caution ne prive pas l'usu- 604
fruitier des fruits auxquels il peut avoir droit.

517 **501.** L'usufruitier est tenu aux réparations d'entretien, 605.
» et même aux extraordinaires, qui auraient été occasionnées al.
par le défaut des réparations d'entretien, depuis l'ouverture
de l'usufruit.

519 **502.** En tout autre cas, l'usufruitier, qui aurait fait des »
réparations extraordinaires, a droit d'être remboursé, sans
intérêt, de la valeur des ouvrages faits, pour autant que leur
utilité subsiste encore à l'époque de la cessation de l'usufruit.

519 **503.** Si l'usufruitier refuse d'anticiper la somme néces- »
saire pour les réparations extraordinaires, et si le propriétaire consent à les faire à ses frais, l'usufruitier payera au
propriétaire les intérêts de cette somme pendant la durée
de l'usufruit.

518   **504.** Sont réparations extraordinaires celles des gros   606
murs et des voûtes, le rétablissement des poutres et le re-
al. 1   nouvellement en tout ou en partie considérable des couver-   al. 1
tures, des planchers, des digues, des aqueducs, et des murs
de soutènement et de clôture.

al. 2   Toutes les autres réparations sont ordinaires.   al. 2

519 al.   **505.** Les dispositions des art. 502 et 503 sont aussi appli-   607
cables lorsqu'une partie seulement du bâtiment, qui fait un
accessoire nécessaire à la jouissance du fonds soumis à usufruit, tombe par vétusté ou est détruite par un évènement fortuit.

520   **506.** L'usufruitier est tenu, pendant sa jouissance, de   608
toutes les charges annuelles du fonds, telles que les contributions, les redevances et autres, qui, dans l'usage, sont
censées charges des fruits.

521   **507.** A l'égard des charges qui peuvent être imposées   609
et al. 1 sur la propriété pendant la durée de l'usufruit, c'est le pro- et al. 1
priétaire qui y est tenu, mais l'usufruitier doit lui payer les
intérêts des sommes payées.

al. 2   Si elles sont avancées par l'usufruitier, il a la répétition al. 2
du capital à la fin de l'usufruit.

522   **508.** Les dettes auxquelles un fonds est hypothéqué, les   611
cens et les rentes simples imposés sur le même ne sont pas à
charge de l'usufruitier d'une ou de plusieurs choses particulières. S'il est forcé de les payer, il a son recours contre
le propriétaire.

523   **509.** L'usufruitier d'un fonds ou d'une partie d'un fonds   610
doit supporter, en totalité ou en proportion de sa jouissance,
le payement de toutes les annuités perpétuelles ou viagères
et des intérêts de toutes les dettes ou legs dont le fonds est
chargé.

523 a. 1   Lorsqu'il s'agit du payement d'un capital, si l'usufruitier 612 a. 2
avance la somme pour laquelle le fonds doit contribuer, le
capital lui en est restitué à la fin de l'usufruit sans aucun
al. 2   intérêt : si l'usufruitier ne veut pas faire cette avance, le   al. 3
propriétaire a le choix, ou de payer cette somme, et dans
ce cas l'usufruitier lui tient compte des intérêts pendant la
durée de l'usufruit, ou de faire vendre jusqu'à due concurrence une portion des biens soumis à usufruit.

524   **510.** L'usufruitier est tenu des frais de procès qui con-   613
cernent la jouissance, et des condamnations auxquelles ces
procès pourraient donner lieu.

al.   Si les procès concernent la propriété et la jouissance, le   613
propriétaire et l'usufruitier y seront tenus en proportion de
leurs intérêts respectifs.

525   **511.** Si, pendant la durée de l'usufruit, un tiers commet   614
quelque usurpation sur les fonds, ou attente autrement aux
droits du propriétaire, l'usufruitier est tenu de le dénoncer
à celui-ci ; faute de ce, il est responsable de tout le dommage qui peut en résulter pour le propriétaire.

526   **512.** Si l'usufruit est établi par un animal qui vient à   615
périr sans la faute de l'usufruitier, celui-ci n'est pas tenu
d'en rendre un autre, ni d'en payer le prix.

527   **513.** Si l'usufruit est établi par un troupeau qui périsse   616
entièrement sans la faute de l'usufruitier, celui-ci n'est tenu,
envers le propriétaire, que de lui rendre compte des cuirs
ou de leur valeur.

al.   Si le troupeau ne périt pas entièrement, l'usufruitier est   al.
tenu de remplacer les têtes des animaux qui ont péri, jusqu'à
concurrence du croît qui est né après que le troupeau a
commencé à être amoindri du nombre primitif.

»   **514.** S'il s'agit d'animaux qui constituent la dot du fonds   »
soumis à usufruit, on applique les règles de l'article 483.

§ 3.
Comment l'usufruit prend fin.

528   **515.** L'usufruit s'éteint :   617
al. 1   Par la mort de l'usufruitier ;   al. 1
al. 2   Par l'expiration du temps pour lequel il a été établi ;   al. 2
al. 3   Par la consolidation ou la réunion sur la même tête des   al. 3
deux qualités d'usufruitier et de propriétaire ;
al. 4   Par le non-usage du droit pendant trente ans ;   al. 4
al. 5   Par la perte totale de la chose sur laquelle l'usufruit est   al. 5
établi.

529   **516.** L'usufruit peut aussi cesser par l'abus que l'usu-   618
fruitier fait de sa jouissance, soit en aliénant les biens, soit
en les détériorant ou en les laissant dépérir faute d'entretien.

al. 2   L'autorité judiciaire pourra cependant, suivant les cir-   al. 2
constances, ordonner que l'usufruitier donne caution s'il en
était exempt, ou que les biens soient loués ou mis sous
administration aux frais de l'usufruitier, ou même la rentrée
du propriétaire dans la jouissance, à charge de payer annuellement à l'usufruitier ou à ses ayants cause une somme déterminée, jusqu'à la cessation de l'usufruit.

al. 1   Les créanciers de l'usufruitier peuvent intervenir dans les   al. 1
contestations pour la conservation de leurs droits, offrir la
réparation des dommages et donner caution pour l'avenir.

531   **517.** L'usufruit accordé jusqu'à ce qu'un tiers ait acquis   620

un âge fixe, dure jusqu'à cette époque, encore que le tiers soit mort avant l'âge fixé.

530 **518.** L'usufruit établi en faveur des communes et autres corps moraux par un acte entre vifs ou de dernière volonté ne peut excéder la durée de trente ans. **619**

534 **519.** Si une partie seulement de la chose sujette à usufruit est détruite, l'usufruit se conserve sur ce qui reste. **623**

535 **520.** Si l'usufruit est établi sur un domaine dont un bâtiment fait partie, et que ce bâtiment vienne à périr d'une manière quelconque, l'usufruitier aura droit de jouir du sol et des matériaux. **624 al.**

al. Il en sera de même si l'usufruit n'est établi que sur un bâtiment. En ce cas, cependant, si le propriétaire veut construire un autre bâtiment, il aura droit d'occuper le sol et de se servir des matériaux, à la charge de payer à l'usufruitier, pendant la durée de l'usufruit, les intérêts de la somme correspondante à la valeur du sol et des matériaux. **624**

SECTION II.
De l'usage et de l'habitation.

541 **521.** Celui qui a l'usage d'un fonds, ne peut en recueillir les fruits qu'autant qu'il lui en faut pour ses besoins et ceux de sa famille. **630**

543 **522.** Celui qui a un droit d'habitation dans une maison, peut y demeurer avec sa famille. **632**

543 **523.** On doit comprendre dans sa famille les enfants nés après que le droit d'usage et d'habitation a commencé, quand même la personne qui en jouit ne fût pas mariée à l'époque où ce droit a commencé. **632**

544 **524.** Le droit d'habitation se restreint à ce qui est nécessaire pour l'habitation de celui à qui ce droit est concédé, et de sa famille, proportionnellement à la condition du même. **633**

538 **525.** Le droit d'usage ou d'habitation ne peut être exercé avant d'avoir donné caution et fait l'inventaire des meubles et la description de l'état des immeubles, comme dans le cas de l'usufruit. L'autorité judiciaire pourra cependant, suivant les circonstances, dispenser de l'obligation de donner caution. **626**

539 **526.** Celui qui a le droit d'usage et d'habitation doit en jouir en bon père de famille. **627**

546 **527.** Si l'étranger absorbe tous les fruits du fonds ou s'il occupe la totalité de la maison, il est assujetti aux frais de culture, aux réparations d'entretien et au payement des contributions, comme l'usufruitier. **635**

al.   S'il ne prend qu'une partie des fruits ou s'il n'occupe al.
qu'une partie de la maison, il contribue au prorata de ce
dont il jouit.

515   **528**. Les droits d'usage et d'habitation ne peuvent être 631 634
ni cédés, ni loués.

537   **529**. Les droits d'usage et d'habitation se perdent de la 625
même manière que l'usufruit.

517   **530**. L'usage des bois et forêts est réglé par des lois 636
particulières.

CHAPITRE II.

Des Servitudes foncières.

548   **531**. La servitude foncière consiste dans une charge 637
imposée sur un fonds pour l'usage et l'utilité d'un fonds
appartenant à un autre propriétaire.

550   **532**. La servitude foncière est établie par la loi ou par 639
le fait de l'homme.

SECTION PREMIÈRE.

Des Servitudes établies par la loi.

564   **533**. Les servitudes établies par la loi ont pour objet 649
l'utilité publique ou privée.

565   **534**. Les servitudes établies pour l'utilité publique ont 650
pour objet le cours des eaux, le marchepied le long des rivières et des canaux navigables ou flottables, la construction
ou réparation des chemins et autres ouvrages publics.

al.   Tout ce qui concerne cette espèce de servitude est déter- al.
miné par des lois ou des règlements spéciaux.

566 567   **535**. Les servitudes que la loi établit pour l'utilité privée, 651 652
et al.   sont déterminées par des lois et des règlements de police et al.
rurale, et par les dispositions de la présente section.

§ 1.

Des Servitudes qui dérivent de la situation des lieux.

551   **536**. Les fonds inférieurs sont assujettis, envers les fonds 640
plus élevés, à recevoir les eaux qui découlent naturellement
sans que la main de l'homme y ait contribué.

al. 1   Le propriétaire du fonds inférieur ne peut empêcher d'au- al. 1
cune manière cet écoulement.

al. 2   Le propriétaire du fonds supérieur ne peut rien faire qui al. 2
aggrave la servitude du fonds inférieur.

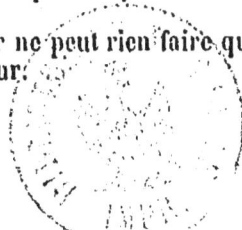

537. Lorsque les rives ou les digues, qui se trouvaient » dans un fonds et servaient à contenir les eaux, ont été détruites ou abbattues, ou lorsqu'il s'agit de digues que la variation du cours des eaux rend nécessaires, si le propriétaire du fonds ne veut pas les faire réparer, les rétablir ou les construire, les propriétaires endommagés ou qui seraient en grave danger de l'être, peuvent faire, à leurs frais, les réparations ou les constructions nécessaires.

Les ouvrages doivent cependant s'exécuter de manière » que le propriétaire du fonds n'en souffre pas de dommage, préalable autorisation judiciaire, et en observant les règlements spéciaux sur les eaux.

538. Il en est de même lorsqu'il s'agit d'enlever un encombrement qui aurait été formé dans un fonds, dans un fossé, un ruisseau, un égoût ou autre, par des matières qui s'y seraient arrêtées, de manière que les eaux endommageassent ou pussent endommager les fonds versés.

539. Tous les propriétaires, auxquels la conservation » des rives et des digues, ou l'enlèvement des encombrements mentionnés dans les deux articles précédents sont utiles, pourront être appelés et obligés à contribuer aux frais en proportion de l'avantage que chacun d'eux en retire, sauf, dans tous les cas, le recours au remboursement des dommages et des frais contre celui qui aurait donné lieu à la destruction des digues ou à la formation des encombrements susdits.

540. Celui qui a une source dans son fonds peut en user 641 à sa volonté, sauf le droit que le propriétaire du fonds inférieur pourrait avoir acquis par titre ou par prescription.

541. La prescription, dans ce cas, ne peut s'acquérir 642 que par une possession de trente années, à compter du jour où le propriétaire du fonds inférieur a fait et terminé, dans le fonds supérieur, des ouvrages visibles et permanents, destinés à faciliter la chute et le cours de l'eau dans sa propriété, et ayant servi à cet usage.

542. Le propriétaire de la source ne peut en changer le 643 cours, lorsqu'elle fournit, aux habitants d'une commune ou fraction de commune, l'eau qui leur est nécessaire; mais, si les habitants n'en ont pas acquis ou prescrit l'usage, le propriétaire a droit à une indemnité.

543. Celui dont la propriété borde une eau qui court 644 naturellement et sans ouvrages de mains d'hommes, autre que celle qui est déclarée dépendance du domaine public par l'article 427, ou sur laquelle d'autres personnes puissent

avoir droit, peut s'en servir à son passage pour l'irrigation
de ses propriétés ou pour l'exercice de ses industries, à
charge cependant d'en rendre les écoulements et les restes
au cours ordinaire.

al.   Celui dont cette eau traverse le fonds, peut aussi en user   al.
dans l'intervalle qu'elle y parcourt, mais à la charge de la
rendre, à la sortie de ses fonds, à son cours ordinaire.

559   **544.** S'il s'élève une contestation entre les propriétaires   643
auxquels ces eaux peuvent être utiles, l'autorité judiciaire
doit concilier l'intérêt de l'agriculture et de l'industrie avec
le respect dû à la propriété ; et, dans tous les cas, on doit
observer les règlements particuliers et locaux sur le cours
et l'usage des eaux.

560   **545.** Tout propriétaire ou possesseur d'eaux, peut en   »   .
user à volonté, et même en disposer en faveur d'autrui,
s'il n'y a titre ou prescription contraire ; mais, après s'en
être servi, il ne peut les détourner de manière à en occa-
sionner la perte, au préjudice des autres fonds qui seraient
à même d'en profiter, sans causer des engorgements ou autres
dommages aux usagers supérieurs, et moyennant une juste
indemnité, qui devra être payée par celui qui voudra en
profiter, s'il s'agit d'une source ou d'une autre eau appartenant au propriétaire du fonds supérieur.

§ 2.

Des murs, bâtiments et fossés mitoyens.

568   **546.** Tout mur servant de séparation entre bâtiments   653
jusqu'à la sommité, et en cas de hauteurs inégales, jusqu'au
point où un bâtiment commence à être plus élevé, et pareillement, tout mur servant de séparation entre cours et jardins,
et même entre enclos dans les champs, est présumé mitoyen,
s'il n'y a titre ou marque du contraire.

569   **547.** La propriété du mur de séparation entre cours,   654
jardins ou champs est déterminée par l'égout du chaperon
de ce mur, et en proportion de cet égout.

a. 1 et 2   Si les parements, tels que les corbeaux, les corniches et a. 1 et 2
autres semblables, et les vides qui pénètrent au-delà de la
moitié de l'épaisseur du mur, présentent l'apparence d'avoir
été mis en bâtissant le mur, le mur est présumé appartenir
au propriétaire du côté duquel ils apparaissent, quoiqu'il
n'y ait que quelqu'une de ces marques.

»   Mais si une ou plusieurs de ces marques se trouvent   »
d'un côté, et si une ou plusieurs se trouvent du côté opposé,

le mur est censé mitoyen : en tous cas, la position de l'égout prévaut à tous les autres indices.

570 **548.** Les réparations et les reconstructions nécessaires 655 du mur mitoyen sont à la charge de tous ceux qui y ont droit, et proportionnellement au droit de chacun.

571 **549.** Cependant, tout co-propriétaire d'un mur mitoyen 656 peut se dispenser de contribuer aux réparations et reconstructions, en abandonnant le droit de mitoyenneté, pourvu que le mur mitoyen ne soutienne pas un bâtiment qui lui appartienne.

al. L'abandon ne décharge pas celui qui le fait de l'obligation » des réparations et des reconstructions auxquelles il aurait donné lieu par son fait propre.

572 **550.** Le propriétaire, qui veut démolir un bâtiment sou- » tenu par un mur mitoyen, peut renoncer à la mitoyenneté, mais il doit y faire, pour la première fois, les réparations et les ouvrages que sa démolition rendrait nécessaires, pour éviter des dommages au voisin.

573 **551.** Tout propriétaire peut faire bâtir contre un mur 657 mitoyen et y faire placer des poutres et des solives dans toute l'épaisseur du mur, de manière cependant que, de l'autre côté, il reste encore cinq centimètres, sans préjudice du droit qu'a l'autre co-propriétaire de faire raccourcir la poutre jusqu'à la moitié du mur, dans le cas où il voudrait lui-même asseoir des poutres dans le même lieu, y faire un enfoncement ou y adosser une cheminée.

574 **552.** Pareillement, tout co-propriétaire d'un mur mitoyen » peut le faire traverser en entier par des tirants ou bouts de tirants, ou faire placer, du côté opposé, des ancres, pour la sûreté de son bâtiment ; mais il devra laisser une distance de cinq centimètres, à partir du parement extérieur du mur du côté du voisin, et faire les travaux nécessaires pour ne pas préjudicier la solidité du mur mitoyen, sans préjudice du remboursement des dommages temporaires provenant du placement des tirants, bouts de tirants et autres.

575 **553.** Tout co-propriétaire peut faire exhausser le mur 658 mitoyen ; mais il doit payer seul la dépense de l'exhaussement, les réparations d'entretien de la partie exhaussée, ainsi que les ouvrages nécessaires pour supporter le poids de l'exhaussement, de manière que le mur ait la même solidité.

576 **554.** Si le mur mitoyen n'est pas en état de supporter 659 l'exhaussement, celui qui veut le faire exhausser doit le faire

reconstruire en entier, à ses frais, et l'excédant d'épaisseur doit se prendre de son côté.

al.   Dans ce cas et dans celui de l'article précédent, il est en outre tenu d'indemniser le voisin des dommages qui pourraient lui dériver du fait, même temporaire, de l'exhaussement et de la nouvelle construction.   »

577   **555.** Le voisin, qui n'a pas contribué à l'exhaussement, peut en acquérir la mitoyenneté en payant la moitié de la dépense qu'il a coûté et la valeur de la moitié du sol fourni pour l'excédant d'épaisseur, s'il y en a.   660

578   **556.** Tout propriétaire d'un fonds joignant un mur a de même la faculté de le rendre mitoyen en tout ou en partie, pourvu qu'il le fasse pour toute la longueur de sa propriété, en payant au propriétaire du mur la moitié de la valeur de la portion qu'il veut rendre mitoyenne et la moitié de la valeur du sol sur lequel le mur est bâti, à la charge, en outre, de faire les ouvrages qui seraient nécessaires pour ne pas endommager le voisin.   661

»   Cette disposition n'est pas applicable aux bâtiments destinés à l'usage public.   »

579   **557.** L'un des voisins ne peut pratiquer, dans le corps d'un mur mitoyen, aucun enfoncement, ni y appliquer ou appuyer aucun ouvrage nouveau sans le consentement de l'autre, ou sans avoir, à son refus, fait régler par expert les moyens nécessaires pour que le nouvel ouvrage ne soit pas nuisible aux droits de l'autre.   662

580   **558.** On ne peut adosser contre un mur mitoyen un amas de fumier, de bois, de terre ou d'autres matières, sans prendre les précautions nécessaires pour que ces amas ne puissent nuire, ni par leur humidité, ni par leur poussée ou leur trop grande élévation, ni de toute autre manière.   »

581   **559.** Chacun peut contraindre son voisin à contribuer aux frais de construction ou de réparation des murs de clôture, faisant séparation de leurs maisons, cours et jardins situés dans les villes et faubourgs. La hauteur de ces murs sera fixée suivant les règlements particuliers ; à défaut de règlements ou de convention, tout mur de clôture ou de séparation entre voisins, qui sera construit à l'avenir à frais communs, aura la hauteur de trois mètres.   663

582   **560.** Lorsque dans les villes et faubourgs un mur séparera deux fonds, dont l'un sera supérieur à l'autre, le propriétaire du fonds supérieur devra supporter en entier les frais de construction et de réparation du mur, jusqu'à la hauteur du sol qui lui appartient ; la partie du mur qui s'élève au-   »

dessus du sol du fonds supérieur jusqu'à la hauteur indiquée par l'article précédent, sera construite et maintenue
à frais communs.

583   **561.** Dans les cas prévus par les deux articles précé- »
dents, le voisin, qui ne veut pas contribuer aux frais de construction ou de réparation du mur de clôture ou de séparation, peut s'en dispenser en cédant la moitié du terrain sur
lequel le mur de séparation doit être bâti, et en renonçant
au droit de mitoyenneté, sauf la disposition de l'article 556.

584   **562.** Lorsque les divers étages d'une maison appar- **664**
tiennent à divers propriétaires, si les titres de propriété ne
règlent pas le mode de réparation et de reconstruction, elles
doivent être faites ainsi qu'il suit :

al. 1   Les gros murs et le toit sont à la charge de tous les pro- **al. 1**
priétaires, chacun en proportion de la valeur de l'étage qui
lui appartient. Il en est de même des allées, des portes, des
puits, des citernes, des canaux et autres choses communes
à tous les propriétaires ; les fosses d'aisance sont à la charge
commune, proportionnellement au nombre des ouvertures
d'entrée.

al. 2   Le propriétaire de chaque étage ou portion d'étage, fait **al. 2**
et maintient le plancher sur lequel il marche, ainsi que les
voûtes, plafonds, soffites et lambris supérieurs des pièces
qui lui appartiennent.

al. 3-4   Les escaliers sont construits et entretenus par les proprié- **al. 3**
taires des divers étages auxquels ils conduisent, en propor-
tion de la valeur de chaque étage.

al. 6-8   On considère, comme étages d'une maison, les caves, »
les galetas et les mansardes.

584 a.2   **563.** Les règles établies pour la répartition des frais de »
réparation ou de reconstruction du toit d'une maison appartenant à plusieurs propriétaires, s'appliquent aussi aux répa-
tions des planchers et des galetas.

    »   Si l'usage des mêmes n'est pas commun à tous les pro- »
priétaires de la maison, ceux qui, pour éviter le trépigne-
ment, ont l'usage exclusif d'un ou plusieurs de ces galetas,
sont tenus de contribuer pour un quart de la dépense des réparations ou reconstructions ; les autres trois quarts seront
à la charge des mêmes, en concurrence des autres propriétaires de la maison, dans la proportion établie par l'article
précédent, sauf les conventions particulières.

    »   **564.** Le propriétaire du dernier étage d'une maison ne »
peut, sans le consentement des propriétaires des autres
étages, construire de nouveaux étages ou de nouveaux ou-

vrages, à l'exception des parapets, des soffites et lambris, si la valeur des étages des autres propriétaires peut en être amoindrie.

586   **565**. Tous fossés entre deux fonds sont présumés mi-   666
toyens, s'il n'y a titre ou marque du contraire, et ils sont
588   entretenus à frais communs.   669

587   **566**. Il y a marque de non mitoyenneté, lorsque la   667
levée ou le rejet de la terre entassée depuis trois ans se
trouve d'un seul côté.

al.   Le fossé est censé appartenir exclusivement à celui du   668
côté duquel la levée ou le rejet se trouve.

»   **567**. Il y a marque de non mitoyenneté, lorsque le fossé   »
sert à l'écoulement des eaux du fonds d'un seul propriétaire.

589   **568**. Toute haie qui sépare deux fonds est réputée mi-   670
toyenne, et est entretenue à frais communs, à moins qu'il
n'y ait qu'un seul des fonds en état de clôture, ou qu'il y ait
des limites ou des preuves contraires.

590   **569**. Les arbres qui se trouvent dans la haie mitoyenne   673
sont mitoyens, et chacun des deux propriétaires a droit de
requérir qu'ils soient abattus.

al. 1   Les arbres qui se trouvent sur la ligne de séparation de   »
deux propriétés sont réputés communs, s'il n'y a titre ou
preuve contraire.

al. 2   Les arbres qui servent de bornes ne peuvent être abattus   »
que du consentement des deux parties, ou après que l'autorité judiciaire aura reconnu la nécessité ou l'utilité de les
abattre.

§ 3.

*De la distance et des ouvrages intermédiaires requis pour
certaines constructions, excavations et plantations.*

591   **570**. Celui qui veut construire une maison, ou seulement   »
un mur de séparation, peut le faire sur les confins de sa
propriété, sauf au voisin la faculté de rendre le mur mitoyen,
aux termes de l'art. 556.

592   **571**. Quand même on ne bâtirait pas sur les confins, si   »
on ne laisse pas la distance d'au moins un mètre et demi, le
voisin peut demander la mitoyenneté du mur et bâtir contre
le même, en payant, outre la valeur de la moitié du mur,
la moitié du sol qu'il devrait occuper, à moins que le propriétaire du sol ne préfère de prolonger en même temps son
bâtiment jusqu'aux limites.

al. 1   Si le voisin ne veut pas se prévaloir de cette faculté, celui   »
qui veut bâtir doit le faire de manière à laisser une distance
de trois mètres du mur du voisin.

al. 2   Il en est de même dans tous les autres cas où le bâtiment   »
du voisin se trouverait à une distance des confins moindre de
trois mètres.

»   Le simple exhaussement d'une maison ou d'un mur déjà   »
existant est réputé bâtiment nouveau.

»   **572.** Les dispositions des deux articles précédents ne   »
s'appliquent pas aux bâtiments indiqués à l'alinéa de l'ar-
593   ticle 556, ni aux murs faisant face aux places, rues et autres   »
chemins publics ; à l'égard de ces bâtiments et de ces murs,
on observera les lois et règlements particuliers qui les concernent.

597   **573.** Celui qui veut creuser un puits d'eau de source, un   674
cloaque, une fosse d'aisance ou à fumier, près d'un mur qui
ne lui appartient pas, ou même près d'un mur mitoyen, est
tenu, s'il n'y a point de règlements locaux qui disposent
autrement, de laisser deux mètres de distance entre le confin
de la propriété voisine et le point le plus proche du périmètre
du mur du puits, de la citerne, du cloaque ou de la fosse.

al. 1   Pour les tuyaux des latrines, des éviers, des gouttières,   674
des pompes, ou de toute autre machine tendant à faire mon-
ter l'eau, la distance des confins doit être au moins d'un
mètre.

al. 2   Une égale distance sera laissée pour les dérivations de ces   674
tubes, et elle sera toujours comptée des confins jusqu'au
point le plus voisin du périmètre extérieur du tube.

al. 3   Si, même avec ces distances, il en dérivait des dommages   674
au voisin, on établira des distances plus grandes, et on fera
les ouvrages nécessaires pour réparer et préserver des dégradations la propriété du voisin.

598   **574.** Celui qui veut construire contre un mur mitoyen,   674
ou même contre un mur de séparation qui lui appartien-
»   drait, des cheminées, fours, forges, étables, magasins de sel   al. 1-2
ou de matières de nature à l'endommager, ou bien établir,   et 3
près de la propriété d'autrui, des machines à vapeur ou
autres manufactures qui puissent créer un danger d'incendie, ou d'éclater, ou donner lieu à des exhalaisons nuisibles,
doit faire les ouvrages et laisser les distances qui, selon les
cas, seront prescrits par les règlements, et, à défaut, par
l'autorité judiciaire, pour éviter de nuire au voisin.

599   **575.** On ne peut creuser des fossés ou canaux qu'en lais-   »
sant entre les confins du fonds d'autrui une distance égale à

leur profondeur, sans préjudice des plus grandes distances qui seraient fixées par des règlements locaux.

600   **576.** La distance se mesure depuis le bord supérieur des   »
fossés ou canaux le plus rapproché du fonds voisin. Ce bord
doit, en outre, avoir un talus dont la base soit égale à la
hauteur ; à défaut, il doit être protégé par des ouvrages de
soutènement.

600   Lorsque la limite de la propriété du voisin se trouve dans   »
un fossé mitoyen, ou dans un chemin privé également mitoyen et soumis à une servitude de passage, la distance se
mesure du bord ci-dessus indiqué au bord du fossé mitoyen,
ou à celui du chemin qui sera le plus rapproché du nouveau
fossé ou canal, en observant les dispositions relatives au
talus.

601   **577.** Si le fossé ou canal est creusé près d'un mur   »
mitoyen, la distance susdite n'est pas nécessaire ; mais on
doit faire tous les ouvrages qui peuvent empêcher des dommages.

602   **578.** Celui qui veut ouvrir des sources, établir des réser-   »
voirs, pour la réunion des *surgeons d'eau* ou conduits de
fontaines, des canaux ou des aqueducs, en creuser le lit,
lui donner plus de largeur ou de profondeur, en augmenter
ou diminuer la pente, ou en varier la forme, doit, indépendamment des distances ci-dessus établies, laisser telle autre
distance convenable, et faire les travaux qui seraient nécessaires pour ne pas nuire aux autres fonds, sources, réservoirs ou conduits de fontaines, canaux ou aqueducs déjà
existants et destinés à l'irrigation des biens ou à faire mou-
voir des usines.

602 al.   S'il y a contestation entre deux propriétaires, l'autorité   »
judiciaire doit concilier, de la manière la plus équitable, le
respect dû aux droits de propriété avec la plus grande utilité qui peut dériver, pour l'agriculture ou l'industrie, de
l'usage auquel l'eau est ou doit être destinée, en fixant, s'il
en est le cas, à chacun des propriétaires, l'indemnité qui
peut lui être due.

603   **579.** Il n'est permis de planter des arbres près des con-   671
fins de la propriété voisine, qu'en laissant les distances établies par les règlements locaux. A défaut de règlement, on
doit laisser les distances suivantes :

n. 1   1° Trois mètres pour les arbres de haute tige.   671

n. 1 a. 1   Sont considérés, pour ce qui concerne les distances, comme   »
arbres de haute tige, ceux dont le tronc, simple ou divisé en
plusieurs branches, s'élève à une hauteur considérable, tels

7

que les noyers, les châtaigners, les chênes, les pins, les cyprès, les ormes, les peupliers, les platanes et autres semblables.

n.1.a.2   Les robiniers et les mûriers de la Chine, sont comparés, » pour les distances, aux arbres de haute tige;

n. 2   2° Un mètre et demi pour les arbres qui ne sont pas de 671 haute tige.   in fine.

n. 2 al.   Sont considérés comme appartenant à cette espèce, ceux » dont le tronc se divise en branches à une petite hauteur, tels que les poiriers, les pommiers, les cerisiers, et, en général, les arbres fruitiers qui n'ont pas été indiqués dans le numéro 1er, comme aussi les mûriers, les saules, les robiniers-parasols et autres semblables ;

n. 3   3° Un demi-mètre pour les vignes, les arbustes, les haies 671 vives, ainsi que les mûriers et les arbres fruitiers, soit nains, soit à espalier, dont la hauteur n'excède pas deux mètres et demi.

n. 3   La distance sera cependant d'un mètre, si les haies sont »
et al. 1 formées avec des aulnes, des châtaigniers ou autres plantes semblable, que l'on coupe périodiquement par pied, et de deux mètres pour les haies de robiniers.

n.3 a.2   Les susdites distances ne sont pas nécessaires, si le fonds » est séparé de celui du voisin par un mur mitoyen ou non, pourvu que les plantes soient maintenues à une hauteur qui ne dépasse pas la hauteur du mur.

604   **580.** Quant aux plantes qui croissent et aux plantations » que l'on fait soit dans l'intérieur des bois, vers les confins respectifs, soit le long des canaux ou des chemins communaux, sans empêcher le cours des eaux ni le passage, on observera les usages locaux, s'il n'y a pas de règlements, et, à défaut d'usages, les distances ci-dessus établies.

605   **581.** Le voisin peut exiger que les arbres qui croîtront 672 ou seront plantés naturellement à une distance moindre que celle fixée dans les articles précédents soient arrachés.

606   **582.** Celui, sur la propriété duquel avancent les bran- al. 1 ches des arbres du voisin, peut contraindre celui-ci à couper
606 ces branches, et peut couper lui-même les racines qui s'éten- al. 2 draient dans son fonds, sauf, cependant, dans les deux cas, les règlements et les usages locaux pour ce qui concerne les oliviers.

§ 4.

De la lumière et des vues sur la propriété du voisin.

607   **583.** L'un des voisins ne peut, sans le consentement de   675
l'autre, pratiquer dans le mur mitoyen aucune fenêtre ou
ouverture en quelque manière que ce soit, même à verre
dormant.

608   **584.** Le propriétaire d'un mur non mitoyen, joignant   676
immédiatement le fonds d'autrui, peut pratiquer, dans ce
mur, des jours ou fenêtres à fer maillé et verre dormant.

al. 1   Ces fenêtres doivent être garnies d'un treillis de fer, dont   al.
les mailles auront un décimètre d'ouverture au plus, et d'un
châssis à verre dormant.

al. 2   Ces fenêtres n'empêcheront pas le voisin d'acquérir la   »
mitoyenneté du mur; mais il ne pourra les fermer qu'en
appuyant son bâtiment contre le mur.

609   **585.** Ces jours ou fenêtres ne peuvent être établis à   677
une hauteur moindre de deux mètres et demi au-dessus du
plancher ou sol du lieu que l'on veut éclairer, si c'est à rez-
de-chaussée, et de deux mètres, si c'est aux étages supérieurs.

al.   La hauteur de deux mètres et demi au-dessus du sol doit   »
pareillement être observée du côté qui a vue sur le fonds
du voisin.

610   **586.** Celui qui a exhaussé un mur mitoyen ne peut pra-   »
tiquer des jours ou fenêtres sur la partie exhaussée à laquelle le voisin n'aurait pas voulu contribuer.

611   **587.** On ne peut avoir des vues droites ou fenêtres   678
d'aspect, ni balcons ou autres semblables saillies, sur le fonds
clos ou non clos et sur le toit du voisin, s'il n'y a un mètre
et demi de distance entre ledit fonds et le mur où on pra-
tique lesdits ouvrages.

al.   Cette prohibition n'a pas lieu lorsqu'il y a un chemin   »
public entre les deux propriétés.

612   **588.** On ne peut pareillement avoir des vues par côté   679
ou obliques sur le fonds du voisin, s'il n'y a un demi-mètre
de distance.

»   Cette prohibition n'a pas lieu lorsque la vue par côté et   »
oblique sur le fonds du voisin est, en même temps, une vue
droite sur la voie publique; mais, dans ce cas, on devra
observer les règlements locaux.

613   **589.** Lorsqu'il s'agit de vues droites, la distance se   680
compte depuis le parement extérieur du mur, et s'il y a des

balcons ou autres semblables saillies, depuis leur ligne ex-
térieure jusqu'à la ligne de séparation des deux propriétés.

» Lorsqu'il s'agit de vues par côté et obliques, cette distance se compte depuis la saillie la plus proche de la fenêtre
jusqu'à ladite ligne de séparation.

614 **590.** Lorsque, par convention ou autrement, on aura »
acquis le droit d'avoir des vues droites ou des fenêtres d'aspect sur le fonds du voisin, celui-ci ne pourra bâtir qu'à
une distance de trois mètres, mesurée comme dans l'article
précédent.

§ 5.

De l'égoût des toits.

615 **591.** Tout propriétaire doit établir des toits de manière 681
que les eaux pluviales s'écoulent sur son terrain ou sur la
voie publique, conformément aux règlements particuliers;
il ne peut les faire verser sur le fonds de son voisin.

§ 6.

Du droit de passage et d'acqueduc.

» **592.** Tout propriétaire doit donner accès et passage sur »
son fonds, toutes les fois que la nécessité en soit reconnue
pour construire ou réparer un mur ou autre ouvrage appartenant au voisin ou même mitoyen.

616 **593.** Le propriétaire dont le fonds est enclavé et qui 682
n'a aucune issue sur la voie publique, et ne peut se la procurer sans des dépenses et des peines excessives, a droit
d'obtenir un passage sur les fonds de ses voisins pour la
cultivation et un usage convenable de son propre fonds.

617 Ce passage doit être établi du côté où le trajet du fonds, 683
enclavé à la voie publique est le plus court, et cause moins
618 de dommages au fonds sur lequel il est accordé. 684

» Cette même disposition peut s'appliquer à celui qui, ayant »
un passage sur les fonds d'autrui, aurait besoin de l'élargir
pour y passer avec des charriots.

616 **594.** Celui qui obtient le passage sera toujours tenu à 682
in fine. une indemnité proportionnée au dommage occasionné par in fine.
l'accès ou le passage dont est cas dans les deux articles
précédents.

619 **595.** Si le fonds a été enclavé par l'effet d'une vente, »
d'un échange ou d'un partage, les vendeurs, les copermu-

tants ou copartageants sont tenus d'accorder le passage sans aucune indemnité.

020   **596.** Si le passage accordé à un fonds enclavé cesse d'être » nécessaire par la réunion de ce fonds avec un autre fonds contigu à la voie publique, il peut en tous temps être supprimé sur la demande du propriétaire du fonds servant, moyennant la restitution de l'indemnité reçue ou la cessation de l'annuité qui aurait été convenue. Il en est de même si l'on vient à ouvrir une nouvelle route communiquant au fonds qui était enclavé.

021   **597.** L'action en indemnité indiquée par l'art. 594 est   685 prescriptible, et le passage doit être continué, quoique l'action en indemnité ne soit plus recevable.

022   **598.** Tout propriétaire est tenu de donner un passage » sur ses fonds aux eaux de toute espèce que voudrait conduire quelqu'un qui aurait, d'une manière permanente ou même seulement temporairement, le droit de s'en servir pour les nécessités de la vie ou pour des usages agricoles ou industriels.

022   Sont exempts de cette servitude les maisons, cours, jar- » dins, et les aires attenantes à ces maisons.

023   **599.** Celui qui demande ce passage doit ouvrir le canal » nécessaire, et il ne peut pas faire passer ses eaux par les canaux déjà établis pour le cours d'autres eaux. Cependant, le propriétaire du fonds, qui serait aussi propriétaire d'un canal existant dans ce fonds et des eaux qui y coulent, pourra empêcher l'ouverture d'un nouveau canal sur son fonds, en offrant le passage aux eaux dans son canal, si cela peut se faire sans un considérable préjudice de celui qui demande

028   le passage. En ce cas, le propriétaire du canal aura droit à » une indemnité qui sera fixée, eu égard à l'eau introduite, à la valeur du canal, aux ouvrages qui deviendraient nécessaires pour le nouveau passage et aux plus grandes dépenses d'entretien.

024   **600.** On doit aussi permettre le passage des eaux dans » les canaux et aqueducs de la manière la plus convenable et la plus adaptée aux localités et à l'état de ces canaux et aqueducs, pourvu que le cours ou le volume des eaux qu'ils reçoivent ne soit pas empêché, retardé ou accéléré, ni varié d'une manière quelconque.

023   **601.** Lorsque, pour la conduite des eaux, on sera obligé » de traverser des chemins publics ou des fleuves et des rivières, on observera les lois et règlements spéciaux sur les chemins et les eaux.

626 **602.** Celui qui veut faire passer les eaux sur le fonds » d'autrui est tenu de justifier qu'il pourra disposer de l'eau pendant la durée du temps pour lequel il demande le passage; que cette eau est suffisante pour l'usage auquel elle est destinée; que le passage demandé est le plus convenable et le moins préjudiciable pour le fonds servant, eu égard à l'état des fonds voisins, à la pente et aux autres conditions requises pour la conduite, le cours et la décharge des eaux.

627 **603.** Avant de commencer la construction d'un aqueduc, » celui qui veut conduire l'eau à travers le fonds d'autrui, doit payer la valeur du sol qu'il doit occuper, suivant l'estimation qui en aura été faite, sans déduction des impôts et des autres charges qui sont inhérentes au fonds; mais le propriétaire du fonds servant peut planter et cultiver, dans ces mêmes terrains, des arbres ou autres végétaux, et enlever les matières qui y ont été entassées, pourvu que le tout se fasse sans dommages pour le canal et pour le nettoiement et la réparation.

627 al. **604.** Si la demande de passage est faite pour un temps » qui n'excède pas neuf ans, le payement de la valeur et de l'indemnité dont est cas dans l'article précédent, sera réduite à la moitié seulement, mais à charge de rétablir, à l'expiration du terme, les choses dans leur premier état.

627 al. Celui qui a obtenu ce passage temporaire peut, avant » l'échéance du terme, le rendre perpétuel, en payant l'autre moitié avec les intérêts légaux, en comptant du jour où a commencé le passage; après l'échéance du terme, on ne lui tiendra plus compte de ce qu'il a payé pour la concession temporaire.

629 **605.** Le possesseur d'un canal sur le fonds d'autrui ne » peut y introduire une plus grande quantité d'eau, s'il n'est pas constaté que le canal peut la contenir, et qu'il ne peut en résulter aucun dommage pour le fonds servant.

629 Si l'introduction d'une plus grande quantité d'eau exige » de nouveaux ouvrages, ces ouvrages ne pourront se faire avant qu'on en ait déterminé la nature et la qualité, et qu'on ait payé la somme due pour le sol que l'on doit occuper et pour les dommages, conformément à ce qui est prescrit par l'art. 603.

» Il en est de même lorsque, pour faire passer l'eau dans » un canal, on doit remplacer un pont aqueduc par un aqueduc souterrain, et réciproquement.

» **606.** Les dispositions contenues dans les articles pré- »

cédents, pour le passage des eaux, s'appliquent au cas où le passage aurait été demandé pour décharger les eaux surabondantes que le voisin se refuserait de recevoir sur son fonds.

» **607.** Il sera toujours facultatif au propriétaire du fonds » servant de faire fixer d'une manière stable le lit du canal par des pierres ou des solives placées sur des points fixes. Mais s'il n'a pas usé de cette faculté avant la concession du canal, il devra supporter, pour la moitié, les frais nécessaires.

633   **608.** Si une conduite d'eau empêchait les propriétaires » voisins de se transporter sur leurs fonds, d'en continuer l'arrosement ou d'y faire écouler les eaux, ceux, qui tirent avantage des eaux, doivent construire et entretenir, en proportion du bénéfice qu'ils retirent de leur conduite, des ponts, auxquels ils donneront l'accès suffisant pour un passage commode et sûr. Ils doivent aussi construire et entretenir les aqueducs souterrains, les ponts-aqueducs ou autres ouvrages semblables pour la continuation de l'arrosement ou de l'écoulement, sauf les droits dérivant de conventions ou de la prescription.

630   **609.** Le propriétaire qui veut dessécher ou bonifier ses » terres par des canaux d'écoulement, des *colmates* ou atterrissements ou autres moyens, a droit, en payant l'indemnité par anticipation, et avec le moins de dommage possible, de conduire, par des canaux ou des fossés, les eaux d'écoulement à travers les fonds qui séparent ses terres d'une conduite d'eau ou d'un canal d'écoulement quelconque.

» **610.** Les propriétaires des fonds traversés par des » égouts ou des fossés appartenant à autrui, ou qui, de toute autre manière, peuvent profiter des ouvrages faits en force de l'article précédent, ont la faculté de s'en servir pour l'assainissement de leurs fonds, à condition qu'il n'en résulte aucun dommage pour les fonds déjà assainis et qu'ils supportent :

» 1° Les nouvelles dépenses nécessaires pour modifier les » ouvrages déjà faits, dans le but qu'ils puissent aussi servir aux fonds traversés ;

» 2° Une partie proportionnelle des dépenses déjà faites, » et de celles d'entretien depuis que les ouvrages sont devenus communs.

» **611.** Les dispositions de l'alinéa de l'art. 598 et des » art. 600 et 601 sont applicables à l'exécution des ouvrages énoncés dans les articles précédents.

630 al. **612.** Si les personnes, qui ont droit aux eaux qui s'écoulent d'un marais, formaient opposition au dessèchement, et s'il n'était pas possible de concilier les deux intérêts par des ouvrages dont la dépense ne fût pas hors de proportion avec leur but, il se fera lieu au dessèchement, moyennant une juste indemnité payée aux opposants.

» **613.** Ceux qui ont droit de dériver des eaux des rivières, » torrents, ruisseaux, canaux, lacs ou réservoirs, peuvent, si cela est nécessaire, appuyer ou attacher une écluse aux bords, à charge de payer l'indemnité, et de faire et entretenir les ouvrages nécessaires pour garantir les propriétés de tout dommage.

632 **614.** Les usagers, tant supérieurs qu'inférieurs, ayant » droit sur les eaux aux termes de l'article précédent, auront soin de ne pas se nuire entre eux par l'effet de la stagnation, du refoulement ou de la déviation de ces mêmes eaux.

632 Ceux qui y auront donné lieu seront tenus aux dommages » et encourront les peines portées par les règlements de police rurale.

631 **615.** Les concessions d'usage d'eau obtenues du domaine » royal sont toujours réputées faites sans préjudice des droits antérieurs d'usage qui peuvent être légitimement acquis sur cette même eau.

SECTION II.

Des Servitudes établies par le fait de l'homme.

§ 1er.

Des diverses espèces de Servitudes qui peuvent être établies sur les biens.

634 **616.** Il est permis aux propriétaires d'établir sur leurs 686 propriétés telles servitudes que bon leur semble, pourvu qu'elles ne soient imposées que sur un seul fonds pour l'avantage d'un autre fonds, et qu'elles ne soient en aucune manière contraires à l'ordre public.

636 L'exercice et l'extension des servitudes sont réglés par al. leur titre, et, à défaut de titres, par les règles ci-après.

638 **617.** Les servitudes sont continues ou discontinues. 688
al. 1 Les servitudes continues sont celles dont l'usage est ou al. 1 peut être continuel, sans avoir besoin du fait actuel de l'homme; tels sont les conduites d'eau, les égouts, les vues et autres semblables;

al. 2   Les servitudes discontinues sont celles qui ont besoin du   al. 2
fait actuel de l'homme pour être exercées, tels que les
droits de passage, puisage, pacage et autres semblables.

639   **618.** Les servitudes sont apparentes ou non apparentes.   689

al. 1   Les servitudes apparentes sont celles qui s'énoncent par   al. 1
des signes visibles, tels qu'une porte, une fenêtre, un
aqueduc;

al. 2   Les servitudes non apparentes sont celles qui n'ont pas   al. 2
de signes visibles de leur existence, comme la prohibition
de bâtir sur un fonds ou de ne bâtir qu'à une hauteur déterminée.

640   **619.** La servitude de prise d'eau au moyen d'un canal   »
ou de tout autre ouvrage visible et permanent, quel que
soit l'usage auquel cette eau est destinée, est mise au rang
des servitudes continues et apparentes, quoique la prise ne
soit exécutée que par des intervalles de temps, ou par tours
de rôle de jours ou d'heures.

641   **620.** Lorsque, pour la dérivation d'une quantité cons-   »
tante et déterminée d'eau courante, on aura réglé par con-   »
vention la forme de l'orifice et de l'édifice de dérivation,
cette forme devra être observée. Les parties ne seront pas
admises à élever des contestations à ce sujet en alléguant
un excédant ou un manque d'eau, à moins que l'excédance
ou le manque d'eau ne provienne de changements survenus
dans le canal ou dans le cours des eaux qui y sont contenues.

al. 1   Si la forme n'a pas été convenue, mais l'orifice et l'édifice   »
de dérivation ont été construits et possédés paisiblement
pendant cinq années, on n'admettra plus, après ce laps de
temps, les parties à réclamer, sous prétexte d'un excédant
ou d'un manque d'eau, sauf le cas de changements survenus
dans le canal ou dans le cours de l'eau, comme il est dit
ci-dessus.

al. 2   A défaut de convention et de la possession susmention-   »
née, la forme sera déterminée par l'autorité judiciaire.

642   **621.** Lorsque, dans les concessions d'eau pour un usage   »
déterminé, l'on n'a pas exprimé la quantité concédée, on
est censé avoir accordé celle qui est nécessaire pour cet
usage. Il sera toujours permis aux intéressés de fixer la
forme de la dérivation, de manière que l'usage en soit assuré
et que l'usager ne puisse excéder son droit.

al.   Cependant, si la forme de l'orifice et de l'édifice de déri-   »
vation a été convenue, ou si, à défaut de convention, la dérivation a été exercée paisiblement pendant cinq années

dans une forme déterminée, les parties ne sont plus admises à réclamer, si ce n'est dans le cas établi par l'article précédent.

613 **622.** Dans les nouvelles concessions, où une quantité constante d'eau a été convenue et déterminée, cette quantité devra toujours être indiquée dans les actes publics par relation au module d'eau.

al. Le module est l'unité de mesure de l'eau courante.

al. Il est ce volume d'eau qui s'écoule dans la quantité constante de cent litres par minutes secondes, et se divise en dixièmes, centièmes et millièmes.

614 **623.** Le droit à une prise continuelle d'eau peut s'exercer à chaque instant.

645 **624.** Ce droit s'exerce, pour les eaux d'été, de l'équinoxe du printemps jusqu'à celui d'automne ; pour les eaux d'hiver, de l'équinoxe d'automne jusqu'à celui du printemps, et quant aux eaux dont la distribution est réglée par heures, par jours, par semaines, par mois, ou de tout autre manière, il subsiste aux époques déterminées par la convention ou par la possession.

al. 1 Les distributions d'eaux qui se font par jours et par nuits s'entendent du jour et de la nuit naturels.

al. 2 L'usage des eaux, dans les jours de fêtes, est réglé par les fêtes qui étaient de précepte au temps de la convention ou au temps où l'on a commencé à posséder.

646 **625.** Dans les distributions où chaque usager vient à son tour, le temps que l'eau met à parvenir jusqu'à l'ouverture de la dérivation de l'usager qui a droit de la prendre, court pour son compte, et la *queue de l'eau (coda dell' aqua)* appartient à l'usager dont le tour cesse.

647 **626.** L'eau qui sourd ou qui s'échappe, et qui est contenue dans le lit d'un canal soumis à distribution par tours de rôle, ne peut être arrêtée ni dérivée par un usager que lorsque son tour est arrivé.

627. Les usagers de ces mêmes canaux peuvent varier ou changer entre eux leur tour, pourvu que ce changement ne cause pas des dommages aux autres.

628. Celui qui a droit de se servir de l'eau comme force motrice ne peut, sans une disposition expresse du titre, en empêcher ou en ralentir le cours, et en causer le débordement ou la stagnation.

§ 2.

Comment s'établissent les Servitudes par le fait de l'homme.

648   **629.** Les servitudes continues et apparentes s'établis-   690
sent par titre ou par la possession de trente ans, ou par la
650   destination du père de famille.   692

649   **630.** Les servitudes continues non apparentes et les   691
servitudes discontinues, apparentes ou non apparentes, ne
peuvent s'établir que par titre.

al. 2   La possession, même immémoriale, ne suffit pas pour les   »
établir.

»   **631.** Dans les servitudes affirmatives, la possession utile   ».
pour la prescription se compte du jour où le propriétaire
du fonds a commencé à l'exercer sur le fonds servant.

»   Dans les servitudes négatives, la possession commence   »
du jour de la défense faite par acte formel par le propriétaire du fonds dominant à celui du fonds servant pour lui
contester le libre usage du même.

651   **632.** Il y a destination du père de famille lorsqu'il est   693
établi, par tout genre de preuves, que les deux fonds actuellement divisés ont été possédés par le même propriétaire, et que c'est par lui que les choses ont été mises et
laissées dans l'état duquel la servitude résulte.

652   **633.** Si l'un des fonds cesse d'appartenir au même pro-   694
priétaire, sans qu'il existe de dispositions relatives à la servitude, celle-ci est censée établie activement ou passivement
en faveur de chacun des fonds séparés et sur chacun d'eux.

653   **634.** A l'égard des servitudes qui ne peuvent s'acquérir   695
que par titre, on ne peut suppléer au défaut de ce titre que
par un document portant reconnaissance de la servitude et
émané du propriétaire du fonds servant.

655   **635.** Le propriétaire peut, sans le consentement de l'usu-   »
fruitier, établir sur le fonds toutes les servitudes qui ne
préjudicient pas aux droits de l'usufruitier; il peut, avec
l'agrément de l'usufruitier, y établir même les servitudes
qui porteraient atteinte à l'usufruit.

656   **636.** La servitude concédée par un des copropriétaires   »
d'un fonds indivis, n'est réputée établie et n'affecte réellement le fonds, que lorsque les autres copropriétaires l'ont
également concédée ensemble ou séparément.

al. 1   Les concessions faites, à quelque titre que ce soit, par   »
quelques-uns des copropriétaires, sont toujours en suspens,
tant que les autres n'y ont point accédé.

al. 2　　Cependant, la concession faite par un des copropriétaires, »
sans le concours des autres, oblige non-seulement le copropriétaire dont elle émane, mais encore ses successeurs,
même à titre particulier, ainsi que ses ayants-cause, à ne
point faire obstacle à l'exercice du droit concédé.

»　　**637.** Les eaux qui s'écoulent du fonds d'autrui peuvent »
constituer une servitude active en faveur du fonds qui les
reçoit, dans le but d'en empêcher la déviation.

»　　Lorsque cette servitude s'acquiert par la prescription, »
cette prescription n'est censée commencer que du jour où
le propriétaire du fonds dominant aura fait sur le fonds
servant des ouvrages visibles et permanents, destinés à recueillir et conduire ces eaux à son avantage, ou bien du jour
où le propriétaire du fonds dominant aura commencé ou
continué à en jouir malgré un acte formel d'opposition de
la part du propriétaire du fonds servant.

»　　**638.** Le curage régulier et l'entretien des bords d'un »
canal ouvert sur le fonds d'autrui, et ayant pour but de recueillir et conduire les eaux qui s'écoulent, fait présumer
que ce canal est l'ouvrage du propriétaire du fonds dominant, s'il n'y a titre, signe ou preuve contraire.

»　　L'existence sur le canal d'édifices, bâtis et entretenus par le »
propriétaire même du fonds sur lequel le canal est ouvert,
est réputée signe contraire.

SECTION III.

Comment les Servitudes s'exercent.

654 657　　**639.** Le droit de servitude embrasse tout ce qui est né- 696 697
cessaire pour en user.

654 al.　　Ainsi, la servitude de puiser de l'eau à la fontaine d'autrui 696 al.
emporte le droit de passage sur le fonds où se trouve la fontaine.

»　　Pareillement, le droit de faire passer l'eau sur le fonds »
d'autrui emporte le droit de passage le long des bords du
canal, pour surveiller la conduite des eaux et y opérer le
nettoiement et les réparations nécessaires.

»　　Si le fonds venait à être clos, le propriétaire devra laisser, »
à celui qui exerce le droit de servitude pour l'objet sus-
indiqué, une entrée libre et commode.

657 al.　　**640.** Celui auquel est due une servitude doit, pour faire »
les ouvrages nécessaires pour en user et pour la conserver, déterminer le temps et le mode, de manière à ce que le
fond assujetti en éprouve la moindre charge possible.

638   **641.** Ces ouvrages doivent être faits à ses frais, à moins   698
que le titre d'établissement de la servitude ne dise le contraire.

al.   Cependant, lorsque la partie de la chose sur laquelle   »
s'exerce la servitude sera commune entre le propriétaire du
fonds dominant et celui du fonds servant, lesdits ouvrages
seront exécutés à frais communs et en proportion de l'avantage que chacun en retire, à moins qu'il n'y ait titre contraire.

»   **642.** Dans les servitudes de prise et de conduite d'eau,   »
si le titre ne dispose pas autrement, le propriétaire du fonds
servant pourra toujours demander que le canal soit conve-
nablement curé et que ses bords soient entretenus en état
de bonne réparation aux frais du propriétaire du fonds dominant.

639   **643.** Dans le cas même où le propriétaire du fonds   699
assujetti est chargé par le titre de faire, à ses frais, les ouvrages nécessaires pour l'usage ou la conservation de la servitude, il peut toujours s'affranchir de la charge en abandonnant le fonds assujetti au propriétaire du fonds dominant.

660   **644.** Si le fonds pour lequel la servitude a été établie   700
vient à être divisé, la servitude reste due pour chaque portion, sans néanmoins que la condition du fonds assujetti
soit aggravée ; ainsi, s'il s'agit d'un droit de passage, chaque
propriétaire d'une portion du fonds dominant devra l'exercer par le même endroit.

661   **645.** Le propriétaire du fonds servant ne peut rien faire   701
qui tende à diminuer l'usage de la servitude ou à la rendre
plus incommode.

al. 1   Ainsi, il ne peut changer l'état des lieux, ni transporter   al. 1
l'exercice de la servitude dans un endroit différent de celui
où elle a été primitivement assignée.

al. 2   Mais cependant, si cette assignation primitive était deve-   al. 2
nue plus onéreuse au propriétaire du fonds assujetti, ou si
elle l'empêchait d'y faire des travaux, des réparations ou des
améliorations, il pourrait offrir au propriétaire de l'autre
fonds un endroit aussi commode pour l'exercice de ses droits,
et celui-ci ne pourrait pas le refuser.

»   Le changement de l'endroit, pour l'exercice de la servi-   »
tude, peut aussi être admis sur la demande du propriétaire
du fonds dominant, s'il prouve que ce changement doit lui
être d'un grand avantage, sans causer des dommages au
fonds servant.

662   **646.** Celui, qui a un droit de servitude, ne peut en user   702

que suivant son titre ou sa possession, sans pouvoir faire, ni dans le fonds servant, ni dans le fonds dominant, de changement qui aggrave la condition du premier.

647. S'il y a doute sur l'extension de la servitude, son exercice doit se restreindre à ce qui est nécessaire pour la destination et pour un usage convenable du fonds dominant, et en causant au fonds servant le moindre dommage possible.

663 **648.** Le droit de conduire des eaux n'attribue à celui qui l'exerce ni la propriété du terrain latéral ni celle du terrain existant au-dessous de la source ou du canal de dérivation. Les contributions foncières et les autres charges inhérentes au fonds sont supportées par le propriétaire du terrain.

664 **649.** A défaut de conventions particulières, le propriétaire de l'eau, ou toute autre personne qui en fait la concession, est tenu, envers les usagers, de faire tous les ouvrages ordinaires et extraordinaires pour la dérivation et la conduite des eaux, jusqu'au point où il en fait la consigne, et d'entretenir en bon état les ouvrages d'art, ainsi que le lit et les rives des fontaines ou canaux, de faire les curages ordinaires et de veiller, avec toute l'attention et toute la diligence nécessaire, à ce que la dérivation et la conduite de l'eau s'opère régulièrement et aux époques dues.

665 **650.** Néanmoins, si celui qui a fait la concession établit que le manque d'eau provient d'un accident naturel, ou même du fait d'autrui, sans qu'on puisse en aucune manière le lui imputer, ni directement, ni indirectement, il ne sera point responsable des dommages ; il subira seulement une réduction proportionnelle sur le prix de location, ou sur ce qui a été convenu devoir former l'équivalent de la concession, qu'il ait été payé ou non ; sans préjudice de l'action en dommages-intérêts qui compète aux parties envers les auteurs de la voie de fait qui a donné lieu au manque d'eau.

666 Si ces mêmes auteurs sont cités par les usagers, ceux-ci peuvent obliger le concessionnaire à intervenir dans l'instance et les seconder de tous ses moyens, à l'effet qu'ils puissent obtenir les dommages auxquels donne lieu le manque d'eau.

666 **651.** Le manque d'eau doit être supporté par celui qui avait droit de la prendre et d'en jouir au temps où elle a manqué, sauf l'action en dommages ou la diminution, soit du prix de la location, soit de l'équivalent convenu, comme dans l'article précédent.

607

652. Entre divers usagers, le manque d'eau doit être supporté, avant tous autres, par ceux qui ont titre ou possession plus récente ; et si, à cet égard, les usagers ont des droits égaux, il doit l'être par l'usager inférieur.

al. Le recours pour les dommages est toujours réservé contre celui qui a donné lieu au manque d'eau.

653. Si l'eau est concédée, réservée ou possédée pour un usage déterminé, et à charge de restitution de ce qui reste à celui qui l'a concédée ou à d'autres, cet usage ne peut être varié, si la dérivation cause des dommages au fonds auquel l'eau doit être restitué.

654. Le propriétaire du fonds, qui a la charge de la restitution des eaux qui s'écoulent ou qui surabondent, ne peut en dévier aucune partie, sous prétexte qu'il y aurait introduit une plus grande quantité d'eau vive, ou un volume différent ; mais il doit les laisser s'écouler dans leur totalité en faveur du fonds dominant.

655. La servitude des écoulements n'enlève pas au propriétaire du fonds servant le droit d'user librement de l'eau à l'avantage de son fonds, de changer la culture de celui-ci, et même d'abandonner en tout ou en partie son arrosement.

656. Le propriétaire du fonds assujetti à la servitude des écoulements ou des eaux qui surabondent, peut toujours s'en décharger, moyennant la concession et l'assurance, au fonds dominant, d'un volume d'eau vive, dont la quantité sera fixée par l'autorité judiciaire, eu égard à toutes les circonstances.

657. Ceux qui ont un intérêt commun à la dérivation et à l'usage de l'eau, ou à la bonification ou au desséchement des terrains, peuvent se réunir en consorce, aux fins de pourvoir à l'exercice, à la conservation et à la défense de leurs droits.

L'adhésion des intéressés et le règlement du consorce devront résulter d'un acte écrit.

658. Lorsque le consorce sera constitué, les délibérations prises par la majorité, dans les limites et suivant les prescriptions du règlement relatif, auront leur effet, conformément à l'article 678.

659. La formation de ce consorce peut aussi être ordonnée par l'autorité judiciaire, sur instance de la majorité des personnes intéressées, et après avoir entendu sommairement les autres, toutes les fois qu'il s'agit de l'exercice, de la conservation et de la défense de droits communs, qui ne pourraient cesser d'être indivis sans de graves dommages. En ce cas, le règlement proposé et délibéré par la majorité est aussi soumis à l'approbation de l'autorité judiciaire.

» **660.** La dissolution du consorce n'a lieu que lorsqu'elle » est délibérée à une majorité de trois quarts, ou, lorsque la division, pouvant se faire sans de graves dommages, serait demandée par un des intéressés quel qu'il soit.

» **661.** Dans tout le reste, on observera, pour ces con- » sorces, les règles établies pour la communion des biens, la société et la division.

SECTION IV.

Comment les Servitudes s'éteignent.

669   **662.** Les servitudes cessent lorsque les choses se trouvent   703
en tel état qu'on ne peut plus en user.

670   **663.** Elles revivent, si les choses sont rétablies de   704
manière qu'on puisse en user de nouveau, à moins qu'il ne
se soit déjà écoulé un espace de temps suffisant pour
585 éteindre la servitude. Dans ces mêmes limites, seront con-   665
servées les servitudes préexistantes, lorsqu'on reconstruira
un mur ou une maison.

671   **664.** Toute servitude est éteinte lorsque la propriété du   705
fonds dominant et celle du fonds servant est réunie dans la
même main.

672   **665.** Les servitudes que le mari a acquises au fonds   »
dotal, et celles que le propriétaire utile a acquises au fonds
emphytéotique, ne s'éteignent, ni par la dissolution du mariage, ni par la cessation de l'emphytéose. Cependant, les
servitudes que ces personnes auraient imposées sur les
mêmes fonds s'éteignent dans les cas ci-dessus exprimés.

673   **666.** La servitude est éteinte par le non usage de trente   706
ans.

674   **667.** Les trente ans, s'il s'agit d'une servitude discon-   707
tinue, commencent à courir du jour où l'on a cessé d'en
jouir, et, s'il s'agit d'une servitude continue, du jour où il a
été fait un acte contraire à la servitude.

675   **668.** Le mode de la servitude se prescrit de la même ma-   708
nière que la servitude.

676   **669.** Si les ouvrages qui auraient été faits pour une prise   »
d'eau ont laissé des vestiges, l'existence de ces vestiges ne
fait point obstacle à la prescription ; pour en empêcher le
cours, il faut tout à la fois et l'existence et le maintien en
état de service de l'édifice construit pour la prise d'eau ou
du canal de dérivation.

677   **670**. L'usage d'une servitude, dans un temps autre que   »
celui qui a été convenu ou réglé par la possession, n'empêche pas la prescription.

678   **671**. Si le fonds dominant appartient à plusieurs per-   709
sonnes par indivis, la jouissance de l'un empêche la prescription à l'égard de tous.

679   **672**. La suspension ou l'interruption de la prescription   710
en faveur d'un des copropriétaires profite aux autres.

TITRE IV.

DE LA COMMUNAUTÉ DES BIENS.

»   **673**. La communauté des biens, à défaut de convention   »
ou de dispositions spéciales, est réglée par les dispositions
suivantes.

»   **674**. La portion de chaque copropriétaire est présu-   »
mée égale jusqu'à preuve contraire.

»   Le concours des copropriétaires, soit aux avantages,   »
soit aux charges de la communauté, sera proportionné à la
part de chacun d'eux.

»   **675**. Chaque copropriétaire peut se servir des choses   »
communes, pourvu qu'il en use suivant leur destination,
telle qu'elle aurait été fixée par la coutume, et qu'il ne s'en
serve pas contre les intérêts de la communauté, ou de manière à empêcher les autres copropriétaires de s'en servir
suivant leurs droits.

»   **676**. Tout copropriétaire a droit d'obliger les autres à   »
contribuer avec lui aux dépenses nécessaires à la conservation de la chose commune, sauf à ceux-ci la faculté de s'en
décharger, moyennant l'abandon de leurs droits de copro-
priété.

»   **677**. Aucun des copropriétaires ne peut faire des innova-   »
tions dans la chose commune, même sous prétexte que
celles-ci seraient utiles à tous les autres, si ces derniers n'y
donnent pas leur consentement.

»   **678**. En ce qui concerne l'administration et le meilleur   »
mode de jouissance de la chose commune, les délibérations
de la majorité des propriétaires sont obligatoires, même pour
la minorité qui s'y opposerait.

»   Il n'y a majorité que lorsque les votants intervenus à la   »
délibération représentent la plus grande partie des intérêts
qui constituent l'objet de la communauté.

»   S'il n'y a pas de majorité, ou s'il résulte que ses délibé-   »

rations puissent causer de graves dommages à la chose commune, l'autorité judiciaire pourra prendre les mesures nécessaires et même nommer un administrateur, s'il en est
le cas.

 679. Chaque copropriétaire a la propriété de sa portion »
et des avantages ou des fruits relatifs. Il peut aliéner, céder
ou hypothéquer cette portion en toute liberté, comme aussi
substituer d'autres personnes dans la jouissance de la même,
s'il ne s'agit pas de droits personnels. Mais l'effet de l'aliénation ou de l'hypothèque se restreint à la portion qui lui
écherrait dans le partage.

1066 **680.** Les créanciers ou les cessionnaires d'un copro- »
priétaire peuvent s'opposer au partage qui serait fait sans
leur intervention, et ils peuvent y intervenir à leurs frais;
mais ils ne peuvent contester un partage déjà exécuté, sauf
le cas de fraude ou de partage exécuté malgré une opposition formelle, et toujours sans préjudice de la faculté, qui
leur compète, de faire valoir les raisons du débiteur ou du
cédant.

1038 **681.** Nul ne peut être forcé de rester dans la commu- 815
nauté, et tout copropriétaire peut toujours en demander la
dissolution.

al. 2 Néanmoins, la convention de rester dans la communauté al.
pour un temps déterminé est valide, si ce temps ne dépasse
pas dix années.

al. 1 Mais l'autorité judiciaire peut ordonner le partage même »
in fine. avant l'échéance du terme convenu, si de graves et urgents
motifs l'exigent.

563 **682.** Dans les localités où existe la réciprocité des pâtu- »
rages, le propriétaire, qui veut sortir en tout ou en partie de la
communauté du pâturage, doit en faire la déclaration une
 » année avant, et, à l'échéance de l'année, il perdra le droit 648
de pâturage dans le fonds d'autrui, en proportion du terrain
qu'il aura enlevé à l'usage commun.

al. 1 La déclaration sera notifiée à l'administration communale »
et publiée dans les lieux des affiches de la commune.

 » S'il s'élèvera des contestations, il y sera pourvu par le tri- » »
al. 1 bunal civil; mais la faculté de sortir de la communauté ne
pourra être refusée que dans le cas de quelque grave et
évident motif d'utilité générale de la commune où les terrains sont situés.

al. 2 Lorsque le tribunal admettra cette faculté, il en règlera »
le mode et les effets, eu égard surtout à la qualité et à la
quantité du terrain enlevé à l'usage commun.

» **683.** La dissolution de la communauté ne peut être demandée par les copropriétaires, s'il s'agit de choses que la division rendrait impropres à l'usage auquel elles sont destinées. »

» **684.** Les règles qui concernent les partages des successions sont applicables aux partages faits par les copropriétaires en communion. »

TITRE V.

DE LA POSSESSION.

2303   **685.** La possession est la détention d'une chose, ou la jouissance d'un droit que nous exerçons par nous-mêmes ou par un autre, qui tient la chose ou exerce le droit en notre nom.   2228

2304   **686.** La possession est légitime, si elle est continue, sans interruption, paisible, publique, non équivoque, et à titre de propriétaire.   2229

2305   **687.** On est toujours présumé posséder pour soi et à titre de propriétaire, s'il n'est prouvé qu'on a commencé de posséder pour un autre.   2230

2306   Quand on commence à posséder pour autrui, on est toujours présumé posséder au même titre, s'il n'y a preuve du contraire.   2231

2307   **688.** Les actes de pure faculté, et ceux de simple tolérance, ne peuvent fonder une possession légitime.   2232

2308   **689.** Les actes de violence ou clandestins ne peuvent fonder non plus une possession légitime; cependant, cette
al.   possession peut commencer lorsque la violence ou la clandestinité a cessé.   al.

»   **690.** La possession des choses dont on ne peut acquérir la propriété n'a pas d'effet juridique. »

2369   **691.** Le possesseur actuel, qui prouve avoir possédé anciennement, est présumé avoir possédé dans le temps intermédiaire, sauf la preuve contraire.   2234

»   **692.** La possession actuelle ne fait pas présumer l'ancienne, à moins que le possesseur n'ait un titre, et, en ce cas, le possesseur est présumé avoir possédé dès la date de son titre, s'il n'y a preuve contraire. »

2370   **693.** La possession continue de droit dans la personne du successeur à titre universel.   2235

2370   Le successeur à titre particulier peut joindre à sa possession celle de son auteur, pour en réclamer les effets et en jouir.   2235

415 **694.** Si quelqu'un qui, depuis plus d'une année, est en possession légitime d'un immeuble, d'un droit réel ou d'une universalité de meubles, est troublé dans cette possession, il pourra, dans le terme d'une année du jour où il aura été molesté, demander son maintien dans ladite possession.

416 **695.** Celui qui aurait été violemment ou clandestinement dépouillé d'une possession, d'un meuble ou d'un immeuble, quelle que soit la nature de cette possession, pourra, dans l'année de sa spoliation, demander, contre celui qui l'aurait dépossédé, à être réintégré.

417 **696.** La réintégration doit être ordonnée par le juge, préalable citation de la partie adverse, sur la simple notoriété du fait, sans aucun délai et avec la plus grande célérité de procédure, contre quiconque, même contre le propriétaire de la chose dont on aurait été dépossédé.

» **697.** La réintégration dans la possession, en cas de spoliation, n'exclut pas l'exercice des autres actions au possessoire de la part de tout possesseur légitime.

1506 **698.** Celui qui aurait des motifs de craindre que d'un nouvel ouvrage que d'autres entreprendaient, soit sur son sol, soit sur le sol d'autrui, il puisse en dériver des dommages à un immeuble, à un droit réel ou à un tout autre objet par lui possédé, pourra dénoncer ce nouvel ouvrage au juge, pourvu qu'il ne soit pas achevé, et qu'il n'y ait pas encore une année qu'il ait été commencé.

1507 Le juge, après avoir pris connaissance sommaire du fait, peut défendre la continuation de ce nouvel ouvrage, ou la permettre. Dans le premier cas, il ordonnera les précautions nécessaires pour le payement des dommages causés par la suspension de l'ouvrage, si l'opposition à sa continuation résultait non fondée par le jugement définitif au mérite; dans le second cas, il ordonnera celles nécessaires pour la démolition ou la réduction de l'ouvrage et le payement des dommages que pourrait souffrir l'opposant, si, malgré l'admission de la continuation, le jugement définitif lui est favorable.

1505 et par analogie 459 **699.** Celui qui a des motifs raisonnables de craindre qu'un édifice quelconque, un arbre ou tout autre objet puisse causer un grave et prochain danger pour un fonds ou un objet par lui possédé, a droit de dénoncer ce fait au juge et d'obtenir, selon les circonstances, qu'il soit pourvu pour prévenir le danger, ou qu'il soit ordonné au voisin de donner caution pour les dommages possibles.

608 **700.** Dans toutes les contestations sur le possessoire,

en ce qui concerne les servitudes, les droits et les obligations de celui qui jouit de la servitude et de celui qui la doit, et de tous autres intéressés, sont déterminés par ce qui s'est pratiqué l'année précédente; ils le sont par le mode de jouissance le plus récent, lorsqu'il s'agit de servitudes dont l'exercice exige un laps de temps excédant l'année.

454   **701.** Est possesseur de bonne foi celui qui possède comme propriétaire en vertu d'un titre propre à transférer le domaine, s'il ignorait les vices de ce titre.   **550 et al.**

» **702.** La bonne foi est toujours présumée, et celui qui allègue la mauvaise foi, doit la prouver.   **2268**

» Il suffit que la bonne foi ait existé au moment de l'acquisition.   **2269**

453   **703.** Le possesseur de bonne foi fait siens les fruits, et il n'est tenu de restituer que ceux perçus après la demande judiciaire.   **549**

456   **704.** Le possesseur, même de bonne foi, ne peut prétendre à aucune indemnité pour ses améliorations, si celles-ci n'existent plus au temps de l'éviction.   »

456 a.3   **705.** Le possesseur de bonne ou de mauvaise foi ne peut prétendre, pour ses améliorations, que la plus faible des sommes qui représentent la valeur effective des améliorations et la dépense qui a réellement été faite pour cet objet.   »

456 a.1 et 2   **706.** Le seul possesseur de bonne foi a droit à la rétention des biens pour des améliorations qui y auraient réellement été faites et qui existeraient encore, s'il les a demandés dans le cours de l'instance en revendication, et s'il a déjà donné quelque preuve de l'existence générique des mêmes.   »

2411   **707.** En ce qui concerne les biens meubles par leur nature et les titres au porteur, la possession produit, en faveur des tiers de bonne foi, les mêmes effets du titre. Cette disposition n'est pas applicable à l'universalité des meubles.   **2279**

2411 a.   **708.** Cependant, celui qui a perdu la chose, ou qui en a été volé, peut la réclamer à celui dans les mains duquel il la retrouve, sauf à celui-ci la répétition de l'indemnité contre celui de qui il l'a reçue.   **2279 a.**

2412   **709.** Mais, si le possesseur actuel de la chose volée ou perdue l'a achetée sur une foire ou un marché, ou à l'occasion d'une vente publique, ou d'un commerçant qui tienne un débit public d'objets de ce genre, le propriétaire ne pourra obtenir la restitution de sa chose qu'en remboursant au possesseur le prix qu'elle lui a coûté.   **2280**

LIVRE TROISIÈME

Des manières d'acquérir et de transmettre la propriété et les autres droits sur les choses.

Dispositions générales.

»   **710.** La propriété s'acquiert par l'occupation.

680   La propriété et les autres droits sur les choses s'acquiè-   711
rent et se transmettent par succession, par donation entre
vifs et par l'effet d'autres conventions.

681   Ils peuvent aussi s'acquérir par prescription.   712
in fine.   in fine.

TITRE I.

DE L'OCCUPATION.

682   **711.** Les choses qui n'appartiennent à personne, mais   713
dont on peut devenir propriétaire, s'acquièrent par l'occupation. Ces choses sont les animaux qui sont l'objet de la
chasse ou de la pêche, les trésors, et les choses mobilières
abandonnées.

683   **712.** L'exercice de la chasse et de la pêche est réglé   715
par des lois particulières.

al.   Cependant il n'est pas permis d'entrer sur le fonds d'au-   »
trui pour y chasser, contre la défense du possesseur.

684   **713.** Tout propriétaire d'essaims d'abeilles a le droit de   »
les suivre sur le fonds d'autrui, mais il est tenu de réparer le
dommage causé au possesseur du fonds ; celui-ci peut s'en
emparer et les retenir, si le propriétaire ne les a pas suivis,
ou a cessé de les suivre dans les deux jours.

al.   Le même droit appartient au propriétaire des animaux   »
apprivoisés, sauf la disposition de l'art. 462 ; mais, si on ne
les réclame pas dans le terme de vingt jours, ils appartiennent à celui qui les a pris et retenus.

685   **714.** La propriété d'un trésor appartient au propriétaire   716
du fonds où il se trouve. Si le trésor est trouvé dans le fonds
d'autrui, il appartient pour une moitié au propriétaire du
fonds où il a été trouvé, et pour l'autre moitié à celui qui
l'a trouvé, pourvu qu'il l'ait trouvé par le pur effet du hasard.

al.   Le trésor est toute chose mobile ayant une valeur, qui est   al.
cachée ou enfouie, et sur laquelle personne ne peut justifier
sa propriété.

686   **715.** Celui qui trouve un objet mobilier, qui ne soit pas 717 al.
un trésor, est tenu de le restituer au précédent possesseur.

686 a. 1   S'il ne le connaît pas, il doit sans délai en faire la consigna- 717 al.
tion au syndic du lieu où il l'a trouvé.

687   **716.** Le syndic fait connaître au public la consignation 717 al.
susdite, au moyen d'une publication faite selon les formes
en usage, en deux dimanches successifs.

688   **717.** Si, dans les deux ans de la seconde publication, le 717 al.
maître ne se présente pas, la chose ou son prix, si les circonstances en auront exigé la vente, appartient à celui qui
l'a trouvée.

689   Le maître de la chose perdue, ou celui qui l'a trouvée, 717 al.
quand il la reprend ou qu'il en reçoit le prix, est tenu de
rembourser les frais qu'elle a occasionnés.

690   **718.** Le maître de la chose devra, si celui qui l'a trouvée 717 al.
l'exige, lui payer, à titre de récompense, le dixième de la
somme ou de la valeur de la chose ; mais, si cette somme ou
cette valeur est au-dessus de deux mille livres, la récompense pour l'excédant ne sera que du vingtième.

691   **719.** Les droits sur les choses jetées à la mer, ou sur 717
celles que la mer rejette, ou sur les plantes ou herbages qui
croissent sur le rivage de la mer, sont réglés par des lois
particulières.

TITRE II.

DES SUCCESSIONS.

693   **720.** Les successions sont déférées par la disposition de   »
la loi ou par testament.

695 914   Il n'y a lieu à la succession légitime que lorsque le testa-   »
ment manque en tout ou en partie.

CHAPITRE PREMIER.

Des successions légitimes.

915   **721.** La loi défère la succession aux descendants légitimes, 731
aux ascendants, aux parents collatéraux, aux enfants naturels et au conjoint, dans l'ordre et d'après les règles ci-après
»   établies ; à leur défaut, elle la défère au patrimoine de l'Etat. 723

916   **722.** Pour régler la succession, la loi considère la pro- 750

ximité de parenté; elle n'a égard à la prérogative de la ligne   »
» et à l'origine des biens que de la manière et dans les cas 732
par elle-même expressément établis.

SECTION PREMIÈRE.

De la Capacité de succéder,

700   **723.** Toutes personnes peuvent succéder, sauf les excep- »
tions établies par la loi,

705   **724.** Sont incapables de succéder;   725 al.

al. 1   1° Ceux qui, à l'époque de l'ouverture de la succession,   n. 1
ne sont pas encore conçus;

al. 2   2° Ceux qui ne sont pas nés viables;   n. 2

al. 2   Dans le doute, sont présumés viables ceux à l'égard des-   »
quels il y a preuve qu'ils sont nés vivants.

709 922   **725.** Sont incapables de succéder, comme indignes;   727

709 n.1   1° Celui qui aura volontairement donné ou tenté de don-   n. 1
ner la mort à la personne de la succession de laquelle il s'agit;

n. 3   2° Celui qui a formé contre cette personne une accusation n. 2
pour délit emportant peine criminelle, lorsque cette accusation aura été déclarée calomnieuse par jugement;

n. 5   3° Celui qui l'a contrainte à faire testament ou à le   »
changer;

n. 4   4° Celui qui l'aurait empêchée de faire testament ou de   »
922 a.1   révoquer celui qu'elle avait fait, ou qui a supprimé, caché
ou falsifié le testament postérieur.

»   **726.** Celui qui aurait encouru l'indignité peut être admis »
à succéder, lorsque la personne, de la succession de laquelle il s'agit, l'aura expressément habilité par acte authentique ou par testament.

710   **727.** Celui qui a été exclu comme indigne, est tenu de   729
rendre tous les fruits et revenus dont il aurait eu la jouissance depuis l'ouverture de la succession,

711   **728.** L'indignité du père, ou de la mère, ou de l'ascen- 730
922 a.2   dant, ne nuit pas aux enfants ou descendants, soit qu'ils
succèdent de leur chef, soit qu'ils succèdent par représentation.

711 al.   Mais le père ou la mère n'a pas, sur la portion d'hérédité 730
922 a.2   dévolue à ses enfants, les droits d'usufruit et d'administra-
in fine. tion que la loi accorde aux pères et mères.

SECTION II.

De la Représentation.

924   **729.** L'effet de la représentation est de faire entrer les   739
représentants dans la place, dans le degré et dans les droits
du représenté.

925   **730.** La représentation a lieu à l'infini dans la ligne di-   740
recte descendante. Elle est admise dans tous les cas, soit que   et al.
les enfants du défunt concourent avec les descendants d'un
autre enfant prédécédé, soit que les descendants desdits enfants se trouvent entre eux en degrés égaux ou inégaux, et
lors même que, les enfants étant en degrés égaux, le nombre
n'en serait pas le même dans chaque souche.

926   **731.** La représentation n'a pas lieu en faveur des ascen-   741
dants; le plus proche exclut les autres.

927   **732.** En ligne collatérale, la représentation est admise   742
en faveur des enfants et descendants des frères et sœurs du
défunt, soit qu'ils viennent à la succession concurremment
avec des oncles ou tantes, soit que, tous les frères et sœurs
du défunt étant prédécédés, la succession se trouve dévolue
à leurs descendants en degrés égaux ou inégaux.

928   **733.** Dans tous les cas où la représentation est admise,   743
le partage se fait par souche.

al.   Si une même souche a produit plusieurs branches, la sub-   743
division se fait aussi par souche dans chaque branche, et les
membres de la même branche partagent entre eux par tête.

929   **734.** On ne représente pas les personnes vivantes, à   744
moins qu'il ne s'agisse de celles qui sont absentes ou qui
sont incapables de succéder.

930   **735.** On peut représenter celui à la succession duquel   744 al.
on a renoncé.

SECTION III.

De la Succession des Parents légitimes.

931   **736.** Les enfants légitimes ou leurs descendants suc-   745
cèdent à leurs père et mère ou autres ascendants, sans distinction de sexe, et encore qu'ils soient issus de différents
mariages.

al.   Ils succèdent par tête, quand ils sont tous au premier   al.
degré; ils succèdent par souche, lorsqu'ils viennent tous
ou en partie par représentation.

932   **737.** Sont compris sous la dénomination d'enfants légi-   »

times, les enfants légitimés, les enfants adoptifs et leurs descendants.

933   Néanmoins, les enfants adoptifs et leurs descendants,   350
tout en succédant à l'adoptant, même concurremment avec
les enfants légitimes, demeurent étrangers à la succession
de tous les autres parents et alliés de l'adoptant.

934   **738.** Si le défunt n'a laissé ni postérité, ni frères, ni sœurs,   746
ni descendants d'eux, la succession est dévolue, par égale
part, au père et la mère, et, en cas de prédécès de l'un
d'eux, elle est dévolue en entier au survivant.

935   **739.** Lorsque la personne décédée sans postérité n'a   746 a. 2
laissé ni père, ni mère, ni frères, ni sœurs, ni descendants
d'eux, la succession se divise par moitié entre les ascendants
de la ligne paternelle et les ascendants de la ligne maternelle, sans égard à l'origine des biens.

al.   Si les ascendants ne sont pas au même degré, la succession   746 a. 1
est déférée au plus proche, sans distinction de ligne.

936   **740.** Si avec les père et mère, ou avec l'un d'eux seule-   748
ment, le défunt a laissé des frères ou des sœurs du même lit,   et al.
ils seront admis à succéder par tête, de manière cependant   749 751
qu'en aucun cas la portion dévolue au père et à la mère, ou   752
à l'un d'eux seulement, ne puisse être moindre du tiers de la
succession.

»   S'il y a des frères ou sœurs consanguins ou utérins, ils   751
succèdent aussi ; mais, soit qu'ils viennent seuls à la succession, soit qu'ils y viennent concurremment avec des
frères ou sœurs du même lit, ils n'auront droit qu'à la moitié
de la portion dévolue aux frères ou sœurs du même lit.

al.   Les descendants des frères ou sœurs succèdent par   752
souche, conformément aux articles 732 et 733.

»   La portion qui appartiendrait au père et à la mère vivants   753
est dévolue, à leur défaut, aux autres ascendants plus
proches, d'après la règle établie par l'article précédent.

938   **741.** Si la personne décédée sans postérité n'a laissé ni   750
père, ni mère, ni autre ascendant, les frères ou sœurs sont
appelés à succéder par tête, et leurs descendants par
souche.

939   Cependant, les frères ou sœurs consanguins ou utérins   752
et leurs descendants, qui viennent à la succession concurremment avec des frères ou sœurs du même lit, ou avec
leurs descendants, n'ont droit qu'à la moitié de la portion
dévolue aux frères ou sœurs du même lit.

940   **742.** Si la personne morte sans postérité n'a laissé ni père,   753 al.
ni mère, ni ascendants, ni frères, ni sœurs, ni descendants

d'eux, le parent le plus proche ou les plus proches parents sont appelés à recueillir la succession, sans distinction entre les parents de la ligne paternelle et ceux de la ligne maternelle.

941 Les parents au-delà du dixième degré ne succèdent pas. 755

SECTION IV.

De la Succession des Enfants naturels.

949 **743.** Les enfants naturels n'ont aucun droit à la succession de leurs père et mère, lorsque leur filiation n'est pas légalement reconnue ou déclarée. 756

950 **744.** L'enfant naturel, dont la filiation est reconnue ou déclarée, n'a droit qu'à la moitié de la portion qui lui serait due s'il était légitime, lorsqu'il y a des enfants légitimes ou des descendants de ceux-ci. 757

, Les enfants légitimes ou leurs descendants ont la faculté de payer en argent ou en biens immeubles de la succession la portion dévolue aux enfants naturels. ,

951 **745.** Si le père ou la mère de l'enfant naturel ne laisse pas de postérité légitime, mais bien ses père et mère ou l'un d'eux, ou tout autre ascendant, ou bien le conjoint, les enfants naturels succèdent aux deux tiers de la succession ; le reste est dévolu aux ascendants ou au conjoint. 757

al. 2 Si les enfants naturels viennent à la succession conjointement avec les ascendants et le conjoint du père ou de la mère, on déduit le tiers en faveur des ascendants et le quart en faveur du conjoint, et le reste est dévolu aux enfants naturels. 757

al. 3 **746.** Les enfants naturels sont tenus d'imputer, sur la part à laquelle ils succèdent, tout ce qu'ils ont reçu du père ou de la mère et qui serait sujet à rapport, d'après les règles établies à la section IV du Chapitre III du présent Titre, malgré toute dispense. 760

952 **747.** Lorsque le père ou la mère ne laissent ni descendants légitimes, ni ascendants, ni conjoint, les enfants naturels ont droit à la totalité des biens. 758

953 **748.** Les descendants légitimes de l'enfant naturel prédécédé peuvent réclamer les droits fixés en leur faveur par les articles précédents. 759

954 **749.** L'enfant naturel, quoique reconnu, n'a aucun droit sur les biens des parents ou alliés de ses père et mère, ni ces parents ou alliés sur les biens de l'enfant naturel. 756 in fine.

955 **750.** Si l'enfant naturel décède sans postérité et sans 765
époux, sa succession est dévolue au père ou à la mère qui l'a
reconnu, ou à l'égard duquel la filiation est déclarée, ou par
moitié à tous les deux, s'il a été reconnu par l'un et l'autre,
ou s'il y a déclaration de la paternité et de la maternité.

956 **751.** Si le conjoint de l'enfant naturel décédé sans pos- »
térité lui a survécu, la succession lui est déférée pour une
moitié ; l'autre moitié appartient au père ou à la mère, ou à
tous les deux, conformément à l'article précédent.

957 **752.** Les droits accordés par les articles précédents ne 762
s'étendent pas aux enfants dont la loi n'admet pas la légitimation.

al. Cependant, ces enfants ont droit aux aliments, dans les 762
958 cas prévus par l'article 193. Ces aliments sont réglés eu 763
égard aux facultés du père ou de la mère, au nombre et à la
qualité des héritiers légitimes.

SECTION V.

Des Droits du Conjoint survivant.

959 **753.** Lorsque l'époux décédé a laissé des enfants légi- »
times, l'autre époux a, sur sa succession, l'usufruit d'une
portion héréditaire égale à celle de chaque enfant, en comprenant dans le nombre de ceux-ci l'époux survivant lui-
même.

959 Si des enfants naturels viennent à la succession concur- »
remment avec des enfants légitimes, le conjoint a l'usufruit
d'une portion égale à celle de chaque enfant légitime.

959 Cette portion d'usufruit ne peut jamais dépasser le quart »
de la succession, et elle peut être payée de la manière établie par l'article 819.

960 **754.** S'il n'y a pas d'enfants légitimes, mais des ascen- »
dants, des enfants naturels, des frères ou sœurs, ou des
descendants de ceux-ci, l'époux survivant a droit au tiers
de la succession en pleine propriété.

» Cependant, si le conjoint vient à la succession concur- »
remment avec des ascendants légitimes et des enfants naturels, il n'a droit qu'au quart de la succession.

960 **755.** Lorsque le défunt laisse d'autres parents succes- »
sibles, la succession est dévolue au conjoint pour les deux
tiers.

961 Si le défunt ne laisse pas de parents successibles jusqu'au 767
sixième degré, la succession appartient en entier au conjoint.

900 al. **756.** Si le conjoint se trouve en concurrence avec »
d'autres héritiers, il doit imputer sur sa part héréditaire
les avantages résultant de ses conventions matrimoniales et
des gains dotaux.

061 **757.** Les droits de succession accordés au conjoint sur- »
in fine. vivant, n'appartiennent pas au conjoint, contre lequel le
défunt aurait obtenu un jugement de séparation de corps
passé en chose jugée.

SECTION VI.

De la Succession de l'État.

962 **758.** A défaut des personnes appelées à succéder, d'après 768
les règles établies dans les sections précédentes, la succession est déférée au patrimoine de l'État.

CHAPITRE II.

Des Successions testamentaires.

696 **759.** Le testament est un acte révocable, par lequel le 895
testateur dispose, pour le temps où il n'existera plus, et conformément aux règles établies par la loi, de tout ou partie
de ses biens, en faveur d'une ou de plusieurs personnes.

697 698 **760.** Les dispositions testamentaires qui comprennent 967
l'universalité ou une quote-part des biens du testateur, sont à
titre universel et confèrent la qualité d'héritier.

698 al. Les autres dispositions sont à titre particulier, et confèrent 967
la qualité de légataire.

699 **761.** Deux ou plusieurs personnes ne pourront, par le 968
même acte, faire un testament, soit au profit d'un tiers, soit
à titre de disposition réciproque.

SECTION PREMIÈRE.

De la Capacité de disposer par Testament.

700 **762.** Peuvent disposer par testament toutes les personnes 903
que la loi n'en déclare pas incapables.

701 **763.** Sont incapables de disposer par testament : »
al. 1 1° Ceux qui n'ont pas l'âge de dix-huit ans accomplis ; 903 904
al. 3 2° Les interdits pour infirmité mentale ; 901
al. 4 3° Ceux à l'égard desquels il est prouvé qu'ils n'étaient 901
pas sains d'esprit à l'époque du testament.

> L'incapacité déclarée dans les numéros 2 et 3 n'implique 911 la nullité du testament que dans le cas qu'elle ait existé à l'époque du testament.

SECTION II.
De la Capacité de recevoir par Testament.

923 705   **764.** Sont incapables de recevoir par testament ceux 902 qui sont incapables de succéder par disposition de la loi.

922   Cependant, les enfants au premier degré d'une personne »
705 a.1 déterminée et vivante à l'époque du décès du testateur, peuvent recevoir par testament, quoiqu'ils ne soient pas encore conçus.

711   **765.** Les enfants de l'indigne ont toujours droit à la » part légitimaire qui aurait été due à l'exclus.

»   **766.** Sont applicables à l'indigne de recevoir par testa- » ment les dispositions des articles 726, 727 et de l'alinéa de l'art. 728.

707 957   **767.** Les enfants du testateur nés hors mariage, dont la » légitimation n'est pas admise, ne peuvent recevoir que des aliments.

708   **768.** Les enfants naturels qui n'auront pas été légitimes, 908 lorsqu'il y a des descendants ou des ascendants légitimes du testateur, ne peuvent rien recevoir par testament au-delà de ce que la loi leur accorde dans la succession *ab-intestat*.

712   **769.** Le tuteur ne pourra jamais profiter des dispositions 907 testamentaires de son administré, faites avant l'approbation et al. 1 du compte définitif, lors même que le testateur décèderait après l'approbation de ce compte.

713   Cependant les dispositions faites en faveur du tuteur, qui est al. 2
et al. ascendant, descendant, frère, sœur ou conjoint du testateur, sont valables.

149   **770.** Celui qui est passé en secondes noces ne peut lais- » ser au nouvel époux une portion plus forte que celle qu'il a laissé à l'enfant du premier lit le moins prenant.

800   **771.** Les institutions d'héritier et les legs faits en faveur 997 du notaire ou de tout autre officier civil, militaire, maritime, ou consulaire, qui a reçu le testament public, ou bien d'un des témoins intervenus au même, n'ont aucun effet.

801   **772.** Sont aussi sans effet les institutions et les legs » faits en faveur de la personne qui a écrit le testament secret, sauf que la disposition y ait été approuvée de la main du testateur lui-même, ou qu'elle le soit dans l'acte de la consigne.

718   **773.** Toute disposition testamentaire au profit des per-   911
sonnes incapables dont il est parlé aux art. 767, 768, 769,
770, 771 et 772 sera nulle, quand même elle serait faite
sous le nom de personne interposée.

al.   Seront réputées personnes interposées: les pères et mères,   al.
les descendants et le conjoint de la personne incapable.

SECTION III.

De la forme des Testaments.

§ 1er.

Des Testaments ordinaires.

744   **774.** La loi reconnaît deux formes ordinaires de testa-   969
ment : le testament olographe et le testament par acte notarié.

759   **775.** Le testament olographe doit être écrit en entier,   970
daté et signé de la main du testateur.

»   La date du testament doit indiquer le jour, le mois et   970
l'année.

»   La signature doit être placée à la fin des dispositions.   »

744   **776.** Le testament par acte notarié est public ou secret.   969

748   **777.** Le testament public est reçu par un notaire en   971
présence de quatre témoins, ou par deux notaires en présence de deux témoins.

747   **778.** Le testateur déclare au notaire, en présence des   972 a.1
témoins, sa volonté, qui sera rédigée par écrit par le notaire.

al. 1   Le notaire donne lecture du testament au testateur en   al. 2
présence des témoins.

al. 2   Il sera fait mention expresse de l'accomplissement de ces   al. 3
formalités.

748   **779.** Le testament doit être signé par le testateur; s'il   973
ne sait ou ne peut signer, il doit déclarer la cause qui l'en
empêche, et le notaire doit faire mention dans l'acte de cette
déclaration.

749   **780.** Le testament doit aussi être signé par les témoins   974
et par le notaire.

»   **781.** Si le testament est reçu par deux notaires, la dé-   972
claration de volonté sera faite à tous les deux, et elle sera
rédigée par écrit par l'un d'eux.

»   Le testament doit être signé par les témoins et par les   »
deux notaires.

»   Sont, au surplus, applicables les dispositions des trois   » articles précédents.

750   **782.** Le testament secret peut être écrit par le testateur   976 ou par une autre personne. S'il est écrit par le testateur, il doit aussi être signé par lui à la fin des dispositions ; s'il est écrit en tout ou en partie par une autre personne, il doit encore être signé par le testateur à chaque feuillet.

751   **783.** Le papier qui contiendra les dispositions, ou celui   976 qui servira d'enveloppe, sera scellé avec un sceau quelconque, de manière que le testament ne puisse s'ouvrir ou en être extrait sans être déchiré ou altéré.

al. 2   Le testateur le remettra, ainsi clos et scellé, au notaire, en   976 présence de quatre témoins, ou il le fera clore et sceller en

al. 1   présence du notaire et des témoins, et déclarera que le con-   976 tenu de ce papier est son testament.

al. 3   Le notaire écrira sur le papier, où est écrit ou enveloppé   976 le testament, l'acte de remise, dans lequel il énoncera :

al. 3   Le fait de la remise et la déclaration du testateur ;   »

al. 3   Le nombre et l'empreinte des sceaux ;   »

»   La présence des témoins à toutes les formalités susindi-   » quées.

al. 4   L'acte sera signé par le testateur, par les témoins et par   976 le notaire.

al. 5   Si le testateur ne peut pas, par quelque empêchement,   976 signer l'acte de remise, on observera ce qui est prescrit par l'art. 779.

al. 6   Tout ce que dessus sera fait de suite, et sans divertir à   976 d'autres actes.

752   **784.** Le testateur qui sait lire, mais qui ne sait pas écrire,   977 ou qui n'a pu signer lorsqu'il a fait écrire ses dispositions, devra, en outre, déclarer qu'il les a lues, et faire connaître la cause pour laquelle il ne les a pas signées ; il en sera fait mention dans l'acte de remise.

753   **785.** Ceux qui ne savent ou ne peuvent lire ne pourront   978 faire aucune disposition par testament secret.

755   **786.** Le sourd-muet et le muet peuvent tester ou par   979 testament olographe ou par testament secret reçu par le notaire.

755   S'ils font un testament secret, ils doivent écrire en tête de   979 l'acte de remise, en présence des témoins et du notaire, que le papier qu'ils présentent contient leur testament, et si ce testament a été écrit par un tiers, ils doivent ajouter qu'ils l'ont lu.

al.   Le notaire déclarera, dans l'acte de remise, que le testa-   979 teur a écrit ces mots en présence du notaire et des témoins, et on observera, au surplus, tout ce qui est prescrit par l'art. 783.

786　**787.** Si celui, qui est entièrement privé de l'ouïe, veut　»
faire un testament public, il devra, indépendamment des autres formalités prescrites, faire lecture lui-même de l'acte du testament, et mention en sera faite dans l'acte même.

786　Si le testateur est aussi incapable de lire, on appellera　»
cinq témoins.

784　**788.** Les témoins, dans les testaments, doivent être du　980
sexe masculin, avoir vingt et un ans accomplis, être citoyens du royaume, ou, s'ils sont étrangers, y avoir leur résidence, et n'avoir pas perdu, par jugement, la jouissance ou l'exercice des droits civils.

al.　Les clercs et les copistes du notaire qui a reçu le testa-　975
ment, ne sont pas des témoins valables.

§ 2.

De quelques Testaments spéciaux.

778　**789.** Dans les lieux où domine la peste ou autre ma-　985 986
ladie réputée contagieuse, le testament sera valable, s'il a été reçu par écrit, en présence de deux témoins, par un notaire, ou par le juge, ou par le syndic, ou par ceux qui en feront les fonctions, ou par le ministre du culte.

al. 1　Le testament sera toujours signé par celui qui l'aura reçu;　»
si les circonstances le permettent, il sera, en outre, signé par le testateur et par les témoins. Néanmoins, il sera valable sans ces dernières signatures, pourvu qu'on fasse mention de la cause qui les a empêché de remplir cette formalité.

778 a.2　On pourra, dans ces testaments, prendre pour témoins les　»
personnes de l'un et de l'autre sexe, pourvu qu'elles aient seize ans accomplis.

781　**790.** Les testaments dont il est parlé ci-dessus devien-　987
dront nuls six mois après que la maladie aura cessé de dominer dans le lieu où le testateur se trouve, ou six mois après qu'il aura passé dans un lieu exempt de la maladie.

770　Si le testateur vient à décéder dans cet intervalle, le tes-　»
tament sera déposé, aussitôt que possible, au bureau d'enregistrement du lieu où il a été reçu.

782　**791.** Les testaments faits sur mer, dans le cours d'un　988
voyage, seront reçus, à bord des vaisseaux et autres bâtiments

al. 1　de la marine militaire, par l'officier commandant le bâtiment, al. 1

9

conjointement avec le commissaire de marine, et, à leur défaut, par ceux qui en font les fonctions.

al. 2   A bord des bâtiments de commerce, ils peuvent être reçus al. 2
par le *second*, conjointement avec le capitaine ou le patron,
et, à leur défaut, par ceux qui les remplacent.

al. 3   Dans tous les cas, ces testaments devront être reçus en al. 3
présence de deux témoins mâles et majeurs.

783   **792.** Sur les bâtiments de la marine militaire, le testa- 989
ment du capitaine et celui du commissaire de marine, et sur
les bâtiments de commerce, le testament du capitaine, du
patron et du *second*, pourront être reçus par ceux qui viennent après eux dans l'ordre du service, en se conformant,
pour le surplus, aux dispositions de l'article précédent.

784   **793.** On fera toujours un double original des testaments 990
mentionnés aux deux articles précédents.

785   **794.** Les testaments faits à bord des bâtiments de la 998
marine militaire et de commerce devront être signés par le
testateur, par ceux qui l'auront reçu et par deux témoins. al. 2

al.   Si le testateur ou les témoins ne savent ou ne peuvent al. 1
signer, il sera fait mention de la cause qui l'en empêche.

787   **795.** Les testaments faits pendant le cours du voyage »
seront conservés parmi les papiers les plus importants du
bâtiment, et il en sera fait mention dans le journal du bord
et sur le rôle de l'équipage.

788   **796.** Si le bâtiment aborde dans un port étranger, dans 991
lequel se trouve un agent royal diplomatique ou consulaire,
ceux qui auront reçu le testament seront tenus de déposer,
entre ses mains, l'un des originaux et une copie de l'annotation faite dans le journal du bord et sur le rôle de l'équipage.

al. 1   Au retour du bâtiment dans le royaume, soit dans le port 992
de désarmement, soit dans tout autre port, les deux originaux du testament, ou l'original qui resterait, si l'autre avait
été déposé pendant le cours du voyage, seront remis à l'autorité maritime du lieu, avec la copie de l'annotation susdite.

al. 2   On délivrera une déclaration de la remise ordonnée par 993
le présent article, et on en fera mention en marge de l'annotation écrite dans le journal et dans le rôle susdits.

789   **797.** Les agents diplomatiques ou consulaires et les au- 991
torités maritimes du lieu dresseront un procès-verbal de la
remise du testament, et transmettront le tout au ministère
de la marine, qui ordonnera le dépôt de l'un des deux originaux dans ses archives, et fera parvenir l'autre au bureau
d'enregistrement du lieu du domicile ou de la dernière résidence du testateur.

790   **798.** Le testament fait sur mer, dans la forme prescrite   996
par les art. 791 et suivants, ne sera valable qu'autant que le
testateur mourra en mer, ou dans les trois mois après qu'il
sera descendu à terre dans un lieu, où il aurait pu le refaire
dans les formes ordinaires.

792   **799.** Le testament des militaires et des individus em-   981
ployés dans les armées pourront, en quelque pays que ce
soit, être reçus par un major ou par tout autre officier d'un
grade égal ou supérieur, ou par un intendant militaire ou
un commissaire de guerre, en présence de deux témoins
ayant les qualités requises par l'art. 791. Le testament devra
être fait par écrit, et on observera, quant aux signatures, ce
qui est prescrit par l'art. 794.

al.   Le testament des militaires, qui font partie d'un corps ou   »
d'un poste détaché de l'armée, peut aussi être reçu par le
capitaine, ou par tout autre officier subalterne qui en a le
commandement.

793   **800.** Si le testateur est malade ou est blessé, le testa-   982
ment peut encore être reçu par l'officier sanitaire de service,
en présence de deux témoins, et de la manière prescrite par
l'article précédent.

794   **801.** Les testaments énoncés dans les deux articles pré-   »
cédents devront être transmis, dans le plus bref délai possible, au quartier-général, et, de là, au ministère de la
guerre, qui en ordonnera le dépôt au bureau de l'enregistrement du lieu du domicile ou de la dernière résidence du
testateur.

795   **802.** Les dispositions des art. 799 et 800 n'auront lieu   983
qu'en faveur de ceux qui seront en expédition militaire à
cause de la guerre, tant en pays étranger, que dans l'intérieur du royaume, ou qui seront en quartier-général ou en
garnison hors du royaume, ou prisonniers chez l'ennemi, ou
qui se trouveront dans une place ou forteresse environnée
par l'ennemi, ou dans d'autres lieux, dont les communica-
tions sont interrompues.

796   **803.** Le testament fait dans la forme ci-dessus établie,   984
sera nul six mois après que le testateur sera revenu dans
un lieu, où il aura la faculté de faire testament dans les
formes ordinaires.

§ 3.

Dispositions communes aux différentes espèces de Testaments.

802   **804.** Les formalités prescrites par les art. 775, 777, 778,   1001

779, 780, 781, 782, 783, 784, 786, 787, 788, 789, 791, 793, 794, 799 et 800 doivent être observées sous peine de nullité.

Cependant, si un testament secret reçu par un notaire ou par un autre officier public autorisé à le recevoir, ne pouvait être valable comme tel, il sera valable comme testament olographe, s'il en a les qualités requises.

SECTION IV.

De la Portion des Biens dont on peut disposer par Testament.

§ 1er.

De la Légitime due aux Descendants et aux Ascendants.

719 **805.** Les libéralités par testament ne pourront excéder la moitié des biens du testateur, s'il laisse des enfants à son décès, quel qu'en soit le nombre. 913

719 L'autre moitié est réservée en faveur des enfants, et constitue leur portion légitime. 913

720 **806.** Sont compris dans l'article précédent, sous le nom d'enfants, les enfants légitimes ou légitimés, ainsi que les enfants adoptifs et leurs descendants. 914

al. Néanmoins, les descendants ne sont comptés que pour l'enfant qu'ils représentent. 914

722 **807.** Si le testateur ne laisse ni enfants, ni descendants, mais bien des ascendants, il ne peut disposer que des deux tiers de ses biens. 915

723 La portion légitime, soit le tiers, se divise par moitié entre le père et la mère, et, à défaut de l'un d'eux, elle est déférée en entier au survivant. »

721 Lorsque le testateur ne laissera ni père, ni mère, mais des ascendants dans la ligne paternelle et dans la ligne maternelle, la légitime appartiendra moitié aux ascendants d'une ligne, moitié aux ascendants de l'autre, s'ils sont au même degré; s'ils sont en degrés inégaux, elle appartiendra entièrement aux plus proches, sans distinction de ligne. al.

725 **808.** La portion légitime est une quotité de la succession; elle est due aux enfants, aux descendants, ou aux ascendants en pleine propriété, et sans que le testateur puisse la soumettre à aucune charge, ni condition. »

726 **809.** Le testateur, qui ne laisse à lui survivant, ni descendants, ni ascendants, peut disposer de tous ses biens à titre universel ou à titre particulier. 916

727   Sont cependant réservés les droits de l'époux survivant et   »
des enfants naturels aux termes du § 2 de la présente section.

728   **810.** Lorsque le testateur dispose d'un usufruit ou d'une   917
rente viagère, dont la valeur excède le revenu de la quotité
disponible, les héritiers au profit desquels la loi réserve une
légitime auront l'option, ou d'exécuter cette disposition, ou
de faire l'abandon de la propriété de la quotité disponible.

»   Cette même faculté appartient à ces mêmes héritiers,   »
dans le cas que l'on ait disposé de la nue propriété d'une
quotité excédant la portion disponible.

729   **811.** La valeur en pleine propriété des biens aliénés,   918
soit à fonds perdu, soit avec réserve d'usufruit, à l'un des
successibles en ligne directe, sera imputée sur la portion
disponible, et l'excédant sera rapporté à la masse.

al.   Cette imputation et ce rapport ne pourront être demandés   918
par ceux des successibles en ligne directe, qui auraient consenti à l'aliénation.

§ 2.

Des Droits du Conjoint et des Enfants naturels dans les Successions testamentaires.

959   **812.** L'époux contre lequel il n'y a pas jugement de sé-   767
paration de corps passé en chose jugée, a droit, sur la succession de l'autre époux, dans le cas que celui-ci laisse des
enfants légitimes ou des descendants de ceux-ci, à l'usufruit
d'une portion égale à celle qui appartiendrait à chaque enfant à titre de légitime, en comprenant dans le nombre des
enfants l'époux lui-même.

960   **813.** Si le testateur ne laisse pas de descendants, mais   »
des ascendants, la portion réservée à l'époux est le quart
en usufruit.

961   **814.** Si le testateur ne laisse ni descendants, ni ascen-   »
dants ayant droit à la légitime, la portion en usufruit de
l'époux sera du tiers.

959 960   **815.** Lorsque le testateur laisse des enfants ou des ascen-   757
dants légitimes et des enfants naturels légalement reconnus,
ces derniers ont droit à la moitié de la quotité qui leur serait
due, s'ils étaient des enfants légitimes.

»   Pour calculer la portion due aux enfants naturels, on doit   »
aussi compter dans le nombre les enfants légitimes, et ceux-ci
auront la faculté de payer cette portion de la manière établie
par l'art. 744.

951 a.1   **816.** Lorsqu'il n'y a ni descendants, ni ascendants légi-   757
times, les enfants naturels ont droit aux deux tiers de la
portion qui leur serait due, s'ils étaient légitimes.

963   **817.** Les descendants légitimes de l'enfant naturel pré-   759
décédé peuvent réclamer les droits accordés à celui-ci par
les articles précédents.

»   **818.** La portion due à l'époux et aux enfants naturels   »
ne diminue pas la légitime qui est due aux descendants
légitimes, ou aux ascendants, et doit ainsi être prise sur la
partie disponible.

»   **819.** Les héritiers ont la faculté de payer les droits du   »
conjoint, soit au moyen d'une rente viagère assurée, soit en
y affectant des fruits de biens immeubles ou de capitaux
héréditaires qui seront fixés de commun accord, ou par l'autorité judiciaire, en ayant égard aux circonstances.

»   Le conjoint conserve ses droits d'usufruit sur tous les   »
biens de la succession, jusqu'à ce qu'il se soit payé de ses
droits.

»   **820.** L'époux survivant et l'enfant naturel jouissent, pour   »
les quotités d'usufruit qui leur sont respectivement attribuées, des mêmes droits et des mêmes garanties, dont
jouissent les successibles en ligne directe par rapport à la
légitime, sauf ce qui est établi par les articles 815 et 819.

»   Mais le conjoint, aussi bien que l'enfant naturel, doivent   »
imputer sur leurs quotités respectives, outre ce qui leur aurait été laissé par testament, le premier, tout ce qui lui
serait parvenu de ses conventions matrimoniales, le second,
tout ce qu'il aurait reçu de son père ou de sa mère pendant
leur vie, et qui serait soumis à rapport, aux termes des dispositions contenues dans la Section IV du Chapitre III du
présent Titre.

§ 3.

De la Réduction des Dispositions testamentaires.

730   **821.** Les dispositions testamentaires, qui excèderont la   920
quotité disponible, seront réductibles à cette quotité, lors
de l'ouverture de la succession.

731   **822.** La réduction se détermine en formant une masse de   922
tous les biens existant au décès du testateur, réduction faite
des dettes.

al.   On réunit ensuite fictivement les biens dont on a disposé   922
par donation entre-vifs, d'après leur valeur à l'époque des
donations, s'il s'agit d'effets mobiliers, et s'il s'agit d'im-

meubles, d'après leur état à l'époque des donations et leur valeur au temps du décès du testateur; on calcule sur la masse ainsi formée quelle est la portion dont le testateur a pu disposer, eu égard à la qualité des héritiers ayant droit à la légitime.

732 **823.** Lorsque la valeur des donations excédera ou éga- 925 lera la quotité disponible, toutes les dispositions testamentaires seront sans effet.

733 **824.** Lorsque les dispositions testamentaires excéderont 926 la quotité disponible ou la portion de cette quotité qui resterait après avoir déduit la valeur des donations, la déduction sera faite au marc la livre, sans aucune distinction entre les héritiers et les légataires.

734 **825.** Néanmoins, dans tous les cas où le testateur aura 927 déclaré qu'il entend que telle libéralité soit acquittée de préférence aux autres, cette préférence aura lieu, et la libéralité qui en sera l'objet ne sera réduite qu'autant que la valeur des autres ne remplirait pas la légitime.

735 **826.** Si le legs, qui doit être réduit, est d'un immeuble, la » réduction s'opèrera au moyen de la séparation d'une partie de cet immeuble égale à l'excédant de la quotité disponible, pourvu que cette séparation puisse se faire commodément.

736 Lorsque la séparation ne pourra se faire commodément, » le légataire devra, si la valeur de l'immeuble légué excède de plus d'un quart celle de la portion disponible, le laisser en entier dans la succession, sauf le droit de demander la valeur de la portion disponible. Si l'excédant est égal au quart, ou moindre du quart, le légataire pourra le retenir, à la charge d'indemniser en argent ceux à qui la légitime serait réservée.

736 al. Le légataire, qui a droit à la légitime, peut cependant 924 retenir en entier l'immeuble à lui légué, pourvu que sa valeur n'excède pas celle de la quotité disponible, et de la part légitimaire qui lui compète.

SECTION V.

De l'institution d'Héritier, et des legs.

803 **827.** Les dispositions testamentaires peuvent se faire à 1002 titre d'institution d'héritier, ou de legs, ou sous toute autre dénomination propre à manifester la volonté du testateur.

810 **828.** Les dispositions à titre universel ou particulier fon- » dées sur une fausse cause, qui aurait seule déterminé la volonté du testateur, seront sans effet.

§ 1er.

Des Personnes et des Choses qui forment l'objet des Dispositions testamentaires.

809   **829.** On n'est pas admis à prouver que les dispositions »
faites au profit d'une personne désignée dans un testament
ne l'a été qu'en apparence, et que réellement elles concernent une autre personne, nonosbstant toutes les expressions contenues dans le testament, qui indiqueraient ou
feraient présumer cette personne.

al.   Cette prescription ne s'applique pas au cas où l'institution »
d'héritier ou le legs seraient attaqués comme faits au profit
de personnes incapables de succéder, au moyen de personne
interposée.

807   **830.** Sera nulle toute disposition au profit d'une per- »
sonne tellement incertaine, qu'elle ne puisse devenir certaine.

808   **831.** Les dispositions faites pour l'âme, ou en faveur de »
l'âme, seront nulles, si elles sont exprimées d'une manière
générique.

808   **832.** Les dispositions au profit des pauvres, et toutes »
autres semblables, si elles sont énoncées d'une manière
générique, sans qu'on en ait indiqué l'application, ou dans
lesquelles on n'aurait pas déterminé l'œuvre pie ou l'établissement public, au profit duquel elles ont été faites, ou si
la personne chargée par le testateur de le déterminer, ne
fait ou ne veut pas accepter cette charge, seront censées faites
au profit des pauvres du lieu du domicile du testateur à
l'époque de son décès, et seront dévolues à l'établissement
de charité du lieu.

885   **833.** Sont nulles les dispositions faites dans le but de »
créer ou de doter des bénéfices laïcs, ou autres semblables
fondations.

807a.1 **834.** Sera pareillement nulle toute disposition faite au »
profit d'une personne incertaine qui serait nommée par un
tiers.

al. 2   Sont néanmoins permises les dispositions à titre particu- »
lier, faites au profit d'une personne à choisir par un tiers
entre plusieurs personnes désignées par le testateur, ou appartenant à certaines familles ou à certains corps moraux
qu'il a déterminés. Il en est de même des dispositions à titre
particulier faites au profit d'un des corps moraux qu'il aura
pareillement désignés.

813   **835.** Toute disposition, qui donnera à l'héritier ou à un » tiers la faculté de déterminer la quotité du legs, sera de nul effet, à moins qu'il ne s'agisse de legs faits à titre rémunératoire, pour services rendus au testateur dans sa dernière maladie.

812   **836.** Si la personne de l'héritier ou du légataire a été » faussement désignée, la disposition sera valable, pourvu qu'il résulte de l'ensemble du testament, ou d'autres documents ou faits constatés, quelle personne le testateur a entendu nommer.

Il en sera de même lorsque la chose léguée aura été faussement indiquée ou décrite, pourvu qu'il y ait certitude sur la chose dont le testateur a voulu disposer.

814   **837.** Le legs de la chose d'autrui est nul, à moins qu'il ne 1021 soit énoncé dans le testament, que le testateur savait que la chose appartenait à une autre personne ; en ce cas, l'héritier aura le choix d'acquérir la chose pour en faire la délivrance au légataire, ou de lui en payer le juste prix.

al.   Cependant le legs sera valable, si la chose léguée, quoique » appartenant à autrui à l'époque du testament, était la propriété du testateur à l'époque de son décès.

815   **838.** Sera indistinctement valable le legs de la chose » appartenant à l'héritier ou au légataire, avec charge de la remettre à un tiers.

816   **839.** Si le testateur, l'héritier ou le légataire ne sont pro- » priétaires que d'une portion de la chose léguée, ou n'ont qu'un simple droit sur cette chose, le legs ne sera valable que relativement à cette portion ou à ce droit, à moins qu'il ne conste de la volonté du testateur de léguer la chose en entier, conformément à l'art. 837.

817   **840.** Le legs d'une chose mobilière indéterminée, com- » prise dans un genre ou dans une espèce, sera valable, quand même la chose ne se trouverait pas dans les biens du testateur lors de son décès, soit qu'il en ait existé ou qu'il n'en ait pas existé du même genre à l'époque du testament.

818   **841.** Lorsque le testateur aura légué, comme lui appar- » tenant, une chose individuellement désignée, ou comprise dans un genre ou dans une espèce déterminée, le legs sera nul, si, à l'époque de son décès, cette chose ne se trouve pas dans sa succession.

al.   Si, à cette époque, la chose se trouve dans la succession, » mais ne s'y trouve pas dans la quantité déterminée, le legs aura son effet pour la quantité qui s'y trouve.

838   **842.** Le legs d'une chose ou d'une quantité à prendre »

dans un certain lieu, n'a d'effet qu'autant que la chose se trouve dans ce lieu, et pour la quantité qui s'y trouve.

819　**843.** Est nul le legs d'une chose, qui appartenait déjà au légataire à l'époque du testament.

al.　S'il l'a acquise du testateur, ou de tout autre depuis le testament, le prix lui en sera dû, pourvu qu'il y ait la réunion des circonstances exigées par l'art. 837, et nonobstant la disposition de l'art. 892 ; mais, dans les deux cas, le legs sera sans effet, si la chose est parvenue au légataire à titre purement gratuit.

831　**844.** Le legs d'une créance, ou celui qui porte libération d'une dette, n'aura d'effet que pour la portion de cette dette ou de cette créance qui existera à l'époque du décès du testateur.

831 al.　L'héritier ne sera tenu de céder au légataire que les titres de la créance léguée, qui se trouvaient dans les mains du testateur.

837　**845.** Le legs fait au créancier, sans que le testateur ait fait mention de sa dette, ne sera pas censé en compensation de la dette. 　　　　　　　　　　　　　　　　1023

831　**846.** Le legs des aliments comprend la nourriture, l'habillement, l'habitation et tout ce qui est nécessaire à l'entretien du légataire pendant sa vie ; il peut même, eu égard aux circonstances, comprendre l'instruction convenable à sa condition.

858　**847.** Lorsque celui, qui a légué la propriété d'un immeuble, l'a ensuite augmentée par des acquisitions, ces acquisitions, fussent-elles contiguës, ne seront pas censées, sans une nouvelle disposition, faire partie du legs. 　　　　　1019

al.　Il en sera autrement des embellissements, des constructions nouvelles faites sur le fonds légué, ou d'un enclos dont le testateur aurait augmenté l'enceinte. 　　　al.

§ 2.

Des Dispositions conditionnelles ou à terme.

820　**848.** Toute disposition à titre universel ou particulier peut aussi être faite sous condition.

821　**849.** Dans toute disposition testamentaire, les conditions impossibles, celles qui sont contraires aux lois ou aux bonnes mœurs, seront réputées non écrites. 　　　　900

822　**850.** Toute condition qui empêcherait quelqu'un de se marier ou de se remarier, est contraire à la loi.

al. 1　Toutefois, celui à qui on aura légué un usufruit, un droit d'usage ou d'habitation, une pension ou autre redevance périodique, dans le cas qu'il serait célibataire ou veuf, ou pour le temps qu'il resterait tel, ne pourra en jouir que pendant la durée de son célibat ou de sa viduité.

al. 2　　La condition de viduité, apposée dans les dispositions testamentaires de l'un des époux au profit de l'autre, sera également valable.

823　　**851.** Dans toute disposition à titre universel, la désignation du jour auquel l'institution d'héritier doit commencer ou cesser, sera pareillement réputée non écrite.

824　　**852.** Toute disposition à titre universel ou à titre particulier sera nulle, si elle est faite sous la condition que l'héritier ou le légataire fera aussi dans son testament quelque avantage au testateur.

825　　**853.** Toute disposition testamentaire faite sous une condition suspensive sera caduque, si la personne en faveur de laquelle elle a été faite, décède avant l'accomplissement de la condition.　　1040

826　　**854.** La condition qui, dans l'intention du testateur, ne fait que suspendre l'exécution de la disposition, n'empêchera pas l'héritier institué ou le légataire d'avoir un droit acquis et transmissible à ses héritiers, même avant que cette condition se soit accomplie.　　1041

802　　**855.** Lorsqu'une hérédité ou un legs aura été laissé sous la condition de ne pas faire ou de ne pas donner, l'héritier ou le légataire sera tenu de donner caution ou de fournir toute autre sûreté propre à garantir l'exécution de la volonté du testateur, dans l'intérêt de ceux, auxquels l'hérédité ou le legs serait dévolu, si l'on contrevenait à la condition.

863　　**856.** Si un legs a été fait sous condition, ou pour n'avoir lieu qu'après un certain temps, le légataire pourra obliger celui qui sera tenu de l'acquitter à donner caution, ou à fournir à cet effet toute autre sûreté suffisante.

838　　**857.** Si l'héritier a été institué sous une condition suspensive, on députera un administrateur, qui prendra soin des biens de la succession, jusqu'à l'accomplissement de la condition, ou jusqu'à ce qu'il soit certain qu'elle ne peut plus s'accomplir.

　　　Il en est de même lorsque l'héritier ou le légataire ne fournit pas la caution dont est cas dans les deux articles précédents.

839　　**858.** L'administration de cette succession sera confiée à celui ou à ceux des cohéritiers qui auront été institués purement et simplement, toutes les fois qu'il y aurait lieu au droit d'accroissement entre eux et l'héritier sous condition.

810 **859.** Si l'héritier sous condition n'a point de cohéritiers, » ou qu'entre eux et lui il ne puisse y avoir lieu au droit d'accroissement, l'héritier présomptif légitime du testateur sera chargé de l'administration, à moins que pour de justes motifs l'autorité judiciaire ne juge convenable de pourvoir d'une autre manière.

811 **860.** Les dispositions des trois articles précédents s'appliqueront aussi au cas où l'héritier institué ne serait pas » encore conçu, pourvu qu'il soit enfant au premier degré d'une personne vivante et déterminée, comme il est dit en l'art. 764.

» Si l'héritier institué est conçu, l'administration appartient » au père, et, à défaut, à la mère.

812 **861.** Les administrateurs dont il est parlé dans les articles précédents, seront soumis aux mêmes charges et au- » ront les mêmes pouvoirs que les curateurs aux successions jacentes.

§ 3.

De l'effet des Legs et de leur Payement.

813 **862.** Tout legs pur et simple donnera au légataire, dès le 1014 jour du décès du testateur, un droit à la chose léguée, droit transmissible à ses héritiers.

853 **863.** Le légataire doit demander à l'héritier la délivrance al. aux héritiers.

852 **864.** Il ne pourra prétendre aux fruits ou aux intérêts al. qu'à compter du jour où il aura fait la demande en justice, ou du jour auquel la délivrance lui en aurait été volontairement consentie.

851 **865.** Les intérêts ou les fruits de la chose léguée cour- 1015 ront au profit du légataire, dès le jour du décès du testateur:

n. 2 1° Lorsque le testateur aura expressément déclaré sa vo- n. 1 lonté à cet égard ;

n. 1 2° Lorsque le legs sera d'un fonds, d'un capital, ou de » tout autre objet productif.

851 n.3 **866.** Si le legs est d'une rente viagère ou d'une pension, 1015 celle-ci courra dès le décès du testateur. n. 2

853 **867.** Si le testateur a légué une quantité déterminée » pour être acquittée à des époques fixes, par exemple, chaque année, chaque mois, ou en tout autre temps, la première époque courra dès le décès du testateur, et la quantité léguée sera acquise en entier au légataire pour toute la pé-

riode, quand même il serait décédé aussitôt après qu'elle a commencé.

al.   Le legs ne sera cependant exigible qu'à l'échéance du » terme ; mais il pourra être exigé dès que le terme aura commencé, s'il a été fait à titre d'aliments.

800   **868.** Dans le cas où il y aurait plusieurs héritiers, si le   1017 testateur n'a chargé aucun d'eux en particulier de l'acquittement du legs, ils seront tous personnellement tenus de l'acquitter, chacun au prorata de ce qui lui est échu dans la succession.

801   **869.** Si l'un des héritiers a été particulièrement chargé de » payer le legs, il sera seul personnellement tenu de l'acquitter.

al. 2   Si on a légué la chose d'un des cohéritiers, son cohéritier » ou ses cohéritiers seront tenus de l'indemniser en argent ou en fonds héréditaires, au prorata de leur part dans la succession, à moins que le testateur n'ait manifesté une volonté contraire.

844   **870.** Lorsque le legs sera d'une chose indéterminée,   1022 comprise dans un certain genre ou dans une certaine espèce, l'option appartiendra à l'héritier, qui ne sera pas obligé de la donner de la meilleure qualité, et qui ne pourra l'offrir de la plus mauvaise.

845   **871.** On observera la même règle, lorsque le choix aura » été laissé à l'arbitrage d'un tiers.

846   **872.** Si ce tiers est décédé, s'il refuse de faire le choix, » ou qu'il en soit empêché, l'autorité judiciaire y procédera conformément à la même règle.

847   **873.** Si l'option est réservée au légataire, celui-ci pourra » choisir, parmi les choses de même espèce qui se trouveraient dans la succession, celle qui sera de la meilleure qualité ; s'il ne s'en trouve aucune de la même espèce, on observera à l'égard du légataire ce qui est prescrit pour le choix laissé à l'héritier.

848   **874.** En cas de legs alternatif, l'option est censée avoir » été laissée à l'héritier.

849   **875.** Si l'héritier ou le légataire n'ont pu se prévaloir » de l'option dans le cas où elle leur est respectivement attribuée, ce droit passe à leurs héritiers, et l'option une fois faite est irrévocable.

al.   Lorsqu'il n'existera, dans les biens du testateur, qu'une » seule chose de l'espèce ou du genre légué, l'héritier ou le légataire ne pourra prétendre d'en choisir une autre hors de ces biens, à moins que, par une disposition expresse, le testateur ne lui ait donné cette faculté.

857 **876.** La chose léguée sera délivrée avec les accessoires 1018
nécessaires, et dans l'état où elle se trouvera au jour du
décès du testateur.

856 **877.** Les frais nécessaires pour la délivrance du legs 1016
seront à la charge de la succession, sans néanmoins qu'il
puisse en résulter de réduction dans la légitime.

856 al. Les droits de succession seront à la charge des héritiers, a. 1 et 2
sauf leur recours envers les légataires, si la chose léguée
y est soumise.

859 **878.** Si la chose léguée est grevée d'une redevance, 1020
d'une rente foncière, d'une servitude, ou d'une autre charge
qui y soit inhérente, le légataire en supportera le poids.

al. Mais si la chose léguée est soumise à une simple rente, à »
un cens, ou à une autre dette de l'hérédité, ou même à
la dette d'un tiers, l'héritier sera tenu au payement des arrérages ou intérêts et de la somme principale, selon la nature de la dette, à moins que le testateur n'ait autrement
disposé.

§ 4.

Du Droit d'accroissement entre les Cohéritiers et les Colégataires.

861 **879.** Si l'un des cohéritiers institués prédécède au tes- »
tateur ou répudie l'hérédité, ou s'il se trouve incapable de
la recueillir, sa portion, lorsqu'il y aura lieu à accroissement, sera dévolue à l'autre cohéritier ou aux autres cohéritiers, sauf les prescriptions de l'art. 890.

863 **880.** Il y aura lieu à droit d'accroissement entre les co- 1044
héritiers, toutes les fois qu'ils auront été conjointement
institués dans un même testament et par une seule et même
disposition, sans que le testateur ait assigné à chacun d'eux
sa part d'hérédité.

866 **881.** Les parts ne seront censées avoir été assignées, que al.
dans le cas où le testateur aura expressément désigné la quotité de la succession qui doit appartenir à chacun des cohéritiers. Les simples expressions *par égales parts et portions*
n'excluront pas le droit d'accroissement.

867 **882.** Les cohéritiers, auxquels la portion du cohéritier, »
qui ne participe pas à la succession, sera dévolue en vertu
du droit d'accroissement, supporteront toutes les obligations
et charges auxquelles il aurait été soumis.

869 **883.** Lorsqu'il n'y aura pas lieu à accroissement, la por- »

tion de l'héritier, qui ne participera pas à la succession, sera dévolue aux héritiers légitimes du testateur.

al. Ceux-ci devront supporter les charges et obligations auxquelles l'héritier susdit aurait été soumis. »

870 **884.** Il y aura aussi lieu à accroissement entre les légataires dans les cas prévus par les art. 880 et 881, lorsque l'un d'eux est prédécédé au testateur, ou a répudié le legs, ou se trouve incapable de le recueillir, ou lorsque la condition, »
870 sous laquelle le legs a été fait, vient à manquer. Il y aura de même lieu à accroissement, quand une chose aura été léguée dans un même testament à plusieurs personnes, même par des dispositions distinctes. »

al. 1 **885.** Lorsqu'un usufruit aura été légué à plusieurs personnes, et que, d'après les règles prescrites ci-dessus, il y aura lieu à accroissement entre elles, la portion de l'usufruitier qui n'a pas profité du legs, ou a cessé d'y participer après l'avoir accepté, accroît toujours aux autres usufruitiers. »

al. 2 Mais s'il n'y a pas lieu à accroissement, cette portion se consolide à la propriété. »

871 **886.** Lorsqu'il n'y a pas lieu à accroissement entre les légataires, la portion de celui qui ne participera pas au legs appartiendra à l'héritier ou au légataire personnellement chargé de l'acquitter; mais si ce legs est à la charge de la succession, cette portion profitera à tous les héritiers, au prorata de leur part héréditaire. »

872 **887.** Les règles établies par l'art. 882, relativement aux obligations auxquelles aurait été soumis le cohéritier qui ne recueille pas, sont également applicables au colégataire qui profite du legs en vertu du droit d'accroissement, et à l'héritier ou légataire, à qui il appartiendrait en cas de caducité. »

§ 5.

De la Révocation et de l'Inefficacité des dispositions testamentaires.

832 **888.** Les dispositions, soit à titre universel, soit à titre particulier, faites par celui qui, à l'époque du testament, n'avait ni enfants, ni descendants, ou ignorait d'en avoir, seront révoquées de plein droit par l'existence ou par la survenance d'un enfant ou descendant légitime du testateur, même posthume, légitimé ou adoptif. »

al. 1 Cette révocation aura lieu, lors même que l'enfant du tes- »

tateur aurait déjà été conçu à l'époque du testament, ou que l'enfant naturel aurait été reconnu par le testateur avant le testament, et seulement légitimé depuis.

al. 2   Toutefois la révocation n'aura point lieu, si le testateur a pourvu au cas d'existence ou de survenance d'enfants ou descendants. »

833   **889.** La disposition aura néanmoins son effet, si les enfants ou descendants nés depuis le testament viennent à prédécéder au testateur. »

830   **890.** Toute disposition testamentaire sera caduque, si celui, en faveur de qui elle est faite, n'a pas survécu au testateur, ou se trouvera incapable de la recueillir. — 1039 1040 1047

»   Cependant les descendants de l'héritier ou du légataire prédécédé ou incapable recueilleront eux-mêmes l'hérédité ou le legs dans les cas où la représentation est admise en leur faveur dans les successions *ab-intestat*, à moins que le testateur ait disposé autrement, ou qu'il s'agisse d'un legs d'usufruit ou d'un autre droit, qui soit personnel par sa nature. »

831   **891.** La disposition testamentaire sera caduque relativement à l'héritier ou au légataire, qui la répudiera. — 1043

827   **892.** Toute aliénation, celle même par vente avec faculté de rachat, que fera le testateur de tout ou de partie de la chose léguée, emportera la révocation du legs pour tout ce qui a été aliéné, encore que l'aliénation soit nulle, et que l'objet soit rentré dans les mains du testateur. — 1038

al.   Il en sera de même si le testateur a fait subir à la chose léguée des modifications telles qu'elle ne conserve plus ni la forme qu'elle avait précédemment, ni sa première dénomination. »

828   **893.** Le legs sera caduc si la chose léguée a totalement péri pendant la vie du testateur. Il en sera de même si elle a péri depuis sa mort sans le fait ni la faute de l'héritier, quand même celui-ci aurait été mis en demeure de la délivrer, lorsqu'elle eût également dû périr entre les mains du légataire. — 1042

829   **894.** Si plusieurs choses ont été léguées alternativement, le legs persistera, quand même il n'en resterait qu'une seule. »

SECTION VI.

Des Substitutions.

873   **895.** On peut substituer une autre personne à l'héritier institué ou au légataire, pour le cas où l'un d'eux ne pour- — 898

rait ou ne voudrait pas recueillir l'hérédité ou le legs.

875　On peut substituer plusieurs personnes à une seule, ou　»
une seule à plusieurs.

876　**896.** Lorsque dans une substitution on n'a exprimé que　»
le cas où le premier appelé ne pourrait pas recueillir, ou
seulement celui où il ne voudrait pas recueillir l'hérédité
ou le legs, le cas non exprimé sera censé compris dans celui
qui est exprimé, si le disposant n'a déclaré le contraire.

877　**897.** Les substitués supporteront les charges imposées　»
à ceux auxquels ils sont substitués, à moins qu'il ne résulte
que la volonté du testateur a été de n'y soumettre que les
premiers appelés.

al.　Toutefois les conditions qui concerneraient spécialement　»
la personne de l'héritier ou du légataire, ne seront censées
répétées à l'égard du substitué que lorsque le testateur
l'aura expressément déclaré.

878　**898.** Lorsque des cohéritiers ou légataires, dont les parts　»
sont inégales, auront été substitués réciproquement, la proportion établie dans les parts qui leur sont attribuées par
la première disposition sera censée répétée dans la substitution.

al.　Mais si, outre les premiers appelés, une autre personne　»
a été comprise dans la substitution, tous ceux, qui sont substitués, auront une égale part à la portion vacante.

879　**899.** Toute disposition, de quelle manière qu'elle soit　896 al.
conçue, par laquelle l'héritier institué ou le légataire aura
été chargé de conserver et de restituer à un tiers la succession ou le legs, est appelée substitution fidéicommissaire.

al.　Cette substitution est prohibée.　　　　896

880　**900.** La nullité de la substitution fidéicommissaire ne　»
préjudiciera point à la validité de l'institution ou du legs,
auquel cette disposition est unie; mais elle rendra caduques
toutes les substitutions, même celles au premier degré.

881　**901.** La disposition, par laquelle on aura laissé un usu-　»
fruit ou autre annuité à plusieurs personnes successivement, n'aura d'effet qu'au profit des premiers qui sont appelés à en jouir au décès du testateur.

884 al.　**902.** Il n'est pas défendu d'instituer des annuités des-　»
tinées, à perpétuité ou pour un temps, à secourir l'indi-
gence, à récompenser la vertu ou le mérite, ou consacrées à
tout autre objet d'utilité publique. Une telle disposition sera
valable, lors même qu'elle serait faite au profit de personnes
ayant une qualité déterminée, ou appartenant à des familles
désignées.

SECTION VII.

Des Exécuteurs testamentaires.

889   **903.** Le testateur peut nommer un ou plusieurs exécu-   1025
teurs testamentaires.

890   **904.** Celui qui ne peut s'obliger, ne peut être exécuteur   1028
testamentaire.

892   **905.** Le mineur ne peut être exécuteur testamentaire,   1030
même avec l'autorisation de son père, ou tuteur ou curateur.

»   **906.** Le testateur pourra concéder à l'exécuteur testa-   1026
mentaire la possession immédiate de tous ses biens meubles,
ou d'une partie seulement; mais cette possession ne pourra
durer au-delà d'une année à compter du jour du décès du
testateur.

»   **907.** L'héritier peut faire cesser cette possession en   1027
offrant de consigner à l'exécuteur testamentaire une somme
suffisante pour le payement des legs de biens meubles, ou
en prouvant de les avoir acquittés, ou en en assurant le
payement de la manière et aux époques prescrites par le
testateur.

895   **908.** Les exécuteurs testamentaires feront apposer les   1031
scellés, lorsque parmi les héritiers il y aura des mineurs,
des interdits, ou des absents, ou un corps moral.

896   Ils feront procéder à l'inventaire des biens de la succes-   al. 1
sion en présence de l'héritier présomptif, ou après l'avoir
fait citer.

901   A défaut de deniers suffisants pour acquitter les legs, ils   al. 2
provoqueront la vente du mobilier.

899   Ils veilleront à ce que le testament soit exécuté, et ils   al. 3
pourront, en cas de contestation, intervenir en justice pour
en soutenir la validité.

893   Après une année depuis le jour du décès du testateur ils   al. 4
doivent rendre compte de leur administration.

903   **909.** Les pouvoirs de l'exécuteur testamentaire ne pas-   1032
sent point à ses héritiers.

906   **910.** S'il y a plusieurs exécuteurs testamentaires qui   1033
aient accepté, un seul pourra agir à défaut des autres; mais
ils seront solidairement responsables du compte du mobilier
qui leur a été confié, à moins que le testateur n'ait divisé
leurs fonctions, et que chacun d'eux ne se soit renfermé dans
celle qui lui était attribuée.

907   **911.** Les frais faits par l'exécuteur testamentaire pour   1034
l'inventaire et le compte, et tous autres frais indispensables

pour l'exercice de ses fonctions, seront à la charge de la succession.

SECTION VIII.

Du Dépôt des Testaments olographes, de l'ouverture et de la publication des Testaments.

» **912.** Le testament olographe, sur instance de quiconque croira y avoir intérêt, sera déposé près d'un notaire du lieu, où la succession s'est ouverte, en présence du préteur du mandement et de deux témoins. | 1007

» Le papier, qui contiendra le testament, sera paraphé à chaque feuillet par les deux témoins, par le préteur et par le notaire. | 1007

» Un procès-verbal du dépôt sera dressé dans la forme des actes publics. Le notaire y décrira l'état du testament en transcrivant exactement sa teneur, et il fera aussi mention de l'ouverture du testament, comme aussi s'il a été présenté clos et scellé, et du parafe qui y aura été mis par lui, par le préteur et par les témoins. | 1007

» Le procès-verbal sera signé par le requérant, par les témoins, par le préteur et par le notaire, et on y annexera le papier qui contiendra le testament, et l'extrait de l'acte de décès du testateur, ou de l'ordonnance du tribunal conformément à l'art. 26. | 1007

» **913.** Dans le cas où le testament olographe aurait été déposé par le testateur près d'un notaire, les formalités prescrites par l'article précédent seront exécutées près le notaire dépositaire. | 1007

» **914.** Après que les formalités prescrites par les deux articles précédents auront été remplies, le testament olographe recevra son exécution, sauf les mesures conservatoires que l'autorité judiciaire, devant laquelle le testament serait contesté, croirait devoir prendre pour la garantie des personnes intéressées. | 1007

886 **915.** Les testaments secrets seront, sur l'instance de toute personne qui croira y avoir intérêt, ouverts et publiés par le notaire, en présence du préteur du mandement de sa résidence et de deux au moins des témoins qui seront intervenus à l'acte de présentation. A défaut de ceux-ci, on appellera deux autres témoins, à l'effet de reconnaître l'état de l'écrit contenant le testament, et, s'il est possible, les signatures. | 1007a.

al. 1   Le papier qui contiendra le testament sera paraphé à » chaque feuillet par les deux témoins, par le préteur, et par le notaire, qui le conservera avec l'acte de présentation.

al. 1   Le notaire dressera procès-verbal de l'ouverture et de la publication, dans la forme des actes publics et il y décrira l'état du testament, et y fera mention du parafe mis par lui, par le préteur et par les témoins.

al. 2   Le procès-verbal sera signé par le requérant, par les témoins, par le préteur et par le notaire, et on joindra au même l'extrait ou l'ordonnance indiqués dans le dernier alinéa de l'art. 912.

SECTION IX.

De la Révocation des Testaments.

908   **916.** On ne peut renoncer, en aucune manière, à la liberté de révoquer ou de changer les dispositions faites par testament. Toute clause ou condition contraire n'a pas d'effet.

909   **917.** Les testaments pourront être révoqués, en tout ou en partie, par un testament postérieur, ou par un acte reçu par un notaire, en présence de quatre témoins, qui devront signer, pourvu que le testateur déclare personnellement, dans l'acte même, qu'il révoque, en tout ou en partie, la disposition antérieure.   1035

910   **918.** Un testament nul ne peut être considéré comme un acte par devant notaire, à l'effet de révoquer les testaments antérieurs.

911   **919.** Les dispositions révoquées comme il est dit dans l'art. 917, ne peuvent renaître qu'en vertu d'un nouveau testament.

912   **920.** Le testament postérieur, qui ne révoquera pas d'une manière expresse les précédents, n'annulera dans ceux-ci que les dispositions qui se trouveront incompatibles avec les nouvelles, ou qui seront contraires.   1036

913   **921.** La révocation faite dans un testament postérieur aura tout son effet, quoique ce nouvel acte reste sans exécution par le prédécès ou l'incapacité de l'héritier institué, ou du légataire, ou par leur renonciation à l'hoirie ou au legs.   1037

757   **922.** Le testateur pourra toujours retirer son testament secret, et même le testament olographe qui aurait été déposé, des mains du notaire, près lequel il se trouve.

al. 1   Il sera dressé procès-verbal de la restitution par le notaire lui-même, en présence du testateur et de deux témoins, et en l'assistance du préteur du mandement; le préteur devra spécialement s'assurer de l'identité de la personne du testateur.

al. 2   Le procès-verbal de restitution portera la signature du »
testateur, des témoins, du préteur et du notaire; si le testateur ne peut pas signer, il en sera fait mention.

al. 3   Si le testament a été déposé dans des archives publiques, le »
verbal sera dressé par l'officier archiviste avec l'intervention
du préteur du mandement, et il sera signé par le testateur,
par les témoins, par le préteur, et par ce même officier.

al. 3   Le procès-verbal mentionné dans les prescriptions précé- »
dentes sera conservé dans les formes établies par les règlements, et on insérera l'annotation de la restitution du testament, en marge ou au pied de l'acte de remise ou de dépôt.

CHAPITRE III.

Dispositions communes aux Successions testamentaires et ab-intestat.

SECTION PREMIÈRE.

De l'ouverture de la Succession, et de la continuation
de la possession en la personne de l'Héritier.

74 903   **923.** La succession s'ouvre au moment de la mort, dans 110 718
le lieu du dernier domicile du défunt.

904   **924.** Si de deux ou plusieurs individus respectivement 720
965   appelés à la succession, il y a doute sur celui qui est décédé 721
966   le premier, celui qui soutient le prédécès de l'un ou de 722
l'autre, doit en donner la preuve; à défaut de preuve ils
sont tous présumés être décédés en même temps, et il ne se
fait lieu à aucune transmission de droit de l'un à l'autre.

967   **925.** L'héritier est de plein droit saisi de la possession 724
des biens du défunt, sans qu'il soit tenu de prendre posses- 1006
sion réelle de l'hoirie.

976   **926.** Si quelqu'autre personne, prétendant avoir droit »
sur les biens de la succession, en prend possession, les
héritiers seront tenus pour spoliés, et seront admis à proposer toutes les actions qui peuvent compéter aux possesseurs
légitimes.

968   **927.** Les enfants naturels, qui ont droit à une portion de 724
l'hoirie concurremment avec des enfants légitimes, doivent in fine.
demander à ceux-ci la mise en possession.

969   **928.** Les cas et les formalités pour l'apposition et la 824 al.
970 971 levée des scellés sont réglés par le Code de procédure civile.

SECTION II.

De l'Acceptation et de la Répudiation des Successions.

§ 1er.

De l'Acceptation.

979   **929.** Une succession peut être acceptée purement et sim-   774
plement ou sous bénéfice d'inventaire.

982   **930.** Les successions échues aux mineurs et aux interdits 776 al.
ne peuvent valablement être acceptées qu'avec les formalités
»   prescrites dans les Titres VIII et IX du Livre Ier du pré-   »
984   sent Code, et sous bénéfice d'inventaire.

»   **931.** Les majeurs mis sous conseil judiciaire ne peuvent   »
accepter qu'avec le consentement du curateur et sous bénéfice d'inventaire.

986   **932.** Les successions déférées aux corps moraux ne   »
peuvent être acceptées qu'avec l'autorisation du gouvernement, qui l'accordera dans les formes établies par des lois
spéciales.

986   Elles ne peuvent être acceptées que sous bénéfice d'in-   »
ventaire dans les formes établies par les règlements respectifs.

987   **933.** L'effet de l'acceptation remonte au jour de l'ouver-   777
ture de la succession.

»   Néanmoins sont toujours réservés les droits acquis par   »
des tiers par des conventions à titre onéreux, faites de bonne
foi avec l'héritier apparent. Si celui-ci a aliéné de bonne foi
une chose faisant partie de la succession, il n'est tenu qu'à
rendre le prix qu'il en a reçu ou à céder son action contre
l'acheteur qui ne l'aurait pas encore payée.

»   L'héritier apparent de bonne foi n'est tenu à la restitution   »
des fruits que du jour de la demande judiciaire.

988   **934.** L'acceptation peut être expresse ou tacite.   778
al. 1   Elle est expresse, quand on prend le titre ou la qualité   778
d'héritier dans un acte public ou dans une écriture privée.
al. 2   Elle est tacite, quand l'héritier fait un acte qui suppose   778
nécessairement son intention d'accepter, et qu'il n'aurait
droit de faire qu'en qualité d'héritier.

990   **935.** Les actes purement conservatoires, de surveillance   779
et d'administration provisoire, ne sont pas des actes d'adition
d'hérédité, si l'on n'y a pas pris le titre ou la qualité d'héritier.

991   **936.** La donation, la vente ou le transport que fait de ses   780
droits successifs un des cohéritiers, soit à un étranger, soit
à tous ses cohéritiers, soit à quelqu'un d'eux, emporte de sa
part acceptation de la succession.

992   **937.** Il en est de même de la renonciation, même gra-   780
tuite, que fait un des héritiers au profit d'un ou de plusieurs   n. 1-2
de ses cohéritiers, ainsi que de la renonciation qu'il fait,
même au profit de tous les cohéritiers indistinctement, lorsqu'il en reçoit le prix.

993   **938.** La renonciation n'emporte point acceptation de la   »
succession, lorsqu'elle est faite gratuitement au profit de
tous les cohéritiers testamentaires ou *ab-intestat*, auxquels
la portion du renonçant serait dévolue à son défaut.

994   **939.** Lorsque celui, à qui une succession est échue, est   781
décédé sans l'avoir acceptée expressément ou tacitement, il
transmet à ses héritiers le droit de l'accepter.

995   **940.** Si ses héritiers ne sont pas d'accord pour accepter   782
ou pour répudier la succession, celui qui l'accepte en acquiert
tous les droits, et en supporte toutes les charges; celui, qui l'a
répudiée, y reste étranger.

996   **941.** Les héritiers, qui ont accepté la succession du dé-   »
funt, peuvent néanmoins répudier la succession qui lui était
échue, et qu'il n'avait point encore acceptée; mais la renonciation à la succession du défunt emporte la renonciation à
toute succession qui lui aurait été déférée.

997   **942.** L'acceptation de la succession ne peut être attaquée,   783
que dans le cas où cette acceptation aurait été la suite de la
violence ou du dol.

997   On ne peut attaquer l'acceptation pour cause de lésion.   783

997   Cependant, si l'on vient à découvrir un testament inconnu   783
au moment de l'acceptation, l'héritier n'est pas tenu de
payer les legs faits dans ce testament, s'ils dépassaient la
valeur de la succession et il conserve le droit à la portion
légitimaire qui lui serait due.

1004   **943.** La faculté d'accepter une succession ne se prescrit   789
que par le laps de trente ans.

§ 2.

De la Renonciation.

998   **944.** La renonciation à une succession ne se présume pas.   784
al.   Elle ne peut être faite que par une déclaration au greffe du   784
préteur du mandement, dans le ressort duquel la succession
s'est ouverte, sur un registre tenu à cet effet.

999   **945.** Celui, qui renonce à la succession, est considéré   785
comme s'il n'y avait jamais été appelé.

al.   Néanmoins sa renonciation ne le prive pas du droit de   »
réclamer les legs faits à son profit.

1000   **946.** Dans les successions *ab-intestat*, la part du renon-   786
çant accroît à ses co-héritiers; s'il est seul, elle est dévolue
au degré subséquent.

1001   **947.** On ne vient jamais par représentation d'un héritier   787
qui a renoncé. Si le renonçant est seul héritier de son degré,
ou si tous les cohéritiers renoncent, les enfants viennent de
leur chef et succèdent par tête.

1002   **948.** Dans les successions testamentaires, la part du re-   »
nonçant est dévolue à ses cohéritiers, ou aux héritiers légitimes, de la manière établie par les art. 880 et 883.

1003   **949.** Les créanciers de celui qui renonce au préjudice   788
de leurs droits, peuvent se faire autoriser en justice à accepter la succession du chef de leur débiteur, et en son lieu et
place.

al.   Dans ce cas, la renonciation n'est annulée qu'en faveur   al.
des créanciers, et jusqu'à concurrence seulement de leurs
créances; elle ne l'est pas au profit de l'héritier qui a renoncé.

1005   **950.** Tant que la prescription du droit d'accepter n'est   790
pas acquise contre les héritiers qui ont renoncé, ils ont la
faculté d'accepter encore la succession, si elle n'a pas été
déjà acceptée par d'autres héritiers, sans préjudice néanmoins des droits qui peuvent être acquis à des tiers sur les
biens de la succession, soit par prescription, soit par actes
valablement faits avec le curateur de la succession jacente.

1006   **951.** Si cependant l'héritier testamentaire ou *ab-intestat*   »
est poursuivi en justice par un intéressé, à l'effet de déclarer s'il veut être héritier ou s'il renonce à la succession, l'autorité judiciaire lui fixera un terme pour sa déclaration.
Après l'échéance de ce terme, si la déclaration n'aura pas
été faite, la succession est considérée comme répudiée.

1007   **952.** Nonobstant la disposition des articles précédents,   »
les individus appelés à la succession, qui se trouvent déjà
en possession réelle des biens qui la composent, sont déchus
du droit d'y renoncer, si, dans les trois mois à compter du
jour de l'ouverture de cette succession, ou du jour où ils ont
eu connaissance qu'elle leur était déférée, ils ne se sont pas
conformés à ce qui est prescrit relativement au bénéfice d'inventaire; ils sont, dans ce cas, réputés héritiers purs et
simples, lors même qu'ils déclareraient posséder les biens à
tout autre titre.

1008   **953.** Les héritiers, qui auraient diverti ou recelé des 792
effets d'une succession, sont déchus de la faculté d'y renoncer; ils demeurent héritiers purs et simples, nonobstant
leur renonciation.

1009   **954.** On ne peut, même par contrat de mariage, renon- 791
cer à la succession d'une personne vivante, ni aliéner les
droits éventuels qu'on peut avoir à cette succession.

§ 3.

*Du Bénéfice d'inventaire, de ses Effets et des Obligations
de l'Héritier bénéficiaire.*

1010   **955.** La déclaration d'un héritier qu'il entend ne prendre 793
cette qualité que sous bénéfice d'inventaire, doit être faite au
greffe de la préture du mandement, dans le ressort duquel la
succession s'est ouverte; elle doit être inscrite sur le registre
destiné à recevoir les actes de renonciation.

al.   Cette déclaration sera, dans les trente jours qui suivront, 793
transcrite, par les soins du greffier, au bureau des hypothèques du lieu où la succession s'est ouverte, et insérée
par extrait dans le journal des annonces judiciaires.

1011   **956.** L'héritier peut demander à être admis au bénéfice »
d'inventaire, quelle que soit la défense faite à cet égard par
le testateur.

1012   **957.** La déclaration de l'héritier, d'accepter la succes- 704
sion sous bénéfice d'inventaire, n'a d'effet qu'autant qu'elle
est précédée ou suivie d'un inventaire fidèle et exact des
biens de la succession, dans les formes réglées par le Code
de procédure civile, et dans les délais qui seront fixés
ci-après.

1013   **958.** Si l'un ou plusieurs des héritiers appelés à la suc- »
cession ne veulent l'accepter que sous bénéfice d'inventaire,
tandis que les autres veulent l'accepter purement et simplement, l'acceptation devra être faite sous bénéfice d'inventaire.

al.   Il suffira, dans ce cas, que la déclaration soit faite par un »
seul héritier.

1014   **959.** L'héritier a trois mois pour faire l'inventaire, à 795
compter du jour de l'ouverture de la succession, ou du jour
où il a eu connaissance que l'hérédité lui a été déférée. Si,
après l'avoir commencé dans ce terme, il ne peut l'achever,
il pourra obtenir du préteur du lieu de l'ouverture de la
succession, un nouveau délai qui n'excédera pas trois mois,

à moins que des circonstances graves ne rendent nécessaire un plus long délai.

1015   **960.** Si, dans les trois mois, l'héritier n'a pas au moins   »
commencé l'inventaire, ou si, dans les délais ci-dessus fixés
ou prorogés, il ne l'a pas achevé, il sera censé avoir accepté
la succession purement et simplement.

1016   **961.** L'inventaire étant achevé, l'héritier, qui n'aura pas 795 al.
encore fait la déclaration aux termes de l'art. 955, aura un
terme de quarante jours, à compter du jour de la clôture de
l'inventaire, pour délibérer sur l'acceptation ou la répudiation de la succession; s'il n'a pas délibéré dans ces quarante jours, il sera considéré comme héritier pur et simple.

1017   **962.** En cas de poursuites dirigées contre l'héritier qui   79
n'est pas en possession réelle de la succession, et qui ne
s'y est point immiscé, les délais ci-devant établis pour faire
l'inventaire et délibérer ne courront que du jour fixé par le
tribunal.

al.   A défaut de poursuites, l'héritier conserve le droit de 800
faire l'inventaire tant que le délai pour accepter la succession n'est pas prescrit.

1019   **963.** Les mineurs, les interdits et ceux, qui sont placés   »
sous conseil judiciaire, seront déchus du bénéfice d'inventaire, si, à l'expiration de l'année qui suivra leur majorité
ou la main-levée de l'interdiction ou de l'inhabilitation, ils ne
se sont conformés aux dispositions du présent paragraphe.

1018   **964.** Pendant la durée des délais pour faire l'inventaire 797
et pour délibérer, l'héritier ne peut être contraint à prendre
qualité.

»   Cependant il est considéré comme curateur de droit à la   »
succession jacente, et il peut, en cette qualité, être appelé
en justice pour répondre aux instances proposées contre la
succession. S'il ne comparaît pas, l'autorité judiciaire nommera un curateur à la succession, pourvu qu'il la représente
dans cette cause.

1020   **965.** S'il existe dans la succession des objets susceptibles 796
de dépérir ou gravement dispendieux à conserver, l'héritier
peut, dans les délais susdits, et sans qu'on puisse en in-
duire une acceptation de sa part, se faire autoriser par al.
justice à procéder à la vente de ces effets, de la manière que   »
l'autorité judiciaire jugera convenable.

1021   **966.** Si l'héritier renonce à la succession avant l'expira- 797
tion des délais établis ou prorogés comme il est dit ci-dessus,
les frais qu'il aura légitimement faits jusqu'à la renonciation
seront à la charge de la succession.

1022   **967**. L'héritier, qui s'est rendu coupable d'avoir omis,   801
sciemment et de mauvaise foi, de comprendre dans l'inventaire des effets de la succession, est déchu du bénéfice d'inventaire.

1023   **968**. L'effet du bénéfice d'inventaire est de donner à   802
l'héritier l'avantage :

n. 1   De n'être tenu au payement des dettes de la succession et   n. 1
des légats que jusqu'à concurrence de la valeur des biens
qu'il a recueillis, de pouvoir même se décharger de ce payement, en abandonnant tous les biens de la succession aux
créanciers et aux légataires ;

n. 2   De ne pas confondre ses biens personnels avec ceux de   n. 2
la succession, et de conserver contre elle le droit de réclamer le payement de ses créances.

1024   **969**. L'héritier bénéficiaire est chargé d'administrer les   803
biens de la succession, et doit rendre compte de son administration aux créanciers et aux légataires.

al. 1   Il ne peut être contraint sur ses biens personnels qu'après   al. 1
avoir été mis en demeure de présenter son compte, et faute
d'avoir satisfait à cette obligation.

al. 2   Après l'apurement de compte, il ne peut être contraint   al. 2
sur ces biens personnels que jusqu'à concurrence seulement
des sommes dont il se trouve reliquataire.

1024 a.   **970**. L'héritier bénéficiaire n'est tenu que des fautes   804
in fine. graves dans l'administration dont il est chargé.

1025   **971**. Les créanciers et les légataires peuvent faire fixer   »
un terme à l'héritier, pour la reddition du compte.

1026   **972**. L'héritier, auquel une part légitime serait due,   »
peut, quoiqu'il n'ait pas accepté avec bénéfice d'inventaire,
demander la réduction des donations et legs faits à ses
cohéritiers.

1027   **973**. L'héritier ne peut, sous peine de déchéance du   806
bénéfice d'inventaire, vendre les immeubles de la succession
qu'avec l'autorisation judiciaire et dans les formes prescrites par le Code de procédure civile.

1028   **974**. Pendant les cinq ans qui s'écouleront dès sa décla-   805
ration de n'accepter la succession que sous bénéfice d'inventaire, l'héritier ne pourra, sous la même peine, vendre le
mobilier de la succession qu'en vertu d'une autorisation de
justice, et dans les formes prescrites par le Code de procédure civile. Après les cinq ans l'héritier bénéficiaire pourra
aliéner le mobilier sans aucune formalité.

1029   **975**. Il est tenu, si les créanciers ou autres personnes   807
intéressées l'exigent, de fournir les sûretés convenables pour

la valeur du mobilier compris dans l'inventaire, pour les fruits des immeubles, et pour la portion du prix des immeubles aliénés qui excéderait les sommes à payer aux

1020 créanciers hypothécaires. A défaut de ces sûretés, le tribunal ordonnera d'office ce qu'il croira convenable pour garantir les droits des intéressés.　　　　　　　　　　　　al.

1030 **976.** S'il y a opposition de la part des créanciers ou 808 d'autres intéressés, et qu'elle ait été notifiée à l'héritier, celui-ci ne peut payer que dans l'ordre et de la manière réglés par l'autorité judiciaire.

al.　　S'il n'y a pas d'opposition, après le délai d'un mois à al. compter de la transcription et de l'insertion dont est cas dans l'art. 955, ou de la clôture de l'inventaire, si cette publication l'a précédé, il paye les créanciers et les légataires à mesure qu'ils se présentent, sans préjudice cependant de leurs droits d'antériorité.

1031 **977.** Les créanciers non opposants qui ne se présentent 809 qu'après que la masse héréditaire a été épuisée par le payement des autres créanciers et des légataires, n'ont de recours que contre les légataires.

al.　　Cette action se prescrit par le laps de trois ans, à compter al. du jour du dernier payement.

1032 **978.** Les frais d'apposition de scellés, d'inventaire et de 810 compte sont à la charge de la succession.

1033 **979.** Si l'héritier a contesté sans motif plausibles, il sera 799 condamné personnellement aux frais de l'instance.　　　　in fine.

§ 4.

Des Successions jacentes.

1034 **980.** Si l'héritier n'est pas connu, ou si les héritiers 811 testamentaires ou *ab-intestat* ont renoncé à la succession, celle-ci est réputée jacente, et on pourvoit à l'administration et à la conservation des biens qui la composent au moyen d'un curateur.

1035 **981.** Le curateur est nommé par le préteur du mandement, où la succession s'est ouverte, sur la demande des personnes intéressées ou même d'office.　　　　　　　　812

»　　Le décret de nomination du curateur sera publié par extrait dans le journal des annonces judiciaires, par les soins du greffier.

1036 **982.** Le curateur est tenu de faire procéder à l'inventaire 813 de la succession, d'en exercer et poursuivre les droits, de répondre aux demandes formées contre elle, d'administrer, sous la charge de faire verser le numéraire qui se trouve dans la succession, ainsi que les deniers provenant du prix des meubles ou immeubles vendus, et enfin de rendre compte de son administration.

1037   **983.** Les dispositions du § 3 de la présente section, rela-   814 tives à l'inventaire, au mode d'administration, et aux comptes à rendre de la part de l'héritier bénéficiaire, sont communes aux curateurs à successions jacentes.

SECTION III.

Du Partage.

1038   **984.** On peut toujours provoquer le partage de la suc-   815 cession, nonobstant toute prohibition de la part du testateur.

al.   Néanmoins, si tous les héritiers institués ou quelques-uns › d'entre eux, étaient mineurs, le testateur pourra leur inter- dire la faculté de partager jusqu'à l'expiration de l'année qui suivra la majorité du moins âgé. L'autorité judiciaire pourra cependant, suivant l'urgence et la gravité des circonstances, permettre le partage.

1039   **985.** Le partage peut être demandé, même quand l'un   816 des cohéritiers aurait joui séparément de partie des biens de la succession, s'il n'y a eu un acte de partage, ou pos- session suffisante pour acquérir la prescription.

1013   **986.** Si les cohéritiers ne peuvent s'accorder sur le par-   822 et tage, on observera les règles suivantes.   suivants.

1018   **987.** Chacun des cohéritiers peut demander sa part en   826 nature des meubles et immeubles de la succession : néan- moins, s'il y a des créanciers saisissants ou opposants, ou si la majorité des cohéritiers juge la vente nécessaire pour l'acquit des dettes et des charges de la succession, les meu- bles sont vendus aux enchères publiques.

1040   **988.** Si les immeubles ne peuvent se partager commo-   827 dément, ils doivent aussi être vendus aux enchères publiques.

al.   Néanmoins, si les copartageants sont tous majeurs, et al. qu'ils y consentent, la vente peut se faire par licitation entre eux ; ils peuvent même convenir que la licitation ou les en- chères soient faites devant un notaire, sur le choix duquel ils s'accordent.

1050   **989.** Si les parties ne sont pas d'accord entre elles sur al. les charges et les conditions de la vente, celles-ci seront ré- glées par l'autorité judiciaire.

1051   **990.** Après que les meubles et immeubles ont été estimés   828 et vendus, s'il y a eu lieu, l'autorité judiciaire peut, suivant les circonstances, renvoyer les parties soit devant un juge commis, soit devant un notaire dont elles conviennent, ou nommé d'office, si les parties ne s'accordent pas sur le choix.

al.   On procède, devant ce juge commis ou ce notaire, aux comptes que les copartageants peuvent se devoir, à la formation de la masse de l'actif et du passif, à la composition des lots, et aux fournissements à faire à chacun des copartageants.   al.

1082   **991.** Chaque héritier fait rapport à la masse, suivant les règles qui seront ci-après établies, des dons qui lui ont été faits, et des sommes dont il est débiteur.   829

1083   **992.** Si le rapport n'est pas fait en nature, les cohéritiers, à qui il est dû, prélèvent une portion égale sur la masse de la succession.   830

al.   Les prélèvements se font, autant que possible, en objets de même nature, qualité et bonté, que les objets non rapportés en nature.   al.

1034   **993.** Après ces prélèvements, il est procédé, sur ce qui reste dans la masse, à la composition d'autant de lots égaux qu'il y a d'héritiers copartageants, ou de souches copartageantes.   831

1085   **994.** Dans la formation et composition des lots, on doit éviter, autant que possible, de morceler les héritages et de préjudicier les exploitations en les divisant; et il convient de faire entrer dans chaque lot, s'il se peut, la même quantité de meubles, d'immeubles, de droits ou de créances de même nature et valeur.   832

1036   **995.** L'inégalité des lots en nature se compense par un retour, soit en rente, soit en argent.   833

1037   **996.** Les lots sont faits par l'un des cohéritiers, s'ils peuvent convenir entre eux sur le choix, et si celui qu'ils avaient choisi accepte la commission; dans le cas contraire, les lots sont faits par un expert nommé d'office.   834

al.   Ils sont ensuite tirés au sort. Cependant, si les héritiers ne viennent pas au partage en portions égales, l'autorité judiciaire décidera si l'on doit tirer les lots au sort, ou les attribuer en tout ou en partie.   al.

1058   **997.** Avant de procéder au tirage des lots, chaque copartageant est admis à proposer ses réclamations contre leur formation.   835

1059   **998.** Les règles établies pour la division des masses à partager sont également observées dans la subdivision à faire entre les souches copartageantes.   836

1068   **999.** Après le partage, remise doit être faite à chacun   842 des copartageants des titres particuliers relatifs aux biens et aux droits qui leur sont échus.

al. 1   Les titres d'une propriété divisée restent à celui qui en a la plus grande part, à la charge d'en aider à ceux de ses copartageants qui y auront intérêt, toutes les fois qu'il en sera requis.   al. 1

al. 2   Les titres communs à toute l'hérédité sont remis à celui que tous les héritiers ont choisi pour en être le dépositaire, à la charge d'en aider les copartageants à toute réquisition.   al. 2

al. 3   S'il y a difficulté sur ce choix, il est réglé par l'autorité judiciaire.   al. 2 in fine.

1066   **1000.** Pour le reste, et pour autant qu'il n'y soit pas pourvu dans la présente section, on observera les règles établies dans le titre *De la Communauté*.   »

SECTION IV.

Des Rapports et des Imputations.

1067   **1001.** L'enfant ou descendant venant à la succession, même en qualité d'héritier bénéficiaire, avec ses frères ou sœurs, ou descendants d'eux, doit rapporter à ses cohéritiers tout ce qu'il a reçu du défunt, par donation, directement ou indirectement, à moins que le donateur n'ait autrement disposé.   843

1068   **1002.** Lors même que l'enfant ou descendant aurait été expressément dispensé du rapport, il ne pourra retenir la donation que jusqu'à concurrence de la quotité disponible; l'excédant est sujet à rapport.   844

1069   **1003.** L'héritier, qui renonce à la succession, peut cependant retenir la donation ou réclamer le legs à lui fait, jusqu'à concurrence de la portion disponible; mais il ne peut rien retenir ou réclamer à titre de légitime.   845

1070   **1004.** Les donations faites au descendant de l'héritier sont toujours réputées faites avec dispense de rapport.   847

al.   L'ascendant venant à la succession du donateur, n'est pas tenu de les rapporter.   al.

1071   **1005.** Pareillement, le descendant venant de son chef à la succession du donateur n'est pas tenu de rapporter le don fait à son ascendant, même quand il aurait accepté la succession de celui-ci.   848

al.   Mais, s'il ne vient que par représentation, il doit rapporter ce qui avait été donné à l'ascendant, même dans le cas où il aurait répudié sa succession.   848

1072   **1006.** Les donations faites au conjoint d'un descendant sont réputées faites avec dispense du rapport.   849

al.   Si les donations sont faites conjointement à deux époux, al.
dont l'un seulement est descendant du donateur, la portion,
qui lui est donnée, est seule sujette à rapport.

1073   **1007.** Tout ce qui a été dépensé par le défunt en faveur de 881
ses descendants, pour constitution de dot et trousseau, pour
titre clérical, pour achat d'un office, ou pour un établissement
quelconque et pour payement de dettes, est sujet à rapport.

al.   Si l'ascendant qui a constitué la dot, l'a payée au mari »
sans les garanties suffisantes, la fille ne sera tenue de rapporter que son action sur les biens du mari.

1074   **1008.** Tout ce qui est laissé par testament est dispensé »
du rapport, à moins que le testateur n'ait ordonné le contraire, et sauf ce qui est établi à l'art. 1026.

1075   **1009.** Les frais de nourriture, d'entretien, d'éducation, 832
d'apprentissage, les frais ordinaires d'équipement, ceux de
noces et les présents d'usage ne doivent pas être rapportés.

1076   **1010.** Il en est de même des profits que l'héritier a pu 833
retirer des conventions passées avec le défunt; si ces conventions ne présentaient aucun avantage indirect, lorsqu'elles ont été faites.

1077   **1011.** Pareillement, il n'est pas dû de rapport pour les 854
associations faites sans fraude entre le défunt et l'un de ses
héritiers, lorsque les conditions en ont été réglées par un
acte de date certaine.

1078   **1012.** L'immeuble, qui a péri par cas fortuit et sans la 855
faute du donataire, n'est pas sujet à rapport.

1079   **1013.** Les fruits et les intérêts des choses sujettes à 856
rapport, ne sont dus qu'à compter du jour de l'ouverture
de la succession.

1080   **1014.** Le rapport n'est dû que par l'héritier en ligne 857
descendante à son cohéritier, conformément à la disposition
de l'art. 1001; il n'est dû ni aux autres héritiers, ni aux
légataires, ni aux créanciers de l'hoirie, à moins que le donateur ou le testateur ne l'ait ordonné, et sauf ce qui est
prescrit par l'art. 1026.

al.   Ainsi le donataire ou légataire de la portion disponible, »
qui est en même temps héritier légitimaire, ne peut demander le rapport, si ce n'est pour faire fixer sa part légitimaire; il ne peut jamais réclamer le rapport à l'effet de
reconstituer la portion disponible dans sa totalité.

1081   **1015.** Le rapport se fait en nature, ou en moins prenant, 858
au choix du donataire.

1082   **1016.** Le rapport n'a lieu qu'en moins prenant, quand 859 860
le donataire a aliéné ou hypothéqué l'immeuble.

1083   **1017.** Le rapport en moins prenant est dû de la valeur de l'immeuble à l'époque de l'ouverture de la succession.   860

1084   **1018.** Dans tous les cas, il doit être tenu compte au donataire des impenses qui ont amélioré la chose, eu égard à ce dont sa valeur se trouve augmentée au temps de l'ouverture de la succession.   861

1085   **1019.** Il doit être pareillement tenu compte au donataire des impenses nécessaires qu'il a faites pour la conservation de la chose, encore qu'elles n'aient point amélioré le fonds.   862

1086   **1020.** Le donataire, de son côté, doit tenir compte des dégradations et détériorations qui ont diminué la valeur de l'immeuble, par son fait, ou par sa faute et négligence.   863

1087   **1021.** Dans le cas où l'immeuble a été aliéné par le donataire, les améliorations ou dégradations faites par l'acquéreur doivent être imputées conformément aux trois articles précédents.   864

1088   **1022.** Lorsque le don d'un immeuble fait à un descendant successible avec dispense de rapport, excède la quotité disponible, le donataire doit rapporter l'immeuble en nature, ou il peut le retenir en totalité, suivant les règles établies à l'art. 826.   865

1089   **1023.** Le cohéritier, qui fait le rapport en nature d'un immeuble, peut en retenir la possession jusqu'au remboursement effectif des sommes qui lui sont dues pour impenses ou améliorations.   867

1090   **1024.** Le rapport du mobilier ne se fait qu'en moins prenant. Il se fait sur le pied de la valeur du mobilier lors de la donation, d'après l'état estimatif annexé à l'acte, et, à défaut de cet état, d'après une estimation par expert.   868

1091   **1025.** Le rapport de l'argent donné se fait en moins prenant dans le numéraire de la succession.   869

al.   En cas d'insuffisance, le donataire peut se dispenser de rapporter du numéraire, en abandonnant, jusqu'à due concurrence, du mobilier, et, à défaut de mobilier, des immeubles de la succession.   al.

1092   **1026.** Nonobstant ce qui est porté aux art. 1008 et 1014, lorsque le donataire ou le légataire ayant droit à la portion réservée par la loi, demande la réduction des dispositions faites au profit d'un cohéritier ou d'un légataire, même étranger, en soutenant qu'elles excèdent la portion disponible, il doit imputer sur sa réserve les donations et les legs qui lui ont été faits, à moins qu'il n'en ait été formellement dispensé.   »

al. 1   La dispense d'imputation ne pourra cependant avoir aucun   ›
effet au préjudice d'un donataire antérieur.

al. 2   Tout autre objet, dont le rapport ne serait pas dû, d'après   ›
les règles précédemment établies, sera pareillement dispensé
de l'imputation.

SECTION V.

Du Payement des Dettes.

1093   **1027.** Les héritiers contribuent entre eux au payement   870
des dettes et charges de la succession, dans la proportion
de leur part héréditaire, à moins que le testateur n'ait autrement ordonné.

1095   **1028.** Lorsque des immeubles d'une succession sont   872
grevés, par hypothèque, d'une rente sujette à rachat, chacun
des cohéritiers peut exiger que la rente soit remboursée, et
les immeubles rendus libres avant qu'il soit procédé à la
formation des lots. Si les cohéritiers partagent la succession
dans l'état où elle se trouve, l'immeuble grevé doit être
estimé au même taux que les autres immeubles; il est fait
déduction du capital correspondant à la rente sur le prix
total.

al.   L'héritier, dans le lot duquel tombe cet immeuble, de-   872
meure seul chargé du service de la rente, et il doit en garantir
ses cohéritiers.

1096   **1029.** Les héritiers sont tenus des dettes et charges de   873
la succession, personnellement, en proportion de leur part
héréditaire, et hypothécairement pour le tout, sauf leur recours, s'il y a lieu, contre leurs cohéritiers, à raison de la
part pour laquelle chacun d'eux doit y contribuer.

1097   **1030.** Le cohéritier, qui, par l'effet de l'hypothèque, a   875
payé au-delà de sa part de la dette commune, n'a de recours
contre les autres cohéritiers que pour la part que chacun
d'eux doit personnellement en supporter, même dans le cas
où le cohéritier qui a payé la dette se serait fait subroger
aux droits des créanciers. Le cohéritier conserve néanmoins
le droit de réclamer le payement de sa créance personnelle,
comme tout autre créancier, sous la déduction de la part
de cette créance qui serait à sa charge comme héritier.

1098   **1031.** En cas d'insolvabilité d'un des cohéritiers, sa part   876
dans la dette hypothécaire est répartie sur tous les autres,
au marc la livre.

1100   **1032.** Les créanciers et légataires de la succession peu-   878
vent demander la séparation du patrimoine du défunt d'avec

le patrimoine de l'héritier, conformément aux dispositions du Titre XXIV du présent Livre.

1103   **1033.** Le légataire n'est pas tenu au payement des dettes   »
de la succession, sans préjudice néanmoins de l'action hypothécaire des créanciers sur le fonds légué, et sauf le droit

1104   de séparation; mais le légataire qui a acquitté la dette dont   874
l'immeuble légué était grevé, demeure subrogé aux droits
du créancier contre les héritiers.

SECTION VI.

Des effets du Partage et de la Garantie des Lots.

1105   **1034.** Chaque cohéritier est censé avoir succédé seul et   883
immédiatement à tous les effets compris dans son lot, ou à
lui échu sur licitation, et n'avoir jamais eu la propriété des
autres effets de la succession.

1106   **1035.** Les cohéritiers demeurent respectivement ga-   884
rants, les uns envers les autres, des troubles et évictions
seulement qui procèdent d'une cause antérieure au partage.

al.   La garantie n'a pas lieu, si l'espèce d'éviction soufferte a   al.
été exceptée par une clause particulière et expresse de l'acte
de partage; elle cesse, si c'est par sa faute que le cohéritier
souffre l'éviction.

1107   **1036.** Chacun des cohéritiers est personnellement   885
obligé, en proportion de sa part héréditaire, d'indemniser
son cohéritier de la perte que lui a causée l'éviction.

al.   Si l'un des cohéritiers se trouve insolvable, la portion dont   al.
il est tenu doit être également répartie entre le garanti et
tous les cohéritiers solvables.

1108   **1037.** La garantie de la solvabilité du débiteur d'une   886
rente ne peut être exercée que dans les cinq ans qui suivent
le partage.

al.   Il n'y a pas lieu à garantie à raison de l'insolvabilité du   886
débiteur, quand elle n'est survenue que depuis le partage
consommé.

SECTION VII.

De la Rescision en matière de Partage.

1109   **1038.** Les partages peuvent être rescindés pour cause   887
de violence ou de dol.

al.   Il peut aussi y avoir lieu à la rescision, lorsqu'un des   al.
cohéritiers établit à son préjudice une lésion de plus du
quart. La simple omission d'un objet de la succession ne

donne pas ouverture à l'action en rescision, mais seulement
à un supplément à l'acte de partage.

1110   **1039.** L'action en rescision est admise contre tout acte   888
qui a pour objet de faire cesser l'indivision entre cohéritiers,
encore qu'il fût qualifié de vente, d'échange et de transaction, ou de tout autre manière.

al.   Mais, après le partage ou l'acte qui en tient lieu, l'action   al.
en rescision n'est plus admissible contre la transaction faite
sur les difficultés réelles que présentait le premier acte,
même quand il n'y aurait pas eu à ce sujet de procès commencé.

1111   **1040.** L'action en rescision n'est pas admise contre une   889
vente de droit successif faite sans fraude à l'un des cohéritiers, à ses risques et périls, par ses cohéritiers, ou par l'un
d'eux.

1112   **1041.** Pour juger s'il y a eu lésion, on estime les ob-   890
jets suivant leur état et leur valeur à l'époque du partage.

1113   **1042.** Le défendeur à la demande en rescision peut en   891
arrêter le cours et empêcher un nouveau partage, en offrant
et en fournissant au demandeur le supplément de sa portion
héréditaire, soit en numéraire, soit en nature.

1114   **1043.** Le cohéritier, qui a aliéné son lot en tout ou en   892
partie, n'est plus recevable à intenter l'action en rescision
pour dol ou violence, si l'aliénation qu'il a faite est postérieure à la découverte du dol ou à la cessation de la violence.

SECTION VIII.

*Des Partages faits par Père, Mère ou autres Ascendants,
entre leurs Descendants.*

1115   **1044.** Les père, mère et autres ascendants pourront   1075
faire entre leurs enfants et descendants la distribution et le
partage de leurs biens, en y comprenant même la portion
dont ils ne peuvent disposer.

1116   **1045.** Ces partages pourront être faits par acte entre-   1076
vifs ou testamentaires, avec les formalités, conditions et
règles prescrites pour les donations et testaments.

al.   Les partages faits par acte entre-vifs ne pourront avoir   al.
pour objet que les biens présents.

1117   **1046.** Si tous les biens que l'ascendant a laissés au jour   1077
de son décès n'ont pas été compris dans le partage, ceux
de ces biens qui n'y auront pas été compris, seront parta-
gés conformément à la loi.

1118 1047. Si le partage n'est pas fait entre tous les enfants **1078** qui existeront à l'époque du décès et les descendants de ceux prédécédés, le partage sera nul pour le tout.

al. En ce cas, il pourra en être provoqué un nouveau, soit **al.** par les enfants ou descendants qui n'y auront eu aucune part, soit par ceux entre qui le partage aurait été fait.

1119 1048. Le partage fait par l'ascendant pourra être atta- **1079** qué dans le cas où il résulterait du partage ou d'autres dispositions de cet ascendant que l'un des copartagés a été lésé dans sa part légitimaire. Si le partage a été fait par acte entre-vifs, il pourra de même être attaqué pour cause de lésion de plus du quart, en conformité de l'art. 1038.

1120 1049. L'enfant, qui pour une des causes exprimées en **1080** l'article précédent, attaquera le partage fait par l'ascendant, devra faire l'avance des frais de l'estimation, et il les supportera en définitif, ainsi que les dépens de la contestation, s'il a été jugé que sa réclamation n'était pas fondée.

TITRE III.

DES DONATIONS ENTRE-VIFS.

1121 1050. La donation entre-vifs est un acte spontané de **894** libéralité, par lequel le donateur se dépouille actuellement et irrévocablement de la chose donnée en faveur du donataire qui l'accepte.

1122 1051. Est aussi réputée donation tout acte de libéralité **»** ayant pour cause la reconnaissance du donateur, le mérite du donataire, les services particuliers qu'on veut récompenser, ainsi que tout autre acte de libéralité par lequel on imposerait quelque charge au donataire.

CHAPITRE PREMIER.

De la capacité de disposer et de recevoir par donation entre-vifs.

1181 1052. Sont incapables de disposer par donation entre-vifs : **901**
al. 1 Ceux qui ne peuvent pas faire testament ; **902**
al. 2 Ceux qui ont été mis sous conseil judiciaire, dès le jour **»** où aura commencé l'instance d'interdiction, et les mineurs, quand même ils seraient émancipés, sauf les dispositions particulières relatives au contrat de mariage.

1183 1053. Sont incapables de recevoir par donation entre- **906** vifs, même au moyen de personnes interposées, ceux qui ne **907** peuvent recevoir par testament conformément à ce qui est **et suiv.** établi dans le Chapitre : *Des Successions testamentaires*

1054. Les conjoints ne peuvent, pendant la durée de leur mariage, se faire l'un à l'autre aucune libéralité, sauf que par acte de dernière volonté dans les formes et selon les règles établies pour ces actes.

1154   **1055.** Toute donation entre-vifs faite en faveur d'une 911 personne incapable est nulle, quand même elle aurait été faite sous l'apparence d'un contrat à titre onéreux.

CHAPITRE II.
De la forme et des effets des donations entre-vifs.

1123   **1056.** Toutes les donations entre-vifs doivent être faites 931 par acte public, sous peine de nullité.

1127   **1057.** La donation entre-vifs n'engagera le donateur et 932 ne produira son effet que du jour où elle aura été acceptée.

al.   L'acceptation pourra être faite ou dans l'acte même, ou al. par un acte public passé postérieurement et du vivant du donateur; mais, dans ce dernier cas, la donation n'aura d'effet que du jour où l'acte d'acceptation aura été notifié au donateur.

1128   **1058.** Si le donataire est majeur, l'acceptation doit être 933 faite par lui, ou en son nom, par la personne fondée de sa pro- et al. curation en forme authentique, portant pouvoir exprès d'accepter la donation faite ou un pouvoir général d'accepter les donations qui pourraient lui être faites.

1130   **1059.** La donation faite à un mineur non émancipé, ou à 935 un interdit, doit être acceptée par le père ou par le tuteur.

al. 1   La mère, même du vivant du père, et les autres ascen- al. 2 dants, même du vivant des père et mère, quoiqu'ils ne soient pas tuteurs du mineur, peuvent accepter la donation faite à ce dernier ; mais, en pareil cas, l'acceptation ne peut avoir lieu qu'avec l'autorisation du tribunal civil.

    Il en est de même lorsque la donation est faite par le père ou par le tuteur, et en tous cas le tribunal aura la faculté de députer pour cette acceptation toute autre personne.

    Les donations faites en faveur des enfants à naître d'une personne vivante peuvent être acceptées de la même manière par les père et mère, par l'aïeul, ou par tout autre ascendant.

1130   Le mineur émancipé et le majeur sous conseil judiciaire al. 1 al. 2 pourront accepter avec l'assistance de leur curateur.

1132 a.   **1060.** Les donations faites aux corps moraux ne peuvent 937 910 être acceptées qu'avec l'autorisation du gouvernement mentionnée en l'art. 932.

» **1061.** Si l'acceptation n'est pas faite dans les formes prescrites par les articles précédents, la nullité de la donation peut être opposée même par le donateur, par ses héritiers ou ayants-cause. »

1133 **1062.** La donation dûment acceptée sera parfaite entre 938 les parties, et la propriété des objets sera transférée au donataire, sans qu'il soit besoin de tradition.

al. Les donations faites en vue d'un mariage futur et déter- » miné soit par les conjoints l'un à l'autre, soit par tout autre, en faveur de ceux-ci ou des descendants à naître de leur mariage, ne pourront être attaquées par défaut d'acceptation.

1137 **1063.** Les mineurs, les interdits et tous autres dona- 942 taires ne seront point restitués contre le défaut d'acceptation, sauf leur recours contre ceux qui étaient chargés de l'acceptation.

1138 **1064.** La donation entre-vifs ne pourra comprendre que 943 les biens présents du donateur ; si elle comprend des biens à venir, elle sera nulle à l'égard de ceux-ci.

1140 **1065.** Toute donation faite sous des conditions impos- 900 sibles, contraire aux lois ou aux bonnes mœurs, sera nulle.

1141 **1066.** La donation entre-vifs, faite sous des conditions 944 dont l'exécution dépend de la seule volonté du donateur, sera nulle.

1142 **1067.** Elle sera pareillement nulle, si elle a été faite 945 sous la condition d'acquittement d'autres dettes ou charges que celles qui existaient à l'époque de la donation, ou qui seraient exprimées dans la même.

1181 **1068.** Toute donation, faite en vue d'un mariage futur, 1088 sera nulle si le mariage n'a pas lieu.

» Il en est de même si le mariage est annulé ; mais la do- » nation, en ce qui regarde les enfants, reste valide dans les cas exprimés dans l'art. 116, et les droits acquis par des tiers dans l'intervalle de temps, qui s'est écoulé depuis la donation et l'annulation, n'en restent pas non plus préjudiciés.

1143 **1069.** En cas que le donateur se soit réservé la liberté 946 de disposer d'un effet compris dans la donation, ou d'une somme fixe sur les biens donnés, s'il meurt sans en avoir disposé, ledit effet ou ladite somme appartiendra aux héritiers du donateur, nonobstant toutes clauses ou stipulations contraires.

1145 **1070.** Toute donation d'effets mobiliers ne sera valable 948 que pour les effets qui seront spécifiés, avec indication de leur valeur respective, dans l'acte même de donation, ou dans un état séparé, signé par le donateur, par le notaire, et même par le donataire ou par ceux qui ont accepté pour lui, s'ils sont intervenus à l'acte ; cet état sera annexé à la minute de la donation.

1146 **1071.** Le donataire pourra stipuler le droit de retour des 951 objets donnés, soit pour le cas du prédécès du donataire seul, soit pour le cas du prédécès du donataire et de ses descendants.

al. Ce droit ne pourra être stipulé qu'au profit du donataire al. seul.

1147 **1072.** L'effet du droit de retour sera de résoudre toutes 952 les aliénations des biens donnés, et de faire revenir ces biens au donateur, francs et quittes de toutes charges et hypothèques, sauf néanmoins l'hypothèque de la dot, des gains dotaux et des conventions matrimoniales, si les autres biens de l'époux donataire ne suffisent pas, et dans le cas seulement où la donation lui aura été faite par le même contrat de mariage, duquel résultent ces droits et hypothèques.

1148 **1073.** Les substitutions ne sont permises par donation 897 entre-vifs que dans les cas et dans les limites déterminés pour les actes de dernière volonté.

al. La nullité de la substitution ne portera aucune atteinte à la » validité de la donation.

1149 **1074.** Le donateur pourra réserver à son profit, ou, 949 après lui, au profit d'une ou même de plusieurs personnes, mais pas successivement, l'usage ou l'usufruit des biens meubles ou immeubles compris dans la donation.

» **1075.** La donation, qui a pour objet d'instituer ou de » doter des bénéfices simples, des capellanies laïques, ou autres institutions de ce genre, est nulle.

1150 **1076.** Lorsque la donation d'effets mobiliers aura été 950 faite avec réserve d'usufruit, le donataire sera tenu, à l'expiration de l'usufruit, de prendre les effets donnés qui existeront en nature, dans l'état où ils seront, et il aura action contre le donateur ou ses héritiers, pour les objets non existants, jusqu'à concurrence de la valeur qui leur aura été donnée dans l'acte estimatif, sauf qu'ils aient péri par un cas fortuit.

» **1077.** Le donateur n'est tenu à aucune caution envers le » donataire pour l'éviction que celui-ci pourrait souffrir pour les choses données.

» Cette règle cependant, outre le cas prévu par l'article précédent, cesse :

» 1° Lorsque le donateur aura expressément promis la »
garantie;

» 2° Lorsque la donation proviendra du dol ou du fait per- »
sonnel du donateur;

» 3° Lorsqu'il s'agira de donation qui impose des charges »
au donataire, auquel cas la caution est due seulement jusqu'à
concurrence de la valeur de ces charges.

CHAPITRE III.
De la Révocation des Donations.

1161   **1078.** La donation entre-vifs peut être révoquée par les 953
effets de la condition résolutoire, pour cause d'ingratitude,
et pour cause de survenance d'enfants.

1162   **1079.** Dans le cas de révocation par les effets de la con- 954
dition résolutoire, les biens rentreront dans les mains du
donateur, libres de toutes charges et hypothèques du chef
du donataire, et le donateur aura contre les tiers détenteurs
des immeubles donnés tous les droits qu'il aurait contre le
donataire lui-même.

»   **1080.** Si la condition résolutoire a lieu pour cause »
d'inexécution des charges imposées au donataire, le donateur pourra proposer la demande en révocation de la donation, mais sans préjudice des tiers qui auraient acquis des
droits sur les immeubles antérieurement à la transcription
de la demande.

1163   **1081.** La demande en révocation pour cause d'ingrati- 955
tude ne pourra être proposée que dans les cas suivants :

al. 1   Si le donataire a attenté à la vie du donateur;   al. 1

al. 2   S'il s'est rendu coupable envers lui d'un autre crime, de al. 2
sévices ou injures graves;

al. 3   S'il lui refuse les aliments.   al. 3

1165   **1082.** La demande en révocation pour cause d'ingrati- 957
tude devra être formée dans l'année, à compter du jour du
fait imputé par le donateur au donataire, ou du jour que ce
fait aura pu être connu par le donateur.

al.   Cette donation ne pourra être demandée par le donateur al.
contre les héritiers du donataire, ni par les héritiers du donateur contre le donataire, à moins que, dans ce dernier cas,
l'action n'ait été intentée par le donateur, ou qu'il ne soit
décédé dans l'année du fait imputé.

1169   **1083.** Les donations entre-vifs faites par des personnes 960
qui n'avaient point d'enfants ou de descendants vivants au
temps de la donation, peuvent être révoquées par la surve-

nance d'un enfant légitime du donateur, même d'un posthume né vivant et viable, ou par la légitimation d'un enfant naturel par mariage subséquent, s'il est né depuis la donation.

al.   S'il s'agit de donations mutuelles, et qu'il survienne un enfant à l'un des donateurs, la donation faite par l'autre est également révoquée.   960

1174   **1084.** Toute clause ou convention, par laquelle le donateur aurait renoncé au droit de révoquer la donation pour survenance d'enfants, est nulle.   965

1170   **1085.** La révocation aura lieu, encore que l'enfant du donateur fût conçu au temps de la donation.   961

1171   **1086.** La donation peut aussi être révoquée dans le cas que le donataire serait entré en possession des biens donnés, et qu'il y aurait été laissé par le donateur depuis la survenance de l'enfant; mais le donataire n'est tenu de restituer les fruits par lui perçus, de quelque nature qu'ils soient, si ce n'est du jour de la demande judiciaire.   962

,   **1087.** Sont exceptés des dispositions précédentes et demeurent irrévocables, tant pour cause d'ingratitude que par survenance d'enfants, les donations simplement rémunératoires, et celles faites en vue d'un mariage déterminé, sans préjudice cependant du droit des enfants du donateur, d'en demander la réduction, si elles excèderont la portion disponible.   1168 ... 959

1167   **1088.** La révocation pour cause d'ingratitude ou par survenance d'enfant ne préjudiciera pas aux tiers qui auraient acquis des droits sur les immeubles antérieurement à la transcription de la demande.   958

al.   **1089.** Lorsque la donation aura été révoquée, le donataire doit restituer la valeur des choses aliénées, eu égard au temps de la demande, ainsi que les fruits du jour de la demande.   al.

1175   **1090.** L'action en révocation par survenance d'enfants au donataire, se prescrit par le terme de cinq ans à compter du jour de la naissance du dernier enfant.   966

,   Le donateur ne peut plus proposer l'action susdite après le décès des enfants et de leurs descendants.   ,

CHAPITRE IV.
De la Réduction des Donations.

1185   **1091.** Les donations entre-vifs, quelle que soit leur nature, quelle que soit la cause pour laquelle elles sont faites, quelle que soit le donataire, sont soumises à la réduction,   920 si à l'époque du décès du donataire, elles excéderont la portion de biens dont il peut disposer, d'après les règles établies dans le Chapitre II du Titre II du présent Livre.

al.   Les règles établies dans l'art. 810 et dans les art. 821 et   •
suivants pour la réduction des dispositions testamentaires,
seront aussi observées pour la réduction des donations.

1186   **1092.** La réduction des donations entre-vifs ne peut être   021
demandée que par ceux au profit desquels la loi fait la
réserve de la légitime, par leurs héritiers ou ayants-cause.

   •   Ils ne peuvent renoncer à ce droit, pendant la vie du do-   •
nateur, ni par une déclaration expresse, ni en donnant leur
consentement à la donation.

1186 a.   Les donataires, les légataires ni les créanciers du défunt,   921
ne peuvent demander cette réduction, ni en profiter.

1187   **1093.** Il n'y aura lieu à réduire les donations entre-vifs,   923
qu'après avoir épuisé la valeur de tous les biens compris
dans les dispositions testamentaires ; et lorsqu'il y aura lieu
à cette réduction, elle se fera en commençant par la dernière donation, et ainsi de suite, en remontant des dernières
aux plus anciennes.

1188   **1094.** Le donataire restituera les fruits de ce qui excé-   928
dera la portion disponible, à compter du jour du décès du
donateur, si la demande judiciaire en réduction a été faite
dans l'année ; si non, du jour de la demande.

1189   **1095.** Les immeubles à recouvrer par l'effet de la réduc-   929
tion, le seront sans charge de dettes ou hypothèques créées
par le donataire.

1160   **1096.** L'action en réduction ou revendication pourra   930
être exercée par les héritiers contre les tiers-détenteurs
des immeubles faisant partie des donations et aliénés par les
donataires, de la même manière et dans le même ordre que
contre les donataires eux-mêmes, et discussion préalablement faite des biens de ceux-ci. Cette action devra être
exercée suivant l'ordre des dates des aliénations, en commençant par la plus récente.

TITRE IV.

DES OBLIGATIONS ET DES CONTRATS EN GÉNÉRAL.

CHAPITRE PREMIER.

Des Causes des Obligations.

1017   **1097.** Les obligations dérivent de la loi, des contrats,   1370
a. 1 et 3 des quasi-contrats, des délits ou quasi-délits.   a. 1 et 3

SECTION PREMIÈRE.
Des Contrats.

§ 1er,

Dispositions préliminaires.

1180   **1098.** Le contrat est une convention faite entre deux ou 1101
plusieurs personnes pour établir, régler, ou dissoudre
entre elles un lien juridique.

1190   **1099.** Le contrat est bilatéral, lorsque les contractants 1102
s'obligent réciproquement les uns envers les autres.

1191   **1100.** Le contrat est unilatéral, lorsqu'une ou plusieurs 1103
personnes s'obligent envers une ou plusieurs personnes
sans que de la part de ces dernières il y ait d'engagement.

1192   **1101.** Le contrat est à titre onéreux, lorsque chacune 1106
des parties a l'intention de se procurer un avantage, moyen-

al.   nant un équivalent : il est à titre gratuit ou de bienfaisance, 1105
lorsque l'une des parties a l'intention de procurer à l'autre
un avantage sans équivalent.

1193   **1102.** Le contrat est de hasard ou aléatoire, lorsque 1104 a.
pour les deux parties ou pour l'une d'elles seulement l'avantage dépend d'un événement incertain.

1998   Tels sont le contrat d'assurance, le prêt à grosse aven- 1964 et
et al.   ture, le jeu, le pari, et le contrat de rente viagère.   a. 1,2,3,4

1194   **1103.** Les contrats, soit qu'ils aient une dénomination 1107
propre, soient qu'ils n'en aient pas, sont soumis à des règles
générales qui forment l'objet du présent Titre.

al.   Les règles particulières à certains contrats civils sont al.
établies sous les Titres relatifs à chacun d'eux, et les règles
particulières aux transactions commerciales sont établies
dans le Code de commerce.

§ 2.

Des Conditions essentielles pour la validité des Conventions.

1195   **1104.** Les conditions essentielles pour la validité d'une 1108
convention sont :

al. 2   La capacité de contracter ;   al. 2
al. 1   Le consentement valable des parties ;   al. 1
al. 3   Un objet déterminé qui puisse former la matière d'une   al. 3
convention ;

al. 4   Une cause licite pour s'obliger.   al. 4

I. — DE LA CAPACITÉ DES PARTIES CONTRACTANTES.

1210   **1105**. Toute personne peut contracter si elle n'en est 1123
pas déclarée incapable par la loi.

1211   **1106**. Sont incapables de contracter, dans les cas spé- 1124
cifiés par la loi :

al. 1   Les mineurs,   al. 1

al. 2   Les interdits,   al. 2

»   Ceux qui sont placés sous conseil judiciaire,   »

al. 3   Les femmes mariées,   al. 3

al. 4   Et généralement tous ceux à qui la loi interdit certains al. 4
contrats.

1218 a.   **1107**. Les personnes capables de s'engager ne peuvent 1125 a.
opposer l'incapacité du mineur, de l'interdit, de celui qui
est placé sous conseil judiciaire, ou de la femme mariée
avec qui elles ont contracté.

»   Cependant l'incapacité, qui provient d'interdiction pour »
cause de peine, peut être opposée par quiconque y aura un
intérêt.

II. — DU CONSENTEMENT.

1196   **1108**. Le consentement n'est pas valable, s'il a été donné 1109
par erreur, ou s'il a été extorqué par violence ou surpris
par dol.

1197   **1109**. L'erreur de droit n'est cause de la nullité de la 1110
convention que lorsqu'elle en est la cause unique ou principale.

1197   **1110**. L'erreur de fait ne produit la nullité du contrat 1110
que lorsqu'elle tombe sur la substance même de la chose
qui en est l'objet.

al.   Elle ne produit pas la nullité lorsqu'elle ne tombe que sur al.
la personne avec laquelle on a l'intention de contracter, à
moins que la considération de cette personne ne soit la cause
principale de la convention.

1198   **1111**. La violence exercée contre celui qui a contracté 1111
l'obligation est une cause de nullité, encore qu'elle ait été
exercée par une personne autre que celle au profit de laquelle la convention a été faite.

1199   **1112**. Le consentement est censé arraché par la violence, 1112
lorsque celle-ci est de nature à faire impression sur une
personne raisonnable, et à lui inspirer une juste crainte
d'exposer sa personne ou ses biens à un mal considérable.

al.   On a égard en cette matière à l'âge, au sexe et à la condition al.
des personnes.

1200   **1113.** La violence est une cause de nullité du contrat,   1113
même lorsque le mal qui a été menacé n'est dirigé que sur
la personne ou sur les biens de l'époux, d'un descendant
  »   ou d'un ascendant de la partie contractante. S'agissant d'au-   »
tres personnes, il appartient au juge de prononcer sur la
nullité, suivant les circonstances.

1201   **1114.** La seule crainte révérentielle, sans qu'il y ait eu   1114
violence exercée, ne suffit point pour annuler le contrat.

1203   **1115.** Le dol est une cause de nullité de la convention   1116
lorsque les manœuvres pratiquées par l'une des parties sont
telles, que sans ces manœuvres, l'autre partie n'aurait pas
contracté.

III. — DE L'OBJET DES CONTRATS.

1218   **1116.** Il n'y a que les choses qui sont dans le commerce,   1128
qui puissent être l'objet des conventions.

1219   **1117.** La chose, qui forme l'objet du contrat, doit être   1129
déterminée au moins dans son espèce.

al.   La quotité de la chose peut être incertaine, pourvu qu'elle   al.
puisse être déterminée.

1220   **1118.** Les choses futures peuvent être l'objet d'un con-   1130
trat.

al.   On ne peut cependant renoncer à une succession non   al.
ouverte, ni faire aucune stipulation sur la même, soit avec
la personne de la succession de laquelle il s'agit, soit avec
des tiers, quoique du consentement de cette personne.

IV. — DE LA CAUSE DES CONTRATS.

1221   **1119.** L'obligation sans cause, ou sur une fausse cause,   1131
ou sur une cause illicite, ne peut avoir aucun effet.

1222   **1120.** La convention est valable, quoique la cause n'en   1132
soit pas exprimée.

1223   **1121.** La cause est présumée jusqu'à preuve contraire.   »

1224   **1122.** La cause est illicite, lorsqu'elle est contraire à la   1133
loi, aux bonnes mœurs et à l'ordre public.

§ 3.

Des Effets des Contrats.

1228   **1123.** Les contrats légalement formés tiennent lieu de   1134
loi à ceux qui les ont faits.

al.   Ils ne peuvent être révoqués que de leur consentement   al. 1
mutuel, ou pour des causes que la loi autorise.

1124. Les contrats doivent être exécutés de bonne foi, et ils obligent non-seulement à ce qui y est exprimé, mais encore à toutes les conséquences qui en dérivent d'après l'équité, l'usage, ou la loi.

1125. Dans les contrats qui ont pour objet le transfert de la propriété ou d'un autre droit, la propriété ou le droit se transmet et s'acquiert par l'effet du consentement légitimement exprimé, et la chose reste aux risques et périls de l'acquéreur, encore que la tradition n'en ait point été faite.

1126. Si la chose qu'on s'est obligé, par des conventions successives, de donner ou de livrer à deux personnes, est mobilière par sa nature, ou est un titre au porteur, celle des deux qui en a été mise en possession, est préférée à l'autre, quoique son titre soit postérieur en date, pourvu que la possession soit de bonne foi.

1127. Chacun est présumé avoir contracté pour soi-même et pour ses héritiers et ayants-cause, si l'on n'a pas expressément convenu du contraire, ou si le contraire ne résulte pas de la nature du contrat.

1128. Nul ne peut stipuler en son propre nom que pour soi-même.

Néanmoins, on peut stipuler au profit d'un tiers, lorsque telle est la condition d'une stipulation que l'on fait pour soi-même, ou d'une donation que l'on fait à un autre. Celui qui a fait cette stipulation ne peut plus la révoquer, si le tiers a déclaré vouloir en profiter.

1129. On peut s'obliger envers un autre en promettant le fait d'un tiers. Cette promesse ne donne lieu qu'à un droit d'indemnité contre celui qui s'est obligé ou qui a promis de faire ratifier par le tiers, si celui-ci refuse de tenir l'engagement.

1130. Les contrats n'ont d'effet qu'entre les parties contractantes : ils ne nuisent, ni ne préjudicient aux tiers, que dans les cas établis par la loi.

§ 4.

De l'Interprétation des Contrats.

1131. On doit dans les contrats rechercher quelle a été la commune intention des parties contractantes, plutôt que s'arrêter au sens littéral des termes.

1132. Lorsqu'une clause est susceptible de deux sens, on doit plutôt l'entendre dans celui, avec lequel elle peut avoir quelque effet, que dans le sens avec lequel elle n'en pourrait produire aucun.

1249   **1133.** Les termes susceptibles de deux sens doivent être   1158
pris dans le sens qui convient le plus à la matière du contrat.

1250   **1134.** La convention qui est ambiguë s'interprète par   1159
ce qui est d'usage dans le pays où le contrat est passé.

1251   **1135.** On doit considérer, comme ayant été mises dans   1160
les contrats, les clauses qui sont d'usage, quoiqu'elles ne
soient point exprimées.

1252   **1136.** Les clauses des contrats s'interprètent les unes   1161
par les autres, en donnant à chacune le sens qui résulte de
l'acte entier.

1253   **1137.** Dans le doute, la convention s'interprète contre   1162
celui qui a stipulé, et en faveur de celui qui a contracté
l'obligation.

1254   **1138.** Quelques générales que soient les expressions   1163
d'un contrat, il ne comprend que les choses sur lesquelles
il paraît que les parties se sont proposé de contracter.

1255   **1139.** Lorsque dans un contrat on a exprimé un cas   1164
pour l'explication de l'obligation, on ne présume pas que
l'on ait voulu exclure les cas non exprimés, auxquels comme
de raison l'obligation peut s'étendre.

SECTION II.

Des Quasi-Contrats.

1489   **1140.** Le quasi-contrat est un fait volontaire et licite,   1371
dont il résulte un engagement envers un tiers ou un engagement réciproque des parties.

1490   **1141.** Celui, qui volontairement se charge d'une affaire   1372
et al. d'autrui, contracte l'obligation de continuer la gestion qu'il   et al.
a commencée, et de l'achever jusqu'à ce que la personne
intéressée soit en état d'y pourvoir elle-même, et il doit aussi
se soumettre à toutes les conséquences de cette même affaire,
et à toutes les obligations qui résulteraient d'un mandat exprès que lui aurait donné la personne intéressée.

1491   **1142.** Il est aussi obligé de continuer sa gestion, encore   1373
que la personne intéressée vienne à mourir avant que l'af-
faire soit consommée, jusqu'à ce que l'héritier puisse en
prendre la direction.

1492   **1143.** Il est pareillement obligé d'apporter à son ad-   1374
ministration tous les soins d'un bon père de famille. Néan-   et al.
moins l'autorité judiciaire peut modérer l'estimation des
dommages, qui seraient résultés de la faute et de la négligence de l'administrateur, selon les circonstances qui l'ont
conduit à se charger de l'affaire.

1493   **1144.** Si l'affaire a été bien administrée, la personne 1375
intéressée doit remplir les engagements que le gérant a contractés en son nom, l'indemniser des engagements personnels qu'il a pris, et lui rembourser les dépenses nécessaires
et utiles, avec les intérêts du jour où elles ont été faites.

1404   **1145.** Celui qui reçoit par erreur ou sciemment ce qui 1376
ne lui est pas dû, s'oblige à le restituer à celui de qui il l'a
indûment reçu.

1405   **1146.** Lorsqu'une personne, qui, par erreur, se croyait 1377
débitrice, a acquitté une dette, elle a le droit de répétition
contre le créancier.

al.   Néanmoins, ce droit cesse dans le cas où le créancier, par al.
suite du payement, s'est de bonne foi dessaisi de son titre
et des garanties de sa créance, sauf le recours de celui qui
a payé contre le véritable débiteur.

1406   **1147.** S'il y a eu mauvaise foi de la part de celui qui 1378
a reçu le payement, il est tenu de restituer tant le payement
que les intérêts ou les fruits, du jour du payement.

1407   **1148.** Celui, qui a reçu indûment une chose, est tenu 1379
de la restituer en nature, si elle existe; si elle est périe ou
détériorée, celui, qui l'a reçue de mauvaise foi, doit en restituer la valeur, lors même que la perte ou la détérioration
n'est arrivée que par cas fortuit; s'il l'a reçue de bonne foi,
il n'est tenu à en restituer la valeur que jusqu'à concurrence
de ce dont il a profité.

1408   **1149.** Celui, qui a vendu la chose reçue de bonne foi, 1380
n'est tenu que de restituer le prix de la vente, ou céder
l'action qu'il a pour en obtenir le payement.

1409   **1150.** Celui, auquel la chose est restituée, doit tenir 1381
compte, même au possesseur de mauvaise foi, des dépenses
faites pour la conservation de la chose, et de celles utiles,
aux termes de l'art. 705.

SECTION III,
Des Délits et des Quasi-Délits.

1800   **1151.** Tout fait quelconque de l'homme, qui cause à 1382
autrui un dommage, oblige celui, par la faute duquel il est
arrivé, à le réparer.

1801   **1152.** Chacun est responsable du dommage qu'il a causé, 1383
non-seulement pour son fait propre, mais encore par sa
négligence ou par son imprudence.

1802   **1153.** On est responsable, non-seulement du dommage 1384
que l'on cause par son propre fait, mais encore de celui qui

12

est causé par le fait des personnes dont on doit répondre, ou des choses que l'on a sous sa garde.

al. 1　Le père et, à défaut, la mère, sont responsables des dommages causés par leurs enfants mineurs habitant avec eux ;　al. 1

»　Les tuteurs, des dommages causés par leurs administrés habitant avec eux ;　»

al. 2　Les maîtres et les commettants, des dommages causés par leurs domestiques et préposés dans les fonctions auxquelles ils les ont destinés ;　al. 2

al. 3　Les instituteurs et les artisans, des dommages causés par leurs élèves et apprentis pendant le temps qu'ils sont sous leur surveillance.　al. 3

al. 4　La responsabilité ci-dessus n'a point lieu si les père et mère, instituteurs et artisans prouvent qu'ils n'ont pu empêcher le fait, dont ils devraient être responsables.　al. 4

1503　**1154.** Le propriétaire d'un animal, ou celui, qui s'en sert, pendant qu'il est à son usage, est responsable du dommage que l'animal a causé, soit que l'animal fût sous sa garde, soit qu'il fût égaré ou échappé.　1385

1504　**1155.** Le propriétaire d'un bâtiment est responsable du dommage causé par sa ruine, lorsqu'elle est arrivée par une suite du défaut d'entretien, ou par le vice de sa construction.　1386

»　**1156.** Si le délit ou quasi-délit est imputable à plusieurs personnes, celles-ci sont tenues solidairement au remboursement du dommage causé.　»

CHAPITRE II.

Des Diverses espèces d'Obligations.

SECTION PREMIÈRE.

Des Obligations conditionnelles.

1239　**1157.** L'obligation est conditionnelle, lorsque son existence ou sa révocation dépend d'un événement futur et incertain.　1168

1272　**1158.** La condition suspensive est celle qui fait dépendre l'obligation d'un événement futur et incertain.　1181

1274　La condition résolutoire est celle, qui, lorsqu'elle s'accomplit, remet les choses au même état que si l'obligation n'avait pas existé.　1183

1260　**1159.** La condition casuelle est celle qui dépend d'un événement fortuit, qui n'est point au pouvoir du créancier 1169

1261　ni du débiteur : la condition potestative est celle dont l'exécution dépend de la volonté d'une des parties contractantes ;　1170

C. A.		C. N.
1202	la condition est mixte, lorsqu'elle dépend tout à la fois de la volonté d'une des parties contractantes et de la volonté d'un tiers, ou du hasard.	1171
1203	**1160.** Toute condition contraire aux bonnes mœurs ou à la loi, ou qui impose de faire une chose impossible, est nulle et rend nulle l'obligation qui en dépend.	1172
1204	**1161.** La condition de ne pas faire une chose impossible ne rend pas nulle l'obligation contractée sous cette condition.	1173
1205	**1162.** Est nulle l'obligation contractée sous une condition, qui la fait dépendre de la seule volonté de celui qui s'oblige.	1174
1273	**1163.** Lorsqu'une obligation est contractée sous une condition suspensive, si la chose, qui en forme l'objet, périt ou se détériore, avant que cette condition s'accomplisse, on observe les règles suivantes :	1182
al. 1	Si la chose est entièrement périe sans la faute du débiteur, l'obligation est éteinte ;	al. 1
al. 2	Si la chose est entièrement périe par la faute du débiteur, celui-ci est tenu à des dommages et intérêts envers le créancier ;	»
al. 3	Si la chose est détériorée sans la faute du débiteur, le créancier doit la recevoir dans l'état où elle se trouve, sans diminution de prix ;	al. 2
al. 4	Si la chose est détériorée par la faute du débiteur, le créancier a le droit de résoudre l'obligation ou d'exiger la chose dans l'état où elle se trouve, avec des dommages et intérêts.	al. 3
1274 al.	**1164.** La condition résolutoire ne suspend point l'exécution de l'obligation ; elle oblige seulement le créancier à restituer ce qu'il a reçu, dans le cas où l'événement prévu par la condition arrive.	1183 al.
1275	**1165.** La condition résolutoire est toujours sous entendue dans les contrats bilatéraux, pour le cas où l'une des parties ne satisfera point à son engagement.	1184
al. 1	Dans ce cas, le contrat n'est point résolu de plein droit. La partie, envers laquelle l'engagement n'a point été exécuté, a le choix ou de forcer l'autre à l'exécution de la convention, lorsqu'elle est possible, ou d'en demander la résolution, avec dommages et intérêts dans les deux cas.	al. 1
al. 2	La résolution du contrat doit être demandée en justice, et il peut être accordé au défendeur un délai, selon les circonstances.	al. 2
1266	**1166.** Toute condition doit être accomplie de la manière que les parties ont vraisemblablement voulu et entendu qu'elle le fût.	1175

1167. 1167. Lorsqu'une obligation est contractée sous la condition qu'un événement arrivera dans un temps fixe, cette condition est censée défaillie, lorsque le temps est expiré sans que l'événement soit arrivé. S'il n'y a point de temps fixe, la condition peut toujours être accomplie, et elle n'est censée défaillir, que lorsqu'il est devenu certain que l'événement n'arrivera pas. **1176**

1268. 1168. Lorsqu'une obligation est contractée sous la condition qu'un événement n'arrivera pas dans un temps fixe, cette condition est censée accomplie lorsque ce temps est expiré sans que l'événement soit arrivé ; elle l'est également, si, avant le terme, il est certain que l'événement n'arrivera pas ; et s'il n'y a pas de temps déterminé, elle n'est accomplie que lorsqu'il est certain que l'événement n'arrivera pas. **1177**

1269. 1169. La condition est réputée accomplie, lorsque c'est le débiteur même, obligé sous cette condition, qui en a empêché l'accomplissement. **1178**

1270. 1170. La condition accomplie a un effet rétroactif au jour auquel l'engagement a été contracté. Si le créancier est mort avant l'accomplissement de la condition, ses droits passent à son héritier. **1179**

1271. 1171. Le créancier peut, avant que la condition soit accomplie, exercer tous les actes conservatoires de son droit. **1180**

SECTION II.
Des Obligations à terme.

1276. 1172. Le terme fixé à une obligation diffère de la condition, en ce qu'il ne suspend point l'obligation, mais qu'il en retarde seulement l'exécution. **1185**

» 1173. Lorsqu'on n'a pas fixé de terme, l'obligation doit s'exécuter immédiatement, à moins que sa nature ou le mode dans lequel elle doit être exécutée, ou le lieu convenu pour l'exécution n'entraîne pas par lui-même la nécessité d'un terme, qui devra alors être établi par l'autorité judiciaire. **»**

» Il appartient aussi à l'autorité judiciaire de fixer, pour l'accomplissement de la condition, un terme convenable, si celui-ci aura été remis à la volonté du débiteur. **»**

1277. 1174. Ce, qui n'est dû qu'à terme, ne peut être exigé avant l'échéance du terme ; mais on ne peut pas répéter ce qui a été payé d'avance, quand même le débiteur aurait ignoré le terme. **1186**

1278. 1175. Le terme est toujours présumé stipulé en faveur du débiteur, à moins qu'il ne résulte de la stipulation, ou **1187**

des circonstances, qu'il a aussi été convenu en faveur du créancier.

1279 **1176.** Le débiteur ne peut plus réclamer le bénéfice du terme, s'il est devenu insolvable, ou s'il a diminué, par son fait propre, les sûretés qu'il avait données au créancier, ou s'il ne lui a pas donné les sûretés qu'il lui avait promises. 1188

SECTION III.

Des Obligations alternatives.

1280 **1177.** Celui, qui a contracté une obligation alternative, est libéré par la délivrance de l'une des deux choses qui étaient comprises dans l'obligation ; mais il ne peut forcer le créancier à recevoir une partie de l'une, et une partie de l'autre. 1189 / 1191

1281 **1178.** Le choix appartient au débiteur, s'il n'a pas été expressément accordé au créancier. 1190

1282 **1179.** L'obligation est simple, quoique contractée d'une manière alternative, si l'une des deux choses promises ne pouvait être le sujet de l'obligation. 1192

1283 **1180.** L'obligation alternative devient simple, si l'une des deux choses promises périt et ne peut plus être livrée, même par la faute du débiteur. 1193

al. 1 Le prix de cette chose ne peut être offert à sa place. 1193

al. 2 Si toutes deux sont péries, et que le débiteur soit en faute à l'égard de l'une d'elles, il doit payer le prix de celle qui a péri la dernière. al.

1284 **1181.** Lorsque, dans les cas prévus par l'article précédent, le choix avait été déféré par la convention au créancier : 1194

al. 1 Si l'une des choses seulement est périe, mais sans la faute du débiteur, le créancier doit recevoir celle qui reste ; si le débiteur est en faute, le créancier peut demander la chose qui reste, ou le prix de celle qui est périe ; al. 1

al. 2 Si les deux choses sont péries, et si le débiteur est en faute à l'égard des deux, ou même à l'égard de l'une d'elles seulement, le créancier peut demander le prix de l'une ou de l'autre, à son choix. al. 2

1285 **1182.** Si les deux choses sont péries sans la faute du débiteur, et avant qu'il soit en demeure, l'obligation est éteinte, conformément à l'art. 1298. 1195

1286 **1183.** Les règles établies dans la présente Section s'appliquent aux cas, où il y a plus de deux choses comprises dans l'obligation alternative. 1196

SECTION IV.

Des Obligations solidaires.

§ 1er.

De la Solidarité relativement aux Créanciers.

1287 **1184.** L'obligation est solidaire entre plusieurs créan- 1197
ciers, lorsque le titre donne expressément à chacun d'eux le
droit de demander le payement du total de la créance, et
que le payement fait à l'un d'eux libère le débiteur, encore
que le bénéfice de l'obligation soit divisible entre les divers
créanciers.

1288 **1185.** Il est au choix du débiteur de payer à l'un ou à 1198
l'autre des créanciers solidaires, tant qu'il n'a pas été pré-
venu par les poursuites judiciaires de l'un d'eux.

al. Néanmoins, la remise qui n'est faite que par l'un des al.
créanciers solidaires, ne libère le débiteur que pour la part
de ce créancier.

§ 2.

De la Solidarité entre les Débiteurs.

1290 **1186.** L'obligation est solidaire de la part des débiteurs, 1200
lorsqu'ils sont obligés à une même chose, de manière que
chacun puisse être contraint au payement pour la totalité, et
que le payement fait par un seul libère les autres envers
les créanciers.

1291 **1187.** L'obligation peut être solidaire, quoique l'un des 1201
débiteurs soit obligé différemment de l'autre au payement
de la même chose ; par exemple, si l'un n'est obligé que
conditionnellement, tandis que l'engagement de l'autre est
simple, ou si l'un a un terme pour payer, qui n'est point
accordé à l'autre.

1292 **1188.** L'obligation solidaire ne se présume point; il faut 1202
qu'elle soit expressément stipulée.

al. Cette règle ne cesse que dans les cas où la solidarité a al.
lieu de plein droit, en vertu d'une disposition de la loi.

1293 **1189.** Le créancier peut s'adresser à celui des débiteurs 1203
qu'il veut choisir, sans que celui-ci puisse lui opposer le
bénéfice de la division.

1294 **1190.** Les poursuites faites contre l'un des débiteurs 1204
n'empêchent pas les créanciers d'en exercer de pareilles
contre les autres.

1295　**1191.** Si la chose due a péri par la faute ou pendant la 1205
demeure de l'un ou de plusieurs des débiteurs solidaires, les
autres codébiteurs ne sont point déchargés de l'obligation
d'en payer le prix, mais ils ne sont point tenus des dommages
et intérêts.

al.　　Le créancier peut seulement répéter les dommages et in- al.
térêts contre les débiteurs par la faute desquels la chose a
péri, et contre ceux qui étaient en demeure.

1297　**1192.** La demande des intérêts formée contre l'un des 1207
débiteurs solidaires fait courir les intérêts à l'égard de tous.

1298　**1193.** Le débiteur solidaire poursuivi par le créancier 1208
peut opposer toutes les exceptions qui lui sont personnelles,
et celles qui sont communes à tous les autres codébiteurs.

al.　　Il ne peut opposer les exceptions qui sont purement per- al.
sonnelles à quelques-uns des autres codébiteurs.

1299　**1194.** Lorsque l'un des débiteurs devient héritier du 1209
créancier, ou lorsque le créancier devient héritier de l'un
des débiteurs, la créance solidaire n'est éteinte que pour la
portion de ce débiteur.

1300　**1195.** Le créancier, qui consent à la division de la dette 1210
à l'égard de l'un des codébiteurs, conserve son action solidaire contre les autres pour la créance entière.

1301　**1196.** Le créancier, qui reçoit divisément la part de 1211
l'un des débiteurs, sans réserver dans la quittance la solidarité ou ses droits en général, ne renonce à la solidarité qu'à
l'égard de ce débiteur.

al. 1　Le créancier n'est pas présumé remettre la solidarité au al. 1
débiteur, lorsqu'il reçoit de lui une somme égale à la portion dont il est tenu, si la quittance ne porte pas qu'il la
reçoit pour sa part.

al. 2　Il en est de même de la simple demande formée contre al. 2
l'un des codébiteurs pour sa part, si celui-ci n'a pas ac-
quiescé à la demande, ou s'il n'est pas intervenu un jugement de condamnation.

1302　**1197.** Le créancier, qui reçoit divisément, et sans 1212
réserve, la portion de l'un des codébiteurs dans les arrérages ou intérêts de la dette, ne renonce à l'action solidaire
que pour les arrérages ou intérêts échus, et non pour ceux à
échoir, ni pour le capital, à moins que le payement divisé
n'ait été continué pendant dix ans consécutifs.

1303　**1198.** L'obligation contractée solidairement envers le 1213
créancier se divise de plein droit entre les débiteurs, qui
n'en sont tenus entre eux que chacun pour sa part et portion.

1304　**1199.** Le codébiteur d'une dette solidaire, qui l'a payée 1214

en entier, ne peut répéter contre les autres, que les part et
portion de chacun d'eux.

al.   Si l'un d'eux se trouve insolvable, la perte, qu'occasionne al.
son insolvabilité, se répartit par contribution entre tous
les autres codébiteurs solvables et celui qui a fait le payement.

1305   **1200.** Dans le cas où le créancier a renoncé à l'action 1215
solidaire envers l'un des débiteurs, si un ou plusieurs des
autres codébiteurs deviennent insolvables, la portion des
insolvables sera contributoirement répartie entre tous les
débiteurs, même entre ceux précédemment déchargés de
l'obligation solidaire par le créancier.

1306   **1201.** Si l'affaire, pour laquelle la dette a été contractée, 1216
ne concernait que l'un des coobligés solidaires, celui-ci
serait tenu de toute la dette vis-à-vis des autres, qui ne
seraient considérés par rapport à lui que comme des cautions.

SECTION V.

Des Obligations divisibles et indivisibles.

1307 et **1202.** L'obligation est indivisible, lorsqu'elle a pour 1217
1308 objet une chose ou un fait qui n'est pas susceptible de divi- 1218
sion, comme aussi lorsqu'elle a pour objet une chose ou un
fait, qui, quoique divisible par sa nature, cesse de l'être, eu
égard à la manière dans laquelle il est considéré par les
parties contractantes.

1307-1308 Toute autre obligation est divisible.   1217-1218
1309   **1203.** L'obligation stipulée solidairement n'acquiert pas 1219
le caractère d'indivisibilité.

§ 1er.

De l'Obligation divisible.

1310   **1204.** L'obligation, qui est susceptible de division, doit 1220
être exécutée entre le créancier et le débiteur, comme si
elle était indivisible.

1310   La divisibilité n'a d'application qu'à l'égard de leurs héri- 1220
tiers, qui ne peuvent demander la créance, ou qui ne sont
tenus de payer la dette, que pour les parts qui leur appartiennent, ou pour celles pour lesquelles ils sont obligés
comme représentant le créancier ou le débiteur.

1311   **1205.** La divisibilité entre les héritiers du débiteur n'est 1221
pas admise :

n. 2   1° Lorsque la dette est d'un corps déterminé ;   n. 2

n. 4 '2° Lorsque l'un des héritiers est chargé seul, par le titre, n. 4
de l'exécution de l'obligation ;

n. 5 3° Lorsqu'il résulte, soit de la nature de l'engagement, n. 5
soit de la chose qui en forme l'objet, soit de la fin qu'on s'est
proposée dans le contrat, que l'intention des contractants a
été que la dette ne pût s'acquitter partiellement.

al. Dans les deux premiers cas, l'héritier qui possède la chose al.
due, ou qui est seul chargé de la dette, et dans le troisième
cas, chaque héritier peut être poursuivi pour le tout, sauf le
recours contre les cohéritiers.

§ 2.
De l'Obligation indivisible.

1312 **1206.** Chacun de ceux qui ont contracté conjointement 1222
une dette indivisible, en est tenu pour le total, encore que
l'obligation n'ait pas été contractée solidairement.

1313 Il en est de même à l'égard des héritiers de celui qui a 1223
contracté une pareille obligation.

1314 **1207.** Chaque héritier du créancier peut exiger en to- 1224
talité l'exécution de l'obligation indivisible, à charge de
donner une caution solvable pour l'indemnité des autres

al. 1 cohéritiers, mais il ne peut seul faire remise de la totalité al. 1
de la dette, ni recevoir seul le prix au lieu de la chose.

al. 2 Si l'un des héritiers a seul remis la dette ou reçu le prix al. 1
de la chose, son cohéritier ne peut demander la chose indivisible, qu'en tenant compte de la portion du cohéritier qui
a fait la remise ou qui a reçu le prix.

1315 **1208.** L'héritier du débiteur assigné pour la totalité de 1225
l'obligation, peut demander un délai pour mettre en cause
ses cohéritiers, à moins que la dette ne soit de nature à ne
pouvoir être acquittée que par l'héritier assigné, qui peut
alors être condamné seul, sauf son recours contre ses cohéritiers.

SECTION VI.
Des Obligations avec Clauses pénales.

1316 **1209.** La clause pénale est celle, par laquelle une per- 1226
sonne, pour assurer l'exécution d'une convention, s'engage
à quelque chose en cas d'inexécution ou de retard.

1317 **1210.** La nullité de l'obligation principale entraîne celle 1227
de la clause pénale.

al. La nullité de la clause pénale n'entraîne point celle de al.
l'obligation principale.

1318   **1211.** Le créancier peut demander au débiteur qui est   **1228**
en demeure, l'exécution de l'obligation principale, au lieu
de la peine stipulée.

1319   **1212.** La clause pénale est la compensation des dom-   **1229**
mages et intérêts que le créancier souffre de l'inexécution
de l'obligation principale.

al.   Le créancier ne peut demander en même temps le prin-   al.
cipal et la peine, à moins qu'elle n'ait été stipulée pour le
simple retard.

1320   **1213.** Si l'obligation principale contient un terme, dans   **1230**
lequel elle doive être accomplie, la peine est encourue,
lorsque le terme est échu; si l'obligation ne contient pas de
terme, la peine n'est encourue par le débiteur que lorsqu'il
est mis en demeure.

1321   **1214.** La peine peut être modifiée par le juge, lorsque   **1231**
l'obligation principale a été exécutée en partie.

1322   **1215.** Lorsque l'obligation principale, contractée avec   **1232**
une clause pénale, est d'une chose indivisible, la peine est
encourue par la contravention d'un seul des héritiers du
débiteur; et elle peut être demandée, soit en totalité contre
celui qui a fait la contravention, soit contre chacun des cohéritiers pour leur part et portion, et hypothécairement pour
le tout, sauf leur recours contre celui qui a fait encourir la
peine.

1323   **1216.** Lorsque l'obligation principale, contractée sous   **1233**
une clause spéciale, est divisible, la peine n'est encourue que
par celui des héritiers du débiteur qui contrevient à cette
obligation, et pour la part seulement dont il était tenu dans
l'obligation principale, sans qu'il y ait d'action contre ceux
qui l'ont exécutée.

al.   Ceci n'a pas lieu lorsque, la clause pénale ayant été ajoutée   al.
dans l'intention que le payement ne pût se faire partiellement, un cohéritier a empêché l'exécution de l'obligation
pour la totalité. En ce cas, la peine entière peut être exigée
contre lui, et contre les autres héritiers pour leur portion
seulement, sauf leur recours.

»   **1217.** Lorsqu'il ne résulte pas que la volonté des parties   »
contractantes a été différente, ce que l'on donne par anticipation au moment de la convention, est considéré comme
une sûreté de l'indemnité des dommages en cas d'une exécution de la convention, et s'appelle gage.

»   La partie, qui n'est pas en faute, peut, si elle ne préfère   »
demander l'accomplissement de la convention, garder le
gage reçu ou le double de celui qu'elle a donné.

CHAPITRE III.

De l'Effet des Obligations.

1233   **1218.** Celui, qui a contracté une obligation, est tenu de 1142
l'exécuter exactement, et, à défaut, au payement des dommages et intérêts,

1227   **1219.** L'obligation de donner emporte celle de livrer la 1136
chose et de la conserver jusqu'à la livraison.

1225   Si le débiteur est en demeure de la livrer, elle reste à ses 1138
n fine. risques et périls, quoique avant la mise elle fût aux risques in fine.
et périls du créancier.

1235   **1220.** Si l'obligation de faire n'est pas accomplie, le 1144
créancier peut être autorisé à la faire exécuter lui-même aux
dépens du débiteur.

1236   **1221.** Si l'obligation est de ne pas faire, le débiteur, 1145
qui y contrevient, doit les dommages et intérêts par le seul
fait de la contravention.

1234   **1222.** Le créancier peut demander que ce, qui a été fait 1143
en contravention de l'obligation de ne pas faire, soit détruit,
et il peut être autorisé à le détruire aux dépens du débiteur,
sans préjudice des dommages et intérêts.

1230   **1223.** Si l'obligation est de donner ou de faire, le débi- 1139
in fine. teur est constitué en demeure par la seule échéance du terme in fine.
convenu dans la convention.

»   Si le terme échoit après la mort du débiteur, l'héritier »
n'est constitué en demeure que par une sommation ou par
un autre acte équivalent, et huit jours après l'intimation.

1230   Si dans la convention on n'a pas fixé de terme, le débiteur 1139
n'est constitué en demeure, que moyennant une intimation
ou un autre acte équivalent.

1228   **1224.** La diligence, qu'on doit employer dans l'accom- 1137
plissement de l'obligation, soit que celle-ci ait pour objet
l'utilité d'une des parties, soit qu'elle ait pour objet l'utilité
commune, est toujours celle d'un bon père de famille, sauf
qu'il s'agisse du dépôt, dont est cas dans l'art. 1843.

al.   Cette règle doit cependant s'appliquer avec plus ou moins al.
de rigueur, selon les règles contenues dans le présent Code
pour certains cas.

1238   **1225.** Le débiteur sera condamné au payement des 1147
dommages, soit à raison de l'inexécution de l'obligation,
soit à raison du retard dans l'exécution, toutes les fois qu'il
ne justifie pas que l'inexécution ou le retard provient d'une

cause étrangère qui ne peut lui être imputée, encore qu'il n'y ait eu mauvaise foi de sa part.

1239   **1226.** Le débiteur n'est tenu à aucun dommage et in- 1148 térêt, lorsque par suite de force majeure ou d'un cas fortuit il a été empêché de donner ou de faire ce à quoi il s'était obligé, ou a fait ce qui lui était interdit.

1240   **1227.** Les dommages dus au créancier sont, en général, 1149 de la perte qu'il a faite et du gain dont il a été privé, sauf les modifications et exceptions ci-après.

1241   **1228.** Le débiteur n'est tenu que des dommages qui 1150 ont été prévus ou qu'on a pu prévoir lors du contrat, lorsque ce n'est point par son dol que l'obligation n'est pas exécutée.

1242   **1229.** Dans le cas même où l'inexécution de la conven- 1151 tion résulte du dol du débiteur, les dommages ne doivent comprendre, à l'égard de la perte éprouvée par le créancier et du gain dont il a été privé, que ce qui est une suite im- médiate et directe de l'inexécution de la convention.

1243   **1230.** Lorsque la convention porte que celui, qui man- 1152 quera de l'exécuter, payera une certaine somme à titre de dommages, il ne peut être alloué à l'autre partie une somme plus forte ni moindre.

»   Il en est de même, si l'évaluation des dommages est faite » sous la forme d'une clause pénale, ou moyennant un gage donné au moment de la célébration du contrat.

1244   **1231.** A défaut d'une convention spéciale, dans les obli- 1153 gations qui ont pour objet une somme d'argent, les dom- mages provenant du retard dans l'exécution, ne consistent jamais que dans le payement des intérêts légaux, sauf les règles particulières au commerce, au cautionnement et à la société.

al. 1, 2   Ces dommages sont dus du jour du retard, sans que le al. 1, 2 créancier soit tenu de justifier d'aucune perte.

1245   **1232.** Les intérêts échus peuvent produire d'autres in- 1154 et al. térêts ou au taux légal par une demande judiciaire, et dès le jour de cette demande, ou au taux qui sera convenu par une convention postérieure à l'échéance des mêmes.

»   Dans les matières commerciales l'intérêt des intérêts est » en outre réglé par les us et coutumes.

al.   L'intérêt conventionnel ou légal des intérêts échus, pro- 1154 venant de dettes civiles, ne commence à courir, que lorsqu'il s'agit d'intérêts dus pour une année entière, sauf cependant, relativement aux caisses d'épargne ou autres institutions semblables, ce qui aurait été autrement établi par leurs règlements respectifs.

1246   **1233.** Les revenus échus, tels que fermages, loyers,   1155
arrérages de rentes perpétuelles ou viagères, produisent
intérêt du jour de la demande judiciaire ou de la convention.

al.   La même règle s'applique aux restitutions des fruits, et   al.
aux intérêts payés par un tiers au créancier, en acquit du
débiteur.

1257   **1234.** Les créanciers, pour le recouvrement de ce qui   1166
leur est dû, peuvent exercer tous les droits et actions du
débiteur, à l'exception de ceux qui sont exclusivement attachés à la personne de celui-ci.

1258   **1235.** Ils peuvent aussi, en leur nom personnel, atta-   1167
quer les autres faits par leur débiteur en fraude de leurs
droits.

al. 1   Si les contrats sont à titre onéreux, la fraude doit résulter   »
de la part des deux parties contractantes. Pour les actes à
titre gratuit, il suffit qu'il y ait eu fraude de la part du
débiteur.

»   Dans tous les cas cependant la révocation de l'acte ne   ».
produit aucun effet au préjudice des tiers, qui n'ont pas
participé à la fraude, et qui ont acquis des droits sur les
immeubles antérieurement à la transcription de la demande
de révocation.

CHAPITRE IV.
De la manière dont les Obligations s'éteignent.

1324	**1236.** Les obligations s'éteignent :	1234
al. 1	Par le payement,	al. 1
al. 2	Par la novation,	al. 2
al. 3	Par la remise de la dette,	al. 3
al. 4	Par la compensation,	al. 4
al. 5	Par la confusion,	al. 5
al. 6	Par la perte de la chose, qui est due,	al. 6
al. 7	Par la déclaration de nullité ou par la rescision,	al. 7
al. 8	Par l'effet de la condition résolutoire,	al. 8
al. 9	Par la prescription.	al. 9

SECTION PREMIÈRE.
Du Payement.

§ 1er.

Du Payement en général.

1325   **1237.** Tout payement suppose une dette ; ce, qui a été   1235
payé sans être dû, est sujet à restitution.

al. La restitution n'est pas admise à l'égard des obligations naturelles, qui ont été volontairement acquittées.

1326 **1238.** Les obligations peuvent s'éteindre par le payement fait par toute personne qui y est intéressée, telle qu'un coobligé ou une caution. 1236

al. Elles peuvent aussi être éteintes par le payement fait par un tiers, qui n'y est point intéressé, pourvu que ce tiers agisse au nom et en l'acquit du débiteur, ou que, s'il agit en son nom propre, il ne soit pas subrogé aux droits du créancier. al.

1327 **1239.** L'obligation de faire ne peut être acquittée par un tiers contre le gré du créancier, lorsque ce dernier a intérêt à ce qu'elle soit remplie par le débiteur lui-même. 1237

1328 **1240.** Le payement, qui a pour but de transférer dans le créancier la propriété de la chose donnée en payement, n'est pas valable, s'il n'est pas fait par celui qui est propriétaire de la chose et capable d'aliéner. 1238

al. Néanmoins, le payement d'une somme en argent, ou autre chose qui se consomme par l'usage, ne peut être répété contre le créancier qui l'a consommée de bonne foi, quoique le payement en ait été fait par celui qui n'en était pas le propriétaire ou qui n'était pas capable d'aliéner. al.

1329 **1241.** Le payement doit être fait au créancier ou à quelqu'un ayant pouvoir de lui, ou qui soit autorisé par justice ou par la loi à recevoir pour lui. 1239

al. Le payement fait à celui qui n'avait pas pouvoir de recevoir pour le créancier est valable, si celui-ci le ratifie, ou s'il en a profité. al.

1330 **1242.** Le payement fait de bonne foi à celui qui est en possession de la créance est valable, encore que le possesseur en soit par la suite évincé. 1240

1331 **1243.** Le payement fait au créancier n'est point valable, si celui-ci était incapable de recevoir, à moins que le débiteur prouve que la chose payée a tourné au profit du créancier. 1241

1332 **1244.** Le payement fait par le débiteur au créancier, au préjudice d'une saisie ou d'un acte d'opposition fait dans les formes établies par la loi, n'est pas valable à l'égard des créanciers saisissants ou opposants ; ceux-ci peuvent le contraindre à payer de nouveau, pour ce qui concerne leurs droits, sauf, en ce cas seulement, son recours contre le créancier. 1242

1333 **1245.** Le créancier ne peut être contraint de recevoir une autre chose que celle qui lui est due, quoique la valeur de la chose soit égale ou même plus grande. 1243

1246. Le débiteur ne peut point forcer le créancier à recevoir en partie le payement d'une dette, même divisible. **1244**

1247. Le débiteur d'une chose certaine et déterminée est libéré par la remise de la chose en l'état où elle se trouve lors de la livraison, pourvu que les détériorations qui y sont survenues ne viennent point de son fait ou de sa faute, ni de celle des personnes dont il est responsable, et qu'avant ces détériorations il ne fût pas en demeure. **1245**

1248. Si la dette est d'une chose qui ne soit déterminée que par son espèce, le débiteur ne sera pas tenu, pour être libéré, de la donner de la meilleure espèce, mais il ne pourra pas l'offrir de la plus mauvaise. **1246**

1249. Le payement doit être exécuté dans le lieu désigné par la convention. Si le lieu n'y est pas désigné, le payement, lorsqu'il s'agit d'une chose certaine et déterminée, doit être fait dans le lieu où était, au temps de la convention, la chose qui en fait l'objet. **1247**

al. Hors ces deux cas, le payement doit être fait au domicile du débiteur, sauf ce qui est établi par l'art. 1508. al.

1250. Les frais du payement sont à la charge du débiteur. **1248**

§ 2.

Du Payement avec subrogation.

1251. La subrogation dans les droits du créancier, au profit d'une tierce personne qui le paye, est ou conventionnelle ou légale. **1249**

1252. La subrogation est conventionnelle : **1250**

1° 1° Lorsque le créancier, recevant son payement d'une tierce personne, la subroge dans ses droits, actions, privilèges ou hypothèques contre le débiteur. Cette subrogation doit être expresse, et faite en même temps que le payement. 1°

2° 2° Lorsque le débiteur emprunte une somme à l'effet de payer sa dette, et de subroger le prêteur dans les droits du créancier, il faut, pour que cette subrogation soit valable, que l'acte d'emprunt et la quittance aient une date certaine ; que dans l'acte d'emprunt il soit déclaré que la somme a été empruntée pour faire le payement, et que dans la quittance il soit déclaré que le payement a été fait des deniers fournis à cet effet par le nouveau créancier. Cette subrogation s'opère sans le concours de la volonté du créancier. 2°

1253. La subrogation a lieu de plein droit : **1251**

1° 1° Au profit de celui qui, étant lui-même créancier, quoique seulement chyrographaire, paye un autre créancier 1°

qui lui est préférable à raison de ses priviléges et hypothèques ;

2°   2° Au profit de celui qui, ayant acquis un immeuble, **2°**
paye, jusqu'à concurrence du prix de son acquisition, un ou
plusieurs des créanciers auxquels ce fonds est hypothéqué ;

3°   3° Au profit de celui qui, étant tenu avec d'autres au **3°**
payement de la dette, avait intérêt de l'acquitter ;

4°   4° Au profit de l'héritier avec bénéfice d'inventaire, qui a **4°**
payé de ses deniers les dettes de la succession.

1342   **1251.** La subrogation établie par les articles précédents **1252**
a lieu tant contre les cautions que contre les débiteurs.

1342   Le créancier, qui n'a été payé qu'en partie, et celui qui a **1252**
fait le payement en partie, concourent ensemble pour faire
valoir leurs droits, en proportion de ce qui leur est dû.

§ 3.
De l'imputation des Payements.

1343   **1255.** Celui, qui paye plusieurs dettes de la même es- **1253**
pèce, a le droit de déclarer, lorsqu'il paye, quelle dette il
entend acquitter.

1344   **1256.** Le débiteur d'une dette, qui produit des fruits ou **1254**
des intérêts, ne peut point, sans le consentement du créancier, imputer le payement qu'il fait sur le capital par préférence aux fruits ou intérêts ; le payement fait sur le capital et intérêts, s'il n'est point intégral, s'impute d'abord
sur les intérêts.

1345   **1257.** Si celui, qui a plusieurs dettes envers une même **1255**
personne, accepte une quittance par laquelle le créancier a
imputé la somme reçue sur l'une de ces dettes spécialement,
il ne peut plus demander l'imputation sur une dette différente, s'il n'y a pas eu dol ou surprise de la part du créancier.

1346   **1258.** Lorsque la quittance ne porte aucune imputation, **1256**
le payement doit être imputé sur la dette que le débiteur
avait pour lors le plus d'intérêt à acquitter, entre celles qui
sont pareillement échues ; en cas différent, sur la dette
échue, quoique moins onéreuse que celles qui ne le sont
point.

al.   Si les dettes sont d'égale nature, l'imputation se fait sur la **al.**
plus ancienne ; toutes choses égales, elle se fait proportionnellement.

§ 4.

De l'offre de Payement, et de la Consignation.

1317 et al.   **1259.** Lorsque le créancier refuse de recevoir le payement, 1257 et al. le débiteur peut obtenir sa libération moyennant des offres réelles suivies d'une consignation de la chose qui est due.

al. in fine.   Dès le jour de la consignation légalement faite, les inté- al. in fine. rêts cessent de courir et la chose consignée demeure aux risques du créancier.

1318   **1260.** Pour que les offres réelles soient valables, il est 1258 nécessaire :

1°   1° Qu'elles soient faites au créancier ayant la capacité de 1° recevoir, ou à celui qui a pouvoir de recevoir pour lui ;

2°   2° Qu'elles soient faites par une personne capable de 2° payer ;

3°   3° Qu'elles soient de la totalité de la somme exigible, 3° des fruits ou intérêts dus, des frais liquidés, et d'une somme pour les frais non liquidés, avec réserve de la parfaire ;

4°   4° Que le terme soit échu, s'il a été stipulé en faveur du 4° créancier ;

5°   5° Que la condition, sous laquelle la dette a été contractée 5• soit arrivée ;

6°   6° Que les offres soient faites au lieu dont on est convenu 6° pour le payement, et que, s'il n'y a pas de convention spé- ciale sur le lieu du payement, elles soient faites à la per- sonne du créancier, ou à son domicile élu pour l'exécution de la convention ;

7°   7° Que les offres soient faites par un notaire, ou par un 7° autre officier public ayant caractère pour ces sortes d'actes.

1319   **1261.** Il n'est pas nécessaire, pour la validité de la con- 1259 vention, qu'elle ait été autorisée par le juge ; il suffit :

1•   1° Qu'elle ait été précédée d'une sommation signifiée au 1° créancier, et contenant l'indication du jour, de l'heure, et du lieu où la chose offerte sera déposée ;

2°   2° Que le débiteur se soit dessaisi de la chose offerte, en 2° la remettant dans le dépôt indiqué par la loi pour recevoir les consignations, avec les intérêts jusqu'au jour du dépôt ;

3°   3° Qu'il y ait eu procès-verbal dressé par l'officier public, 3° de la nature des espèces offertes, du refus qu'a fait le créancier de la recevoir ou de sa non-comparution, et enfin du dépôt ;

4°   4° Qu'en cas de non-comparution de la part du créancier, 4° le procès-verbal du dépôt lui ait été signifié, avec somma- tion de retirer la chose déposée.

1350   **1262**. Les frais des offres réelles et de la consignation   1260
sont à la charge du créancier, si ces actes sont valables.

1351   **1263**. Tant que la consignation n'a point été acceptée   1261
par le créancier, le débiteur peut la retirer, et, s'il la retire,
ses codébiteurs ou ses cautions ne sont point libérés.

1352   **1264**. Lorsque le débiteur a obtenu un jugement passé   1262
en force de chose jugée, qui a déclaré ses offres et sa consignation bonne et valable, il ne peut plus, même du consentement du créancier, retirer sa consignation au préjudice de
ses codébiteurs ou de ses cautions.

1353   **1265**. Le créancier, qui a consenti que le débiteur reti-   1263
rât sa consignation, après qu'elle a été déclarée valable par
un jugement qui a acquis force de chose jugée, ne peut plus,
pour le payement de sa créance, exercer les priviléges et hypothèques, qui y étaient attachés.

1354   **1266**. Si la chose due est un corps certain, qui doit être   1264
livré au lieu où il se trouve, le débiteur doit, par un acte
de sommation, faire enjoindre au créancier de l'enlever.
Cette sommation faite, si le créancier n'enlève pas la chose,
le débiteur peut obtenir de la justice la permission de la
mettre en dépôt dans quelque autre lieu.

SECTION II.
De la Novation.

1363   **1267**. La novation s'opère de trois manières :   1271
1°   1° Lorsque le débiteur contracte envers son créancier   1°
une nouvelle dette, qui est substitué à l'ancienne, laquelle
est éteinte ;
2°   2° Lorsqu'un nouveau débiteur est substitué à l'ancien,   2°
qui est déchargé par le créancier ;
3°   3° Lorsque, par l'effet d'un nouvel engagement, un nou-   3°
veau créancier est substitué à l'ancien, envers lequel le
débiteur se trouve déchargé.

1364   **1268**. La novation ne peut s'opérer qu'entre personnes   1272
capables de contracter.

1365   **1269**. La novation ne se présume point ; il faut que la   1273.
volonté de l'opérer résulte clairement de l'acte.

1366   **1270**. La novation qui se fait en substituant un nouveau   1274
débiteur, peut s'opérer sans le consentement du premier
débiteur.

1367   **1271**. La délégation, par laquelle un débiteur donne au   1275
créancier un autre débiteur, qui s'oblige envers le créancier, n'opère point de novation, si le créancier n'a expres-

sément déclaré qu'il entendait décharger son débiteur, qui a fait la délégation.

1368   1272. Le créancier, qui a déchargé le débiteur par qui a été faite la délégation, n'a point de recours contre ce débiteur, si le délégué devient insolvable, à moins que l'acte n'en contienne une réserve expresse, ou que le délégué ne fût déjà en état d'insolvabilité ou de faillite au moment de la délégation. **1276**

1369   1273. La simple indication faite par le débiteur, d'une personne qui doit payer à sa place, n'opère point novation. **1277**

al. Il en est de même de la simple indication faite par le créancier, d'une personne qui doit recevoir pour lui. **al.**

1370   1274. Les priviléges et hypothèques de l'ancienne créance ne passent point à celle qui lui est substituée, à moins que le créancier ne les ait expressément réservés. **1278**

1371   1275. Lorsque la novation s'opère par la substitution d'un nouveau débiteur, les priviléges et les hypothèques primitifs de la créance ne passent point sur les biens du nouveau débiteur. **1279**

1372   1276. Lorsque la novation s'opère entre le créancier et l'un des débiteurs solidaires, les priviléges et hypothèques de l'ancienne créance ne peuvent être réservés que sur les biens de celui qui contracte la nouvelle dette. **1280**

1373   1277. Par la novation faite entre le créancier et l'un des débiteurs solidaires, les codébiteurs sont libérés. **1281**

al. 1 La novation opérée à l'égard du débiteur principal libère les cautions. **al. 1**

al. 2 Néanmoins, si le créancier exige, dans le premier cas, l'acception des codébiteurs, ou, dans le second cas, celle des cautions, l'ancienne créance subsiste, si les codébiteurs ou les cautions refusent d'accéder au nouvel engagement. **al. 2**

1374   1278. Le débiteur, qui a accepté la délégation, ne peut plus opposer au nouveau créancier les exceptions qu'il eût pu opposer au créancier originaire, sauf son recours contre ce dernier. **»**

al. Cependant, s'il s'agit d'exceptions dérivant de la qualité et de la personne, le débiteur pourra les opposer, si ces qualités existaient encore à l'époque où il a consenti à la délégation. **»**

SECTION III.

De la Remise de la Dette.

1375   1279. La remise volontaire du titre original du créan- **1282**

cier, sous signature privée, faite par le créancier au débiteur, fait preuve de la libération, soit au profit du débiteur à qui elle a été faite, soit au profit de ses codébiteurs solidaires

1377 — **1280.** La remise de la chose donnée en nantissement ne suffit point pour faire présumer la remise de la dette. — 1286

1376 et al. — **1281.** Le créancier, qui, en faisant la remise de la dette au profit de l'un des codébiteurs solidaires, ne veut pas libérer tous les autres, doit expressément réserver ses droits contre ces derniers. Mais, dans ce dernier cas, il ne peut plus répéter la créance, que déduction faite de la part de celui auquel il a fait la remise. — 1285 et al.

1378 et al. 1 — **1282.** La remise ou décharge conventionnelle accordée au débiteur principal libère les cautions; celle accordée aux cautions ne libère pas le débiteur principal. — 1287 et al. 1

1378 al. 2 — **1283.** La décharge accordée par le créancier à l'une des cautions, sans le consentement des autres, profite à ces derniers pour la part de celui qui a été libéré. — 1287 al. 2

1379 — **1284.** Dans tous les cas, ce que le créancier a reçu d'une caution pour la décharge de son cautionnement, doit être imputé sur la dette, et tourner à la décharge du débiteur principal et des autres cautions. — 1288

SECTION IV.

De la Compensation.

1380 — **1285.** Lorsque deux personnes se trouvent débitrices l'une envers l'autre, il s'opère entre elles une compensation, qui éteint les deux dettes, de la manière et dans les cas ci-après exprimés. — 1289

1381 — **1286.** La compensation s'opère de plein droit par la seule force de la loi, même à l'insu des débiteurs, au moment même de l'existence simultanée des deux dettes qui s'éteignent réciproquement jusqu'à concurrence de leurs quotités respectives. — 1290

1382 — **1287.** La compensation n'a lieu qu'entre deux dettes qui ont également pour objet une somme d'argent, ou une certaine quantité de choses de la même espèce, qui peuvent dans les payements tenir lieu les unes des autres, et qui sont également liquidées et exigibles. — 1291

al. — Les prestations en grains ou denrées, non contestées, et dont le prix est réglé par les mercuriales, peuvent se compenser avec des sommes liquides et exigibles. — al.

1383 — **1288.** Le terme accordé gratuitement par le créancier, n'est point un obstacle à la compensation. — 1292

1384 **1289.** La compensation a lieu, quelles que soient les 1293
causes de l'une ou de l'autre dette, à l'exception des cas
suivants :

1° 1. Lorsqu'il s'agit de la demande en restitution d'une 1°
chose, dont le propriétaire a été injustement dépouillé ;

2° 2 Lorsqu'il s'agit de la demande en restitution d'un dépôt 2°
ou d'un prêt à usage ;

3° 3. Lorsqu'il s'agit d'une dette qui a pour cause des ali- 3°
ments déclarés insaisissables ;

» 4. Lorsque le débiteur a préalablement renoncé à la com- »
pensation.

1385 **1290.** La caution peut opposer la compensation de ce 1294
et al. 1 que le créancier doit au débiteur principal ; mais le débiteur et al. 1
principal ne peut opposer la compensation de ce que le
créancier doit à la caution.

al. 2 Le débiteur solidaire ne peut opposer la compensation de al. 2
ce que le créancier doit à son codébiteur, que jusqu'à concurrence de la portion de ce dernier.

1386 **1291.** Le débiteur qui a accepté purement et simple- 1295
ment la cession qu'un créancier a faite de ses droits à un
tiers, ne peut plus opposer au cessionnaire la compensation
qu'il eût pu, avant l'acceptation, opposer au cédant.

al. Cependant la cession, qui n'a point été acceptée par le al.
débiteur, mais qui lui a été signifiée, n'empêche que la
compensation des créances postérieures à cette notification.

1387 **1292.** Lorsque les deux dettes ne sont pas payables au 1296
même lieu, on ne peut opposer la compensation qu'en faisant raison des frais de transport au lieu de payement.

1388 **1293.** Lorsque la même personne a plusieurs dettes 1297
compensables, on suit, pour la compensation, les règles établies pour l'imputation par l'art. 1258.

1389 **1294.** La compensation n'a pas lieu au préjudice des 1298
droits acquis à un tiers. Ainsi, celui qui, étant débiteur, est
devenu créancier depuis la saisie-arrêt faite par un tiers
entre ses mains, ne peut, au préjudice du saisissant, opposer
la compensation.

1390 **1295.** Celui, qui a payé une dette qui était, de droit, 1299
éteinte par la compensation, ne peut plus, en exerçant la
créance dont il n'a point opposé la compensation, se prévaloir, au préjudice des tiers, des priviléges, hypothèques
ou cautions, qui y étaient attachés, à moins qu'il n'ait eu
une juste cause d'ignorer la créance qui devait compenser
sa dette.

SECTION V.
De la Confusion.

1391 **1296.** Lorsque les qualités de créancier et de débiteur 1300
se réunissent dans la même personne, il se fait une confusion de droits qui éteint la dette et la créance.

1302 **1297.** La confusion, qui s'opère par la réunion des 1301
qualités de créancier et de débiteur principal dans la même
personne, profite aux cautions.

al. 1 La réunion dans la personne de la caution des qualités al. 1
de créancier et de débiteur principal, n'entraîne point l'extinction de l'obligation principale.

al. 2 La confusion dans la personne d'un des débiteurs soli- al. 2
daires, ne profite à ses codébiteurs que pour la portion dont
il était débiteur.

SECTION VI.
De la Perte de la Chose due.

1393 **1298.** Lorsqu'un corps certain et déterminé, qui était 1302
l'objet de l'obligation, vient à périr, est mis hors de commerce, ou se perd de manière qu'on en ignore absolument
l'existence, l'obligation est éteinte, si la chose a péri, a été
mise hors de commerce ou a été perdue sans la faute du
débiteur, et avant qu'il fût en demeure.

al. 1 Lors même que le débiteur est en demeure, et s'il ne s'est al. 1
pas chargé des cas fortuits, l'obligation est éteinte dans le
cas où la chose fût également périe chez le créancier, si elle
lui eût été livrée.

al. 2 Le débiteur est tenu de prouver le cas fortuit qu'il allègue. al. 2

al. 3 De quelque manière que la chose volée ait péri ou ait été al. 3
perdue, sa perte ne dispense pas celui qui l'a soustraite de
la restitution du prix.

1394 **1299.** Lorsque la chose est périe, mise hors de com- 1303
merce ou perdue sans la faute du débiteur, les droits et actions qui lui appartenaient relativement à la même, passent
à son créancier.

SECTION VII.
De l'Action en nullité ou en rescision.

1395 **1300.** Les actions en nullité ou en rescision d'une con- 1304
vention durent cinq ans, dans tous les cas où elles ne sont
pas limitées à un moindre temps par une loi particulière.

1395
et al.

Ce temps ne court, dans le cas de violence, que du jour a. 1 et 2
où elle a cessé; dans le cas d'erreur ou de dol, du jour où
ils ont été découverts; à l'égard des actes faits par les interdits ou par ceux qui sont mis sous conseil judiciaire, du jour
où l'interdiction complète ou partielle est levée; à l'égard
des actes faits par les mineurs, du jour de la majorité; et
pour les actes passés par les femmes mariées, du jour de la
dissolution du mariage.

1396

1301. Ces actions sont transmissibles aux héritiers;　»
mais ceux-ci ne peuvent les exercer, que pendant la durée
du terme qui restait à courir au profit de leurs auteurs, sans
préjudice cependant des dispositions relatives à l'interruption ou à la suspension des prescriptions.

1407

1302. L'exception de nullité ou de rescision peut être　»
opposée par toute personne qui est poursuivie pour l'exécution de l'obligation, dans tous les cas, où cette personne
aurait été admissible à agir par voie de nullité ou de rescision.

al.

Cette exception n'est point sujette à la prescription établie　»
par l'art. 1300.

»

1303. Dans les obligations des mineurs l'action en nullité　»
est admise :

1397
2ᵉ part.

1. Lorsque le mineur non émancipé a fait un acte par　1305
lui-même, sans l'intervention de son représentant légitime; 2ᵉ part.

1397
2ᵉ part.

2. Lorsque le mineur émancipé a fait par lui-même un　1305
acte, pour lequel la loi exige l'assistance du curateur;　2ᵉ part.

1397
2ᵉ part.

3. Lorsqu'on n'a pas observé les formalités établies pour　1305
quelques actes par des dispositions spéciales de la loi.　2ᵉ part.

1406

1304. Les actes faits dans la forme voulue par la loi,　1314
dans l'intérêt d'un mineur, d'un interdit ou d'une personne
placée sous conseil judiciaire, ont la même force, que s'ils
avaient été faits par une personne majeure qui eût pleine et
entière capacité de contracter.

»

1305. L'obligation ne peut être contestée par le mineur,　»
qui par l'intrigue et le dol a caché sa qualité de mineur.

1399

Mais pour constituer le dol il ne suffit pas que le mineur　1307
ait déclaré être majeur.

1402

1306. Le mineur est égalé au majeur pour les obliga-　1310
tions résultant de délit ou quasi-délit.

1404

1307. Nul ne peut prétendre d'être remboursé de ce　1312
qu'il aurait payé à un mineur, à un interdit ou à une personne mise sous conseil judiciaire, ou à une femme mariée
en force d'une obligation qui serait annulée, à moins qu'il
ne prouve que ce qui a été payé a tourné à leur profit.

1397 **1308**. L'action en rescision pour cause de lésion ne peut 1305
s'exercer, quoiqu'il s'agisse de mineurs, que dans les cas et
sous les conditions spécialement prévues par la loi.

» Cette action, lorsqu'elle est admise, n'a aucun effet au »
préjudice des tiers, qui ont acquis des droits sur les immeubles antérieurement à la transcription de la demande
en rescision.

» **1309**. L'acte de convalidation ou ratification d'une obli- »
gation, contre laquelle la loi admet l'action en nullité, n'est
valable, que s'il exprime la substance de cette même obligation, la cause qui l'a rendue vicieuse, et la déclaration que
l'on entend corriger le vice, qui sert de fondement à cette
action.

» A défaut d'acte de convalidation ou de ratification, il suffit »
que l'obligation soit en tout ou dans sa plus grande partie
volontairement exécutée, par celui qui connaît le vice, depuis qu'elle pouvait être valablement convalidée ou ratifiée.

1202 La convalidation, la ratification ou l'exécution volontaire 1115
dans les formes et dans les termes déterminés par la loi
entraîne la renonciation aux moyens et exceptions qu'on
pouvait opposer contre cet acte, sauf les droits des tiers.

» Les dispositions de cet article ne s'appliquent pas à l'ac- »
tion en rescision pour cause de lésion.

1403 **1310**. On ne peut convalider par aucun acte confirmatif 1311
un acte nul d'une manière absolue pour défaut de forme.

» **1311**. La convalidation, ratification ou exécution volon- »
taire d'une donation ou d'une disposition testamentaire de
la part des héritiers ou ayants-cause du donateur ou du testateur, après la mort de celui-ci, entraîne leur renonciation
à opposer les vices de formes et toute autre exception.

CHAPITRE V.

De la preuve des Obligations et de celle de leur Extinction.

1408 **1312**. Celui, qui réclame l'exécution d'une obligation, 1315
doit la prouver, et celui, qui se prétend libéré, doit de son et al.
côté justifier le payement ou le fait qui a produit l'extinction
de son obligation.

SECTION PREMIÈRE.

De la Preuve littérale.

1410 **1313**. La preuve littérale dérive d'un acte public ou »
d'un titre sous seing privé.

1412   **1314.** On doit faire par acte public, ou par acte sous seing privé, sous peine de nullité :

1°
au comm
n. 2 al. 1° Les conventions portant transmission de propriété d'immeubles ou d'autres biens ou droits susceptibles d'hypothèque, sauf les dispositions relatives aux rentes sur l'État ;

1°
2ᵉ phrase 2° Les conventions, qui constituent ou modifient des servitudes foncières, ou des droits d'usage ou d'habitation, ou qui transfèrent l'exercice du droit d'usufruit ;

1°
1, 2 phr.
n. 2 al. 3° Les actes de renonciation aux droits énoncés dans les deux numéros précédents ;

1 in fin.
2139 4° Les contrats de location d'immeubles, dont le terme excède neuf ans ;

1°
l'av.-der.
phrase. 5° Les contrats de société qui ont pour objet la jouissance de biens immeubles, lorsque la durée de la société est indéterminée ou excède neuf ans ;

2°
in fine. 6° Les actes qui constituent des rentes perpétuelles ou viagères ;

» 7° Les transactions ;

» 8° Les autres actes spécialement indiqués par la loi.

§ 1ᵉʳ.
De l'Acte public.

1414   **1315.** L'acte public est celui qui a été reçu, selon les formes prescrites, par un notaire ou par un autre officier public ayant, dans le lieu où il l'a rédigé, le pouvoir de donner à cet acte le caractère de l'authenticité. 1317

1415   **1316.** L'acte qui n'est point authentique par l'incompétence ou l'incapacité de l'officier, ou par défaut de forme, vaut comme écriture privée, s'il a été signé des parties. 1318

1416   **1317.** L'acte public fait pleine foi de la convention et des faits qui se sont passés en présence du notaire ou de l'officier public qui l'a reçu. 1319

al. Néanmoins, en cas de plaintes en faux principal, l'exécution de l'acte argué de faux sera suspendue par le mandat de prise de corps ; jusqu'à ce que le mandat de prise de corps ne soit lancé, ou en cas d'inscription en faux incidentel, l'autorité judiciaire pourra, suivant les circonstances, suspendre provisoirement l'exécution de l'acte. al.

1417   **1318.** L'acte, soit public, soit sous seing privé, fait foi entre les parties, même de ce qui n'y est exprimé qu'en termes énonciatifs, pourvu que l'énonciation ait un rapport direct à la disposition. 1319

al.   Les énonciations étrangères à la disposition ne peuvent   1319
servir que d'un commencement de preuve.

»   **1319.** Les contre-lettres faites par écriture sous seing   1321
privé ne peuvent avoir leur effet qu'entre les parties contractantes, et leurs successeurs à titre universel.

§ 2.

Des Actes sous seing privé.

1428   **1320.** L'acte sous seing privé, reconnu par celui auquel   1322
on s'oppose, ou légalement tenu pour reconnu, a entre ceux
qui l'ont souscrit, et entre leurs héritiers ou ayants-cause,
la même foi que l'acte public.

1429   **1321.** Celui, auquel on oppose un acte sous seing privé,   1323
1re pér. est obligé d'avouer ou de désavouer formellement son écriture ou sa signature.

al.   Ses héritiers ou ayants-cause peuvent se contenter de dé-   al.
1re phra. clarer qu'ils ne connaissent point l'écriture ou la signature
de leur auteur.

1430   **1322.** Dans le cas où la partie désavoue son écriture   1324
ou sa signature, et dans le cas où ses héritiers et ayants-
cause déclarent ne les point connaître, la vérification en est
ordonnée en justice.

»   **1323.** Seront considérées comme authentiques les si-   »
gnatures authentiquées par un notaire.

»   Le notaire n'authentiquera aucune signature, qui ne soit   »
apposée en sa présence, et en présence de deux témoins, et
après s'être assuré de l'identité de la personne des parties
contractantes.

1431   **1324.** Bien que l'écriture ou la signature ait été recon-   »
nue ou soit tenue pour reconnue, celui auquel on l'oppose,
a toujours le droit de proposer ses raisons contre le contenu
du même, quoiqu'il n'ait fait aucune réserve au moment de
la reconnaissance.

1434   **1325.** Le billet ou la promesse sous seing privé, par   1326
lequel une seule partie s'engage envers l'autre à lui payer
une somme d'argent, ou à lui livrer une chose appréciable,
doit être écrit en entier de la main de celui qui le souscrit;
ou du moins il faut qu'outre sa signature, il ait écrit de sa
main un *bon* ou un *approuvé* portant en toutes lettres la
somme ou la quantité de la chose.

al. 2   Cette disposition ne s'applique point aux matières com-   al.
merciales.   en partie

1435   **1326.** Lorsque la somme exprimée au corps de l'acte   1327
est différente de celle exprimée au *bon*, l'obligation est pré-

sumée n'être que de la somme moindre, lors même que l'acte, ainsi que le bon, sont écrits en entier de la main de celui qui s'est obligé, à moins qu'il ne soit prouvé de quel côté se trouve précisément l'erreur.

1436 **1327.** La date des actes sous seings privés n'est certaine et ne court contre les tiers que du jour où ils ont été transcrits ou déposés au bureau d'enregistrement, du jour où celui où l'un de ceux qui les ont souscrits, est mort ou a été mis dans l'impossibilité d'écrire, ou du jour où leur substance est constatée dans des actes dressés par des officiers publics, tels que procès-verbaux de scellés ou d'inventaire, ou lorsque la date résulte d'autres preuves équivalentes. **1328**

1437 **1328.** Les livres des marchands ne font point, contre les personnes non marchandes, preuve des fournitures qui y sont portées, mais elles peuvent autoriser le juge à déférer d'office le serment à l'une ou à l'autre des parties. **1329**

1438 **1329.** Les livres des marchands font preuve contre eux; mais celui qui en veut tirer avantage ne peut les diviser en ce qu'ils contiennent de contraire à sa prétention. **1330**

1439 **1330.** Les registres et papiers domestiques ne font point preuve en faveur de celui qui les a écrits; ils font foi contre lui : **1331**

1° 1° Lorsqu'ils énoncent formellement un payement reçu; 1°

2° 2° Lorsqu'ils contiennent la mention expresse que la note a été faite pour suppléer le défaut de titre en faveur du créancier. 2°

1440 **1331.** Toute annotation mise par le créancier à la suite, en marge ou au dos de son titre de créance, lorsqu'elle tend à établir la libération du débiteur, fait foi, quoiqu'elle ne porte ni la date ni la signature du créancier, et que le titre soit toujours resté en sa possession. **1332**

al. Il en est de même de toute note mise par le créancier au dos, en marge ou à la suite du double d'un titre appartenant au débiteur ou d'une quittance antécédente, pourvu que ce double soit entre les mains du débiteur. al.

§ 3.
Des Tailles.

1441 **1332.** Les tailles corrélatives à leur échantillon font foi entre les personnes qui sont dans l'usage de constater ainsi les fournitures qu'elles font ou reçoivent en détail. **1333**

§ 4.

Des Copies des Actes publics et sous seings privés.

1442 **1333.** Les copies des actes publics font la même foi que **1334**
l'original, lorsqu'elles ont été tirées sur la minute et certi- **1335** **2°**
fiées par le notaire ou un autre officier public qui a reçu ces
actes, ou par celui qui est légalement autorisé à les authen-
tiquer.

1449 Il en est de même des copies des actes sous seings privés, »
dont l'original est déposé aux archives publiques, lorsqu'elles sont expédiées par l'archiviste conformément aux
règlements.

1443 **1334.** Les copies des actes publics tirées, conformé- **1335** **2°**
ment aux règlements, par l'archiviste sur la copie authen-
tique déposée aux archives, ou par le notaire, ou par un
autre officier public, qui ait, de par la loi, l'obligation de les
délivrer, font la même foi.

1444 **1335.** Dans les cas prévus par les articles précédents, »
les parties ne peuvent point demander l'apport dans le lieu
du jugement de la minute ou de la copie déposée aux archives publiques; mais elles peuvent toujours demander que
la copie soit collationnée sur la minute, et, à défaut de celle-ci,
sur la copie déposée aux archives.

1445 **1336.** A défaut de la minute et de la copie déposée aux »
archives publiques, les copies authentiques délivrées conformément aux art. 1333 et 1334 font pleine foi, pourvu
qu'elles ne soient pas raturées, et qu'elles ne donnent lieu
en aucune manière à la suspicion.

1446 **1337.** Les copies dont il est parlé dans l'article précé- »
dent peuvent tenir lieu de l'original, à l'effet d'en tirer
d'autres copies, si elles se trouvent dans un registre public,
et même entre les mains de quelques particuliers, si elles
sont, par ordre du juge, déposées aux archives destinées à
cet usage, du consentement des intéressés ou après due
citation.

1447 **1338.** Les copies, qui, à défaut de l'original et de la **1335** **3°**
copie déposée aux archives publiques, ont été tirées par des
officiers publics sans qualité pour le faire, peuvent servir
de commencement de preuve, si elles ont plus de trente **1335** **2°**
ans; si elles sont plus récentes, elles peuvent, suivant les **a. 1 et 2**
circonstances, être considérées comme simples renseignements.

1447a. **1339.** Les copies qui sont simplement transcrites sur **1336**

les registres publics, ne peuvent servir que de commencement de preuve par écrit.

§ 5.
Des Actes récognitifs.

1450   **1340.** L'acte récognitif fait preuve contre le débiteur,   1337
ses héritiers et ayants-cause, à moins que ceux-ci, par la
présentation du titre primordial, ne prouvent qu'il y a eu
erreur ou augmentation dans la récognition.

al.   S'il y a plusieurs actes récognitifs, le plus récent doit   al. 2
prévaloir.

SECTION II.
De la Preuve testimoniale.

1454   **1341.** Il n'est reçu aucune preuve par témoins d'une   1341
convention sur un objet, dont la valeur dépasse la somme
de cinq cents livres, même pour dépôt volontaire. Cette
preuve n'est pas non plus admissible contre et outre le contenu des actes écrits, ni sur ce qui serait allégué avoir été
dit avant, lors ou depuis les actes, encore qu'il s'agisse d'une
somme ou valeur moindre de cinq cents livres.

al.   Le tout sans préjudice de ce qui est prescrit dans les lois   al.
relatives au commerce.

1455   **1342.** La règle ci-dessus s'applique au cas, où l'action,   1342
outre la demande du capital, contient celle des intérêts, si
ceux-ci, réunis au capital, excèdent la somme de cinq cents
livres.

1456   **1343.** Celui, qui a formé une demande excédant cinq   1343
cents livres, ne peut plus être admis à la preuve testimoniale, même en restreignant sa demande primitive.

1457   **1344.** La preuve testimoniale sur la demande d'une   1344
somme, même moindre de cinq cents livres, ne peut être
admise lorsque cette somme est déclarée être le restant ou
faire partie d'une créance plus forte, qui n'est point prouvée
par écrit.

1458   **1345.** Si, dans la même instance, une partie fait plu-   1345
sieurs demandes dont il n'y ait point de titre par écrit, et
que, jointes ensemble, elles excèdent la somme de cinq cents
livres, la preuve par témoins n'en peut être admise, encore
que la partie allègue que ces créances proviennent de différentes causes, et qu'elles se soient formées en différents
temps, à moins que ces droits ne procèdent, par succession,
donation ou autrement, de personnes différentes.

1459   **1346.** Toutes les demandes, à quelque titre que ce soit,   1346
qui ne seront pas entièrement justifiées par écrit, seront
formées par un même exploit.

1459   Les demandes formées par des exploits successifs ne peu-   1346
vent être prouvées par témoins.

1460   **1347.** Les règles ci-dessus reçoivent exception, lorsqu'il   1347
y a un commencement de preuve par écrit.

al.   Ce principe de preuve résulte de tout écrit émané de celui   al.
contre lequel la demande est formée, ou de celui qu'il représente et qui rend vraisemblable le fait allégué.

1461   **1348.** Les mêmes règles reçoivent encore exception   1348
toutes les fois qu'il n'a pas été possible au créancier de se
procurer une preuve littérale de l'obligation qui a été con-

1°   tractée envers lui, ou bien lorsqu'il a perdu le document qui   4°
lui servait de preuve littérale, par suite d'un cas fortuit, imprévu et résultant d'une force majeure.

Le premier cas a lieu :

1°   1° Dans les obligations qui naissent des quasi-contrats,   1°
des délits ou quasi-délits ;

2°   2° Dans les dépôts nécessaires faits en cas d'incendie,   2°
ruine, tumulte ou naufrage, et à ceux faits par les voyageurs,
dans les hôtelleries où ils logent, ou aux voituriers qui les
conduisent, le tout suivant la qualité des personnes et les
circonstances de fait ;

3°   3° Dans les obligations contractées en cas d'accidents   3°
imprévus qui n'auraient pas permis de faire des actes par
écrit.

SECTION III.
Des Présomptions.

1462   **1349.** Les présomptions sont des conséquences que la   1349
loi ou le juge tire d'un fait connu à un fait inconnu.

§ 1er.
Des Présomptions établies par la Loi.

1463   **1350.** La présomption légale est celle qui est attachée   1350
par une loi spéciale à certains actes ou à certains faits. Tels
sont :

1°   1. Les actes que la loi déclare nuls par leur seule qualité,   1°
comme faits en fraude de ses dispositions ;

2°   2. Les cas dans lesquels la loi déclare la propriété ou la   2°
libération résulter de certaines circonstances déterminées ;

3°   3. L'autorité que la loi attribue à la chose jugée.   3°

1464   **1351.** L'autorité de la chose jugée n'a lieu qu'à l'égard   1351
de ce qui a fait l'objet du jugement. Il faut que la chose
demandée soit la même ; que la demande soit fondée sur la
même cause ; que la demande soit entre les mêmes parties,
et formées par elles et contre elles en la même qualité.

1465   **1352.** La présomption légale dispense de toute preuve   1352
celui au profit duquel elle existe.

al.   **1353.** Nulle preuve n'est admise contre la présomption   al.
légale, lorsque, sur le fondement de cette présomption, elle
annule certains actes ou dénie l'action en justice, à moins
que la loi n'ait réservé la preuve du contraire.

§ 2.

Des Présomptions qui ne sont point établies par la Loi.

1467   **1354.** Les présomptions qui ne sont point établies par   1353
la loi sont abandonnées à la prudence du juge, qui ne doit
admettre que des présomptions graves, précises et concor-
dantes, et dans le cas seulement où la loi admet la preuve
testimoniale.

SECTION IV.
De l'Aveu des Parties.

1468   **1355.** L'aveu est judiciaire ou extrajudiciaire.   1354
1470   **1356.** L'aveu judiciaire est la déclaration que la partie   1356
ou son fondé de pouvoir spécial fait devant un juge, même
incompétent.

al. 1   Il fait pleine foi contre celui qui l'a fait.   al. 1

»   **1357.** L'aveu extrajudiciaire est celui qui ne se fait pas   »
en justice.

»   **1358.** Si l'aveu extrajudiciaire est fait à la partie, ou à   »
la personne qui la représente, il forme une preuve complète.
S'il est fait à un tiers, il ne peut fournir qu'un simple
renseignement.

»   **1359.** L'aveu extrajudiciaire ne peut être prouvé par   »
témoins, lorsqu'il s'agit d'une demande, pour laquelle la loi
n'admet point la preuve par témoins.

1470   **1360.** L'aveu judiciaire ou extrajudiciaire ne peut être   1356
al. 2   divisé contre celui qui l'a fait.   al. 2

al. 3   Il ne peut être révoqué, à moins qu'on ne prouve qu'il a   al. 3
été la suite d'une erreur de fait.

al. 4   Il ne peut être révoqué sous prétexte d'une erreur de   al. 4
droit.

1471   **1361**. Pour que l'aveu judiciaire produise ses effets, il   »
doit être fait par des personnes capables de s'obliger.

al.   L'aveu des tuteurs et administrateurs ne préjudicie aux   »
personnes placées sous leur autorité, que lorsqu'il est fait
dans les cas où la loi leur permet d'obliger ces personnes,
et en suivant les formes qu'elle détermine.

SECTION V.
Du Serment.

1472   **1362**. Le serment doit toujours être prêté par la per-   »
sonne même, et non par un fondé de pouvoir.

1473   **1363**. Le serment judiciaire est de deux espèces :   1357
1°   1° Celui qu'une partie défère à l'autre pour en faire dé-   1°
pendre le jugement de la cause ; il est appelé décisoire ;
2°   2° Celui qui est déféré d'office par le juge à l'une ou à   2°
l'autre partie.

§ 1er.
Du Serment décisoire.

1474   **1364**. Le serment décisoire peut être déféré sur quelque   1358
espèce de contestation civile que ce soit.

al.   Il ne peut être déféré sur un fait incriminé par la loi, ni   »
sur une convention pour la validité de laquelle la loi requiert
un instrument public, ni pour la dénégation d'un fait qu'un
acte authentique constate s'être passé au moment même de
l'acte par devant l'officier public qui l'a reçu.

1475   **1365**. Il ne peut être déféré que sur un fait spécifique   1359
propre de celui auquel on le défère, ou bien sur la simple
science d'un fait.

1476   **1366**. Il peut être déféré en tout état de cause, et encore   1360
qu'il n'existe aucun commencement de preuve de la demande
ou de l'exception sur laquelle on le défère.

1477   **1367**. Celui, auquel le serment est déféré, qui le refuse   1361
ou ne le réfère pas à son adversaire, doit succomber dans sa
demande ou dans son exception, comme l'adversaire, à qui le
serment est déféré, s'il refuse de le prêter.

1478   **1368**. La partie, à laquelle le serment a été déféré, ne   »
peut plus le référer, si elle a déclaré être prête à jurer.

1479   **1369**. Le serment ne peut être référé quand le fait qui   1362
en est l'objet n'est point celui des deux parties, mais est purement personnel à celui auquel le serment a été déféré.

1480   **1370**. Si le serment déféré ou référé a été fait, l'adver-   1363
saire n'est point recevable à en prouver la fausseté.

1482	**1371.** Celui, qui a déféré ou référé le serment peut en dispenser l'adversaire qui a déclaré être prêt à le faire; mais le serment est censé fait.	»
1481	**1372.** La partie, qui a déféré le serment, peut le révoquer jusqu'à ce que la partie contraire n'a pas déclaré de l'accepter ou de le référer, ou jusqu'à ce qu'il n'y a pas de jugement irrévocable sur l'admission du même.	1364
»	Elle peut encore le révoquer même après le jugement, et après que l'adversaire a déclaré être prêt à le faire, si le jugement a varié la formule proposée, et si par quelque acte postérieur au jugement elle n'a pas acquiescé à la formule variée.	»
1481	La partie, qui a référé le serment, ne peut plus le révoquer, si l'autre partie a déclaré être prête à jurer.	1364
1483	**1373.** Le serment fait ou refusé ne forme preuve qu'au profit de celui qui l'a déféré ou contre lui, et au profit de ses héritiers ou ayants-cause ou contre eux.	1365

Le serment :

al. 1	Déféré par l'un des créanciers solidaires au débiteur, ne libère celui-ci que pour la part de ce créancier ;	al. 1
al. 2	Déféré au débiteur principal, libère également les cautions ;	al. 2
al. 3	Déféré à l'un des débiteurs solidaires, profite aux codébiteurs ;	al. 3
al. 4	Déféré à la caution, profite au débiteur principal.	al. 4
al. 5	Dans ces deux derniers cas, le serment du codébiteur solidaire ou de la caution ne profite aux autres codébiteurs ou au débiteur principal, que lorsqu'il a été déféré sur la dette et non sur le fait de la solidarité ou du cautionnement.	al. 5

§ 2.

Du Serment déféré d'office.

1484	**1374.** Le juge peut déférer le serment à l'une des parties, ou pour en faire dépendre la décision de la cause, ou seulement pour déterminer le montant de la condamnation.	1366
1485	**1375.** Le juge ne peut déférer d'office le serment, soit sur la demande, soit sur l'exception qui y est opposée, que sous les deux conditions suivantes, il faut :	1367
1°	1° Que la demande ou l'exception ne soit pas pleinement justifiée ;	1°
2°	2° Que les mêmes ne soient pas totalement dénuées de preuve.	2°
al.	Hors ces deux cas, le juge doit admettre ou rejeter la demande.	al.

1486 **1876.** Le serment déféré d'office par le juge à l'une des 1368
parties ne peut être par elle référée à l'autre.

1487 **1877.** Le juge ne peut déférer au demandeur le serment 1369
sur la valeur de la chose demandée, que lorsqu'il est impossible de la constater autrement.

al. Il doit même en ce cas déterminer la somme, jusqu'à concurrence de laquelle le demandeur en sera cru sur son serment. al.

TITRE V.

DU CONTRAT DE MARIAGE.

CHAPITRE PREMIER.

Dispositions générales.

1808 **1878.** La société conjugale, quant aux biens, est réglée 1387
par les conventions des parties et par la loi.

1809 **1879.** Les époux ne peuvent déroger ni aux droits qui 1388
appartiennent au chef de la famille, ni à ceux qui sont conférés par la loi à l'un ou à l'autre époux, ni aux dispositions prohibitives contenues dans le présent Code.

1810 **1880.** Ils ne peuvent faire aucune convention ou renon- 1389
au comm. ciation dont l'objet serait de changer l'ordre légal des successions.

1811 **1881.** Les époux ne peuvent stipuler d'une manière 1390
générale que leur mariage sera réglé par des coutumes locales ou des lois, auxquelles ils ne sont pas légalement soumis.

1812 **1882.** Toutes conventions matrimoniales seront rédi- 1394
gées, avant le mariage, par acte devant notaire.

1813 **1883.** Les changements, qui y seraient faits avant la 1396
célébration, doivent aussi être faits par acte public.

al. Nul changement ou contre-lettre n'est, au surplus, va- al.
lable sans la présence et le consentement simultané de toutes les personnes qui ont été parties dans le contrat de mariage.

1814 **1884.** Tout changement ou contre-lettre, même revêtu 1397
des formes prescrites par l'article précédent, sera sans effet à l'égard des tiers, si, en marge ou à la suite de la minute du contrat de mariage, il n'a été fait une annotation indiquant l'acte qui contient le changement ou la contre-lettre. Cette annotation sera aussi portée sur la copie du contrat de mariage remise aux archives publiques, à la diligence du notaire qui l'aura reçue, comme aussi sur celle présentée

au bureau de transcription, si le contrat de mariage a été transcrit.

al. Le notaire et l'archiviste public ne pourront, à peine des dommages et intérêts des parties, et sous plus grande peine, s'il y a lieu, délivrer expédition du contrat de mariage, sans transcrire à la suite l'annotation ci-dessus mentionnée. 1397

1515 **1385.** Les conventions matrimoniales, de quelque nature qu'elles soient, ne peuvent recevoir aucun changement après la célébration du mariage. 1395

1516 **1386.** Le mineur habile à contracter mariage est aussi habile à consentir toutes les conventions et donations, qui peuvent se faire dans le contrat relatif, lesquelles sont valables, pourvu qu'il soit assisté par les personnes, dont le consentement est nécessaire pour la validité du mariage. 1398

» **1387.** Pour la validité des conventions et donations faites dans le contrat de mariage par celui, contre lequel il y a eu jugement, ou même il a été fait seulement une demande pour mise sous conseil judiciaire, il est nécessaire, qu'il y ait eu l'assistance du curateur, qui sera nommé à cet effet. »

CHAPITRE II.

De la Dot.

1517 **1388.** La dot consiste dans les biens que la femme, ou tout autre pour elle, apporte expressément à ce titre au mari pour supporter les charges du mariage. 1540

SECTION PREMIÈRE.

De la Constitution de Dot.

1519 **1389.** La constitution de dot peut comprendre, en tout ou en partie, tant les biens présents que les biens futurs de la femme ou même un objet déterminé. 1542

al. La constitution, en termes généraux, de tous les biens de la femme, ne comprend pas les biens à venir. al.

1518 **1390.** Si la femme convole à de secondes ou à des noces ultérieures, elle n'est pas censée avoir reconstitué tacitement la dot constituée dans le précédent mariage. »

1520 **1391.** La dot ne peut être constituée, ni augmentée par les époux pendant le mariage. 1543

1521 **1392.** Si le père et la mère qui possèdent des biens extradotaux, constituent conjointement une dot, sans distinguer la part de chacun, elle sera censée constituée par portions égales. 1544

1522 **1393**. Si le survivant des père ou mère constitue une dot pour biens paternels et maternels, sans spécifier les portions, la dot se prendra d'abord sur les droits de la future épouse, dans la succession du père ou de la mère prédécédés, et le surplus sur les biens du constituant. **1545**

1523 **1394**. La dot, s'il n'y a stipulation contraire, sera prise sur les biens des constituants, quoique la fille dotée par ses père et mère ait des biens à elle propres, dont l'usufruit leur appartient. **1546**

1524 **1395**. Si la dot est constituée par le père seul pour droits paternels et maternels, la mère, quoique présente au contrat, ne sera point engagée, et la dot demeurera en entier à la charge du père. **1544 al.**

1527 **1396**. Ceux, qui constituent une dot sont tenus à la garantie des biens constitués en dot. **1547**

1528 **1397**. Les intérêts de la dot courent, de plein droit, du jour du mariage, contre ceux, qui l'ont promise, encore qu'il y ait terme pour le payement, s'il n'y a stipulation contraire. **1548**

1529 **1398**. Dans le contrat de mariage, les époux peuvent stipuler un gain sur le montant de la dot en faveur de l'époux survivant. »

1529 Ce gain appartient en toute propriété à l'époux survivant, s'il n'y a aucun descendant de l'époux prédécédé, et, en cas contraire, il lui appartient pour le simple usufruit, à moins que les époux n'aient stipulé autrement. »

» Le gain dotal ne peut être stipulé sur la dot qui serait constituée ou augmentée pendant le mariage par d'autres personnes que par les époux, et il ne préjudicie jamais aux héritiers ayant droit à une portion légitimaire. »

SECTION II.

Des Droits du Mari sur la dot et de l'Aliénation des Biens dotaux.

1530 **1399**. Le mari seul a l'administration de la dot pendant le mariage. **1549**

al. 1 Il a seul le droit d'en poursuivre les débiteurs et détenteurs, d'en percevoir les fruits et les intérêts, et d'exiger le remboursement des capitaux. **al. 1**

al. 2 Cependant il peut être convenu, par le contrat de mariage, que la femme touchera annuellement, sur ses seules quittances, une partie des revenus de la dot pour ses menues dépenses et ses besoins personnels. **al. 2**

1400. Le mari n'est pas tenu de fournir caution pour la réception de la dot, s'il n'y a pas été assujetti par le contrat de mariage.

al. Néanmoins si, après le mariage, la dot est mise en péril par quelque changement ou diminution survenus dans la fortune du mari, et que celui qui a constitué la dot ou qui en est débiteur, soit au nombre des personnes tenues de fournir des aliments, le tribunal civil, sur sa demande, pourra prescrire les mesures convenables pour mettre la dot en sûreté.

1401. Si la dot ou partie de la dot consiste en objets mobiliers mis à prix dans le contrat de mariage, sous déclaration que l'estimation n'en fait pas la vente, le mari en devient propriétaire, et n'est débiteur que du prix donné au mobilier.

1402. L'estimation donnée à l'immeuble constitué en dot n'en transporte point la propriété au mari, sans une déclaration expresse.

1403. L'immeuble acquis des deniers dotaux ne devient pas dotal, si la condition de l'emploi n'a été stipulée par le contrat de mariage.

al. Il en est de même de l'immeuble donné en payement de la dot constituée en argent.

1404. La dot peut être aliénée ou hypothéquée, lorsque l'aliénation ou l'hypothèque en ont été permises dans le contrat de mariage.

1405. Hors du cas indiqué dans le précédent article, on ne peut, pendant le mariage, aliéner ou engager, en faveur de qui que ce soit, la dot et les avantages matrimoniaux de la femme, et on ne peut non plus réduire ou restreindre ces mêmes raisons, qu'avec le consentement du mari et de la femme, et moyennant un décret du tribunal, qui ne pourra en accorder l'autorisation que dans les cas de nécessité ou d'utilité évidente.

1406. Lorsque l'échange de l'immeuble dotal est autorisé, celui reçu en échange devient dotal; l'excédent du prix est aussi dotal, et il en sera fait emploi comme tel.

al. 3 Il sera également fait emploi, comme dotal, du prix résultant de la vente de l'immeuble dotal, lorsque celle-ci sera autorisée pour des motifs d'utilité évidente.

Dans les deux cas le tribunal pourvoira à ce que le prix en soit employé de la manière par lui déterminée.

1407. L'aliénation ou l'obligation de la dot est nulle, quand même les deux époux y auraient consenti, si elle n'a pas été permise dans le contrat de mariage, ou si on ne remplit pas les conditions sus établies.

al.   Le mari pourra, pendant le mariage, faire révoquer l'alié-   al.
»   nation ou l'obligation : pareil droit appartiendra à la femme,   1560
même après la dissolution du mariage. Cependant le mari qui y aura consenti, sera tenu des dommages et intérêts envers la partie avec laquelle il a contracté, s'il n'a pas déclaré dans le contrat que le bien vendu ou obligé était dotal.

»   Après la dissolution du mariage, on peut procéder sur les   »
biens qui constituaient la dot, même pour des obligations contractées par la femme pendant le mariage.

1545   **1408.** Le mari est tenu, à l'égard des biens dotaux, de   1562
toutes les obligations qui sont à la charge de l'usufruitier,   et al.
et il est responsable des prescriptions acquises et des détériorations survenues par sa négligence.

SECTION III.
De la Restitution de la Dot.

1556   **1409.** Si la dot consiste en immeubles, ou en meubles   1564
non estimés par le contrat de mariage, ou bien mis à prix   a. 1 et 2
avec déclaration que l'estimation n'en ôte pas la propriété à la femme, le mari ou ses héritiers peuvent être contraints de la restituer sans dilation après la dissolution du mariage.

1557   **1410.** Si la dot consiste en une somme d'argent, ou en   1565
meubles mis à prix par le contrat, sans déclaration que l'es-   et a. 1-2
timation n'en rend pas le mari propriétaire, la restitution n'en peut être exigée qu'un an après la dissolution du mariage.

1558   **1411.** Si les meubles dont la propriété reste à la femme   1566
ont dépéri par l'usage et sans la faute du mari, il ne sera tenu de rendre que ceux qui resteront, et dans l'état où ils se trouvent.

al.   La femme pourra, dans tous les cas, retirer les linges et   al.
hardes à son usage journalier et nécessaires, sauf à pré-
compter leur valeur lorsque ces objets auront été primitivement constitués avec estimation.

1559   **1412.** Si la dot, qui n'a pas été estimée, comprend des   1567
capitaux ou des rentes constituées qui ont péri ou souffert des retranchements, sans qu'on puisse l'imputer à la négligence du mari, il en sera quitte en restituant les titres et documents relatifs.

1560   **1413.** Si la dot a été constituée sur un usufruit, le mari   1568
ou ses héritiers ne sont obligés, à la dissolution du mariage,

que de restituer le droit d'usufruit, et non les fruits perçus ou échus durant le mariage.

1561   **1414.** Si le mariage a duré dix ans depuis l'échéance 1569 des termes pris pour le payement de la dot, la femme, si elle n'en est pas débitrice, ou ses héritiers, pourront, après la dissolution du mariage, la répéter contre le mari ou contre les héritiers de celui-ci, sans être tenus de prouver qu'il l'a reçue, à moins qu'on ne justifiât de diligences inutilement par lui faites pour s'en procurer le payement.

1562   **1415.** Si le mariage est dissous par la mort de la femme, 1570 les intérêts ou les fruits de la dot à restituer courent de plein droit au profit de ses héritiers depuis le jour de la dissolution.

al.   Si c'est par la mort du mari, la femme a le choix d'exiger al. les intérêts ou les fruits de sa dot pendant l'an du deuil, ou de se faire fournir des aliments pendant ledit temps aux dépens de la succession du mari; mais, dans les deux cas, l'habitation durant cette année et les habits de deuil doivent en outre lui être fournis par la succession.

1563   **1416.** A la dissolution du mariage, les revenus de la dot, 1571 soit qu'elle consiste en immeubles, en argent, ou dans un droit d'usufruit, se partagent entre le conjoint survivant et les héritiers de l'époux prédécédé, à proportion du temps de la durée du mariage, pendant la dernière année.

al.   L'année commence à partir du jour où le mariage a été al. célébré.

1564   **1417.** Si, durant le mariage, l'immeuble dotal a été affermé par le mari seul, on observera les règles établies pour les locations faites par l'usufruitier.

SECTION IV.

De la Séparation de la Dot des Biens du Mari.

1846   **1418.** La séparation de la dot ne peut être poursuivie 1443 qu'en justice par la femme, lorsqu'elle se trouve en péril de la perdre, ou que le désordre des affaires du mari donne lieu de craindre que les biens de celui-ci ne soient pas suffisants pour la remplir de ses droits.

»   La séparation de la dot peut aussi être poursuivie par la » femme, lorsqu'elle a obtenu un jugement de séparation de corps contre le mari.

1847   Toute séparation extrajudiciaire est nulle.   1443 a.

»   **1419.** La séparation de la dot prononcée par l'autorité 1444 judiciaire reste sans effet, si depuis les soixante jours à dater du jugement, elle n'est pas exécutée par le payement réel des droits et reprises de la femme, effectué par acte authentique, jusqu'à concurrence des biens du mari, ou au moins par des poursuites commencées dans ledit terme, et non interrompues depuis.

1517 2ᵉ partie **1420.** Le jugement qui prononce la séparation des biens remonte, quant à ses effets, au jour de la demande.

1519 Les frais du jugement de séparation et d'assignation réelle sont à la charge du mari.

1553 **1421.** Les créanciers personnels de la femme ne peuvent, sans son consentement, demander la séparation de la dot.

1552 **1422.** Les créanciers du mari peuvent se pourvoir contre la séparation de la dot prononcée par l'autorité judiciaire, ou exécutée en fraude de leurs droits : ils peuvent même intervenir dans l'instance pour s'opposer à la demande en séparation.

1554 2ᵉ partie **1423.** La femme, qui a obtenu la séparation de la dot, doit contribuer proportionnellement à ses facultés et à celles de son mari, tant aux frais du ménage qu'à ceux d'éducation des enfants communs.

1554 1ʳᵉ part. **1424.** La femme séparée de biens en a la libre administration.

» La dot reste inaliénable, et les sommes, que la femme reçoit en payement de cette dot, seront dotales, et devront être employées avec l'autorisation judiciaire.

1445 al.

»

1446

1447

1448

1449 1ʳᵉ part.

al. 2

CHAPITRE III.
Des Biens paraphernaux.

1566 **1425.** Tous les biens de la femme, qui n'ont pas été constitués en dot, sont paraphernaux.

1567 **1426.** Si la femme a des biens paraphernaux, et si dans le contrat on n'a pas déterminé la portion, pour laquelle elle doit supporter les charges du mariage, elle y contribue dans la proportion établie par l'art. 138.

1568 **1427.** La femme conserve la propriété, l'administration et la jouissance de ses biens paraphernaux, et le mari n'a pas droit de les administrer ni d'en exiger les créances, s'il n'est pas fondé par elle de pouvoir, sauf les dispositions du Chapitre IX, Titre V du premier Livre.

1569 **1428.** Si la femme donne sa procuration au mari pour administrer ses biens paraphernaux, avec charge de lui rendre compte des fruits, il sera tenu vis-à-vis d'elle comme tout mandataire.

1574

1575

1576

1577

1570   **1429.** Si le mari a joui des biens paraphernaux de sa   1578
femme, sans mandat, et néanmoins sans opposition de sa
part, ou même en vertu d'un mandat qui ne le soumet point
à la restitution des fruits, le mari ou ses héritiers ne sont
tenus, à la dissolution du mariage, ou à la première demande
de sa femme, qu'à la représentation des fruits existants, sans
être comptables de ceux qui ont été consommés jusqu'alors.

1571   **1430.** Si le mari a joui des biens paraphernaux malgré   1579
l'opposition de sa femme, même faite par un acte extrajudiciaire, il est, ainsi que ses héritiers, comptable envers elle
de tous les fruits tant existants que consommés.

1572   **1431.** Le mari, qui jouit des biens paraphernaux, est   1580
tenu de toutes les obligations de l'usufruitier.

»   **1432.** Les dispositions des art. 1428, 1429, 1430 et 1431   »
s'appliquent au cas où la femme aurait eu l'administration
et la jouissance des biens du mari.

CHAPITRE IV.
De la Communauté des Biens entre époux.

1573   **1433.** Il n'est pas permis aux époux de contracter une   1581
communauté universelle de biens, autre que celle des acquêts; celle-ci peut être stipulée quoiqu'il y ait une constitution dotale.

al.   Cette convention doit être faite dans le contrat de ma-   1399
riage; il ne peut être convenu qu'elle commencera à une
autre époque qu'à celle de la célébration du mariage.

1574   **1434.** Il est permis aux époux de stipuler des conven-   1393
tions spéciales pour cette communauté; à défaut, seront
applicables à cette communauté les dispositions du titre
De la Société. Dans tous les cas néanmoins on observera
les dispositions suivantes.

1575   **1435.** On ne peut faire entrer en communauté ni l'actif   1401
ni le passif actuel des conjoints, ni les biens qui peuvent   et suiv.
leur échoir, pendant sa durée, par succession ou donation.
La communauté comprendra cependant la jouissance de
leurs biens, tant meubles qu'immeubles, présents et futurs.

1576   **1436.** Cette communauté a pour effet de rendre com-   »
munes et divisibles les acquisitions faites pendant sa durée
par les époux ensemble ou séparément, soit que ces acquisitions proviennent de l'industrie commune, soit qu'elles
proviennent des épargnes sur les fruits et revenus des biens
appartenant aux époux. On devra toujours distraire cependant les dettes de la communauté.

1577   **1437.** Les époux, avant le mariage, feront dresser un »
état authentique des biens meubles qui leur appartiendront
à cette époque; la même formalité sera remplie à l'égard des
biens meubles qui pourront leur échoir durant la communauté. A défaut de l'état susdit ou d'un autre acte authentique, les biens meubles seront considérés comme acquêts
de la communauté.

1578   **1438.** Le mari seul peut administrer les biens de la 1421
communauté, et exercer en justice les actions qui la concernent; il ne peut néanmoins aliéner ou hypothéquer qu'à al.
titre onéreux les biens dont la propriété tombe dans la communauté.

1579   **1439.** Les baux que le mari seul a faits des biens ap- 1429
partenant à sa femme, et dont la communauté a la jouissance, seront réglés d'après les dispositions relatives aux
baux passés par l'usufruitier.

1580   **1440.** La convention, par laquelle il serait stipulé que »
les conjoints participeront dans une portion inégale aux
acquêts, ou bien que le survivant prélèvera sur les mêmes
une portion, n'est pas considérée comme une libéralité soumise aux règles des donations, ni pour la substance, ni pour
la forme.

  al.   Cependant les époux ne pourront stipuler que l'un d'eux »
supportera, dans le passif de la communauté, une part excédant celle qui lui sera attribuée dans l'actif.

1581   **1441.** La communauté ne peut être dissoute que par la 1441
mort de l'un des époux, par la perte des droits civils, par la
déclaration d'absence, par la séparation définitive de corps,
et par la séparation de biens prononcée en justice.

1582   **1442.** La séparation judiciaire de biens ne pourra être »
prononcée que dans le cas d'une mauvaise administration
de la communauté, ou lorsque le désordre des affaires du
mari met les intérêts de la femme en péril.

  al.   On appliquera à cette séparation les dispositions des »
art. 1418, 1420 et 1421.

1583   **1443.** Si, après la dissolution de la communauté, les 1451
époux veulent la rétablir, ils pourront le faire par un acte et a. 1-2
public; dans ce cas, la communauté reprend son effet, comme
s'il n'y avait point eu de séparation, sans préjudice néanmoins des droits acquis aux tiers pendant la durée de
celle-ci.

  al.   Toute convention par laquelle les époux rétablissent leur al. 3
communauté sous des conditions différentes, de celles qui
la réglaient antérieurement, est nulle.

1584   **1444.** Après la dissolution de la communauté, la femme   1453
ou ses héritiers auront toujours la faculté d'y renoncer, ou   1456
de l'accepter sous bénéfice d'inventaire, en se conformant à   et suiv.
ce qui est prescrit pour la renonciation aux successions, ou
pour leur acceptation sous bénéfice d'inventaire, par le
chapitre *Des Dispositions communes aux Successions*, et sous
les peines y énoncées.

1585   **1445.** Les époux ou leurs héritiers, et, dans le cas même   1470
de renonciation ou d'acceptation sous bénéfice d'inventaire,
la femme ou ses héritiers, pourront, lors du partage de la
communauté, nonobstant la disposition de l'art. 1437, prélever les biens meubles qu'ils justifieront, par tous moyens
de preuves admis par la loi, leur avoir appartenus avant
l'établissement de la communauté, ou leur être parvenus
pendant sa durée, à titre de succession ou donation.

al. 1   La femme ou ses enfants héritiers seront de même admis   »
à faire usage de la preuve testimoniale, lorsqu'il s'agira de
biens qui lui sont parvenus à titre de succession ou donation,
quelle que soit leur valeur.

al. 2   La femme ou ses héritiers pourront aussi demander le   1470
remboursement de la valeur des biens meubles qui appartiennent à la femme, et sont exclus de la communauté, mais
qui ne se trouveraient plus en nature à l'époque du partage;
dans ce cas la femme ou ses héritiers pourront aussi établir
la valeur desdits objets par la notoriété.

1586   **1446.** Le prélèvement autorisé par l'article précédent   »
ne pourra être exercé au préjudice des tiers, qui, à défaut
d'acte d'état ou autre titre authentique de propriété, auraient
contracté avec le mari comme administrateur de la communauté, sauf le recours de la femme ou de ses héritiers sur   1472 a.
»   la part de la communauté afférente au mari, et même sur
ses biens personnels.

TITRE VI.

DE LA VENTE.

CHAPITRE PREMIER.

De la Nature et de la Forme de la vente.

1588   **1447.** La vente est une convention par laquelle l'un   1582
s'oblige à livrer une chose, et l'autre à en payer le prix.

1589   **1448.** La vente est parfaite entre les parties, et la pro-   1583
priété est acquise de droit à l'acheteur à l'égard du vendeur,
dès qu'on est convenu de la chose et du prix, quoique la
chose n'ait pas encore été livrée ni le prix payé.

1590   **1449.** La vente peut être faite purement et simplement, 1584
ou sous une condition suspensive ou résolutoire.

al. 1   Elle peut aussi avoir pour objet deux ou trois choses al. 1
alternatives.

al. 2   Dans tous les cas, son effet est réglé par les principes al. 2
généraux des conventions.

1591   **1450.** Lorsque des marchandises ne sont pas vendues 1585
en bloc, mais au poids, au compte ou à la mesure, la vente
n'est point parfaite, en ce sens que les choses vendues sont
aux risques du vendeur jusqu'à ce qu'elles soient pesées,
comptées ou mesurées; cependant l'acheteur peut demander
ou la délivrance des marchandises, ou des dommages-intérêts, en cas d'inexécution de l'engagement.

1592   **1451.** Si, au contraire, les marchandises ont été vendues 1586
en bloc, la vente est parfaite immédiatement.

al.   La vente est censée faite en bloc, si les choses ont été »
vendues pour un prix unique et certain, sans avoir eu égard
au poids, au compte ou à la mesure, ou même lorsqu'on y a
seulement égard pour fixer la quotité du prix.

1593   **1452.** A l'égard du vin, de l'huile, et des autres choses 1587
que l'on est dans l'usage de goûter avant d'en faire l'achat,
il n'y a point de contrat de vente tant que l'acheteur ne les
a pas goûtées, et n'a pas reconnu qu'elles sont de la qualité
qui a été convenue.

1594   **1453.** La vente faite à l'essai est toujours présumée faite 1588
sous une condition suspensive.

1597   **1454.** Le prix de la vente doit être déterminé et spécifié 1591.
par les parties.

1598   Il peut cependant être laissé à l'arbitrage d'un tiers nommé 1592
par les parties dans l'acte de vente. On peut aussi stipuler
que ce tiers sera choisi d'un commun accord postérieurement à la vente, pourvu qu'il soit expressément convenu
que, à défaut de s'accorder sur le choix, il sera désigné par
le préteur ou le conciliateur du lieu du contrat, ou du do-
» micile ou de la résidence d'une des parties. Si la personne 1592
nommée dans l'acte ne veut ou ne peut faire l'estimation, la
vente est nulle.

1599   On peut encore convenir, que le prix sera celui résultant »
des mercuriales d'un lieu certain et déterminé.

1600   **1455.** Les frais d'actes et autres accessoires à la vente 1593
sont à la charge de l'acheteur, sauf conventions contraires.

CHAPITRE II.

Des Personnes qui peuvent acheter ou vendre.

1601   **1456.** Tous ceux, auxquels la loi ne l'interdit pas, peu-   1594
vent acheter ou vendre.

1603   **1457.** Ne peuvent devenir acquéreurs, même aux en-   1596
chères publiques, sous peine de nullité du contrat, ni par
eux-mêmes, ni par personnes interposées :

al. 2   Le père des biens des enfants soumis à sa puissance pa-   »
ternelle ;

al. 1   Les tuteurs, protuteurs et curateurs, des biens des per-   al. 1
sonnes soumises à leur tutelle, protutelle ou curatelle ;

al. 3   Les mandataires, des biens qu'ils sont chargés de vendre;   al. 2

al. 4   Les administrateurs, des biens des communes ou des éta-   al. 3
blissements publics confiés à leurs soins ; à moins que, eu
égard à des circonstances particulières, ils n'aient été autorisés, dans l'acte même qui permet de vendre, à concourir
aux enchères ;

al. 5   Les officiers publics, des biens dont les ventes se font sous   al. 4
leur autorité ou par leur ministère.

1604   **1458.** Les juges, les officiers du ministère public, les   1597
greffiers, huissiers, avocats, procureurs, défenseurs officieux
et notaires ne peuvent se rendre cessionnaires des procès,
actions et droits litigieux dont la connaissance appartient
à la Cour, au tribunal ou à la préture, dont ils font partie,
ou dans le ressort duquel ils exercent leurs fonctions, à peine
de nullité, et des dépens, dommages et intérêts.

al. 1   Est excepté des précédentes dispositions le cas où il s'agit   »
d'actions héréditaires entre cohéritiers, ou de cessions en
payement de créances, ou pour la garantie des biens qu'ils
possèdent.

al. 2   Les avocats et les procureurs ne peuvent en outre, ni par   »
eux-mêmes, ni par personnes interposées, faire avec leurs
clients aucun traité ni contrat de vente, de donation, d'é-
change, ni autres semblables, sur les choses qui sont l'objet
des procès dans lesquels ils prêtent leur ministère, sous
peine de nullité, et des dépens, dommages et intérêts.

CHAPITRE III.

Des Choses qui ne peuvent être vendues.

1606   **1459.** La vente de la chose d'autrui est nulle; elle peut   1599
donner lieu à des dommages-intérêts, lorsque l'acheteur a
ignoré que la chose fût à autrui.

> La nullité établie par cet article ne peut jamais être opposée par le vendeur.

1607 **1460.** La vente de la succession d'une personne vivante est nulle, quand même elle serait faite de son consentement. 1600

1608 **1461.** Si, au moment de la vente, la chose était périe en totalité, la vente serait nulle. 1601

al. Si une partie seulement de la chose est périe, il est au choix de l'acquéreur d'abandonner la vente, ou de demander la partie conservée, en faisant déterminer le prix par la ventilation. al.

CHAPITRE IV.
Des Obligations du vendeur.

1610 **1462.** Le vendeur a deux obligations principales, celle de délivrer et celle de garantir la chose qu'il vend. 1603

SECTION PREMIÈRE.
De la Délivrance de la Chose.

1611 **1463.** La délivrance est le transport de la chose vendue en la puissance et possession de l'acheteur. 1604

1612 **1464.** L'obligation de délivrer les immeubles est remplie de la part du vendeur, lorsqu'il a remis les titres de la propriété vendue, et les clefs, s'il s'agit d'un bâtiment. 1605

1613 **1465.** La délivrance des effets mobiliers s'opère, 1606
al. 1 Ou par la tradition réelle, al. 1
al. 2 Ou par la remise des clefs des bâtiments qui les contiennent, al. 2
al. 3 Ou même par le seul consentement des parties, si le transport ne peut s'en faire au moment de la vente, ou si l'acheteur les avait déjà en son pouvoir à un autre titre. al. 3

1614 **1466.** La tradition des droits incorporels se fait, ou par la remise des titres, ou par l'usage que l'acquéreur en fait, du consentement du vendeur. 1607

1615 **1467.** Les frais de la délivrance sont à la charge du vendeur, et ceux de l'enlèvement à la charge de l'acheteur, s'il n'y a eu stipulation contraire. 1608

1616 **1468.** La délivrance doit se faire au lieu où était, au temps de la vente, la chose qui en a fait l'objet, s'il n'en a été autrement convenu. 1609

1619 **1469.** Le vendeur, qui n'a pas accordé un délai pour le payement, n'est pas tenu de délivrer la chose, si l'acheteur n'en paye pas le prix. 1612

1620 Il n'est pas obligé à la délivrance, quand même il aurait 1613 accordé un délai pour le payement, si, depuis la vente, l'acheteur est tombé en faillite ou en état de déconfiture, en sorte que le vendeur se trouve en danger imminent de perdre le prix, à moins que l'acheteur ne lui donne caution de payer au terme convenu.

1621   **1470.** La chose doit être délivrée en l'état où elle se trouve au moment de la vente.   **1614**

al.   Du jour de la vente tous les fruits appartiennent à l'acquéreur.   **al.**

1622   **1471.** L'obligation de délivrer la chose comprend ses accessoires et tout ce qui a été destiné à son usage perpétuel.   **1615**

1623   **1472.** Le vendeur est tenu de délivrer la contenance telle qu'elle a été portée au contrat, sauf les modifications suivantes.   **1616**

1624   **1473.** Si la vente d'un immeuble a été faite avec indication de la contenance, à raison de tant la mesure, le vendeur est obligé de délivrer à l'acquéreur, s'il l'exige, la quantité indiquée au contrat.   **1617**

al.   Si la chose n'est pas possible, ou si l'acquéreur ne l'exige pas, le vendeur est obligé de souffrir une diminution proportionnelle du prix.   **al.**

1625   **1474.** Si, au contraire, dans le cas de l'article précédent, il se trouve une contenance plus grande que celle exprimée au contrat, l'acquéreur doit fournir le supplément du prix; il peut cependant se désister du contrat, si l'excédant est d'un vingtième au-dessus de la contenance déclarée.   **1618**

1626   **1475.** Dans tous les autres cas, soit que la vente soit faite d'un corps certain et limité, ou de fonds distincts et séparés, soit qu'elle commence par la mesure, ou par la désignation de l'objet vendu, suivie de la mesure, l'expression de la mesure ne donne lieu à aucun supplément de prix en faveur du vendeur, pour l'excédant de mesure, ni en faveur de l'acquéreur, à aucune diminution du prix pour moindre mesure, qu'autant que la différence de la mesure réelle à celle exprimée au contrat est d'un vingtième en plus ou en moins, eu égard à la valeur de la totalité des objets vendus, s'il n'y a stipulation contraire.   **1619et a.1,2,3,4**

1627   **1476.** Dans tous les cas où, suivant l'article précédent, il y a lieu à augmentation de prix pour excédant de mesure, l'acquéreur a le choix, ou de se désister du contrat, ou de fournir le supplément du prix, et ce avec les intérêts s'il a gardé l'immeuble.   **1620**

1628   **1477.** Dans tous les cas où l'acquéreur se prévaut du droit de se désister du contrat, le vendeur est tenu de lui

1029　restituer, outre le prix, s'il l'a reçu, les frais de ce contrat.

1478. Dans les cas sus exprimés, l'action en supplément du prix de la part du vendeur, et celle en diminution de prix ou en résiliation du contrat de la part de l'acquéreur, doivent être intentées dans l'année, à compter du jour du contrat, à peine de déchéance.　1622

1030　**1479.** S'il a été vendu deux fonds par le même contrat, et pour un seul et même prix, avec désignation de la mesure de chacun, et s'il se trouve moins de contenance en l'un et plus en l'autre, on fait compensation jusqu'à due concurrence; et l'action, soit en supplément, soit en diminution du prix, n'a lieu que suivant les règles ci-dessus établies.　1623

1031　**1480.** La question de savoir sur lequel, du vendeur ou de l'acquéreur, doit tomber la perte ou la détérioration de la chose vendue avant la délivrance, est jugée d'après les règles prescrites au titre *Des Obligations et des Contrats en général.*　1624

SECTION II.
De la Garantie.

1032　**1481.** La garantie que le vendeur doit à l'acquéreur a deux objets : le premier concerne la possession paisible de la chose vendue; le second, les défauts cachés de cette chose ou les vices rédhibitoires.　1625

§ 1er.
De la Garantie en cas d'éviction.

1033　**1482.** Quoique dans le contrat de vente, il n'ait été fait aucune stipulation sur la garantie, le vendeur est tenu de droit à garantir l'acquéreur de l'éviction qu'il souffre dans la totalité ou partie de l'objet vendu, ou des charges prétendues sur cet objet, et non déclarées dans l'acte.　1626

1034　**1483.** Les parties peuvent, par des conventions particulières, ajouter à cette obligation de droit ou en diminuer l'effet; elles peuvent même convenir que le vendeur ne sera soumis à aucune garantie.　1627

1035　**1484.** Quoiqu'il soit dit que le vendeur ne sera soumis à aucune garantie, il demeure cependant tenu de celle qui résulte d'un fait qui lui est personnel. Toute convention contraire est nulle.　1628

1036　**1485.** Dans le même cas de stipulation de non-garantie, le vendeur, en cas d'éviction, est tenu à la restitution du prix, à moins que l'acquéreur n'ait connu, lors de la vente,　1629 le danger de l'éviction, ou qu'il n'ait acheté à ses périls et risques.

1637   **1486.** Lorsque la garantie a été promise, ou qu'il n'a 1630
rien été stipulé à ce sujet, si l'acquéreur est évincé, il a droit
de demander contre le vendeur :

1°   1° La restitution du prix ;   1°

2°   2° Celle des fruits, lorsqu'il est obligé de les rendre au 2°
propriétaire qui l'évince ;

3°   3° Les frais faits sur la demande en garantie de l'ache- 3°
teur, et ceux faits par le demandeur originaire ;

4°   4° Enfin, les dommages et intérêts, ainsi que les frais et 4°
loyaux coûts du contrat.

1638   **1487.** Lorsqu'à l'époque de l'éviction la chose vendue 1631
se trouve diminuée de valeur ou considérablement détériorée, soit par la négligence de l'acheteur, soit par des accidents de force majeure, le vendeur n'en est pas moins tenu
de restituer la totalité du prix.

1639   **1488.** Mais si l'acquéreur a tiré profit des dégradations 1632
par lui faites, le vendeur a droit de retenir sur le prix une
somme égale à ce profit.

1640   **1489.** Si la chose vendue se trouve augmentée de prix 1633
à l'époque de l'éviction, indépendemment même du fait de
l'acquéreur, le vendeur est tenu de lui payer ce qu'elle vaut
au-dessus du prix de la vente.

1641   **1490.** Le vendeur est tenu de rembourser ou de faire 1634
rembourser à l'acquéreur, par celui qui l'évince, toutes les
réparations et améliorations utiles qu'il aura faites au fonds.

1642   **1491.** Si le vendeur avait vendu de mauvaise foi le fonds 1635
d'autrui, il sera obligé de rembourser à l'acquéreur toutes
les dépenses, même voluptuaires, que celui-ci aura faite au
fonds.

1643   **1492.** Si l'acquéreur est évincé d'une partie de la chose, 1636
et qu'elle soit de telle conséquence, relativement au tout,
que l'acquéreur n'eût point acheté sans la partie dont il a
été évincé, il peut faire résilier la vente.

1644   **1493.** Si, dans le cas de l'éviction d'une partie du fonds 1637
vendu, la vente n'est pas résiliée, la valeur de la partie,
dont l'acquéreur se trouve évincé, lui est remboursée par le
vendeur, suivant l'estimation à l'époque de l'éviction, et
non proportionnellement au prix total de la vente, soit que
la chose vendue ait augmenté ou diminué de valeur.

1645   **1494.** Si l'héritage vendu se trouve grevé, sans qu'il en 1638
ait été fait déclaration, de servitudes non apparentes, et
qu'elles soient de telle importance qu'il y ait lieu de présu-

mer que l'acquéreur n'aurait pas acheté, s'il en avait été instruit, il peut demander la résiliation du contrat, si mieux il n'aime se contenter d'une indemnité.

1646 **1495.** Les autres questions, auxquelles peuvent donner lieu les dommages et intérêts résultant pour l'acquéreur de l'exécution de la vente, doivent être décidées suivant les règles générales établies au Titre : *Des Obligations et des Contrats en général.* 1039

, **1496.** Si l'acheteur a évité l'éviction du fonds, moyennant le payement d'une somme d'argent, le vendeur peut se libérer de toutes les conséquences de la garantie, en remboursant à l'acheteur la somme qu'il a payée avec les intérêts et tous frais. ,

1647 **1497.** La garantie pour cause d'éviction cesse lorsque l'acquéreur s'est laissé condamner par un jugement passé en force de chose jugée, sans appeler son vendeur, si celui-ci prouve qu'il existait des moyens suffisants pour faire rejeter la demande. 1640

§ 2.

De la Garantie des Vices ou Défauts cachés de la Chose vendue.

1648 **1498.** Le vendeur est tenu de la garantie, à raison des défauts cachés de la chose vendue qui la rendent impropre à l'usage auquel on la destine, ou qui diminuent tellement cet usage que l'acheteur ne l'aurait pas acquise, ou n'en aurait donné qu'un moindre prix, s'il les avait connus. 1641

1649 **1499.** Le vendeur n'est pas tenu des vices apparents, et dont l'acheteur a pu se convaincre lui-même. 1642

1650 **1500.** Il est tenu des vices cachés, quand même il ne les aurait pas connus, à moins que, dans ce cas, il n'ait stipulé qu'il ne sera obligé à aucune garantie. 1643

1651 **1501.** Dans le cas des art. 1498 à 1500, l'acheteur a le choix de rendre la chose et de s'en faire restituer le prix, ou de garder la chose et de se faire rendre une partie du prix, telle qu'elle sera déterminée par l'autorité judiciaire. 1644

1652 **1502.** Si le vendeur connaissait les vices de la chose vendue, il est tenu, outre la restitution du prix qu'il en a reçu, de tous les dommages et intérêts envers l'acheteur. 1645

1653 **1503.** Si le vendeur ignorait les vices de la chose, il ne sera tenu qu'à la restitution du prix, et à rembourser à l'acquéreur les frais occasionnés par la vente. 1646

1654 **1504.** Si la chose qui avait des vices a péri par suite de 1647

sa mauvaise qualité, la perte est pour le vendeur, qui sera
tenu envers l'acheteur à la restitution du prix, et aux autres
dédommagements dont il s'agit dans les deux articles précédents.

al.   Mais la perte arrivée par cas fortuit sera pour le compte al.
de l'acheteur.

1655 **1505**. L'action rédhibitoire résultant des vices de la 1648
chose, doit être intentée par l'acquéreur, s'il s'agit d'immeubles, dans le terme d'une année à dater de la délivrance.

1655   S'il s'agit d'animaux, dans le terme de quarante jours, et »
s'il s'agit d'autres effets mobiliers, dans le terme de trois
mois, à moins que des usages particuliers aient établi des
délais plus ou moins longs.

»   L'action rédhibitoire dans les ventes d'animaux n'a lieu »
que pour les vices déterminés par la loi et par les usages
des lieux.

1650 **1506**. L'action rédhibitoire n'a pas lieu dans les ventes 1649
faites par autorité de justice.

CHAPITRE V.
Des Obligations de l'acheteur.

1657 } **1507**. La principale obligation de l'acheteur est de 1650
payer le prix au jour et au lieu réglé dans le contrat de
vente.

1658 **1508**. Lorsque dans le contrat rien n'a été réglé à cet 1651
égard, l'acheteur doit payer au lieu et dans le temps où doit
se faire la délivrance.

1659 **1509**. A défaut d'une convention spéciale, l'acheteur 1652
doit les intérêts jusqu'au payement du prix, quoiqu'il ne et al. 2
soit pas en demeure, si la chose vendue et livrée produit
des fruits ou autres revenus.

1660 **1510**. Si l'acheteur est troublé ou a juste sujet de 1653
craindre d'être troublé par une action hypothécaire ou en
revendication, il peut suspendre le payement du prix jusqu'à ce que le vendeur ait fait cesser le trouble; à moins que
celui-ci ne préfère donner caution, ou qu'il n'ait été stipulé
que l'acheteur payera nonobstant un trouble quelconque.

»   **1511**. Dans les ventes d'immeubles, la condition résolu- »
toire, expresse ou tacite, qui se vérifierait pour cause
d'inexécution des obligations de l'acheteur, ne préjudicie
pas les tiers qui auraient acquis des droits sur les immeubles
antérieurement à la transcription de la demande en résolution.

1512. S'il s'agit d'effets mobiliers, la résolution de la
vente a lieu de plein droit au profit du vendeur, lorsque
l'acheteur ne s'est pas présenté pour recevoir la chose avant
l'expiration du terme stipulé pour la délivrance, ou lorsqu'il
s'est présenté sans faire simultanément l'offre du prix ; à
moins qu'il n'eût été convenu d'un plus long terme pour le
payement.

» **1513.** Si la vente a été faite sans qu'un terme ait été »
stipulé pour le payement, le vendeur peut aussi, faute de
payement, répéter les effets mobiliers vendus, jusqu'à ce
qu'ils se trouvent en possession de l'acheteur, ou en empêcher la revente, pourvu que la demande en répétition soit
intentée dans les quinze jours depuis le dessaisissement, et
que ces meubles se trouvent dans le même état où ils étaient
au moment de la délivrance.

» Le droit de répétition cependant n'a point d'effet au préjudice du privilége accordé au bailleur, s'il n'est prouvé que
le jour que ces meubles ont été introduits dans la maison ou
dans le fonds donné à bail le bailleur savait que le prix
n'en avait pas été payé.

Il n'est point dérogé aux lois et coutumes commerciales
relatives à la répétition.

CHAPITRE VI.
De la Résolution et de la Rescision de la vente.

1514. Indépendamment des causes de nullité ou de résolution déjà expliquées dans ce titre, et de celles qui sont
communes à toutes les conventions, le contrat de vente peut
être résolu par l'exercice de la faculté de rachat et rescindé
par lésion.

§ 1er.
Du Rachat conventionnel.

1515. Le rachat conventionnel est un pacte par lequel
le vendeur se réserve de reprendre la chose vendue, moyennant la restitution du prix principal, et le remboursement
dont il est parlé à l'art. 1528.

1516. La faculté du rachat ne peut être stipulée pour un
terme excédant cinq années.

al.   Si elle a été stipulée pour un temps plus long elle est ré- al.
duite à ce terme.

1517. Le terme fixé est de rigueur, et ne peut être pro-
longé.

1667   **1518.** Faute par le vendeur d'avoir exercé l'action de   1662
rachat dans le terme prescrit, l'acquéreur demeure proprié-
-taire irrévocable.

1668   **1519.** Le délai court contre toutes personnes, même   1663
contre le mineur, sauf le recours contre qui de droit.

1669   **1520.** Le vendeur à pacte de rachat peut exercer son   1664
action contre les tiers acquéreurs, quand même le rachat
convenu n'aurait pas été déclaré dans les contrats respectifs.

1670   **1521.** L'acquéreur à pacte de rachat exerce tous les   1665
droits de son vendeur ; il peut prescrire tant contre le
véritable maître que contre ceux qui prétendraient des droits
ou hypothèques sur la chose vendue.

1671   Il peut opposer le bénéfice de la discussion aux créanciers   1666
de son vendeur.

1672   **1522.** Si l'acquéreur à pacte de rachat d'une partie indi-   1667
vise d'un fonds s'est rendu adjudicataire de la totalité sur
une enchère entre des copartageants provoquée contre lui,
il peut obliger le vendeur à retirer le tout, lorsque celui-ci
veut user du pacte.

1673   **1523.** Si plusieurs ont vendu conjointement et par un   1668
seul contrat, un héritage commun entre eux, chacun ne peut
exercer l'action en réméré que pour la part qu'il y avait.

1674   **1524.** Il en est de même si celui, qui a vendu le fonds,   1669
a laissé plusieurs héritiers.

al.   Chacun de ces cohéritiers ne peut user de la faculté de   al.
rachat que pour la part dont il est héritier.

1675   **1525.** Mais, dans le cas des deux articles précédents,   1670
l'acquéreur peut exiger que tous les vendeurs du fonds commun ou tous les cohéritiers soient mis en cause, afin de se
concilier entre eux pour la reprise du fonds entier. S'ils ne
se concilient pas, il sera renvoyé de la demande.

al.   Toutefois, si plusieurs des cohéritiers ou des covendeurs,   a
ou l'un d'eux, ne veulent pas se prévaloir du pacte de rachat, les autres, et même un seul d'entre eux, pourront
l'exercer pour le tout à leur profit particulier.

1676   **1526.** Si plusieurs propriétaires d'un fonds ne l'ont pas   1671
vendu conjointement et en totalité, et que chacun n'ait vendu
que sa part, ils peuvent exercer séparément l'action en
réméré sur la portion qui leur appartenait.

al.   L'acquéreur ne peut pas forcer celui, qui l'exercera de   al.
cette manière, à retirer le tout.

1677   **1527.** Si l'acquéreur a laissé plusieurs héritiers, l'action   1672
en réméré ne peut être exercée contre chacun d'eux que pour

sa part, dans le cas où elle est encore indivise, et dans celui où la chose vendue a été partagée entre eux.

al.   Mais s'il y a eu partage de l'hérédité, et que la chose ven-   al.
due soit échue au lot de l'un des héritiers, l'action en réméré peut être intentée contre lui pour le tout.

1678   **1528.** Le vendeur, qui use du pacte de rachat, doit rem-   1673
bourser à l'acheteur, non-seulement le prix principal, mais
encore les frais et loyaux coûts de la vente, les dépenses
faites pour les réparations nécessaires, et celles qui ont augmenté la valeur du fonds, jusqu'à concurrence de cette augmentation. Il ne peut entrer en possession qu'après avoir
satisfait à toutes ces obligations.

al.   Lorsque le vendeur rentre dans son fonds par l'effet du   al.
pacte du rachat, il le reprend exempt de toutes les charges
et hypothèques dont l'acquéreur l'aurait grevé ; il est cependant tenu d'exécuter les baux faits sans fraude par l'acquéreur, pourvu qu'ils n'excèdent pas le terme de trois ans.

§ 2.

De la Rescision de la Vente pour cause de lésion.

1679   **1529.** Si le vendeur a été lésé d'outre moitié dans le   1674
prix d'un immeuble, il a le droit de demander la rescision
de la vente, quand même il aurait expressément renoncé,
dans le contrat, à la faculté de demander cette rescision, et
qu'il aurait déclaré donner la plus-value.

1680   **1530.** Pour savoir s'il y a lésion d'outre moitié, il faut   1675
estimer l'immeuble suivant son état et sa valeur au moment
de la vente.

1681   **1531.** La demande n'est plus recevable après l'expiration   1676
de deux années, à compter du jour de la vente.

1°   Ce délai court contre les absents, contre les interdits et   al. 1
les mineurs venant du chef d'un majeur qui a vendu.

2°   Ce délai court et n'est pas suspendu pendant la durée du   2°
temps stipulé pour le rachat.

1682   **1532.** La preuve de la lésion ne pourra être admise que   1677
dans le cas où les faits articulés seraient assez vraisem-
blables et assez graves pour faire présumer la lésion.

1683   **1533.** La preuve de la valeur se fait par expertise.   1678

1683   La preuve par témoins ne peut être admise que pour éta-   »
blir des circonstances de fait, que l'expertise n'aurait pu
définir.

1686   **1534.** Dans le cas où l'action en rescision est admise,   1681
l'acheteur a le choix, ou de rendre la chose, ou de la garder
en payant le supplément du juste prix.

1535. Si l'acquéreur préfère garder la chose, il doit l'in-térêt du supplément, du jour de la demande en rescision. 1687 / 1682

S'il préfère la rendre et en recevoir le prix, il doit les fruits du jour de la demande. al. 1 / al. 1

L'intérêt du prix qu'il a payé lui est aussi compté du jour de la demande, ou du jour du payement, s'il n'a touché au-cuns fruits. al. 2 / al. 2

1536. La rescision pour lésion n'a pas lieu en faveur de l'acheteur. 1688 / 1683

Elle n'a pas lieu non plus dans les ventes qui se font aux enchères publiques. 1689 / 1684

1537. Les règles expliquées dans le paragraphe précé-dent pour le cas où plusieurs ont vendu conjointement ou séparément, et pour celui où le vendeur ou l'acheteur a laissé plusieurs héritiers, sont pareillement observées pour l'exercice de l'action en rescision. 1690 / 1685

CHAPITRE VII.
Du Transport des créances ou autres droits.

1538. La vente ou cession d'une créance, d'un droit ou d'une action, est parfaite, et la propriété est acquise de droit à l'acheteur ou cessionnaire, dès qu'on est convenu de la créance ou du droit qui doit être cédé, et du prix, quoique la délivrance n'ait pas encore été opérée. 1694

La délivrance s'opère par la remise du titre justificatif de la créance ou du droit cédé. al. / 1689

1539. Le cessionnaire n'est saisi à l'égard des tiers que lorsque la signification de la cession a été faite au débiteur, ou que celui-ci a accepté la cession par un acte authentique. 1696 / 1690

1540. Le débiteur est valablement libéré, s'il a payé le cédant, avant que celui-ci ou le cessionnaire lui ait signifié le transport. 1697 / 1691

1541. La vente ou cession d'une créance comprend les accessoires de la créance, tels que cautions, priviléges et hypothèques; elle ne comprend pas cependant les rentes et intérêts échus, à moins qu'il n'y ait convention à cet égard. 1698 / 1692

1542. Celui, qui vend une créance ou autre droit, doit en garantir l'existence au temps du transport, quoiqu'il soit fait sans garantie. 1699 / 1693

1543. Le cédant n'est responsable de la solvabilité du débiteur que lorsqu'il s'y est engagé, et jusqu'à concurrence seulement du prix qu'il a retiré de la créance cédée. 1700 / 1694

1701   **1544.** Lorsque le cédant a promis la garantie de la solva-   1695
bilité du débiteur, sans qu'il ait été convenu de la durée de
cette garantie, elle ne s'entend pas au-delà d'une année, à
compter de l'acte de cession de la créance, si déjà le terme
stipulé pour le payement est expiré.

al. 1   Si le terme n'est pas encore expiré, la garantie cesse un an   »
après l'échéance.

al. 2   Si la créance consiste dans la constitution d'une rente per-   »
pétuelle, la garantie n'a plus lieu après dix ans dès le jour
de la cession.

1702   **1545.** Celui, qui vend une hérédité sans en spécifier en   1696
détail les objets, n'est tenu de garantir que sa qualité d'héritier.

1703   S'il a déjà profité des fruits de quelque fonds, ou reçu   1697
le montant de quelque créance appartenant à cette hérédité,
ou vendu quelques effets de la succession, il est tenu de les
rembourser à l'acquéreur, s'il ne les a expressément réservés lors de la vente.

1704   L'acquéreur doit, de son côté, rembourser au vendeur ce   1698
que celui-ci a payé pour les dettes et charges de la succession, et lui faire raison de tout ce dont il était créancier, s'il
n'y a stipulation contraire.

1705   **1546.** Celui, contre lequel on a cédé un droit litigieux,   1699
peut s'en faire tenir quitte par le cessionnaire, en lui remboursant le prix réel de la cession, avec les frais et loyaux
coûts, et avec les intérêts, à compter du jour où le cessionnaire a payé le prix de la cession à lui faite.

1706   **1547.** La chose est censée litigieuse, dès qu'il y a procès   1700
et contestation sur le fonds du droit.

1707   **1548.** La disposition portée en l'art. 1546 cesse: 1701

1°   1° Dans le cas où la cession a été faite à un cohéritier ou   1°
copropriétaire du droit cédé ;

2°   2° Lorsqu'elle a été faite à un créancier en payement de   2°
ce qui lui est dû;

3°   3° Lorsqu'elle a été faite au possesseur du fonds sujet au   3°
droit litigieux.

TITRE VII.

DE L'ÉCHANGE.

1708   **1549.** L'échange est un contrat par lequel chacune des   1702
parties s'oblige de donner une chose pour en avoir une autre.

1709   **1550.** L'échange s'opère par le seul consentement des   1703
parties, de la même manière que la vente.

1710   **1551.** Si l'un des copermutants a déjà reçu la chose à   1701
.lui donnée en échange, et qu'il prouve ensuite que l'autre
contractant n'est pas propriétaire de cette chose, il ne peut
pas être forcé à livrer celle qu'il a promise en contre-
échange, mais seulement à rendre celle qu'il a reçue.

1711   **1552.** Le copermutant qui est évincé de la chose qu'il a   1705
reçue en échange, a le choix de conclure à des dommages
et intérêts, ou de répéter sa chose.

»   **1553.** Dans les cas de résolution indiqués dans les deux   »
articles précédents, restent toujours saufs les droits acquis
aux tiers sur les immeubles avant la transcription de la demande en résolution.

1712   **1554.** La rescision pour cause de lésion n'a pas lieu   1706
dans le contrat d'échange.

al.   Si cependant il a été convenu que l'un des copermutants   »
serait obligé de payer une soulte en argent, supérieure à la
valeur de l'immeuble qu'il a donnée en échange, ce contrat
sera considéré comme une vente, et l'action en rescision
appartiendra à celui qui aura reçu la soulte.

1713   **1555.** Les autres règles prescrites pour le contrat de   1707
vente s'appliquent d'ailleurs à l'échange.

TITRE VIII.

DE L'EMPHYTÉOSE.

»   **1556.** L'emphythéose est un contrat, par lequel un fonds   »
est concédé, à perpétuité ou pour un temps déterminé, avec
l'obligation de l'améliorer, et moyennant une prestation annuelle déterminée, en argent ou en denrée.

»   **1557.** L'emphytéose est réglée par les conventions des   530
parties, pour autant qu'elles n'ont rien de contraire aux dis-   a. 1 et 2
positions des art. 1561, 1562 et 1564.

»   A défaut de conventions spéciales, on observe les règles   »
suivantes.

486   **1558.** L'impôt foncier et toutes les autres charges qui   »
pèsent sur le fonds sont à la charge de l'emphytéote.

»   **1559.** L'emphytéote ne peut prétendre aucune remise   »
ou réduction de la redevance pour cause d'une stérilité extraordinaire ou d'une perte de fruits quelconque.

»   **1560.** Si le fonds emphytéotique périt entièrement,   »
l'emphytéote est libéré de la charge de la prestation annuelle.

»   Si le fonds n'est détruit qu'en partie, l'emphytéote ne peut   »

prétendre aucune diminution de la redevance, si la rente de
la partie qui reste est suffisante pour la payer entièrement.
En ce cas cependant, et s'il en est péri une partie considérable, l'emphytéote peut renoncer à son droit, en restituant
le fonds au bailleur.

> **1561.** L'emphytéote fait siens tous les produits du fonds
et des accessoires.

> Il a les mêmes droits qu'aurait le propriétaire, relativement
au trésor et aux mines qui pourraient se trouver dans le fonds
emphytéotique.

> **1562.** L'emphytéote peut disposer du fonds emphytéo-
tique et de ses accessoires, soit par acte entre-vifs, soit par
acte de dernière volonté.

> Il n'est dû aucune prestation au bailleur pour la trans-
mission du fonds emphytéotique, de quelque manière qu'elle
ait lieu.

La subemphytéose n'est point admise.

> **1563.** Le bailleur peut, tous les vingt-neuf ans, demander
la reconnaissance de son droit par celui qui se trouve en
possession du fonds emphytéotique.

> Il n'est dû aucune prestation pour l'acte de reconnais-
sance; les frais de la même sont à la charge du possesseur
du fonds.

> **1564.** L'emphytéote peut toujours libérer le fonds em-
phytéotique moyennant le payement d'un capital en argent
correspondant à la redevance annuelle d'après la base de
l'intérêt légal, ou à la valeur de la redevance elle-même, si
elle se fait en denrées, sur la base du prix moyen de celles-ci
pendant les dix dernières années.

> Les parties cependant peuvent stipuler le payement d'un
capital inférieur à celui sus-indiqué. S'il s'agit d'une emphytéose concédée pour un temps déterminé et qui n'excède
pas trente ans, les parties peuvent aussi stipuler le payement
d'un capital supérieur, qui cependant ne pourra pas excéder
le quart de celui sus-établi.

> **1565.** Le bailleur peut demander le retour du fonds
emphytéotique, à moins que l'emphytéote ne préfère le libérer aux termes de l'article précédent :

1° Si, après une légitime interpellation, l'emphytéote n'a
pas payé la redevance pour deux années consécutives;

2° Si l'emphytéote détériore le fonds et ne remplit pas
son obligation de l'améliorer.

Les créanciers de l'emphytéote peuvent intervenir dans
l'instance pour conserver leurs droits, en exerçant même,

s'il en est besoin, le droit de libération appartenant à l'emphytéote; ils peuvent offrir le remboursement des dommages-intérêts, et donner caution pour l'avenir.

1566. Dans le cas de retour, l'emphytéote a droit d'être compensé des améliorations par lui faites au fonds emphytéotique.

Cette compensation est due jusqu'à concurrence de la somme moindre, qui résulte entre ce qui a été dépensé et ce qui a été amélioré, au temps de la restitution du fonds, si la restitution a eu lieu par la faute de l'emphytéote.

Si la restitution se fait à cause de l'échéance du terme fixé pour l'emphytéose, la compensation est due en proportion de la valeur des améliorations au temps de la restitution.

1567. Dans le cas de restitution, les hypothèques acquises contre l'emphytéote se payent sur le prix dû pour les améliorations.

Dans le cas de libération, les hypothèques acquises contre le bailleur se payent sur le prix dû pour la libération.

TITRE IX.

DU CONTRAT DE LOUAGE.

CHAPITRE PREMIER.

Dispositions générales.

1714 **1568.** Le contrat de louage a pour objet les choses et 1708
les ouvrages.

1715 **1569.** Le louage des choses est un contrat par lequel 1709
l'une des parties s'oblige à faire jouir l'autre d'une chose pendant un certain temps, et moyennant un certain prix que celle-ci s'oblige de lui payer.

1716 **1570.** Le louage d'ouvrage est un contrat par lequel 1710
l'une des parties s'engage à faire quelque chose pour l'autre, moyennant un prix convenu entre elles.

CHAPITRE II.

Du Louage des choses.

SECTION PREMIÈRE.

Des Règles communes aux Locations des Maisons et des Biens ruraux.

1719 **1571.** Les baux d'immeubles ne peuvent être stipulés
pour un terme qui excède trente ans. Si le terme convenu est plus long, il est censé limité à cette durée, à partir du

jour où le bail a reçu son exécution. Toute clause contraire est comme non avenue.

al.   S'il s'agit du bail d'une maison servant à l'habitation, on pourra convenir qu'il durera pendant la vie du locataire, même deux années après.   »

1720   Les baux de terrains absolument incultes, passés sous condition qu'on les défrichera et qu'on les mettra en culture, pourront aussi être stipulés pour plus de trente ans, mais non au-delà de cent ans.   »

1726   **1572.** Les baux, qui excèdent le terme de neuf ans, ne sont pas permis à ceux qui ne peuvent faire que les actes de simple administration.   1718   1420

1725   **1573.** Le preneur a le droit de sous-louer, et même de céder son bail à un autre, si cette faculté ne lui a pas été interdite.   1717

a. 1 et 2   Elle peut être interdite pour le tout ou en partie ; mais la prohibition n'a lieu que par une convention spéciale.   a. 1 et 2

1760   **1574.** Le sous-preneur n'est tenu envers le bailleur que jusqu'à concurrence du prix convenu dans la sous-location, dont il serait débiteur au moment de l'intimation de la demande, sans qu'il puisse opposer des payements faits par anticipation.   1753

al.   Cependant, les payements faits par le sous-preneur, d'après l'usage des lieux, ne sont pas considérés comme faits par anticipation.   al.

1727   **1575.** Le bailleur est obligé par la nature du contrat, et sans qu'il soit besoin d'aucune stipulation particulière :   1719

1°   1° De délivrer au preneur la chose louée ;   1°

2°   2° D'entretenir cette chose en état de servir à l'usage pour lequel elle a été louée ;   2°

3°   3° D'en faire jouir paisiblement le preneur pendant la durée du bail.   3°

1728   **1576.** Le bailleur est tenu de délivrer la chose en bon état de réparation de toute espèce.   1720

al.   Il doit y faire, pendant la durée du bail, toutes les réparations qui peuvent devenir nécessaires, sauf les réparations de menu entretien, qui, d'après l'usage, sont à la charge du preneur.   al.

1729   **1577.** Il est dû garantie au preneur pour tous les vices ou défauts de la chose louée qui en empêche l'usage, quand même le bailleur ne les aurait pas connus lors du bail.   1721

al.   S'il résulte de ces défauts ou vices quelque perte pour le preneur, le bailleur est tenu de l'indemniser, à moins qu'il ne prouve qu'il les a ignorés.   al.

1730 **1578.** Si, pendant la durée du bail, la chose louée est **1722**
détruite en totalité, le bail est résilié de plein droit ; si elle
n'est détruite qu'en partie, le preneur peut, suivant les circonstances, demander ou une diminution du prix, ou la résiliation même du bail. Dans l'un et l'autre cas, il n'y a lieu à
aucun dédommagement, si la chose est détruite par cas fortuit.

1731 **1579.** Le locataire ne peut, pendant la durée du bail, **1723**
changer la forme de la chose louée.

1732 **1580.** Si, durant le bail, la chose louée a besoin de ré- **1724**
parations urgentes et qui ne puissent être différées jusqu'à
la fin, le preneur doit les souffrir, quelque incommodité
qu'elles lui causent, et quoiqu'il soit privé, pendant qu'elles
se font, d'une partie de la chose louée.

al. 1   Mais, si ces réparations durent plus de vingt jours, le prix al. 1
du bail sera diminué à proportion du temps et de la partie
de la chose louée dont il aura été privé.

al. 2   Si les réparations sont de telle nature qu'elles rendent al. 2
inhabitable ce qui est nécessaire au logement du preneur et
de sa famille, il pourra, suivant les circonstances, y avoir lieu
à la résiliation du bail.

1733 **1581.** Le bailleur n'est pas tenu de garantir le preneur **1725**
du trouble que des tiers apportent par des voies de fait à sa
jouissance, sans prétendre d'ailleurs aucun droit sur la
chose louée, sauf au preneur à les poursuivre en son nom
personnel.

1734   Si, au contraire, le preneur a été troublé dans sa jouis- **1726**
sance par suite d'une action concernant la propriété de la
chose, il a droit à une diminution proportionnée sur le prix
du bail à loyer ou à ferme, pourvu que le trouble et l'empêchement aient été dénoncés au bailleur.

1735 **1582.** Si ceux, qui ont commis les voies de fait préten- **1727**
dent avoir quelque droit sur la chose louée, ou si le preneur
est lui-même cité en justice pour se voir condamner au délaissement de la totalité ou de partie de cette chose, ou à
souffrir l'exercice de quelque servitude, il doit appeler le
bailleur en garantie, et doit être mis hors d'instance, s'il
l'exige, en nommant le bailleur pour lequel il possède.

1736 **1583.** Le preneur est tenu de deux obligations prin- **1728**
cipales :

1°   1. D'user de la chose louée en bon père de famille, et 1°
suivant la destination qui lui a été donnée par le bail, ou
suivant celle présumée d'après les circonstances, à défaut
de convention ;

2°   2. De payer le prix du bail aux termes convenus. 2°

1737   **1584.** Si le preneur emploie la chose louée à un autre usage que celui auquel elle a été destinée, ou de manière qu'il puisse en résulter un dommage pour le bailleur, celui-ci peut, suivant les circonstances, faire résilier le bail.   **1729**

1738   **1585.** S'il a été fait un état des lieux entre le bailleur et le preneur, celui-ci doit rendre la chose telle qu'il l'a reçue, suivant cet état, excepté ce qui a péri ou a été dégradé par vétusté ou force majeure.   **1730**

1739   **1586.** S'il n'a pas été fait d'état des lieux, le preneur est présumé avoir reçu la chose louée en bon état de réparations locatives, et doit la rendre telle, sauf la preuve contraire.   **1731**

1774   **1587.** Le preneur est tenu, sous peine des dommages et intérêts et des frais, d'avertir promptement le bailleur des usurpations qui seraient commises sur la chose louée.   **1768**

1740   **1588.** Il répond des dégradations et des pertes qui arrivent pendant sa jouissance, à moins qu'il ne prouve qu'elles ont eu lieu sans sa faute.   **1732**

1741   Il répond aussi des dégradations et des pertes arrivées par le fait des personnes de sa maison ou de ses sous-locataires.   **1735**

1742   **1589.** Il répond de l'incendie, à moins qu'il ne prouve :   **1733**

al. 1   Que l'incendie est arrivé par cas fortuit ou force majeure, ou par vice de construction, ou malgré la surveillance qu'un père de famille soigneux a coutume d'exercer ;   al. 1

al. 2   Ou que le feu a été communiqué par une maison ou par un fonds voisins.   al. 2

1743   **1590.** Si une maison est habitée par plusieurs locataires, tous sont responsables de l'incendie, ainsi que le bailleur, s'il habite le même corps de logis, chacun proportionnellement à la valeur de la partie qu'il occupe ;   **1734**

al. 1   A moins qu'il ne prouve que l'incendie a commencé dans l'habitation de l'un d'eux, auquel cas celui-là seul en est tenu ;   al. 1

al. 2   Ou que quelques-uns ne prouvent que l'incendie n'a pu commencer chez eux, auquel cas ceux-là n'en sont pas tenus.   al. 2

1744   **1591.** Le bail fait pour un temps déterminé cesse de plein droit à l'expiration du terme fixé, sans qu'il soit nécessaire de donner congé.   **1737**

1745   **1592.** Si, à l'expiration du terme fixé dans le contrat de louage, le preneur reste et est laissé en possession, le bail est considéré comme renouvelé, et l'effet en est réglé par l'article relatif aux locations faites sans fixation de terme.   **1738**

1746   **1593.** Lorsqu'il y a un congé signifié, le preneur, quoi-   1739
qu'il ait continué sa jouissance, ne peut invoquer la tacite
réconduction.

1747   **1594.** Dans le cas des deux articles précédents, la cau-   1740
tion donnée pour le bail ne s'étend pas aux obligations résultant de la prolongation du terme.

1748   **1595.** Le contrat de louage se résout par la perte entière   1741
de la chose louée.

1748   Si l'une des parties ne remplit pas ses obligations princi-   1741
pales, l'autre partie peut demander la résolution du contrat
aux termes de l'art. 1165.

1749   **1596.** Le contrat de louage n'est point résolu par la   1742
mort du bailleur, ni par celle du preneur.

1750   **1597.** Si le bailleur vend la chose louée, l'acquéreur est   1743
tenu d'observer le bail, si celui-ci est antérieur à la vente, et
s'il résulte d'un acte public ou ayant date certaine, à moins
que le bailleur lui-même n'ait réservé le droit de résoudre
le bail en cas de vente.

»   **1598.** Quoique le preneur n'ait pas un acte public ou   »
ayant date certaine, s'il a une possession antérieure à la
vente, l'acquéreur est tenu de le laisser continuer pour tout
le temps, pour lequel sont censés faits les baux sans fixation
de temps.

»   Dans le cas que l'acquéreur veuille expulser le preneur   »
après ledit terme, il est tenu en outre de l'avertir au temps
d'avance usité dans le lieu pour les significations de congés.

1751   **1599.** S'il a été convenu, lors du bail, qu'en cas de vente   1741
l'acquéreur pourrait expulser le preneur, celui-ci n'a droit
à aucune indemnité, ni vers le bailleur, ni vers l'acquéreur,
à moins qu'il n'y ait convention contraire.

1755   **1600.** L'acquéreur qui veut user de la faculté réservée   1748
sur le bail d'expulser le preneur en cas de vente, est tenu
de l'avertir au temps d'avance usité dans le lieu pour les
congés.

al.   Le fermier de biens ruraux doit être averti au moins un   al.
an à l'avance.

1756   **1601.** Si le preneur est expulsé par l'acquéreur parce   1749
1757   que le bail n'est pas fait par acte authentique ou n'a point   1750
de date certaine, il a droit à des dommages et intérêts envers
le bailleur.

1758   **1602.** L'acquéreur à pacte de rachat ne peut user de   1751
la faculté d'expulser le preneur, jusqu'à ce que, par l'expiration du délai fixé pour le réméré, il devienne propriétaire
incommutable.

SECTION II.
Règles particulières aux Baux à Loyer.

1759   **1603.** Le locataire qui ne garnit pas la maison de meubles suffisants peut être expulsé, à moins qu'il ne donne des sûretés capables de répondre du loyer.   1752

1761   **1604.** Les réparations de menu entretien, dont le locataire est tenu, s'il n'y a clause contraire, sont celles désignées comme telles par l'usage des lieux, et, entre autres, les réparations à faire :   1754

al. 1   Aux âtres, contre-cœurs, chambranles et tablettes des cheminées ;   al. 1

al. 2   Au recrépiment du bas des murailles des appartements et autres lieux d'habitation, à la hauteur d'un mètre ;   al. 2

al. 3   Aux pavés et carreaux des chambres, lorsqu'il y en a seulement quelques-uns de cassés ;   al. 3

al. 4   Aux vitres, à moins qu'elles ne soient cassées par la grêle, ou autres accidents extraordinaires et de force majeure, dont le locataire ne peut être tenu ;   al. 4

al. 5   Aux portes, croisées, planches de cloison ou de fermeture de boutiques, gonds, targettes et serrures.   al. 5

1762   **1605.** Cependant, celles des susdites réparations, qui sont occasionnées par vétusté ou par force majeure, ne sont pas à la charge du locataire.   1755

1763   **1606.** Le curement des puits et des fosses d'aisance sont à la charge du bailleur.   1756

1764   **1607.** Le bail des meubles fournis pour garnir une maison entière, un corps de logis, une boutique, ou tous autres bâtiments, est censé fait pour la durée ordinaire des baux de maisons, corps de logis, boutiques ou autres bâtiments, selon l'usage des lieux.   1757

1765   **1608.** Le bail d'un appartement meublé est censé fait à l'année, quand il a été fait à tant par an ; au mois, quand il a été fait à tant par mois ; au jour, s'il a été fait à tant par jour.   1758   al. 1-2

al. 3   Si rien ne constate que le bail soit fait à tant par an, par mois, ou par jour, la location est censée faite suivant l'usage des lieux.   al. 3

1766   **1609.** Si le bail a été fait sans détermination de temps, l'une des parties ne pourra donner congé à l'autre qu'en observant les délais fixés par l'usage des lieux.   1736 par anal.

1767   **1610.** Si le locataire d'une maison ou d'un appartement continue sa jouissance après l'expiration du terme fixé pour le bail, sans opposition de la part du bailleur, il sera censé   1759

les occuper aux mêmes conditions, pour le terme fixé par
l'usage des lieux, et ne pourra plus en sortir ni en être expulsé qu'après un congé donné suivant le délai fixé par
l'usage des lieux.

1768   **1611.** En cas de résiliation par la faute du locataire,   1760
celui-ci est tenu de payer le prix du bail pendant le temps
nécessaire à la relocation, sans préjudice des dommages et
intérêts qui ont pu résulter de l'abus de la chose louée.

1769   **1612.** Le bailleur ne peut résoudre la location, encore   1761
qu'il déclare vouloir occuper par lui-même la maison louée,
s'il n'y a eu convention contraire.

1770   **1613.** S'il a été convenu dans le contrat de louage que   1762
le bailleur pourrait venir occuper la maison, il est tenu de
signifier d'avance un congé au locataire aux époques déterminées par l'usage des lieux.

SECTION III.

Règles particulières aux Baux à Ferme.

1771   **1614.** Si, dans un bail à ferme, on donne aux fonds une   1765
contenance moindre ou plus grande que celles qu'ils ont
réellement, il n'y a lieu à diminution ou à augmentation de
prix que dans les cas et suivant les règles exprimées au
Titre : *De la Vente.*

1772   **1615.** Si le preneur d'un fonds rural ne le garnit pas   1766
des bestiaux et des ustensiles nécessaires à son exploitation,
s'il abandonne la culture, s'il ne cultive pas en bon père de
famille, s'il emploie la chose louée à un autre usage que
celui auquel elle a été destinée, ou, en général, s'il n'exécute
pas les clauses du bail, et qu'il en résulte un dommage pour
le bailleur, celui-ci peut, suivant les circonstances, faire
résilier le bail.

al.   Dans tous les cas, le preneur est tenu des dommages et   al.
intérêts résultant de l'inexécution du bail.

1773   **1616.** Tout preneur de bien rural est tenu d'engranger   1767
dans les lieux à ce destinés d'après le bail.

1775   **1617.** Si le bail est fait pour plusieurs années, et que,   1769
pendant la durée du bail, la totalité ou la moitié d'une récolte au moins soit enlevée par des cas fortuits, le fermier
peut demander une remise sur le prix de sa location, à
moins qu'il ne soit indemnisé par les récoltes précédentes.

al. 1   S'il n'est pas indemnisé, l'estimation de la remise ne peut   al. 1
avoir lieu qu'à la fin du bail, auquel temps il se fait une
compensation de toutes les années de jouissance.

16

al. 2   Et cependant l'autorité judiciaire peut provisoirement dis-   al. 2
penser le preneur de payer une partie du prix, en raison de
la perte soufferte.

1776   **1618.** Si le bail n'est que d'une année, et que la perte   1770
soit de la totalité des fruits, ou au moins de la moitié, le
preneur sera déchargé d'une partie proportionnelle du prix
de location.

al.   Il ne pourra prétendre aucune remise, si la perte est   al.
moindre de la moitié.

1777   **1619.** Le fermier ne peut obtenir de remise lorsque la   1771
perte des fruits arrive après qu'ils sont séparés de la terre,
à moins que le bail ne donne au propriétaire une quotité de
la récolte en nature ; auquel cas, le propriétaire doit supporter sa part de la perte, à moins que le preneur ne fût en
faute ou en demeure de lui délivrer sa portion de récolte.

al.   Le fermier ne peut également demander une remise   al.
lorsque la cause du dommage était existante et connue à
l'époque où le bail a été passé.

1778   **1620.** Le preneur peut être chargé des cas fortuits par   1772
une stipulation expresse.

1779   **1621.** Cette stipulation ne s'entend que des cas fortuits   1773
ordinaires, tels que la grêle, le feu du ciel ou la gelée.

al.   Elle ne s'entend point des cas fortuits extraordinaires,   al.
tels que les ravages de la guerre, ou une inondation à laquelle le pays n'est pas ordinairement sujet, à moins que le
preneur n'ait été chargé de tous les cas fortuits prévus ou
imprévus.

1780   **1622.** Le bail d'un fonds rural, fait sans fixation de   1774
temps, est censé fait pour le temps qui est nécessaire, afin
que le preneur recueille tous les fruits du fonds affermé.

al. 2   Le bail de terres labourables, lorsqu'elles se divisent par   al. 2
soles ou saisons, est censé fait pour autant d'années qu'il y
a de soles.

1781   **1623.** Le bail des fonds ruraux, quoique fait sans fixa-   1775
tion de temps, cesse de plein droit à l'expiration du temps,
pour lequel il est censé fait, selon l'article précédent.

1782   **1624.** Si, à l'expiration du bail de fonds ruraux, fait   1776
pour un temps indéterminé, le preneur reste et est laissé en
possession, il s'opère un nouveau bail, dont l'effet est réglé
par l'art. 1622.

1783   **1625.** Le fermier sortant doit laisser, à celui qui lui suc-   1777
cède dans la culture, les logements et les emplacements convenables et autres facilités pour les travaux de l'année suivante ; réciproquement, le fermier entrant doit procurer à

celui qui sort les logements et les emplacements convenables, et autres facilités pour la consommation des fourrages, et pour les récoltes restant à faire,

al, · Dans l'un et l'autre cas, on doit se conformer à l'usage al. des lieux.

1784 **1826.** Le fermier sortant doit aussi laisser la paille, la 1778 litière et l'engrais de l'année, s'il les a reçus lors de son entrée en jouissance ; s'il ne les a pas reçus, le bailleur peut les retenir suivant l'estimation.

CHAPITRE III.
Du Bail d'ouvrage.

1801 **1827.** Il y a trois espèces principales de louage d'ouvrage 1779 et d'industrie :

1° · 1° Celui par lequel les personnes engagent leur propre 1° travail au service d'autrui ;

2° 2° Celui des voituriers, tant par terre que par eau, qui se 2° chargent du transport des personnes et des choses ;

3° 3° Celui des entrepreneurs d'ouvrages par suite de devis 3° ou marchés.

1803 **1828.** On ne peut engager ses services qu'à temps, ou 1780 pour une entreprise déterminée.

1805 **1829.** Les voituriers par terre et par eau sont assujettis, 1782 pour la garde et la conservation des choses qui leur sont confiées, aux mêmes obligations que les aubergistes, dont il est parlé au Titre : *Du Dépôt et du Séquestre.*

1806 **1830.** Les voituriers sont tenus, non-seulement de ce 1783 qu'ils ont déjà reçu dans leur bâtiment ou voiture, mais encore de ce qui leur a été remis sur le port ou dans l'entrepôt, pour être placé dans leur bâtiment ou voiture.

1807 **1831.** Ils sont responsables de la perte et des avaries 1784 des choses qui leur sont confiées, à moins qu'ils ne prouvent qu'elles ont été perdues ou avariées par cas fortuit ou force majeure.

1808 **1832.** Les entrepreneurs de voitures publiques par terre 1785 et par eau, et ceux des roulages publics, doivent tenir registre de l'argent, des effets et des paquets dont ils se chargent.

1809 **1833.** Les entrepreneurs et directeurs de voitures et 1786 roulages publics, les maîtres de barques et navires sont en outre assujettis à des règlements particuliers, qui font la loi entre eux et les personnes avec lesquelles ils contractent.

1810 · **1834.** Lorsqu'on charge quelqu'un de faire un ouvrage, 1787 on peut convenir qu'il fournira seulement son travail, ou son industrie, ou bien qu'il fournira aussi la matière.

1811   **1635.** Si, dans le cas où l'artisan ou artiste fournit la matière, la chose vient à périr de quelque manière que ce soit, avant d'être livrée, la perte en est pour l'artisan ou l'artiste, à moins que le bailleur de l'ouvrage ne fût en demeure de le recevoir.   1788

1812   **1636.** Dans le cas où l'artisan ou l'artiste fournit seulement son travail ou son industrie, si la chose vient à périr, l'artisan ou l'artiste n'est tenu que de sa faute.   1789

1813   **1637.** Si, dans le cas de l'article précédent, la chose vient à périr, quoique sans aucune faute de la part de l'artisan ou artiste, avant que l'ouvrage ait été reçu, et sans que le bailleur de l'ouvrage fût en demeure de le vérifier, l'artisan ou artiste n'a plus droit de réclamer le prix, à moins que la chose n'ait péri par le vice de la matière.   1790

1814   **1638.** S'il s'agit d'un ouvrage à plusieurs pièces ou à la mesure, la vérification peut s'en faire par parties ; elle est censée faite pour toutes les parties payées, si celui qui a fait la commande paye l'artisan ou artiste en proportion de l'ouvrage fait.   1791

1815   **1639.** Si, dans les dix ans, à compter du jour où la construction d'un édifice ou de tout autre gros ouvrage a été achevée, l'édifice ou l'ouvrage vient à périr, en tout ou en partie, ou menace évidemment ruine par le vice de la construction, même par le vice du sol, les architecte et entrepreneur en sont responsables.   1792

»   L'action en indemnité doit être intentée dans les deux ans, à compter du jour où l'un des cas sus-énoncés s'est vérifié.   »

1816   **1640.** Lorsqu'un architecte ou un entrepreneur s'est chargé de la construction à forfait d'un bâtiment, d'après un plan arrêté et convenu avec le bailleur de l'ouvrage, il ne peut demander aucune augmentation de prix, ni sous le prétexte de l'augmentation de la main-d'œuvre ou des matériaux, ni sous celui de changements ou d'augmentations faits sur ce plan, si ces changements ou augmentations n'ont pas été autorisés par écrit, et le prix convenu avec le bailleur de l'ouvrage.   1793

1817   **1641.** Le bailleur d'ouvrage peut résilier par sa seule volonté le marché à forfait, quoique l'ouvrage soit déjà commencé, en dédommageant l'entrepreneur de toutes ses dépenses, de tous ses travaux, et de tout ce qu'il aurait pu gagner dans cette entreprise.   1794

1818   **1642.** Le contrat de louage d'ouvrage est dissous par la mort de l'ouvrier, de l'architecte ou de l'entrepreneur, qui en était chargé.   1795

1819   **1643.** Mais le propriétaire est tenu de payer, en proportion du prix porté par la convention, à leurs héritiers, la valeur des ouvrages faits et celle des matériaux préparés, lors seulement que ces travaux ou ces matériaux peuvent lui être utiles.   1796

1820   **1644.** L'entrepreneur répond du fait des personnes qu'il emploie.   1797

1821   **1645.** Les maçons, charpentiers et autres artisans, qui ont été employés à la construction d'un bâtiment ou d'autres ouvrages faits à l'entreprise, n'ont d'action contre celui pour lequel les ouvrages ont été faits, que jusqu'à concurrence de ce dont il se trouve débiteur envers l'entrepreneur, au moment où leur action est intentée.   1798

1822   **1646.** Les maçons, charpentiers, serruriers et autres artisans, qui font directement des marchés à prix fait, sont astreints aux règles prescrites dans le présent Chapitre, et sont considérés comme entrepreneurs dans la partie qu'ils traitent.   1799

CHAPITRE IV.
Du Bail à métairie.

1717 a. 3 et 17 à 5   **1647.** Celui qui cultive un fonds, à la condition d'en partager les fruits avec le bailleur, s'appelle *colon partiaire*, et le contrat qui en résulte s'appelle *bail à métairie*.   1711 al. 2

1785 a.   Ce contrat est soumis aux règles générales établies pour la location des choses, et en particulier pour la location des fonds ruraux, sous les modifications suivantes.   »

1786   **1648.** La perte, par cas fortuit, de la totalité ou d'une partie des fruits à partager, est supportée proportionnellement par le propriétaire et le colon partiaire ; elle ne donne lieu à aucune action en indemnité de l'un envers l'autre.   1769

1787   **1649.** Le colon partiaire ne peut ni sous-louer, ni céder la métairie, si la faculté ne lui en a été expressément accordée par le bail.   1763

al.   En cas de contravention, le propriétaire a droit de rentrer en jouissance, et le colon est condamné aux dommages et intérêts résultant de l'inexécution du bail.   1764

1788   **1650.** Le colon partiaire ne peut vendre le foin, la paille, le fumier, ni faire des transports pour autrui, sans le consentement du bailleur.   »

1789   **1651.** Le bail à métairie ne cesse point de plein droit, de quelque manière qu'il ait été contracté ; le propriétaire   » doit donner, ou le côlon partiaire prendre congé à l'époque fixée par la coutume.

1790　**1652.** Ce bail peut aussi être résilié en tous temps, s'il existe de justes motifs ; par exemple, si le propriétaire ou le côlon partiaire manque à ses engagements, si une maladie habituelle met celui-ci dans l'impossibilité de cultiver les terres, ou pour autres causes semblables.

1790　L'appréciation de ces motifs est laissée à la prudence et à l'équité de l'autorité judiciaire.

1791　**1653.** Le décès du colon partiaire résout le bail à l'expiration de l'année agricole courante ; si cependant ce décès a eu lieu dans les quatre derniers mois, il est loisible aux enfants et aux autres héritiers du défunt qui habitent avec lui de continuer le bail, même pour l'année suivante. A défaut d'héritiers qui aient habité avec le défunt, ou s'ils ne peuvent ou ne veulent continuer le bail, le même droit appartiendra à la veuve du colon partiaire.

al.　Mais si les héritiers ou la veuve ne cultivent pas le fonds en bon père de famille, le bailleur pourra, soit pour le temps qui reste à s'écouler de l'année agricole, soit pour l'année suivante, le faire cultiver lui-même, et il aura le droit de prélever les frais de culture sur la portion des fruits afférente aux héritiers ou à la veuve.

1792　**1654.** Les cas non prévus par les dispositions précédentes, ou par les clauses expresses du contrat, seront réglés par les coutumes locales.

al.　A défaut de coutumes ou de conventions expresses, on observera les règles suivantes.

1793　**1655.** Le colon partiaire doit fournir les bestiaux nécessaires à la culture et à l'engraissement des terres, le capital pour hiverner, et les instruments aratoires qu'exige l'exploitation de la ferme.

al.　Le nombre des bestiaux doit être proportionné au fourrage que peut produire le fonds affermé.

1794　**1656.** Les semences sont fournies en commun par le bailleur et par le colon partiaire.

1795　**1657.** Le colon est seul chargé des dépenses qu'occasionnent la culture des terres et la récolte des fruits.

1796　**1658.** Les plantations ordinaires, celles qu'on fait, par exemple, en remplacement des arbres morts, fortuitement abattus, ou devenus stériles pendant la durée du bail à métairie, sont à la charge du colon partiaire ; mais c'est au propriétaire de fournir les plants, ainsi que les fascines, liens et tuteurs destinés à les diriger et à les soutenir.

al.   Si les plants sont tirés d'une pépinière dépendant du fonds ›
affermé, il n'est dû aucune indemnité au colon.

1797   **1059.** Le curage des fossés établis soit dans l'intérieur ›
des terres, soit le long des routes publiques ou communales,
et des travaux ordinaires que l'administration locale est en
usage d'ordonner pour la conservation des routes, sont à la
charge du colon.

al.   Celui-ci est en outre tenu de faire les charriages ordi- ›
naires, soit pour les réparations des fonds et de la maison
fermière, soit pour le transport des fruits dans la maison
du maître.

1798   **1660.** Le colon partiaire ne peut récolter, battre les ›
blés, ni vendanger, sans en avoir averti le propriétaire.

1799   **1661.** Tous les fruits du fonds, soit naturels, soit indus- ›
triels, se divisent par moitié entre le propriétaire et le colon.

al. 1   La coupe des bois, nécessaires pour l'échalassement des ›
vignes et pour les autres besoins de la ferme, est à la charge
du colon partiaire. Le surplus des bois taillis appartient au
propriétaire, qui supporte les frais occasionnés par la coupe
de ces bois. Les troncs des arbres morts ou abattus sont
aussi réservés au propriétaire.

al. 2   Le colon partiaire est tenu des travaux qu'exigent la taille ›
de la vigne et des arbres, ainsi que l'ébranchement des arbres
morts ou abattus; il ne peut se servir de ces bois que pour
ce qui est nécessaire à l'exploitation du fonds, ou à son
propre usage; l'excédant appartient au propriétaire.

›   **1662.** Si le livre du bailleur contient toutes les dettes ›
actives et passives avec l'indication du temps et de la cause,
et si ces mêmes dettes ont été annotées en même temps jour
par jour dans un autre livre resté en possession du colon,
il forme preuve entière soit en faveur du bailleur, soit contre
lui, lorsque le colon n'aura pas soulevé des réclamations
avant l'échéance de quatre mois, à compter de la date de la
dernière annotation.

›   Le livre resté en possession du colon forme la même ›
preuve, s'il est écrit par le bailleur de la manière sus-indiquée.

›   Si l'un de ces deux livres ne peut être présenté parce qu'il ›
a été perdu, ou parce qu'on n'en a pas eu soin, on s'en tiendra
à celui qui sera présenté.

›   **1663.** Le livre tenu par le bailleur et par le colon dans ›
la forme sus-indiquée dans l'article précédent forme preuve
aussi des conventions qu'ils peuvent avoir faites en augmentation des règles établies dans le présent Chapitre, ou pour
les modifier.

1800　　**1664.** Le bail à métairie, consenti sans fixation de terme, 　»
est censé fait pour une année seulement. L'année commence
et finit le onze novembre.

al.　　　Si le mois de mars s'écoule sans qu'on ait donné congé 　»
de part ni d'autre, le bail est réputé renouvelé pour une
année.

CHAPITRE V.
Du Bail à cheptel.

SECTION PREMIÈRE.
Dispositions générales.

1823　　**1665.** Le bail à cheptel est un contrat, par lequel l'une　1800
des parties donne à l'autre un fonds de bétail pour le garder,
le nourrir et le soigner, sous les conditions convenues entre
elles.

1824　　**1666.** Il y a plusieurs sortes de cheptels :　　　　　1801
al. 1　　Le cheptel simple et ordinaire ;
al. 2　　Le cheptel à moitié ;
al. 3　　Le cheptel donné au fermier ou au colon partiaire ;
al. 4　　Le cheptel improprement dit.

1825　　**1667.** On peut donner à cheptel toute espèce d'ani-　1802
maux susceptibles de croît ou de profit pour l'agriculture
ou le commerce.

1826　　**1668.** A défaut de conventions particulières, ces con-　1803
trats se règlent par les principes qui suivent.

SECTION II.
Du Cheptel simple.

1827　　**1669.** Le bail à cheptel simple est un contrat par lequel　1804
on donne à un autre des bestiaux à garder, nourrir et soigner, à condition que le preneur profitera de la moitié de
l'augmentation. L'augmentation consiste tant dans le croît
que dans la plus-value des bestiaux à la fin du bail, en com-
paraison de celle qu'ils avaient au commencement.

1828　　**1670.** L'estimation donnée au cheptel dans le bail n'en　1805
transporte pas la propriété au preneur; elle n'a d'autre objet
que de fixer la perte ou le profit qui pourra se trouver à
l'expiration du bail.

1829　　**1671.** Le preneur doit les soins d'un bon père de famille　1806
à la conservation du cheptel.

1830　　**1672.** Il n'est tenu du cas fortuit, que lorsqu'il a été　1807
précédé de quelque faute de sa part, sans laquelle la perte
ne serait pas arrivée.

1831 **1673.** En cas de contestation, le preneur est tenu de 1808
prouver le cas fortuit, et le bailleur est tenu de prouver la
faute qu'il impute au preneur.

1832 **1674.** Le preneur, qui ne s'est pas obligé de rembourser 1809
les dommages des cas fortuits, est toujours tenu de rendre
compte des peaux des bêtes, et de tout ce qui peut en rester.

1833 **1675.** Si le cheptel périt en entier, ou s'il a perdu de sa 1810
valeur primitive sans la faute du preneur, la perte en est
pour le bailleur.

1834 **1676.** Le preneur profite seul du laitage, du fumier et 1811
du travail des animaux donnés à cheptel. al. 5

al. La laine et le croit se partagent. al. 5

1835 **1677.** On ne pourra stipuler : 1811

al. 1 Que le preneur supportera plus de la moitié de la perte al. 1
du cheptel, lorsqu'elle arrive par cas fortuit et sans sa faute;

al. 2 Qu'il supportera dans la perte une part plus grande que al. 2
dans le profit;

al. 3 Que le bailleur prélèvera, à la fin du bail, quelque chose al. 3
de plus que le cheptel qu'il a fourni.

al. 4 Toute convention semblable est nulle. al. 4

1836 **1678.** Le preneur ne peut disposer d'aucune bête du 1812
troupeau, soit du fonds, soit du croit, sans le consentement
du bailleur, qui ne peut lui-même en disposer sans le consentement du preneur.

1837 **1679.** Lorsque le cheptel est donné au fermier d'autrui, 1813
il doit être notifié au bailleur des biens que celui-ci tient à
ferme, sans quoi le bailleur desdits biens peut saisir et faire
vendre le cheptel pour être payé de ce que le fermier lui doit.

1838 **1680.** Le preneur ne pourra tondre le bétail donné à 1814
cheptel sans en prévenir le bailleur.

1839 **1681.** S'il n'y a pas de temps fixé par la convention pour 1815
la durée du cheptel, il est censé fait pour trois ans.

1840 **1682.** Le bailleur peut en demander plus tôt la réso- 1816
lution, si le preneur ne remplit pas ses obligations.

1841 **1683.** A la fin du bail, ou lors de sa résolution, il se 1817
fait une nouvelle estimation du cheptel.

al. 1 Le bailleur peut prélever des bêtes de chaque espèce, al. 1
jusqu'à concurrence de la première estimation; l'excédant
se partage.

al. 2 S'il n'existe pas assez de bêtes pour remplir la première al. 2
estimation, le bailleur prend ce qui reste, sans que le preneur soit tenu de concourir à la perte.

SECTION III.

Du Cheptel à moitié.

1842   **1684.** Le cheptel à moitié est une société dans laquelle 1818
chacun des contractants fournit la moitié des bestiaux, qui
demeurent communs pour le profit ou pour la perte.

1843   **1685.** Le preneur profite seul, comme dans le cheptel 1819
simple, du laitage, du fumier et des travaux des bêtes.

al.   Le bailleur n'a droit que sur la moitié des laines et du al. 1
croît.

1844   **1686.** Toutes les autres règles du cheptel simple s'ap- 1820
pliquent au cheptel à moitié.

SECTION IV.

Du Cheptel donné par le Bailleur à son Fermier
ou Colon partiaire.

§ 1er.

Du Cheptel donné au Fermier.

1845   **1687.** Le cheptel donné au fermier, appelé aussi *cheptel* 1821
de fer, est celui par lequel le propriétaire d'une métairie la
donne à ferme, à la charge qu'à l'expiration du bail, le fermier laissera des bestiaux d'une valeur égale au prix de l'estimation de ceux qu'il aura reçus.

1846   **1688.** L'estimation du cheptel donné au fermier ne lui 1822
en transfère pas la propriété, mais néanmoins le met à ses
risques.

1847   **1689.** Tous les profits appartiennent au fermier pendant 1823
la durée du bail, s'il n'y a convention contraire.

1848   **1690.** Dans les cheptels donnés au fermier le fumier 1824
ne devient point sa propriété particulière, mais appartient
à la métairie, à l'exploitation de laquelle il doit être uniquement employé.

1849   **1691.** La perte, même totale et par cas fortuit, est en 1825
entier pour le fermier, s'il n'y a convention contraire.

1850   **1692.** A la fin du bail, le fermier ne peut retenir le 1826
cheptel en en payant l'estimation originaire; il doit en laisser
un de valeur pareille à celui qu'il a reçu.

al.   Tout déficit, qui se trouverait dans la valeur du cheptel, al.
est à la charge du fermier, qui doit le rembourser; toute
augmentation est entièrement à son profit.

§ 2.

Du Cheptel donné au Colon partiaire.

1831   **1693.** On peut stipuler que le colon délaissera au bail-   1828
leur sa part de la toison à un prix inférieur à la valeur ordinaire ;

al. 1   Que le bailleur aura une plus grande part du profit ;   al. 1
al. 2   Qu'il aura la moitié des laitages.   al. 2
1832   **1694.** Le cheptel avec le colon partiaire cesse à l'é-   1829
chéance du bail.
1833   **1695.** Il est d'ailleurs soumis à toutes les règles du   1830
cheptel simple.

SECTION V.

Du Contrat improprement appelé Cheptel.

1834   **1696.** Le cheptel improprement dit a lieu quand une   1831
ou plusieurs vaches sont données pour les garder et les
nourrir, et que le bailleur en conserve la propriété et n'a que
le profit des veaux qui en naissent.

TITRE X.

DU CONTRAT DE SOCIÉTÉ.

CHAPITRE PREMIER.

Dispositions générales.

1835   **1697.** La société est un contrat, par lequel deux ou   1832
plusieurs personnes conviennent de mettre quelque chose
en commun, dans la vue de partager le bénéfice qui pourra
en résulter.
1836   **1698.** Toute société doit avoir un objet licite, et être   1833
contractée pour l'intérêt commun des parties.
al.   Chaque associé doit y apporter ou de l'argent, ou d'autres   al.
biens, ou son industrie.

CHAPITRE II.

Des diverses espèces de Sociétés.

1837   **1699.** Les sociétés sont universelles ou particulières.   1835

SECTION PREMIÈRE.

Des Sociétés universelles.

1838   **1700.** On distingue deux sortes de sociétés universelles :   1836 la société de tous biens présents, et la société universelle des gains.

1839 **1701.** La société de tous biens présents est celle par laquelle les parties mettent en commun tous les biens meubles et immeubles qu'elles possèdent actuellement, et les profits qu'elles pourront en tirer. **1837**

al. Elles peuvent aussi y comprendre toute autre espèce de gains; mais les biens qui pourraient leur avenir par succession, ou donation, n'entrent dans cette société que pour la jouissance. Toute stipulation tendant à y faire entrer la propriété de ces biens est nulle. al.

1860 **1702.** La société universelle de gains renferme tout ce que les parties acquerront par leur industrie, à quelque titre que ce soit, pendant le cours de la société. Les biens meubles et immeubles que chacun des associés possède au temps du contrat, ne sont pas compris dans la société; ils n'y entrent que pour la jouissance seulement. **1838**

1861 **1703.** La simple convention de société universelle, faite sans autre explication, n'emporte que la société universelle des gains. **1839**

1862 **1704.** Nulle société universelle ne peut avoir lieu qu'entre personnes respectivement capables de se donner ou de recevoir l'une de l'autre, et auxquelles il n'est point défendu de s'avantager réciproquement au préjudice d'autres personnes. **1840**

SECTION II.
De la Société particulière.

1863 **1705.** La société particulière est celle qui ne s'applique qu'à certaines choses déterminées, ou à leur usage, ou aux fruits que l'on peut en retirer. **1841**

1864 **1706.** Le contrat, par lequel plusieurs personnes s'associent, soit pour une entreprise désignée, soit pour l'exercice de quelque métier ou profession, est aussi une société particulière. **1842**

CHAPITRE III.
Des Engagements des associés entre eux et à l'égard des tiers.

SECTION PREMIÈRE.
Des Engagements des Associés entre eux.

1866 **1707.** La société commence à l'instant même du contrat, s'il ne désigne une autre époque. **1843**

1867   **1708.** S'il n'y a pas de convention sur la durée de la 1844 société, elle est censée contractée pour toute la vie des associés, sous la modification portée en l'art. 1733; si cependant la société a pour objet une affaire dont la durée soit limitée, elle n'est censée contractée que pour le temps que doit durer cette affaire.

1868   **1709.** Chaque associé est débiteur envers la société de 1845 tout ce qu'il a promis d'y apporter.

al.   Lorsque cet apport consiste en un corps certain, et que al. la société en est évincée, l'associé qui a fait l'apport est garant envers la société, de la même manière qu'un vendeur est obligé pour l'éviction envers son acheteur.

1869   **1710.** L'associé qui devait apporter une somme dans la 1846 société, et qui ne l'a point fait, devient débiteur des intérêts de cette somme, à compter du jour où elle devait être payée,
al. 2   sans préjudice des dommages-intérêts, s'il y a lieu.   al. 2
al. 1   Il en est de même à l'égard des sommes qu'il a prises dans al. 1 la caisse sociale, dont les intérêts courent à compter du jour où il les a tirées pour son profit particulier.

1870   **1711.** Les associés qui se sont soumis à apporter leur 1847 industrie à la société, lui doivent compte de tous les gains qu'ils ont faits par l'espèce d'industrie qui est l'objet de cette société.

1871   **1712.** Lorsque l'un des associés est, pour son compte 1848 particulier, créancier d'une somme exigible envers une personne qui se trouve aussi devoir à la société une somme également exigible, l'imputation de ce qu'il reçoit de ce débiteur doit se faire sur la créance de la société et sur la sienne, dans la proportion des deux créances, encore qu'il eût, par sa quittance, dirigé l'imputation intégrale sur sa créance particulière; mais s'il a exprimé dans sa quittance que l'imputation serait faite en entier sur la créance de la société, cette stipulation sera exécutée.

1872   **1713.** Lorsqu'un des associés a reçu sa part entière de 1849 la créance commune, et que le débiteur est depuis devenu insolvable, cet associé est tenu de rapporter à la masse ce qu'il a reçu, encore qu'il eût spécialement donné quittance pour sa part.

1873   **1714.** Chaque associé est tenu envers la société des 1850 dommages qu'il lui a causés par sa faute, sans pouvoir compenser avec ces dommages les profits que son industrie lui aurait procurés dans d'autres affaires.

1874   **1715.** Si les choses, dont la jouissance a été mise dans 1851 la société, sont des corps certains et déterminés qui ne se consomment point par l'usage, elles sont aux risques de l'associé propriétaire.

al. 1 Si ces choses se consomment par l'usage, si elles se détériorent en les gardant, si elles ont été destinées à être vendues, ou si elles ont été mises dans la société sur une estimation portée par un inventaire, elles sont aux risques de la société. **al. 1.**

al. 2 Si la chose a été estimée, l'associé ne peut répéter que le montant de son estimation. **al. 2**

1875 **1716.** Un associé a action contre la société, non-seulement à raison des sommes qu'il a déboursées pour elle, mais encore à raison des obligations qu'il a contractées de bonne foi pour les affaires de la société, et des risques inséparables de sa gestion. **1852**

1876 **1717.** Lorsque l'acte de société ne détermine point la part de chaque associé dans les bénéfices ou les pertes, la part de chacun est en proportion de sa mise dans le fonds de la société. **1853**

al. A l'égard de celui qui n'a apporté que son industrie, sa part dans les bénéfices ou dans les pertes est réglée comme celle de l'associé qui a le moins apporté. **al.**

1877 **1718.** Si les associés sont convenus de s'en rapporter à l'un d'eux, ou à un tiers, pour le règlement des parts, ce règlement ne peut être attaqué, s'il n'est évidemment contraire à l'équité. **1854.**

al. Nulle réclamation n'est admise à ce sujet, s'il s'est écoulé plus de trois mois depuis que la partie qui se prétend lésée a eu connaissance du règlement, ou si ce règlement a reçu de sa part un commencement d'exécution. **al.**

1878 **1719.** La convention qui donnerait à l'un des associés la totalité des bénéfices est nulle. **1855**

al. Il en est de même de la stipulation qui affranchirait de toute contribution aux pertes les sommes ou effets mis dans le fonds de la société par un ou plusieurs des associés. **al.**

1870 **1720.** L'associé chargé de l'administration, par une clause spéciale du contrat de société, peut faire, nonobstant l'opposition des autres associés, tous les actes qui dépendent de son administration, pourvu que ce soit sans fraude. **1856**

al. Ce pouvoir ne peut être révoqué sans cause légitime, tant que la société dure; mais, s'il n'a été donné que par acte postérieur au contrat de société, il est révocable comme un simple mandat. **al.**

1880 **1721.** Lorsque plusieurs associés sont chargés d'admi- **1857**

nistrer, sans que leurs fonctions soient déterminées, ou sans qu'il ait été exprimé que l'un ne pourrait agir sans l'autre, ils peuvent faire chacun séparément tous les actes de cette administration.

1881 **1789.** S'il a été stipulé que l'un des administrateurs ne pourra rien faire sans l'autre, un seul ne peut, sans une nouvelle convention, agir en l'absence de l'autre, lors même 1858

1881 que celui-ci serait dans l'impossibilité actuelle de concourir aux actes d'administration ; à moins cependant qu'il n'y ait » urgence, et que l'omission n'entraîne pour la société un préjudice grave et irréparable.

1882 **1798.** A défaut de stipulations spéciales sur le mode 1859 d'administration, l'on suit les règles suivantes :

1° 1° Les associés sont censés s'être donné réciproquement 1° le pouvoir d'administrer l'un pour l'autre. Ce que chacun fait est valable, même pour la part de ses associés, sans qu'il ait pris leur consentement, sauf le droit qu'ont ces derniers, ou l'un d'eux, de s'opposer à l'opération avant qu'elle soit conclue ;

2° 2° Chaque associé peut se servir des choses appartenant 2° à la société, pourvu qu'il les emploie à leur destination fixée par l'usage, et qu'il ne s'en serve pas contre l'intérêt de la société, ou de manière à empêcher ses associés d'en user selon leur droit ;

3° 3° Chaque associé a le droit d'obliger ses associés à faire 3° avec lui les dépenses qui sont nécessaires pour la conservation des choses de la société ;

4° 4° L'un des associés ne peut faire d'innovations sur les 4° immeubles dépendant de la société, même quand il les soutiendrait avantageuses à cette société, si les autres associés n'y consentent.

1883 **1794.** L'associé, qui n'est point administrateur, ne peut 1860 aliéner ni engager les choses même mobilières, qui dépendent de la société.

1884 **1795.** Chaque associé peut, sans le consentement de ses 1861 associés, s'associer une tierce personne relativement à la part qu'il a dans la société ; il ne peut pas, sans ce consentement, l'associer à la société, lors même qu'il en aurait l'administration.

SECTION II.

Des Engagements des Associés à l'égard des Tiers.

1885 **1796.** Dans les sociétés autres que celles de commerce, 1862 les associés ne sont pas tenus solidairement des dettes sociales, et l'un des associés ne peut obliger les autres, si ceux-ci ne lui en ont conféré le pouvoir.

1886 **1727.** Les associés sont tenus envers le créancier avec 1803 lequel ils ont contracté, chacun pour une somme et part égales, encore que la part de l'un d'eux dans la société fût moindre, si l'acte n'a pas spécialement restreint l'obligation de celui-ci sur le pied de cette dernière part.

1887 **1728.** La stipulation que l'obligation est contractée pour 1864 le compte de la société, ne lie que l'associé contractant et non les autres, à moins que ceux-ci ne lui aient donné pouvoir, ou que la chose n'ait tourné au profit de la société.

CHAPITRE IV.

Des différentes manières dont finit la Société.

1888 **1729.** La société finit : 1865

1° 1° Par l'expiration du temps pour lequel elle a été con- 1° tractée ;

2° 2° Par l'extinction de la chose, ou la consommation de la 2° négociation ;

3° 3° Par la mort de quelques-uns des associés ; 3°

4° 4° Par l'interdiction, l'insolvabilité, ou la déconfiture de 4° l'un des associés ;

5° 5° Par la volonté qu'un seul ou plusieurs expriment de 5° ne plus continuer la société.

1889 **1730.** La prorogation d'une société contractée pour un 1866 temps limité ne peut être établie que par les moyens admis pour la preuve du contrat de société.

1890 **1731.** Lorsque l'un des associés a promis de mettre en 1867 commun la propriété d'une chose, la perte survenue avant que la mise en soit effectuée opère la dissolution de la société par rapport à tous les associés.

al. 1 La société est également dissoute dans tous les cas par la al. 1 perte de la chose, lorsque la jouissance seule a été mise en commun, et que la propriété en est restée dans la main de l'associé.

al. 2 Mais la société n'est pas rompue par la perte de la chose al. 2 dont la propriété a déjà été apportée à la société.

1891 **1732.** On peut stipuler qu'en cas de mort de l'un des 1868 associés la société continuerait avec son héritier, ou seulement entre les associés survivants. Dans le second cas, l'héritier du décédé n'a droit qu'au partage de la société, eu égard à la situation de cette société lors du décès, et ne participe aux droits ultérieurs qu'autant qu'ils sont une suite nécessaire de ce qui s'est fait avant la mort de l'associé auquel il succède.

1892   **1733.** La dissolution de la société, par la volonté de l'une des parties, ne s'applique qu'aux sociétés dont la durée est illimitée, et s'opère par une renonciation notifiée à tous les associés, pourvu que cette renonciation soit de bonne foi, et non faite à contre-temps.   1869

1893   **1734.** La renonciation n'est pas de bonne foi, lorsque l'associé renonce pour s'approprier à lui seul le profit que les associés s'étaient proposé de retirer en commun.   1870

al.   Elle est faite à contre-temps lorsque les choses ne sont plus entières, et qu'il importe à la société que sa dissolution soit différée.   al.

1894   **1735.** La dissolution de la société à terme ne peut être demandée par l'un des associés avant le terme convenu, qu'autant qu'il y en a de justes motifs, comme lorsqu'un autre associé manque à ses engagements, ou qu'une infirmité habituelle le rend inhabile aux affaires de la société, ou autres cas semblables.   1871

1894   L'appréciation de ces motifs est laissée à la prudence de l'autorité judiciaire.   1871

1895   **1736.** Les règles concernant le partage des successions, la forme de ce partage, et les obligations, qui en résultent entre les cohéritiers, s'appliquent aux partages entre associés.   1872

TITRE XI.

DU MANDAT.

CHAPITRE PREMIER.

De la Nature du Mandat.

2018   **1737.** Le mandat est une convention, par laquelle une personne s'oblige gratuitement, ou moyennant récompense, de faire quelque chose pour le compte d'une autre personne, dont elle en ait reçu le pouvoir.   1984

    1738. Le mandat peut être exprès ou tacite.   1985

2018 a.   L'acceptation peut aussi être tacite, et résulter de l'exécution qui lui a été donnée par le mandataire.   al.

2019   **1739.** Le mandat est gratuit, s'il n'y a convention contraire.   1986

2020   **1740.** Le mandat est spécial et pour une affaire ou certaines affaires seulement, ou général et pour toutes les affaires du mandant.   1987

2021   **1741.** Le mandat conçu en termes généraux n'embrasse   1988
que les actes d'administration.

al.   S'il s'agit d'aliéner ou hypothéquer, ou de quelque autre   al.
acte qui excède l'administration ordinaire, le mandat doit
être exprès.

2022   **1742.** Le mandataire ne peut rien faire au-delà de ce   1989
qui est porté dans son mandat; le pouvoir de transiger ne
renferme pas celui de compromettre.

2023   **1743.** Le mineur émancipé peut être choisi pour man-   1990
dataire; mais le mandant n'a d'action contre le mandataire
que d'après les règles générales relatives aux obligations
des mineurs.

2023   La femme mariée ne peut accepter le mandat sans l'auto-   1990
in fine. risation du mari.   in fine.

»   **1744.** Lorsque le mandataire agit en son nom propre, le   »
mandant n'a pas d'action contre les personnes avec lesquelles le mandataire a contracté, et celles-ci n'en ont pas
non plus contre le mandant.

»   En ce cas, le mandataire est directement obligé envers la   »
personne avec laquelle il a contracté, comme si l'affaire lui
était personnelle.

CHAPITRE II.
Des Obligations du mandataire.

2024   **1745.** Le mandataire est tenu d'accomplir le mandat,   1991
tant qu'il en demeure chargé, et répond des dommages-
intérêts qui pourraient résulter de son inexécution.

al.   Il est tenu de même d'achever la chose commencée au   al.
décès du mandant, s'il y a péril en la demeure.

2025   **1746.** Le mandataire répond non-seulement du dol,   1992
mais encore de la faute qu'il commet dans sa gestion.

al.   Cette responsabilité, relative à la faute, est appliquée al.
moins rigoureusement, lorsque le mandat est gratuit, que
dans le cas contraire.

2026   **1747.** Tout mandataire est tenu de rendre compte de sa   1993
gestion, et de faire raison au mandant de tout ce qu'il a reçu
en vertu de sa procuration, quand même ce qu'il aurait reçu
n'eût point été dû au mandant.

2027   **1748.** Le mandataire répond de celui qu'il s'est substitué   1994
dans la gestion :

1°   1° Quand il n'a pas reçu le pouvoir de se substituer quel-   1°
qu'un ;

2°   2° Quand ce pouvoir lui a été conféré sans désignation   2°

d'une personne, et que celle dont il a fait choix était notoirement incapable ou insolvable.

al. Dans tous les cas, le mandant peut agir directement al.
contre la personne que le mandataire s'est substituée.

2028 **1749.** Quand il y a plusieurs fondés de pouvoir ou man- 1995
dataires constitués par le même acte, il n'y a solidarité
entre eux qu'autant qu'elle a été stipulée.

2029 **1750.** Le mandataire doit l'intérêt des sommes qu'il a 1996
employées à son usage, à dater de cet emploi, et de celles
dont il est reliquataire, à compter du jour qu'il est mis en
demeure.

2030 **1751.** Le mandataire, qui a donné à la partie, avec la- 1997
quelle il a contracté en cette qualité, une suffisante connaissance de ses pouvoirs, n'est tenu d'aucune garantie pour ce
qu'il aurait fait au-delà des limites de son mandat, s'il ne s'y
est personnellement obligé.

CHAPITRE III.
Des Obligations du mandant.

2031 **1752.** Le mandant est tenu d'exécuter les engagements 1998
contractés, conformément aux pouvoirs qui lui ont été
donnés.

2031 Il n'est tenu de ce qui a pu être fait au-delà, qu'autant 1998
al. qu'il l'a ratifié expressément ou tacitement.   al.

2032 **1753.** Le mandant doit rembourser au mandataire les 1999
avances et frais que celui-ci a faits pour l'exécution du mandat, et lui payer ses salaires, lorsqu'il en a été promis.

al. S'il n'y a aucune faute imputable au mandataire, le man- al.
dant ne peut se dispenser de faire ces remboursement et
payement, lors même que l'affaire n'aurait pas réussi ; ni
faire réduire le montant des frais et avances, sous le prétexte
qu'ils pouvaient être moindres.

2033 **1754.** Le mandant doit aussi indemniser le mandataire 2000
des pertes que celui-ci a essuyées à l'occasion de sa gestion,
sans imprudence qui lui soit imputable.

2034 **1755.** L'intérêt des avances faites par le mandataire lui 2001
est dû par le mandant, à dater du jour des avances cons-
tatées.

2035 **1756.** Lorsque le mandataire a été constitué par plu- 2002
sieurs personnes pour une affaire commune, chacune d'elles
est tenue solidairement envers lui de tous les effets du
mandat.

CHAPITRE IV.

Des différentes manières dont le mandat finit.

C. A.		C. N.
2036	**1757.** Le mandat finit :	2003
al. 1	Par la révocation faite par le mandant ;	al. 1
al. 2	Par la renonciation du mandataire ;	al. 2
al. 3	Par la mort, par l'interdiction ou la déconfiture, soit du mandant, soit du mandataire ;	al. 3
»	Par la mise sous conseil judiciaire du mandataire ou du mandant, si le mandat a pour objet des actes qu'ils ne pourraient faire directement sans l'assistance du curateur.	»
2037	**1758.** Le mandant peut révoquer sa procuration quand bon lui semble, et contraindre le mandataire à lui remettre l'écrit qui renferme la preuve du mandat.	2004
2038	**1759.** La révocation notifiée au seul mandataire ne peut être opposée aux tiers qui ont traité de bonne foi avec lui, dans l'ignorance de cette révocation, sauf au mandant son recours contre le mandataire.	2005
2039	**1760.** La constitution d'un nouveau mandataire pour la même affaire vaut révocation du premier, à compter du jour où elle a été notifiée à celui-ci.	2006
2040	**1761.** Le mandataire peut renoncer au mandat, en notifiant au mandant sa renonciation.	2007
al.	Néanmoins, si cette renonciation préjudicie au mandant, il devra être indemnisé par le mandataire, à moins que celui-ci ne se trouve dans l'impossibilité de continuer le mandat, sans en éprouver lui-même un préjudice considérable.	al.
2041	**1762.** Si le mandataire ignore la mort du mandant, ou l'une des autres causes qui font cesser le mandat, ce qu'il a	2008
2042	fait dans cette ignorance est valide, pourvu que les personnes avec lesquelles il a contracté soient de bonne foi.	2009
2043	**1763.** En cas de mort du mandataire, ceux de ses héritiers, qui en sont informés, doivent en donner avis au mandant, et pourvoir, en attendant, à ce que les circonstances exigent pour l'intérêt de celui-ci.	2010

TITRE XII.

DES TRANSACTIONS.

C. A.		C. N.
2083	**1764.** La transaction est un contrat, par lequel les parties, en donnant, ou en promettant, ou en retenant chacune quelque chose, terminent une contestation née, ou préviennent une contestation à naître.	2044

1765. Pour transiger, il faut avoir la capacité de disposer des objets compris dans la transaction.

2084

2015

1766. On peut transiger sur l'intérêt civil qui résulte d'un délit.

2085

2046

La transaction n'empêche pas la poursuite du ministère public.

al.

al.

1767. On peut ajouter à une transaction la stipulation d'une peine contre celui qui manquera de l'exécuter.

2086

2047

Cette peine tiendra lieu des dommages-intérêts résultant du retard, sans préjudice de l'obligation d'exécuter la transaction.

al.

»

1768. La transaction ne s'étend pas au-delà de ce qui en forme l'objet; la renonciation qui y est faite à tous droits et actions, ne s'étend qu'à ce qui est relatif aux différends qui ont donné lieu à la transaction.

2087

2018

1769. Les transactions ne règlent que les différends qui y ont été indiqués, soit que les parties aient manifesté leur intention par des expressions spéciales ou générales, soit que cette intention résulte comme une conséquence nécessaire de ce qui a été exprimé.

2088

2019

1770. Si celui, qui avait transigé sur un droit qu'il avait de son chef, acquiert ensuite un droit semblable du chef d'une autre personne, il n'est point, quant aux droits nouvellement acquis, lié par la transaction antérieure.

2089

2050

1771. La transaction faite par l'un des intéressés ne lie point les autres intéressés, et ne peut être opposée par eux.

2090

2051

1772. Les transactions ont, entre les parties, l'autorité de la chose jugée en dernier ressort.

2001

2052

Elles ne peuvent être attaquées pour cause d'erreur de droit, ni pour cause de lésion, mais l'erreur de calcul doit être réparée.

2091 a.
2097

2052 a.
2088

1773. Néanmoins, l'action en nullité est admise contre une transaction, dans les cas de dol, de violence ou d'erreur sur la personne ou l'objet de la contestation.

2092
et al.

2088
et al.

1774. On peut également attaquer une transaction, lorsqu'elle a été faite en exécution d'un titre nul, à moins que les parties n'aient expressément traité sur la nullité.

2093

2084

1775. La transaction faite sur pièces qui depuis ont été reconnues fausses, est entièrement nulle.

2004

2085

1776. Est également nulle la transaction sur un procès terminé par un jugement passé en force de chose jugée, dont les parties ou l'une d'elles n'avaient point connaissance.

2098

2050

1777. Lorsque les parties ont transigé généralement

2096

2057

sur toutes les affaires qu'elles pouvaient avoir ensemble, les titres qui leur étaient alors inconnus, et qui auraient été postérieurement découverts, ne constituent point un motif pour attaquer la transaction, à moins qu'ils n'aient été cachés par le fait de l'une des parties.

al.   Mais la transaction serait nulle si elle n'avait qu'un seul al. objet, et s'il était constaté, par des titres nouvellement découverts, que l'une des parties n'avait aucun droit sur cet objet.

TITRE XIII.
DE LA CONSTITUTION DES RENTES.

1938   **1778.** On peut stipuler une rente ou prestation annuelle 1909 soit en argent, soit en denrées, moyennant la cession d'un immeuble, ou le payement d'un capital que le cédant s'interdit d'exiger.

1939   **1779.** La rente peut être constituée en perpétuel ou en 1910 viager.

al.   Les règles concernant la rente viagère sont établies dans 1014 le titre suivant.

1940   **1780.** La rente constituée pour le prix de l'aliénation » d'un immeuble, ou comme condition de la cession d'un immeuble, soit à titre onéreux, soit à titre gratuit, se nomme *rente foncière*.

1941   **1781.** La concession d'immeubles, dont il est parlé à » l'article précédent, en transfère la pleine propriété au cessionnaire, nonobstant toute clause contraire.

al.   Si la concession est faite à titre onéreux, elle est soumise » aux règles établies pour le contrat de vente; si elle est faite à titre gratuit, elle est soumise aux règles établies pour les donations.

1942   **1782.** La rente constituée moyennant un capital, prend » le nom de rente simple ou de cens; elle doit être garantie par une hypothèque spéciale sur un fonds certain et déterminé; à défaut, le capital demeure exigible.

1943   **1783.** La rente constituée conformément aux deux articles précédents est essentiellement rachetable au gré du 1011 débiteur, nonobstant toute stipulation contraire.

al. 1   On peut néanmoins stipuler que le rachat ne pourra être al. 1 exercé durant la vie du créancier, ou avant un certain terme, qui, pour les rentes foncières, ne pourra excéder trente ans, et dix ans pour les autres rentes.

al. 1   On peut aussi convenir que le débiteur ne pourra exercer al. 1

le rachat sans en avoir averti le créancier au terme d'avance qui sera déterminé, et qui ne peut excéder une année.

al. 2   S'il a été stipulé de plus longs termes, ils seront respectivement réduits à ceux fixés ci-dessus.   »

1944   **1784.** Le rachat de la rente simple s'opère par le remboursement du capital en argent qui a été payé pour la constitution de la rente; le rachat d'une rente foncière, par le payement d'un capital en argent correspondant à la rente annuelle sur la base de l'intérêt légal, ou à la valeur de la rente même, si elle consiste en denrées, en prenant pour base le prix moyen de celles-ci pendant les dix dernières années, à moins que dans le contrat il n'ait été stipulé un capital moindre. Dans ce cas, le débiteur sera libéré de la rente annuelle par le payement du capital convenu.   »

1945   **1785.** Indépendamment des cas prévus par le contrat,   1912
le débiteur d'une rente annuelle peut être contraint au rachat de la même :

1°   1° Si, après une sommation légale, il se trouve en retard   1°
de payer la rente pendant deux années consécutives;

2°   2° S'il manque à fournir au créancier les sûretés promises   2°
par le contrat;

3°   3° Si les sûretés fournies venant à manquer, il ne les   »
remplace pas par d'autres d'une valeur égale;

4°   4° Si, par l'effet d'aliénation ou de partage, le fonds, sur   »
lequel la rente a été constituée ou hypothéquée, vient à être divisé entre plus de trois personnes.

1946   **1786.** Le capital de la rente devient aussi exigible en   1913
cas de faillite ou de déconfiture du débiteur.

al.   Néanmoins, s'il s'agit d'une rente foncière, et que le dé-   »
biteur, avant sa faillite ou sa déconfiture, ait aliéné le fonds affecté au service de la rente, le créancier ne pourra exercer le rachat lorsque le possesseur du fonds déclarera qu'il est prêt à servir la rente, et présentera à cet effet des sûretés suffisantes.

»   **1787.** La condition résolutoire expresse ou tacite, pro-   »
venant de l'inexécution des charges convenues, ne peut préjudicier aux droits acquis aux tiers sur les immeubles avant la transcription de la demande en résolution.

1918   **1788.** Les art. 1783, 1784, 1785 et 1786 sont applica-   »
bles à toute autre prestation annuelle établie à perpétuité par quelque titre que ce soit, même de dernière volonté, à l'exception cependant des rentes qui auraient pour cause une concession d'eau faite par le domaine, et sauf les dispositions relatives à l'emphytéose.

TITRE XIV.

DU CONTRAT DE RENTE VIAGÈRE.

CHAPITRE PREMIER.

Des conditions requises pour la validité du contrat de rente viagère.

2002 **1789.** La rente viagère peut être constituée à titre oné- 1968
reux, moyennant une somme d'argent, ou autre chose mo-
biliaire, ou pour un immeuble.

2003 **1790.** Elle peut être aussi constituée à titre purement 1969
gratuit, par donation ou par testament. Elle doit être alors
revêtue des formes requises par la loi pour ces actes.

2004 **1791.** La rente viagère constituée par donation ou par 1970
testament est réductible, si elle excède ce dont il est permis
de disposer; elle est nulle, si elle est au profit d'une personne incapable de recevoir.

2005 **1792.** La rente viagère peut être constituée soit sur la 1971
tête de celui qui en fournit le prix, soit sur la tête d'un tiers
qui n'a aucun droit d'en jouir.

2006 **1793.** Elle peut être constituée sur une ou plusieurs 1972
têtes.

2007 **1794.** Elle peut être constituée au profit d'un tiers, 1973
quoique le prix en soit fourni par une autre personne.

al.   En ce cas, la rente viagère, quoiqu'elle ait les caractères al.
d'une libéralité, n'est point assujettie aux formes requises
pour les donations, mais elle est soumise à la réduction ou
elle est nulle dans les cas énoncés dans l'art. 1791.

2008 **1795.** Tout contrat de rente viagère créée sur la tête 1974
d'une personne qui était morte au jour du contrat, ne produit aucun effet.

CHAPITRE II.

Des Effets du contrat de rente viagère entre les parties contractantes.

2011 **1796.** Celui, au profit duquel la rente viagère a été cons- 1977
tituée, moyennant un prix peut demander la résiliation du
contrat, si le constituant ne lui donne pas les sûretés stipu-
lées pour son exécution.

2012 **1797.** Le seul défaut de payement des arrérages de la 1078
rente n'autorise point celui en faveur de qui elle est constituée à demander le remboursement du capital, ou à rentrer
dans le fonds par lui aliéné; il n'a que le droit de saisir et de
faire vendre les biens de son débiteur, et de faire ordonner,

si ce dernier n'y consent pas, que, sur le produit de la vente, il soit fait emploi d'une somme suffisante pour le service des arrérages.

2013   **1798.** Le constituant ne peut se libérer du payement de la rente en offrant de rembourser le capital et en renonçant à la répétition des arrérages payés ; il est tenu de servir la rente pendant toute la vie de la personne ou des personnes sur la tête desquels la rente est constituée, quel que soit la durée de la vie de ces personnes, et quelque onéreux qu'ait pu devenir le service de la rente.   1979

2014   **1799.** La rente viagère n'est acquise au propriétaire que dans la proportion du nombre de jours qu'il a vécu.   1980

al.   Néanmoins, s'il a été convenu qu'elle serait payée d'avance, le terme qui a dû être payé est acquis du jour où le payement a dû en être fait.   al.

2015   **1800.** La rente viagère ne peut être stipulée insaisissable que lorsqu'elle a été constituée à titre gratuit.   1981

2016   **1801.** La rente viagère ne s'éteint pas par la perte des droits civils du propriétaire ; le payement doit en être continué pendant toute sa vie en faveur des personnes indiquées par la loi.   1982

TITRE XV.

DU JEU ET DU PARI.

1999   **1802.** La loi n'accorde aucune action pour une dette du jeu ou pour le payement d'un pari.   1965

2000   **1803.** Sont exceptés les jeux qui contribuent à l'exercice du corps, tels que ceux qui exercent au fait des armes, aux courses à pied et à cheval, aux courses de chariot, le jeu de paume et autres semblables.   1966

al.   Néanmoins, l'autorité judiciaire peut rejeter la demande quand la somme engagée dans le jeu ou dans le pari est excessive.   al.

2001   **1804.** Dans aucun cas, le perdant ne peut répéter ce qu'il a volontairement payé, à moins qu'il n'y ait eu, de la part du gagnant, fraude ou dol, ou que le perdant ne fût mineur, interdit ou placé sous conseil judiciaire.   1967

TITRE XVI.

DU PRÊT A USAGE OU COMMODAT.

CHAPITRE PREMIER.

De la nature du Prêt à usage.

1898   **1805.** Le prêt à usage ou commodat est un contrat par   1875
lequel l'une des parties livre une chose à l'autre pour s'en
servir pendant un certain temps, ou en faire usage d'une
manière déterminée, à la charge par le preneur de la rendre
après s'en être servi

1899   **1806.** Le commodat est essentiellement gratuit.   1876

1902   **1807.** Les engagements, qui se forment par le commodat,   1879
passent aux héritiers de celui qui prête, et aux héritiers de
celui qui emprunte.

al.   Mais, si le prêt n'a été fait qu'en considération de l'em-   al.
prunteur, et à lui personnellement, ses héritiers ne peuvent
continuer de jouir de la chose prêtée.

CHAPITRE II.

Des Engagements de l'Emprunteur.

1903   **1808.** L'emprunteur est tenu de veiller, en bon père de   1880
famille, à la garde et à la conservation de la chose prêtée. Il
ne peut s'en servir qu'à l'usage déterminé par sa nature ou
par la convention, sous peine des dommages-intérêts.

1904   **1809.** Si l'emprunteur emploie la chose à un autre usage,   1881
ou pour un temps plus long qu'il ne devait, il sera tenu de
»   la perte arrivée, même par cas fortuit, à moins qu'il ne   »
prouve que la chose serait également périe, quand même il
ne l'aurait pas employée à un usage différent, ou l'aurait
restituée dans le temps fixée par le contrat.

1905   **1810.** Si la chose prêtée périt par un cas fortuit dont   1882
l'emprunteur aurait pu la garantir en employant la sienne
propre, ou, si ne pouvant conserver que l'une des deux, il a
préféré la sienne, il est tenu de la perte de l'autre.

1906   **1811.** Si la chose a été estimée en la prêtant, la perte   1883
qui arrive, même par cas fortuit, est pour l'emprunteur, s'il
n'y a convention contraire.

1907   **1812.** Si la chose se détériore par le seul effet de l'usage   1884
pour lequel elle a été empruntée, et sans aucune faute de la
part de l'emprunteur, il n'est pas tenu de la détérioration.

1908   **1813.** Si, pour user de la chose, l'emprunteur a fait   1886
quelque dépense, il ne peut pas la répéter.

1909   **1814.** Si plusieurs ont conjointement emprunté la même   1887
chose, ils en sont solidairement responsables envers le prêteur.

CHAPITRE III.

Des Engagements de Celui qui prête à usage.

1910   **1815.** Le prêteur ne peut retirer la chose prêtée qu'a-   1888
près le terme convenu, ou, à défaut de convention, qu'après
qu'elle a servi à l'usage pour lequel elle a été empruntée.

1911   **1816.** Néanmoins, si pendant ce délai, ou avant que le   1889
besoin de l'emprunteur ait cessé, il survient au prêteur un
besoin pressant et imprévu de sa chose, le juge peut, suivant
les circonstances, obliger l'emprunteur à la lui rendre.

1912   **1817.** Si, pendant la durée du prêt, l'emprunteur a été   1890
obligé, pour la conservation de la chose, à quelque dépense
extraordinaire, nécessaire, et tellement urgente qu'il n'ait
pas pu en prévenir le prêteur, celui-ci sera tenu de la lui
rembourser.

1913   **1818.** Lorsque la chose prêtée a des défauts tels qu'elle   1891
puisse causer du préjudice à celui qui s'en sert, le prêteur
est responsable, s'il connaissait les défauts et n'en a pas
averti l'emprunteur.

TITRE XVII.

DU PRÊT DE CONSOMMATION.

CHAPITRE PREMIER.

De la nature du Prêt.

1014   **1819.** Le prêt de consommation est un contrat par lequel   1892
l'une des parties livre à l'autre une certaine quantité de
choses, à la charge par cette dernière de lui en rendre
autant de même espèce et qualité.

1015   **1820.** Par l'effet de ce prêt, l'emprunteur devient pro-   1893
priétaire de la chose prêtée; et c'est pour lui qu'elle périt,
de quelque manière que cette perte arrive.

1016   **1821.** L'obligation, qui résulte d'un prêt en argent, n'est   1895
toujours que de la somme numérique énoncée au contrat.

al.   S'il y a eu augmentation ou diminution d'espèces avant   al.
l'époque du payement, le débiteur doit rendre la somme

numérique prêtée, et ne doit rendre cette somme que dans les espèces ayant cours au moment du payement.

1017 **1822.** La règle portée en l'article précédent n'a pas lieu si le prêt consiste en monnaies d'or ou d'argent, avec stipulation de les rendre dans les mêmes espèces et dans la même quantité.

al. S'il y a eu altération dans la valeur intrinsèque de ces monnaies, ou qu'on ne puisse s'en procurer, ou qu'elles soient hors de cours, on doit rendre l'équivalent de la valeur intrinsèque qu'elles avaient au temps où le prêt a été effectué.

1018 **1823.** Si ce sont des lingots ou des denrées qui ont été prêtées, quelle que soit l'augmentation ou la diminution de leur prix, le débiteur ne doit rendre, dans tous les cas, que la même quantité et qualité. 1897

CHAPITRE II.

Des engagements du Prêteur.

1026 **1824.** Dans le prêt de consommation, le prêteur est tenu de la responsabilité établie par l'art. 1818 pour le prêt à usage. 1898

1027 **1825.** Le prêteur ne peut pas redemander les choses prêtées, avant le terme convenu. 1899

1028 **1826.** S'il n'a pas été fixé de terme pour la restitution, l'autorité judiciaire peut accorder à l'emprunteur un délai suivant les circonstances. 1900

1029 **1827.** S'il a été seulement convenu que l'emprunteur payerait quand il le pourrait, ou quand il en aurait les moyens, l'autorité judiciaire lui fixera un terme de payement, suivant les circonstances. 1901

CHAPITRE III.

Des engagements de l'Emprunteur.

1030 **1828.** L'emprunteur est tenu de rendre les choses prêtées, en même quantité et qualité, au terme convenu, et, à 1902
1031 défaut, il est tenu d'en payer la valeur, eu égard au temps et au lieu où la chose devait être rendue d'après la convention. 1903

al. Si ce temps et ce lieu n'ont pas été réglés, l'emprunteur doit faire le payement au prix du temps où il a été mis en demeure, et du lieu où l'emprunt a été fait. al.

CHAPITRE IV.
Du Prêt à intérêt.

1933 **1809.** Il est permis de stipuler des intérêts dans le prêt 1905
d'argent, de denrées ou autres choses mobilières.

1934 **1830.** L'emprunteur, qui a payé des intérêts qui n'étaient 1906
pas stipulés, ou plus forts que ceux stipulés, ne peut ni les
répéter, ni les imputer au capital.

1936 **1831.** L'intérêt est légal ou conventionnel. 1907

1936 L'intérêt légal est fixé au cinq pour cent en matière civile 1907
et au six pour cent en matière commerciale, et il est appli-
qué dans les cas où l'intérêt étant dû, il n'y aurait pas de
convention qui en aurait fixé le taux.

a. 1 et 2 L'intérêt conventionnel est fixé par la volonté des parties »
contractantes.

» Dans les matières civiles, l'intérêt conventionnel, qui ex- 1007 a.
céderait le taux légal, doit résulter d'un acte écrit; à défaut,
il n'est dû aucun intérêt.

1937 **1832.** Le débiteur peut toujours, après cinq ans du jour »
de la convention, restituer les sommes qui porteraient un
intérêt plus fort que le taux légal, nonobstant toute stipulation contraire. Il doit cependant en donner avis par écrit
six mois à l'avance, et cet avis produit de plein droit la renonciation au plus long terme qui aurait été convenu.

1037 **1833.** Les dispositions de l'article précédent ne s'ap- »
pliquent pas aux contrats de rentes viagères, ni à ceux qui
établissent que la restitution se fera au moyen d'annualités
comprenant, outre les intérêts, une somme destinée à l'amor-
tissement progressif du capital.

» Elles ne s'appliquent pas non plus aux dettes de l'État, »
des communes ou autres corps moraux, contractées avec les
autorisations voulues par la loi.

1938 **1834.** La quittance du capital, donnée sans réserve d'in- 1008
térêts, en fait présumer le payement et en opère la libération, sauf preuve contraire.

TITRE XVIII.
DU DÉPÔT ET DU SÉQUESTRE.

1940 **1835.** Le dépôt, en général, est un acte par lequel on 1915
reçoit la chose d'autrui, à la charge de la garder et de la restituer en nature.

1980 **1836.** Il y a deux espèces de dépôt: 1916
al. Le dépôt proprement dit et le séquestre. 1916

CHAPITRE PREMIER.

Du Dépôt proprement dit.

SECTION PREMIÈRE.

De l'Essence du Dépôt.

1051
1052
  1837. Le dépôt proprement dit est un contrat essentiel- 1917
lement gratuit, qui ne peut avoir pour objet que des choses 1918
mobilières.

1053
al.
  Il n'est parfait que par la tradition de la chose. 1919
  La tradition s'accomplit par le seul consentement, lorsque al.
la chose, que l'on stipule de laisser en dépôt, se trouve déjà
dans les mains du dépositaire, à quelque autre titre.

1054
  1838. Le dépôt est volontaire ou nécessaire. 1920

SECTION II.

Du Dépôt volontaire.

1055
  1839. Le dépôt volontaire se forme par le consentement 1921
réciproque de la personne qui fait le dépôt et de celle qui le
reçoit.

1056
  1840. Le dépôt volontaire ne peut régulièrement être 1922
fait que par le propriétaire de la chose déposée, ou de son
consentement exprès ou tacite.

1059
  1841. Le dépôt volontaire ne peut se faire qu'entre 1923
personnes capables de contracter.

al.
  Néanmoins, si une personne capable de contracter ac- al.
cepte le dépôt fait par une personne incapable, elle est tenue
de toutes les obligations d'un véritable dépositaire ; elle peut
être poursuivie par le tuteur ou administrateur de la personne qui a fait le dépôt.

1060
  1842. Si le dépôt a été fait par une personne capable à 1926
une personne incapable, la personne, qui a fait le dépôt, n'a
que l'action en revendication de la chose déposée, tant qu'elle
existe dans la main du dépositaire, ou une action en restitution jusqu'à concurrence de ce qui a tourné au profit de
ce dernier.

SECTION III.

Des Obligations du Dépositaire.

1061
  1843. Le dépositaire doit apporter, dans la garde de la 1927
chose déposée, les mêmes soins qu'il apporte dans la garde
des choses qui lui appartiennent.

1862   **1844.** La disposition de l'article précédent doit être ap-   1928
pliquée avec plus de rigueur :

1°   1. Si le dépositaire s'est offert lui-même pour recevoir le   1°
dépôt ;

2°   2. S'il a été stipulé un salaire pour la garde du dépôt ;   2°

3°   3. Si le dépôt a été fait uniquement dans l'intérêt du dé-   3°
positaire ;

4°   4. S'il a été convenu expressément que le dépositaire ré-   4°
pondrait de toute espèce de faute.

1863   **1845.** Le dépositaire n'est tenu en aucun cas des acci-   1029
dents de force majeure, à moins qu'il n'ait été mis en demeure
de restituer la chose déposée.

1864   **1846.** Il ne peut se servir de la chose déposée, sans la   1930
permission expresse ou tacite du déposant.

1865   **1847.** Il ne doit point chercher à connaître quelles sont   1931
les choses qui ont été déposées entre ses mains, si elles lui
ont été confiées dans un coffre fermé ou sous une enveloppe cachetée.

1866   **1848.** Le dépositaire doit rendre la chose même qu'il a   1932
reçue.

al.   Le dépôt des sommes monnayées, lorsque, conformément   al.
à l'art. 1846, le dépositaire en aurait fait usage, doit être
rendu dans les mêmes espèces qu'il a été fait, soit dans le cas
d'augmentation, soit dans le cas de diminution de leur valeur.

1867   **1849.** Le dépositaire n'est tenu de rendre la chose dé-   1933
posée que dans l'état où elle se trouve au moment de la
restitution. Les détériorations qui ne sont pas survenues par
sa faute sont à la charge du déposant

1868   **1850.** Le dépositaire auquel la chose a été enlevée par   1934
une force majeure, et qui a reçu un prix ou quelque chose
à la place, doit restituer ce qu'il a reçu.

1869   **1851.** L'héritier du dépositaire, qui a vendu de bonne   1935
foi la chose dont il ignorait le dépôt, n'est tenu que de rendre
le prix qu'il a reçu, ou de céder son action contre l'acheteur,
s'il n'a pas touché le prix.

1870   **1852.** Si la chose déposée a produit des fruits qui aient   1936
été perçus par le dépositaire, il est obligé de les restituer.

1870   Il ne doit aucun intérêt de l'argent déposé, si ce n'est du   1936
jour où il a été mis en demeure de faire la restitution.

1871   **1853.** Le dépositaire ne doit restituer la chose déposée   1937
qu'à celui qui la lui a confiée, ou à celui qui a été indiqué
pour le recevoir, sauf les dispositions de l'art. 1841.

1872   **1854.** Il ne peut pas exiger du déposant la preuve qu'il   1938
est propriétaire de la chose déposée.

al.   Néanmoins, s'il découvre que la chose a été volée et qu'il   al.
en est le véritable propriétaire, il doit dénoncer à celui-ci
le dépôt qui lui a été fait, avec sommation de le réclamer
dans un délai déterminé et suffisant, sauf les dispositions
du Code pénal. Si celui, auquel la dénonciation a été faite,
néglige de réclamer le dépôt, le dépositaire est valablement déchargé par la tradition qu'il en fait à celui duquel il
l'a reçu.

1973   **1855.** En cas de mort de celui qui a fait le dépôt, la   1939
chose déposée ne peut être rendue qu'aux héritiers.

al. 1   S'il y a plusieurs héritiers, elle doit être rendue à chacun   al. 1
d'eux pour leur part et portion.

al. 2   Si la chose n'est pas divisible, ils doivent s'accorder entre   al. 2
eux pour la recevoir.

1974   **1856.** S'il est survenu un changement d'état, par lequel   1940
la personne, qui a fait le dépôt, ait perdu l'administration
de ses biens après le dépôt, celui-ci ne peut être restitué
qu'à celui qui a l'administration des biens du déposant.

1975   **1857.** Si le dépôt a été fait par un tuteur, ou par un   1941
autre administrateur en cette qualité, et si l'administration
de celui-ci est finie au temps de la restitution, celle-ci ne
peut être faite qu'à la personne qui était représentée, ou
au nouveau représentant.

1976   **1858.** Si le contrat de dépôt désigne le lieu dans lequel   1942
la restitution doit être faite, le dépositaire est tenu d'y porter
la chose déposée. S'il y a des frais de transport, ils sont à
la charge du déposant.

1977   **1859.** Si le contrat ne désigne point le lieu de la resti-   1943
tution, elle doit être faite dans le lieu même du dépôt.

1978   **1860.** Le dépôt doit être remis au déposant aussitôt qu'il   1944
le réclame, lors même que le contrat aurait fixé un délai déterminé pour la restitution, à moins qu'il n'existe entre les
mains du dépositaire une saisie-arrêt ou une opposition dans
les formes établies par la loi.

al.   De son côté, le dépositaire peut contraindre celui qui a   »
fait le dépôt à le retirer ; mais si, par des raisons spéciales,
ce dernier s'y oppose, c'est à l'autorité judiciaire à prononcer.

1980   **1861.** Toutes les obligations du dépositaire cessent, s'il   1946
vient à découvrir et à prouver qu'il est lui-même propriétaire de la chose déposée.

SECTION IV.
Des Obligations du Déposant.

1981   **1862.** Le déposant est tenu de rembourser au déposi-   1947

taire les dépenses qu'il a faites pour conserver la chose déposée, et de l'indemniser de toutes les pertes que le dépôt
peut lui avoir occasionnées.

1082 **1863.** Le dépositaire peut retenir la chose déposée jus- 1918
qu'à l'entier payement de ce qui lui est dû à raison du
dépôt.

SECTION V.

Du Dépôt nécessaire.

1083 **1864.** Le dépôt nécessaire est celui qui a été forcé par 1919
quelque accident, tel qu'un incendie, une ruine, un pillage,
un naufrage ou un autre événement imprévu.

1085 **1865.** Le dépôt nécessaire est soumis à toutes les règles 1921
1984 du dépôt volontaire, sauf les dispositions de l'art. 1348. 1950

1986 **1866.** Les aubergistes ou hôteliers sont responsables, 1952
comme dépositaires, des effets apportés par le voyageur qui
loge chez eux : le dépôt de ces sortes d'effets doit être re-
gardé comme un dépôt nécessaire.

1087 **1867.** Ils sont responsables du vol ou du dommage des 1953
effets du voyageur, soit que le vol ait été fait ou que le
dommage ait été causé par les domestiques ou préposés de
l'hôtellerie, ou par des étrangers allant et venant dans l'hôtellerie.

1088 **1868.** Ils ne sont pas responsables des vols faits à main 1954
armée ou autrement avec force majeure, ou d'une négligence
1088 grave du propriétaire.   ›

CHAPITRE II.

Du Séquestre.

SECTION PREMIÈRE.

Des diverses espèces de Séquestre.

1080 **1869.** Le séquestre est conventionnel ou judiciaire.   1955

SECTION II.

Du Séquestre conventionnel.

1900 **1870.** Le séquestre conventionnel est le dépôt fait par 1956
une ou plusieurs personnes, d'une chose contentieuse, entre
les mains d'un tiers qui s'oblige de la rendre, après la contestation terminée, à la personne qui sera jugée devoir l'obtenir.

1001 **1871.** Le séquestre peut n'être pas gratuit.   1957
1002 **1872.** Lorsqu'il est gratuit, il est soumis aux règles du 1958

18

dépôt proprement dit, sauf les différences ci-après énoncées.

1903 **1873.** Le séquestre peut avoir pour objet des biens 1959
meubles ou immeubles.

1094 **1874.** Le dépositaire chargé du séquestre ne peut être 1960
déchargé avant la contestation terminée, que du consentement de toutes les parties intéressées, ou pour une cause
jugée légitime.

SECTION III.
Du Séquestre ou Dépôt judiciaire.

1905 **1875.** Outre les cas établis par le Code de procédure 1961
civile, l'autorité judiciaire peut ordonner le séquestre :
2° 1° D'un immeuble ou d'une chose mobilière, dont la pro- 2°
priété ou la possession est litigieuse entre deux ou plusieurs
personnes ;
3° 2° Des choses qu'un débiteur offre pour sa libération. 3°
1906 **1876.** L'établissement d'un gardien judiciaire produit 1962
entre le saisissant et le gardien des obligations réciproques.
Le gardien doit apporter, pour la conservation des effets
saisis, les soins d'un bon père de famille.
al. 1 Il doit les représenter, soit pour satisfaire par la vente al. 1
le créancier saisissant, soit pour les restituer à la partie
contre laquelle les exécutions ont été faites, en cas de main-
levée de la saisie.
al. 2 L'obligation du saisissant consiste à payer au gardien le al. 2
salaire fixé par la loi, ou, à défaut, déterminé par l'autorité
judiciaire.
1907 **1877.** Le séquestre judiciaire est donné soit à une per- 1063
sonne, dont les parties intéressées sont convenues entre
elles, soit à une personne nommée d'office par l'autorité
judiciaire.
al. Dans l'un et l'autre cas, celui auquel la chose a été con- al.
fiée, est soumis à toutes les obligations qu'emporte le séquestre conventionnel.

TITRE XIX.
DU GAGE.

2124 **1878.** Le gage est un contrat, par lequel le débiteur 2071
2125 remet à son créancier, pour sûreté de la dette, une chose 2072
mobilière, qui doit être restituée en nature, lorsque la dette
est éteinte.

2126   **1879.** Le gage confère au créancier le droit de se faire   2073
payer par privilége sur la chose qui en est l'objet.

2127   **1880.** Le privilége n'a lieu qu'autant qu'il y a un acte   2074
public ou sous seing privé, contenant la déclaration de la
somme due, ainsi que de l'espèce et de la nature des choses
remises en gage, ou un état annexé de leur qualité, poids
et mesure.

al.   La rédaction de l'acte par écrit n'est néanmoins prescrite   al. 1
que lorsqu'il s'agit d'un objet excédant la valeur de trois
cents livres.

2128   **1881.** Le privilége ne s'établit sur les créances, que   2075
lorsqu'il résulte d'un acte public ou sous seing privé, et qu'il
est notifié au débiteur de la créance donnée en gage.

2129   **1882.** Dans tous les cas, le privilége ne subsiste sur le   2076
gage qu'autant que ce gage a été mis et est resté en la possession du créancier, ou d'un tiers convenu entre les parties.

2130   **1883.** Le gage peut être donné par un tiers pour le   2077
débiteur.

2131   **1884.** Le créancier ne peut, à défaut de payement, dis-   2078
poser du gage, sauf à lui à faire ordonner en justice que ce
gage lui demeurera en payement et jusqu'à due concurrence,
d'après une estimation faite par experts, ou qu'il sera vendu
aux enchères.

al.   Toute clause qui autoriserait le créancier à s'approprier   al.
le gage, ou à en disposer sans les formalités ci-dessus, est
nulle.

2133   **1885.** Le créancier répond, selon les règles établies au   2080
titre des obligations et des contrats en général, de la perte
ou détérioration du gage qui serait survenue par sa négligence.

al.   De son côté, le débiteur doit tenir compte au créancier   al.
des dépenses qu'il a dû faire pour la conservation du gage.

2134   **1886.** S'il s'agit d'une créance donnée en gage, et que   2081
cette créance porte intérêts, le créancier impute ces intérêts
sur ceux qui peuvent lui être dus.

al.   Si la dette, pour sûreté de laquelle la créance a été don-   al.
née en gage, ne porte point elle-même intérêts, l'imputation
se fait sur le capital de la dette.

2135   **1887.** Si le créancier abuse du gage, le débiteur peut en   2082
requérir la mise sous séquestre.

2136   **1888.** Le débiteur ne peut réclamer la restitution du   2082
gage qu'après avoir entièrement payé, tant en principal
qu'en intérêts et frais, la dette pour sûreté de laquelle le
gage a été donné.

al.　S'il existait, de la part du même débiteur envers le même al.
créancier, une autre dette contractée postérieurement à la
mise en gage, et devenue exigible avant le payement de la
première dette, le créancier ne pourra être tenu de se des-
saisir du gage avant d'être entièrement payé de l'une et de
l'autre dette, lors même qu'il n'y aurait eu aucune stipulation pour affecter le gage au payement de la seconde.

2137　**1889.** Le gage est indivisible, nonobstant la divisibilité de　2083
la dette entre les héritiers du débiteur ou ceux du créancier.

al. 1　L'héritier du débiteur, qui a payé sa portion de la dette,　al. 1
ne peut demander la restitution de sa portion dans le gage,
tant que la dette n'est pas entièrement acquittée.

al. 2　Réciproquement, l'héritier du créancier, qui a reçu sa　al. 2
portion de la dette, ne peut remettre le gage, au préjudice
de ceux de ses héritiers qui ne sont pas payés.

2138　**1890.** Les dispositions précédentes ne dérogent point　2084
aux lois et aux règlements particuliers concernant les matières de commerce et les établissements autorisés à prêter
sur gage.

TITRE XX.

DE L'ANTICHRÈSE.

2124　**1891.** L'antichrèse est un contrat, par lequel un créan-　2071
2128 a.　cier acquiert la faculté de percevoir les fruits de l'im-　2072
2130 a.　meuble de son débiteur, à la charge de les imputer annuel-　in fine.
lement sur les intérêts, s'il lui en est dû, et ensuite sur le　2088
capital de sa créance.　et al.

2140　**1892.** Le créancier est tenu, s'il n'en est autrement con-　2086
venu, de payer les contributions et les charges annuelles de
l'immeuble qu'il tient en antichrèse.

al.　Il doit également, sous peine des dommages et intérêts,　al.
pourvoir à l'entretien et aux réparations nécessaires de l'immeuble.

al.　Toutes les dépenses relatives à ces divers objets seront　al.
in fine.　prélevées sur les fruits.　in fine.

2141　**1893.** Le débiteur ne peut, avant l'entier acquittement　2087
de la dette, rentrer dans la jouissance de l'immeuble qu'il a
remis en antichrèse.

al.　Mais le créancier, qui veut se décharger des obligations　al.
exprimées en l'article précédent, peut toujours, à moins
qu'il n'ait renoncé à ce droit, contraindre le débiteur à reprendre la jouissance de son immeuble.

2142 **1894.** Le créancier ne devient point propriétaire de 2088
l'immeuble par le seul défaut de payement au terme convenu ; toute clause contraire, est nulle ; faute de payement,
il peut poursuivre l'expropriation de son débiteur par les
voies légales.

2130 **1895.** Les parties contractantes peuvent stipuler que les 2089
al. 2 fruits se compenseront avec les intérêts en tout ou en par-
en partie, ties.

2143 **1896.** Les dispositions des articles 1883, 1888 et 1889 2090
s'appliquent à l'antichrèse comme au gage.

2144 **1897.** L'antichrèse ne produit d'effet que dans les rap- 2091
et al. ports du débiteur et du créancier et de leurs héritiers. et al.

TITRE XXI.

DU CAUTIONNEMENT.

CHAPITRE PREMIER.

De la Nature et de l'Étendue du cautionnement.

2014 **1898.** Celui, qui se rend caution d'une obligation, se sou- 2011
met envers le créancier à satisfaire à cette obligation, si le
débiteur n'y satisfait pas lui-même.

2015 **1899.** Le cautionnement ne peut exister que sur une obli- 2012
gation valable.

al. On peut néanmoins cautionner une obligation, encore al.
qu'elle pût être annulée par une exception purement personnelle à l'obligé : par exemple, dans le cas de minorité.

2016 **1900.** Le cautionnement ne peut excéder ce qui est dû 2013
par le débiteur, ni être contracté sous des conditions plus
onéreuses.

al. 1 Il peut être contracté pour une partie de la dette seule- al. 1
ment, et sous des conditions moins onéreuses.

al. 2 Le cautionnement qui excède la dette, ou qui est contracté al. 2
sous des conditions plus onéreuses, n'est valable que dans
la mesure de l'obligation principale.

2047 **1901.** On peut se rendre caution sans ordre de celui 2014
et al. pour lequel on s'oblige, et même à son insu, et se rendre et al.
caution, non-seulement du débiteur principal, mais encore
de celui qui l'a cautionné.

2048 **1902.** Le cautionnement ne se présume point ; il doit 2015
être exprès, et on ne peut pas l'étendre au-delà des limites
dans lesquelles il a été contracté.

2049 **1903.** Le cautionnement indéfini d'une obligation prin- 2016 cipale s'étend à tous les accessoires de la dette, même aux frais de la première demande, et à tous ceux postérieurs à la dénonciation qui en est faite à la caution.

2051 **1904.** Le débiteur obligé à fournir une caution doit en présenter une qui ait la capacité de contracter, qui ait un bien suffisant pour répondre de l'objet de l'obligation, et dont le domicile soit dans le ressort de la cour d'appel, où elle doit être donnée. **2018**

2052 **1905.** La solvabilité d'une caution ne s'estime qu'eu égard à ses propriétés susceptibles d'hypothèques, excepté en matière de commerce, ou lorsque la dette est modique. **2019**

al. On n'a point égard, pour cet effet, aux propriétés litigieuses, ou dont la discussion deviendrait trop difficile par l'éloignement de leur situation. **al.**

2053 **1906.** Lorsque la caution reçue par le créancier, volontairement ou en justice, est ensuite devenue insolvable, il doit en être donné une autre. **2020**

al. Cette règle reçoit exception dans le cas seulement où la caution n'a été donnée qu'en vertu d'une convention par laquelle le créancier a exigé une telle personne pour caution. **al.**

CHAPITRE II.
De l'Effet du caut'onnement.
SECTION PREMIÈRE.
De l'effet du cautionnement entre le créancier et la caution.

2057 **1907.** La caution n'est obligée envers le créancier à le payer qu'à défaut du débiteur principal, qui doit être préalablement discuté dans ses biens, à moins que la caution n'ait renoncé au bénéfice de discussion, ou à moins qu'elle ne soit obligée solidairement avec le débiteur, auquel cas l'effet de son engagement se règle par les principes qui ont été établis pour les dettes solidaires. **2021**

2058 **1908.** Le créancier n'est obligé de discuter le débiteur principal que lorsque la caution le requiert, sur les premières poursuites dirigées contre elle. **2022**

2059 **1909.** La caution, qui requiert la discussion, doit indiquer au créancier les biens du débiteur principal, et avancer les deniers suffisants pour faire la discussion. **2023**

al. On ne tient aucun compte de l'indication des biens du débiteur principal situés hors du ressort de la cour d'appel du lieu où le payement doit être fait, ni des biens litigieux, ni de ceux hypothéqués à la dette, qui ne sont plus en la possession du débiteur. **al.**

2060   **1910.** Toutes les fois que la caution a fait l'indication des   2024
biens conformément à l'article précédent, et qu'elle a fourni
les deniers suffisants pour la discussion, le créancier est,
jusqu'à concurrence des biens indiqués, responsable, à l'é-
gard de la caution, de l'insolvabilité du débiteur principal
survenue par le retard dans les poursuites.

2061   **1911.** Lorsque plusieurs personnes se sont rendues   2025
cautions d'un même débiteur pour une même dette, elles
sont obligées chacune à toute la dette.

2062   **1912.** Néanmoins, chacune d'elles peut, à moins qu'elle   2026
n'ait renoncé au bénéfice de division, exiger que le créancier divise préalablement son action, et la réduise à la part
et portion de chaque caution.

al.   Lorsque, dans le temps où une des cautions a fait pro-   al.
noncer la division, il y en avait d'insolvables, cette caution
est tenue proportionnellement de ces insolvabilités ; mais
elle ne peut plus être recherchée à raison des insolvabilités
survenues depuis la division.

2063   **1913.** Si le créancier a divisé lui-même et volontairement   2027
son action, il ne peut revenir contre cette division, quoiqu'il
y eût, même antérieurement au temps où il l'a ainsi consentie,
des cautions insolvables.

2064   **1914.** La caution de la caution n'est tenue envers le   »
créancier que dans le cas d'insolvabilité du débiteur principal et de toutes les cautions, ou lorsque le débiteur et les
cautions sont déchargés de la dette au moyen d'exceptions
qui leur sont personnelles.

SECTION II.

De l'effet du Cautionnement entre le Débiteur et la Caution.

2065   **1915.** La caution, qui a payé, a son recours contre le   2028
débiteur principal, quand même le cautionnement eût été
donné à son insu.

al. 1   Ce recours a lieu tant pour le principal que pour les inté-   al. 1
rêts et les frais ; néanmoins, la caution n'a de recours que
pour les frais par elle faits depuis qu'elle a dénoncé au
débiteur principal les poursuites dirigées contre elle.

al. 2   Elle a un recours pour les intérêts de tout ce qu'elle a   al. 2
payé pour le débiteur, lors même que la dette ne produirait
al. 3   pas d'intérêts, et même pour les dommages, s'il en est le cas.   al.
al. 4   Toutefois, si les intérêts ne sont pas dus au créancier, ils   al.
ne courent, au profit de la caution, que du jour où elle aura
notifié le payement.

2066   **1916.** La caution, qui a payé la dette, est subrogée à 2029
tous les droits qu'avait le créancier contre le débiteur.

2067   **1917.** Lorsqu'il y a plusieurs débiteurs principaux soli- 2030
daires d'une même dette, la caution qui les a tous cautionnés
a, contre chacun d'eux, le recours pour la répétition du total
de ce qu'elle a payé.

2068   **1918.** La caution, qui a payé une première fois, n'a 2031
point de recours contre le débiteur principal qui a payé une
seconde fois, lorsqu'elle ne l'a point averti du payement par
elle fait, sauf son action en répétition contre le créancier.

al.   Lorsque la caution aura payé sans être poursuivie et sans al.
avoir averti le débiteur principal, elle n'aura point de recours contre lui dans le cas où, au moment du payement, ce
débiteur aurait eu des moyens pour faire déclarer la dette
éteinte, sauf son action en répétition contre le créancier.

2069   **1919.** La caution, même avant d'avoir payé, peut agir 2032
contre le débiteur pour être par lui relevée de son engagement :

1°   1° Lorsqu'elle est poursuivie en justice pour le payement; 1°

2°   2° Lorsque le débiteur a fait faillite, ou est en décon- 2°
fiture ;

3°   3° Lorsque le débiteur s'est obligé de lui rapporter sa 3°
décharge dans un certain temps, et que ce temps est échu ;

4°   4° Lorsque la dette est devenue exigible par l'échéance 4°
du terme sous lequel elle avait été contractée ;

5°   5° Au bout de dix années, lorsque l'obligation principale 5°
n'a point de terme fixe d'échéance, à moins que l'obligation
principale, telle que la tutelle, ne soit de nature à pouvoir
être éteinte avant un temps déterminé, ou qu'il y eût convention contraire.

SECTION III.

De l'effet du Cautionnement entre les Cofidéjusseurs.

2070   **1920.** Lorsque plusieurs personnes ont cautionné un 2033
même débiteur pour une même dette, la caution, qui a acquitté la dette, a recours contre les autres cautions, chacune
pour sa part et portion.

al.   Mais ce recours n'a lieu que lorsque la caution a payé dans al.
l'un des cas énoncés en l'article précédent.

CHAPITRE III.

De la Caution légale et de la Caution judiciaire.

2079   **1921.** Toutes les fois qu'une personne est obligée, par 2040 la loi ou par le juge, à fournir une caution, la caution offerte doit remplir les conditions prescrites par les art. 1904 et 1905.

2080   **1922.** Celui, qui ne peut pas trouver une caution, est   2011 reçu à donner à sa place un gage ou autre sûreté jugée suffisante pour la garantie de la créance.

2081   **1923.** La caution judiciaire ne peut point demander la   2012 discussion du débiteur principal.

2082   **1924.** Celui, qui a seulement cautionné la caution judi-   2013 ciaire, peut demander la discussion de la caution.

CHAPITRE IV.
De l'Extinction du cautionnement.

2071   **1925.** L'obligation qui résulte du cautionnement s'éteint   2034 par les mêmes causes que les autres obligations.

2072   **1926.** La confusion qui s'opère dans la personne du   2035 débiteur principal et de sa caution, lorsqu'ils deviennent héritiers l'un de l'autre, n'éteint point l'action du créancier contre celui qui s'est rendu caution de la caution.

2073   **1927.** La caution peut opposer au créancier toutes les   2036 exceptions qui appartiennent au débiteur principal, et qui al.   sont inhérentes à la dette; mais elle ne peut opposer les   al. exceptions qui sont purement personnelles au débiteur.

2074   **1928.** La caution, même solidaire, est déchargée, lors-   2037 que la subrogation aux droits, hypothèques et priviléges du créancier, ne peut plus, par le fait de ce créancier, s'opérer en faveur de la caution.

2076   **1929.** L'acceptation volontaire que le créancier a faite   2038 d'un immeuble ou d'un effet quelconque en payement de la dette principale, décharge la caution, encore que le créancier vienne à en être évincé.

2077   **1930.** La simple prorogation du terme, accordée par   2039 le créancier au débiteur principal, ne décharge point la caution, qui peut, en ce cas, poursuivre le débiteur pour le forcer au payement.

2078   **1931.** La caution, qui a limité son engagement au terme   » accordé au débiteur principal, demeure obligée au-delà du terme fixé, et durant tout le temps nécessaire pour contraindre le débiteur au payement, pourvu que, dans les deux mois de l'échéance du terme, des poursuites aient été commencées par le créancier, et qu'elles aient été activement continuées.

TITRE XXII.

DE LA TRANSCRIPTION.

1932. On doit rendre publics au moyen de la transcription :

1. Les actes entre-vifs, soit à titre gratuit, soit à titre onéreux, qui transfèrent la propriété d'immeubles, ou d'autres biens ou droits susceptibles d'hypothèque, excepté les rentes sur l'État ;

2. Les actes entre-vifs, qui établissent ou modifient des servitudes foncières, des droits d'usage ou d'habitation, ou qui transfèrent l'exercice du droit d'usufruit ;

3. Les actes entre-vifs, qui portent renonciation aux droits énoncés dans les deux numéros précédents ;

4. Les jugements ordonnant des ventes aux enchères de propriétés immobilières ou d'autres biens ou droits susceptibles d'hypothèque, excepté les ventes faites dans un jugement d'ordre en faveur d'un tiers possesseur qui a institué ce jugement, et excepté les adjudications aux enchères qui ont eu lieu entre des codiviseurs ;

5. Les contrats de location d'immeubles qui excèdent le terme de neuf ans ;

6. Les contrats de société, qui ont pour objet la jouissance de biens immeubles, lorsque la durée de la société excède le terme de neuf ans ou est indéterminée ;

7. Les actes et les jugements portant décharge ou cession de baux à loyer ou à ferme non encore échus, pour un terme qui excède trois ans ;

8. Les jugements qui établissent l'existence d'une convention verbale de l'espèce de celles énoncées dans les numéros précédents.

1933. On doit aussi transcrire pour les effets spéciaux établis par la loi :

1. Les actes de commandement dans les jugements d'exécution sur des biens immeubles ;

2. Les déclarations d'acceptation de succession avec bénéfice d'inventaire, conformément à l'alinéa de l'art. 955 ;

3. Les demandes en révocation, rescision et résolution indiquées dans les art. 1080, 1088, 1235, 1308, 1511, 1553 et 1787.

La transcription de ces demandes sera annotée en marge de la transcription de l'acte d'aliénation.

1934. Toute sentence, qui a prononcé l'annulation, la

résolution, la rescision ou la révocation d'un acte transcrit, doit être annotée en marge de la transcription de l'acte auquel elle se rapporte.

L'annotation devra se faire par les soins du procureur de la partie, qui a obtenu le jugement, et, à défaut de procureur, par les soins de la partie elle-même, dans le terme d'un mois, à compter du jour où la sentence est passée en force de chose jugée, sous peine d'une amende qui peut s'étendre de 100 à 200 livres.

» **1935**. La transcription ne peut se faire qu'en vertu » d'un jugement, d'un acte public, ou d'un acte sous seing privé.

Cependant, les actes résultant d'un acte sous seing privé, ne peuvent être transcrits, si les signatures des parties contractantes n'ont été authentiquées par un notaire ou certifiées par un jugement.

Les jugements et les actes faits en pays étranger doivent être dûment légalisés.

» **1936**. La partie, qui demande la transcription d'un titre, » doit en présenter une copie authentique, s'il s'agit d'actes publics ou de jugements, et en présenter l'original même s'il s'agit d'actes sous seing privé, à moins que celui-ci ne se trouve déposé dans des archives publiques, ou parmi les actes d'un notaire. En ce cas, il suffit d'en présenter une copie authentiquée par l'archiviste ou le notaire, et dont il résulte que l'acte a les qualités requises indiquées par l'article précédent.

» **1937**. Le requérant doit présenter au conservateur des » hypothèques, outre la copie du titre, deux notes contenant les indications suivantes :

1. Les nom, prénoms, filiation, et domicile ou résidence des parties ;

2. La nature et la date du titre, dont on demande la transcription ;

3. Le nom de l'officier public, qui a reçu l'acte ou authentiqué les signatures, ou l'indication de l'autorité judiciaire qui a prononcé le jugement ;

4. La nature et la situation des biens, auxquels le titre se rapporte, avec l'indication prescrite par l'art. 1979.

Pour la transcription de la déclaration indiquée au numéro 2 de l'art. 1933, il suffit que les notes contiennent les indications énoncées dans la déclaration même.

» **1938**. La transcription doit être faite à chaque bureau » des hypothèques des lieux, où les biens sont situés, sauf ce qui est établi à l'alinéa de l'art. 955.

» **1939.** Le conservateur des hypothèques conservera, dans les archives, dans des volumes à ce destinés, les titres qui lui sont consignés, et il transcrira dans le registre particulier des transcriptions le contenu de la note, en indiquant le jour de la consignation du titre, le numéro d'ordre qu'il lui aura donné dans le registre progressif et le numéro du volume, dans lequel il a mis ledit titre.

Le conservateur restituera au requérant une des notes, et il mettra dans toutes les deux la certification d'avoir opéré la transcription avec les indications sus-indiquées.

» **1940.** L'omission ou l'inexactitude de quelques-unes des indications prescrites pour les notes mentionnées dans l'art. 1937 ne préjudicie pas à la validité de la transcription, à moins qu'elle ne produise une incertitude absolue sur le transfert du droit, ou sur l'immeuble qui en est l'objet.

» **1941.** La transcription du titre profite à tous ceux qui y ont intérêt, quelle que soit la personne qui l'a faite.

» **1942.** Les jugements et les actes énoncés dans l'art. 1932 ne produisent aucun effet, jusqu'à ce qu'ils soient transcrits, relativement aux tiers, qui ont acquis à un titre quelconque et légalement conservé des droits sur l'immeuble.

Pareillement, jusqu'à ce que la transcription ait été opérée, aucune transcription ou inscription de droits acquis contre le nouveau propriétaire, ne peut avoir d'effet au préjudice de l'hypothèque accordée au vendeur par l'art. 1969.

Après que la transcription a été opérée, aucune transcription ou inscription contre le premier propriétaire ne peut avoir d'effet contre l'acquéreur, quoique l'acquisition remonte à un temps antérieur au titre transcrit.

» **1943.** La transcription ne prend date, pour les donations, que du jour où a été aussi transcrite l'acceptation, dans le cas que celle-ci ait été faite par acte séparé.

» **1944.** Il incombe à ceux qui ont stipulé une convention, ou obtenu une sentence, ou fait une demande soumise à transcription, dans l'intérêt d'une personne inhabile, par eux représentée, ou qui l'ont assistée dans la convention ou dans le jugement, de prendre soin que la transcription de l'acte ou de la sentence ait lieu.

Le défaut de la transcription peut aussi être opposée aux mineurs, aux interdits, et à toute autre personne incapable, sauf aux mêmes le recours contre les tuteur, les administrateurs et les curateurs qui avaient l'obligation de la transcription.

Ce défaut cependant ne peut jamais être opposé par les personnes qui avaient l'obligation de faire la transcription et par leurs héritiers.

» **1945.** La radiation de la transcription des demandes » énoncées dans le numéro 3 de l'art. 1933, et des annotations relatives faites en marge de la transcription de l'acte de vente, aura lieu lorsqu'elle sera dûment consentie par les parties intéressées, ou bien qu'elle sera ordonnée en justice par un jugement passé en force de chose jugée.

Elle sera ordonnée en justice, si le demandeur retire sa demande, si elle est rejetée, ou si l'instance est périmée.

» **1946.** La transcription peut être demandée, malgré que » la taxe d'enregistrement, à laquelle le titre est soumis, n'ait pas encore été payée, toutes les fois qu'il s'agit d'un acte public reçu dans le royaume ou d'un jugement prononcé par une autorité judiciaire du royaume.

En ce cas cependant, le requérant doit présenter une troisième copie de la note au conservateur, et cette note sera visée et transmise immédiatement par celui-ci à l'officier chargé du recouvrement de la dite taxe.

» **1947.** Les frais de la transcription sont à la charge de » l'acquéreur, s'il n'y a convention contraire ; cependant, ils doivent être avancés par celui qui demande la transcription.

S'il y a plusieurs acquisiteurs ou plusieurs personnes intéressées à la transcription, chacun doit rembourser les frais à la personne qui les a faits, en proportion de la part pour laquelle il est intéressé.

TITRE XXIII.

DES PRIVILÉGES ET HYPOTHÈQUES.

2145   **1948.** Quiconque s'est obligé personnellement est tenu 2092
de remplir ses engagements sur tous ses biens mobiliers et immobiliers, présents et futurs.

2147   **1949.** Les biens du débiteur sont le gage commun de 2093
ses créanciers, et ils y ont tous un droit égal, à moins qu'il n'y ait entre eux des causes légitimes de préférence.

2148   **1950.** Les causes légitimes de préférence sont les privi- 2094
léges et les hypothèques.

»   **1951.** Si les choses soumises à privilége ou hypothèque »
sont péries ou détériorées, les sommes dues pour indemnité de la perte ou de la détérioration, par les personnes qui les ont assurées, sont affectées au payement des créances privi-

légiées ou hypothécaires, suivant leur rang, à moins que ces sommes ne soient employées pour réparer la perte ou la détérioration.

,   Les personnes, qui ont assuré ces choses, sont cependant , déchargées, s'ils paient dans le terme de trente jours, à compter de la perte ou de la détérioration, sans qu'il y ait eu opposition.

,   Sont aussi affectées au payement des dites créances, les , sommes dues pour expropriation forcée, pour cause d'utilité publique ou de servitude imposée par la loi.

CHAPITRE PREMIER.

Des Priviléges.

2150   **1952**. Le privilége est un droit de préférence que la loi 2095 accorde en égard à la cause de la créance.

2150   **1953**. La créance privilégiée est préférée à toutes les 2095 autres créances, même hypothécaires.

2151   Entre plusieurs créances privilégiées, la préférence est 2096 déterminée par la loi selon la qualité du privilége.

2152   **1954**. Les créances privilégiées, qui sont dans le même 2097 rang, sont payées par concurrence en proportion de leur valeur.

SECTION PREMIÈRE.
Des Priviléges sur les Meubles.

2155   **1955**. Les priviléges sur les meubles sont généraux ou 2100 spéciaux.

al.   Les premiers affectent tous les biens meubles du débiteur, 2100 les seconds ne s'appliquent qu'à quelques meubles seulement.

§ 1er.
Des Priviléges généraux sur les Meubles.

2156   **1956**. Ont un privilége sur la généralité des meubles 2101 dans l'ordre suivant les créances qui concernent :

n. 1   1. Les frais de justice faits pour des actes conservatoires n. 1 ou d'exécution sur les meubles dans l'intérêt commun des créanciers ;

n. 2   2. Les frais funéraires nécessaires d'après les usages ;   n. 2

n. 3   3. Les frais de maladie faits dans les derniers six mois de n. 3 la vie du débiteur ;

n. 6   4. Les fournitures de subsistance faites au débiteur pour n. 5

n. 5 lui et sa famille pendant les derniers six mois, et les salaires   n. 4
  dus aux domestiques pour le même intervalle de temps.

» **1957**. Ont aussi un privilége sur la généralité des   »
  meubles du débiteur, les créances de l'Etat pour toute contribution directe de l'année courante et de l'année antécédente, y compris les surimpositions communales et provinciales.

» Ce privilége ne s'étend pas à l'impôt foncier.   »

§ 2.
Des Priviléges sur certains Meubles.

3157 **1958** Ont un privilége spécial :   2102

» 1. Les créances de l'Etat pour le droit de douane et d'en-   »
  registrement, et pour tout octroi ou contribution indirecte
  sur les meubles qui en furent l'objet ;

» 2. Les créances de redevances sur les fruits du fonds   »
  emphytéotique récoltés dans l'année, et sur les denrées provenant de ce fonds, qui se trouvent dans les maisons et bâtiments dépendant du même.

» Ce privilége a lieu pour la créance de l'année courante et   »
  pour l'antécédente.

n. 4 3. Les loyers et fermages des immeubles, sur les fruits   n. 4
  de la récolte de l'année ; sur les denrées qui se trouvent
  dans les maisons et bâtiments dépendant des fonds ruraux,
  si ces denrées proviennent de ces fonds, et sur tout ce qui
  sert à l'exploitation de la ferme, ou à garnir la ferme ou la
  maison louée.

n. 4 Ce privilége a lieu pour la créance de l'année courante et   n. 4
  de l'année antécédente, comme aussi pour tout ce qui est à
  échoir, si les baux ont une date certaine, et si la date n'est   n. 1 a. 1
  pas certaine, seulement pour les créances de l'année courante et de la suivante. Dans ces deux cas, les autres créan-   n. 1
  ciers ont la faculté d'entrer dans les droits du preneur, de
  sublouer pour le temps de la durée du privilége du bailleur,
  quand même la sublocation aurait été défendue par le contrat de louage, et de faire leur profit des loyers et fermages,
  à la charge de payer au bailleur tout ce qui lui serait encore dû par privilége, et de lui fournir en outre des sûretés
  pour la créance non encore échue.

n. 1 a. 1 Le même privilége a lieu en faveur du bailleur, pour les   »
  dommages causés aux bâtiments loués et à la ferme, pour
  les réparations locatives, pour la restitution des objets af-   n. 1 a. 2
  fectés à l'exploitation des fonds, et pour tout ce qui concerne l'exécution du bail.

n.1 a.3   Le privilége accordé ci-dessus au bailleur sur les meubles   »
qui garnissent la maison louée ou la ferme, s'étend, non-
seulement sur les meubles appartenant au locataire ou au
fermier, et au sous-locataire ou sous-fermier, mais encore
à ceux qui sont la propriété d'autres personnes, tant qu'ils
se trouvent dans la maison louée ou dans la ferme ; à moins
qu'il ne s'agisse d'effets dérobés ou perdus, ou qu'on ne
prouve que le bailleur était informé, au moment où ces
effets y ont été transportés, qu'ils appartenaient à d'autres
qu'au locataire ou au fermier.

n.1 a.4   Le privilége sur les fruits a lieu lors même qu'ils appar-   »
tiennent au sous-fermier.

n.1 a.5   Le privilége sur tout ce qui garnit la maison louée ou la   »
ferme et sur tout ce qui sert à l'exploitation de la ferme,
lorsque ces choses appartiennent au sous-locataire ou au
sous-fermier, n'a lieu que jusqu'à concurrence de ce qu'il
doit, sans avoir égard à ce qui aurait été payé d'avance ;

n.1 a.6   Le bailleur peut saisir les meubles affectés à son privi-   n.1 a.4
lége, lorsqu'ils ont été transportés ailleurs sans son consentement, et il conserve sur eux son privilége, pourvu qu'il ait
exercé l'action en revendication, savoir : lorsqu'il s'agit du
mobilier dont la ferme était fournie, dans le délai de quarante jours ; et, dans celui de quinzaine, s'il s'agit des meubles garnissant une maison, sauf toutefois les droits acquis
à des tiers, depuis le transport qui en a été fait ;

»   4. Les créances provenant du bail à métairie, soit en fa-   »
veur des bailleurs, soit en faveur des preneurs, sur la portion respective des fruits, et sur les meubles qui garnissent
le fonds et la maison concédés à métairie ;

»   5. Les sommes dues pour les semences et les travaux de   »
cultivation et de récolte de l'année, sur les fruits de cette
récolte ;

n. 2   6. La créance de la personne, en faveur de laquelle un   n. 2
gage a été constitué, sur les meubles, dont le créancier est
saisi ;

n. 3   7. Les frais faits pour la conservation ou l'amélioration   n. 3
des meubles, sur les meubles mêmes conservés ou améliorés,
pourvu qu'ils soient encore retenus par ceux qui ont fait ces
frais ;

n. 5   8. Les fournitures faites par un aubergiste, ainsi que le   n. 5
salaire qui lui est dû, sur les effets du voyageur qui ont été
transportés et se trouvent encore dans son auberge ;

n. 6   9. Les frais de transport, de douane et d'octroi, sur les   n. 6
effets transportés, encore retenus par le conducteur, ou qui

même auraient été livrés par celui-ci, pourvu qu'ils se trouvent encore, dans ce dernier cas, entre les mains de celui à qui on en a fait la remise, et que l'action soit exercée dans le terme de trois jours, à compter de la remise;

n. 7   10. Les créances d'indemnités dues pour des prévarications ou des abus commis par les fonctionnaires publics, dans l'exercice de leurs fonctions, sur les fonds de leur cautionnement et sur les intérêts qui en peuvent être dus;   n. 7

n. 8   11. Les sommes dues par les comptables de l'État, des communes ou autres corps moraux, pour fait dépendant de leurs fonctions, sur les fonds de leurs cautionnements et sur les intérêts relatifs.   »

§ 3.

De l'Ordre des Priviléges sur les Meubles.

2161   **1959.** Le privilége pour les frais de justice indiqué dans le numéro 1 de l'art. 1956, est préféré à tous les priviléges spéciaux indiqués dans l'art. 1958.   »

al.   Les autres priviléges généraux indiqués dans l'art. 1956 sont aussi préférés au privilége général indiqué dans l'article 1957, et, ensemble avec celui-ci, ils sont préférés aux priviléges spéciaux indiqués aux numéros 2, 3 et 4 de l'article 1958, mais ils ne sont pas préférés aux autres priviléges indiqués au même article.   »

»   **1960.** S'il y a plusieurs créances ayant un privilége spécial sur le même ou sur les mêmes meubles, la préférence se fait dans l'ordre suivant :   »

»   La créance de l'État est préférée à tout autre créance sur les meubles qui ont été l'objet des impôts indiqués au numéro 1 de l'art. 1958;   »

»   Sur les fruits des fonds concédés en emphytéose, affermés ou donnés à métairie, sont préférées aux créances du bailleur ou du preneur les créances :   »

»   1. Pour la récolte ;   »

»   2. Pour la cultivation ;   »

»   3. Pour les semences ;   »

»   4. Pour les redevances indiquées au numéro 2 de l'article 1958 ;   »

2161 a.   Sur les meubles dont la maison ou le fonds sont garnis, la créance indiquée au numéro 7 de l'art. 1958 est préférée aux créances du bailleur et du preneur ;   »

»   Aux créances indiquées au numéro 9 de l'art. 1958 sont préférées les créances indiquées au numéro 8 du même article.   »

SECTION II.

Des Priviléges sur les Immeubles.

2162   **1961.** La créance pour les frais du jugement d'expro-   2105
priation des immeubles et du jugement d'ordre, faits dans   n. 1
l'intérêt commun des créanciers, a le privilége sur les immeubles expropriés, et elle est préférée à tout autre créance.

»   **1962.** Sont également privilégiées les créances de l'État   »
pour l'impôt foncier de l'année courante et de la précédente,
y compris les surimpositions communales et provinciales,
sur tous les immeubles du contribuable situés sur le territoire de la commune où l'impôt doit être recouvré, et sur
les fruits, les fermages et les loyers desdits immeubles, sans
préjudice des moyens spéciaux d'exécution autorisés par
la loi.

»   Ont aussi le privilége les créances de l'État pour les droits   »
d'enregistrement et pour tout autre contribution indirecte,
sur les immeubles qui en furent l'objet. Ce privilége ne peut
préjudicier les droits réels de tous genres acquis sur le fonds
à des tiers, avant le transfert soumis à la taxe, et il ne peut
pas non plus s'exercer contre les tiers possesseurs de l'immeuble pour un supplément de taxe.

»   Ce même privilége n'aura, en outre, aucun effet, pour ce   »
qui concerne les taxes de succession, au préjudice des créanciers hypothécaires du défunt, qui ont inscrit leurs hypothèques dans les trois mois de sa mort, comme aussi il n'en
aura pas au préjudice des créanciers qui ont exercé le droit
de séparation du patrimoine du défunt de celui de l'héritier.

»   **1963.** Les créances indiquées en l'art. 1956 seront col-   »
loquées subsidiairement sur le prix des immeubles du débiteur de préférence aux créances chirographaires.

CHAPITRE II.

Des Hypothèques.

2163   **1964.** L'hypothèque est un droit réel sur les immeubles   2114
du débiteur ou d'un tiers au profit d'un créancier, affectés
à l'acquittement d'une obligation.

al. 1   Elle est indivisible, et subsiste en entier sur tous les   al. 1
immeubles affectés, sur chacun et sur chaque portion de ces
immeubles.

al. 2   Elle est inhérente aux biens, et les suit dans quelques   al. 2
mains qu'ils passent.

2104   **1965**. L'hypothèque n'a aucun effet si elle n'est rendue   2115
publique, et elle ne peut subsister que sur des biens spécialement indiqués et pour une somme d'argent déterminée.

2192   **1966**. L'hypothèque s'étend à toutes les améliorations   2133
et même les constructions et autres dépendances de l'immeuble hypothéqué.

2168   **1967**. Sont susceptibles d'hypothèque :   ،   2118
1°   1. Les biens immobiliers qui sont dans le commerce, et   1°
leurs accessoires réputés immeubles ;
2°   2. L'usufruit des mêmes biens et accessoires, excepté   2°
l'usufruit légal des ascendants ;
3°   3. Les droits du bailleur et de l'emphytéote sur les biens   »
emphytéotiques ;
5°   4. Les rentes sur l'État, de la manière établie par les lois   ›
relatives à la dette publique.

2165   **1968**. L'hypothèque est légale, judiciaire, ou conven-   2116
tionnelle.

SECTION PREMIÈRE.

De l'Hypothèque légale.

›   **1969**. Ont une hypothèque légale :   2121
2158   1. Le vendeur ou tout autre qui aliène, sur les immeubles   2103
n. 2   aliénés, pour l'acquittement des obligations dérivant de l'acte   n. 1
d'aliénation ;
n. 3   2. Les cohéritiers, les associés et autres copartageants,   3°
sur les immeubles de la succession, ou de la société, ou de
la communauté, pour le payement des soultes ou retours ;
2174   3. Le mineur et l'interdit, sur les biens du tuteur, con-   2121
formément aux art. 292 et 293 ;   al. 2
2170   4. La femme, sur les biens du mari pour la dot et pour   al. 1
les gains dotaux.
al. 1   Cette hypothèque, si elle n'a pas été limitée à des biens   ›
particuliers dans le contrat de mariage, a lieu sur tous les
biens que le mari possède au moment où la dot est constituée, quoique le payement n'en soit fait que dans la suite.
al. 2   En ce qui concerne les sommes dotales provenant de suc-   ›
cession ou donation, l'hypothèque n'a lieu que du jour de
l'ouverture de la succession, ou de celui où la donation a eu
son effet ;
»   5. L'État, sur les biens des condamnés, pour le recou-   ›
vrement des frais de justice en matière criminelle, correctionnelle ou de police, en comprenant dans ces frais les
droits dus aux fonctionnaires et aux officiers judiciaires.
»   Cette hypothèque peut être inscrite avant la condamnation   ›

après le mandat d'arrêt, et elle profite à la partie civile pour le remboursement des dommages adjugés par la sentence de condamnation.

» Les frais de la défense sont préférés aux frais de justice » et au remboursement des dommages.

SECTION II.
De l'Hypothèque judiciaire.

2177
2178
2179

1970. Toute sentence portant condamnation au payement d'une somme, à la remise d'effets mobiliers, ou à l'acquittement d'une autre obligation, qui pourrait donner droit au remboursement des dommages, emporte hypothèque sur les biens du débiteur en faveur de la personne qui l'a rapportée.   2123

» **1971.** Les jugements portant condamnation n'emportent pas l'hypothèque judiciaire sur les biens d'une succession jacente ou acceptée avec bénéfice d'inventaire.   »

2180   **1972.** Les décisions arbitrales n'emportent hypothèque, que du jour où elles sont revêtues de l'ordonnance judiciaire d'exécution.   2123 al. 2

2181   **1973.** Les jugements rendus en pays étranger ne conféreront hypothèque sur les biens situés dans les États, que lorsque l'exécution en aura été ordonnée par l'autorité judiciaire du royaume, sauf disposition contraire par des traités internationaux.   2123 al. 3

SECTION III.
De l'Hypothèque conventionnelle.

2184   **1974.** Les hypothèques conventionnelles ne peuvent être consenties que par ceux qui ont la capacité d'aliéner les immeubles qu'ils y soumettent.   2124

2185   **1975.** Les biens appartenant à des personnes qui n'ont pas la capacité d'aliéner, ou à des absents, ne peuvent être grevés d'hypothèques que pour les causes et dans les formes établies par la loi.   2125

2186   **1976.** Ceux qui n'ont sur l'immeuble qu'un droit suspendu par une condition, ou résoluble dans certains cas, ou sujet à rescision, ne peuvent consentir qu'une hypothèque soumise aux mêmes conditions ou à la même rescision.   2125

2190   **1977.** L'hypothèque conventionnelle ne peut être constituée sur les biens à venir.   2129 a.

2187   **1978.** L'hypothèque conventionnelle ne peut être consentie que par un acte public ou par un acte sous seing privé.   2127

2189   **1979.** L'acte constitutif de l'hypothèque doit déclarer   2129
spécialement l'immeuble qui y est soumis, en indiquant sa
nature, la commune où il se trouve, le numéro du cadastre
ou des mappes du cens là où elles existent, et trois au moins
de ses confins.

2191   **1980.** En cas que les biens assujettis à hypothèque   2131
eussent péri, ou éprouvé des dégradations telles qu'ils fus-
sent devenus insuffisants pour la sûreté du créancier, celui-ci
aura droit à un supplément d'hypothèque, et, à défaut, au
payement de sa créance.

SECTION IV.

De la Publicité des Hypothèques.

§ 1er.

De l'Inscription.

2235   **1981.** L'hypothèque est rendue publique par l'inscrip-   2146
tion qui en est faite au bureau des hypothèques du lieu, où
les biens grevés sont situés.

2226   **1982.** L'hypothèque légale appartenant à la femme doit   2136
et al. 2 être inscrite dans le terme de vingt jours de la date de l'acte,   et al.
par les soins du mari et du notaire qui a reçu l'acte de constitution de la dot.

2226   Lorsque l'hypothèque n'a pas été restreinte à certains   »
biens, le notaire doit faire déclarer par le mari la situation
des biens par lui possédés, avec les indications énoncées en
l'art. 1979.

2221   L'inscription de l'hypothèque légale appartenant à la   2139
femme, peut, en tout cas, être demandée par celui qui a
constitué la dot, et même par la femme sans besoin d'autorisation.

2223   **1983.** L'hypothèque légale des mineurs et des interdits   2139
et a. 1,3 doit être inscrite dans le terme de vingt jours, à compter
du jour de la délibération du conseil de famille indiquée
dans les art. 292 et 293, par les soins du tuteur, du protuteur et du greffier qui a assisté à ladite délibération.

2232 a.   L'inscription peut même être demandée par le mineur   2139
2224   ou par l'interdit, sans qu'il ait besoin d'assistance ou d'au-
2232   torisation, comme aussi elle peut être demandée par leurs
et al.   parents.

2223   **1984.** Si les personnes, qui sont tenues de prendre   2136 a.
et a.1,2,3 l'inscription des hypothèques légales, conformément aux   2137
2220   deux articles précédents, ne remplissent pas cette obligation

2230
et al. dans le terme prescrit, elles sont tenues des dommages-intérêts, et encourent une amende qui peut s'étendre jusqu'à mille francs. Les tuteur et protuteur peuvent, en outre, être révoqués de la tutelle ou protutelle.

2223 Le procureur du Roi veillera à ce que lesdites dispositions **2138**
al. 2 soient exécutées, et il poursuivra, s'il en est le cas, l'appli-
2231 cation des peines établies, et il peut même, au besoin, re-
et al. quérir l'inscription desdites hypothèques.

» **1985.** Le conservateur des hypothèques, lorsqu'il trans- »
crit un acte d'aliénation, doit inscrire d'office et sous peine des dommages-intérêts l'hypothèque légale appartenant au vendeur, en vertu du numéro 1 de l'art. 1969.

» Cette inscription n'aura pas lieu si on présente un acte »
public ou un acte sous seing privé authentiqué par un notaire ou certifié judiciairement, qui constate que ces obligations ont été remplies.

2183 **1986.** L'hypothèque judiciaire peut s'inscrire sur tous **2123**
les immeubles qui appartiennent au débiteur; mais, quant **al. 1**
aux biens qu'il peut acquérir après la condamnation, l'inscription ne peut être prise qu'à mesure qu'ils parviennent au débiteur.

2213 **1987.** Pour opérer l'inscription, on présente audit bu- **2148.**
reau le titre qui produit l'hypothèque et deux bordereaux, **al.**
dont l'un peut être rédigé au bas du titre même.

al. Ces bordereaux devront contenir : **al.**

n. 1 1. Les nom, prénoms, domicile ou résidence du créancier **n. 1 et 2**
et du débiteur, et leur profession, s'ils en ont une, comme aussi le nom de leur père ;

n. 2 2. Le domicile qui sera élu, de la part du créancier, dans **n. 2**
la juridiction du tribunal dont relève le bureau des hypothèques ;

n. 3 3. La date et la nature du titre, et le nom de l'officier pu- **n. 3**
blic qui aura reçu ou authentiqué l'acte ;

n. 4 4. Le montant de la somme due ; **n. 4.**
n. 5 5. Les intérêts ou annuités que produit la créance ; **n. 4**
n. 6 6 L'époque de l'exigibilité ; **n. 4**
n. 7 7. La nature et la situation des biens grevés, avec les **n. 5**
indications prescrites par l'art. 1979.

2253 **1988.** Lorsque l'inscription a été opérée, le conserva- **2150**
teur restitue au requérant les titres et l'un des deux borde-
reaux, après qu'il aura mis au bas de ce dernier le certificat par lui signé de l'inscription opérée, avec la date et le numéro d'ordre de la même.

» **1989.** Si l'hypothèque résulte d'un acte sous seing privé, » on ne pourra en obtenir l'inscription, si la signature de celui qui l'a consentie n'est pas authentiquée par un notaire ou certifiée judiciairement.

» Le requérant doit présenter l'original de l'acte sous seing privé avec les titres accessoires, s'il en est besoin. Si l'original se trouve déposé dans des archives publiques ou parmi les actes d'un notaire, il suffit de présenter une copie authentiquée par l'archiviste ou par le notaire, qui constate que l'acte a les qualités requises sus-indiquées.

» Si l'on présente l'original de l'acte sous seing privé, celui-ci devra rester déposé au bureau des hypothèques, avec les documents relatifs, s'il y en a.

2188 **1990.** Les actes passés en pays étranger, qui sont pré-   **2128**
2254 a. 3 sentés pour l'inscription, doivent être dûment légalisés.

2255 **1991.** Si l'hypothèque résulte d'un acte public reçu dans   »
le royaume ou d'un jugement prononcé par une autorité judiciaire du royaume, l'inscription peut être demandée, lors même que la taxe d'enregistrement, à laquelle le titre peut être soumis, n'aurait pas encore été payée.

2255 En ce cas, il n'est pas nécessaire de présenter le titre,   »
mais les bordereaux, qui sont présentés pour l'inscription, doivent être certifiés par le notaire qui a reçu l'acte ou par le greffier de l'autorité judiciaire qui a prononcé le jugement, et l'on observe les dispositions de l'alinéa de l'art. 1946.

2193 **1992.** L'inscription de l'hypothèque ne peut se faire   **2132**
que pour une somme d'argent certaine et déterminée dans l'acte qui a constitué ou déclaré la créance, ou dans un acte postérieur.

2193 Si la détermination de la somme n'est faite ni dans l'acte   **2132**
qui a constitué et déclaré la créance, ni dans un acte postérieur, elle peut être faite par le créancier lui-même dans le bordereau d'inscription.

» **1993.** La validité et l'efficacité des hypothèques et des   »
inscriptions sur les biens d'un débiteur tombé en faillite sont réglées par les lois commerciales.

» **1994.** Le cessionnaire, la personne subrogée ou le créan-   »
cier qui tient en gage la créance inscrite, peut faire annoter en marge ou au bas de l'inscription prise par son auteur, la cession, la subrogation ou le gage, en consignant au conservateur l'acte relatif.

» Si cet acte est sous seing privé, ou s'il a été passé en pays   »
étranger, on observe les dispositions des art. 1989 et 1990.

» Après cette annotation, l'inscription ne peut plus être ra-   »
diée sans le consentement du cessionnaire, de la personne

subrogée, ou du créancier qui est en possession du gage, et les intimations ou notifications qui devraient se faire ensuite de cette inscription, se feront, pour ce qui regarde l'intérêt de la personne, qui est devenue cessionnaire, ou subrogée, ou qui est en possession du gage, au domicile même de celle-ci.

2244   **1995.** Il sera permis au créancier, à son mandataire, à   2152 son héritier ou ayant-cause de changer l'élection de domicile faite dans l'inscription, en y substituant l'élection d'un autre domicile dans la même juridiction.

2244   Le changement sera annoté par le conservateur en marge   » ou au bas de l'inscription.

»   La déclaration du créancier relative au changement de   » domicile doit résulter d'un acte reçu ou authentiqué par un notaire, et elle doit rester déposée dans le bureau du conservateur.

2250   **1996.** Les inscriptions sur les biens d'une personne   2149 décédée pourront être faites sous la simple désignation du défunt, dans la forme prescrite pour les autres inscriptions, et sans qu'il soit nécessaire d'indiquer l'héritier.

»   Cependant si, au moment de l'inscription, les immeubles   » hypothéqués figurent depuis trois mois dans les registres de l'impôt comme ayant passé aux héritiers ou ayants-cause du débiteur, l'inscription doit aussi être prise contre ces derniers, avec les indications prescrites par le numéro 1 de l'art. 1987, pour autant qu'elles résultent des registres de l'impôt.

2252   **1997.** Lors même qu'on établirait, par le titre de créance,   » que la somme due est plus forte que celle énoncée dans le bordereau, l'inscription n'est valable que pour la somme exprimée dans le bordereau.

al.   Si la somme énoncée est plus forte que celle qui est réelle-   » ment due, l'inscription n'est valable que pour cette dernière somme.

2278   **1998.** L'omission dans le titre constitutif de la créance   » al. 2 ou dans les deux bordereaux de quelqu'une des indications prescrites, ou les inexactitudes qui y auraient été commises, ne donnent lieu à la nullité de l'inscription que dans le cas où il y aurait incertitude absolue sur la personne du créancier ou du débiteur, ou sur celle du possesseur des biens grevés, lorsqu'il est nécessaire de l'indiquer, ou sur l'identité de chacun de ces biens, ou sur le montant de la créance.

al.   En cas d'autres omissions ou erreurs, on pourra en or-   »

donner la rectification sur la demande et aux frais du créancier.

2258   **1999.** Les actions, auxquelles les inscriptions peuvent donner lieu contre les créanciers, seront intentées devant l'autorité judiciaire compétente, par exploits faits à leur personne, ou au dernier des domiciles par eux élus   **2156**

al. 1   Il en est de même par rapport à toutes autres notifications relatives à ces inscriptions.   ,

al. 2   S'il n'y a pas eu élection de domicile, ou si la personne ou le bureau, près desquels le domicile avait été élu, étaient, ou morte l'une, ou fermé l'autre, les citations ou notifications susdites pourront se faire au bureau des hypothèques où l'inscription a été prise.   ,

al. 3   Si cependant le débiteur est dans le cas d'intenter une instance contre son créancier pour la réduction de l'hypothèque ou pour la radiation totale ou partielle de l'inscription, le créancier devra être cité personnellement dans les formes ordinaires prescrites par le Code de procédure civile.   ,

2257 et al.   **2000.** Les frais de l'inscription et de la rénovation sont à la charge du débiteur, s'il n'y a stipulation contraire.   **2155**

§ 2.
Des Rénovations.

2238   **2001.** L'inscription conserve l'hypothèque pendant trente ans, à compter de sa date.   **2154**

2238   L'effet de l'inscription cesse, si elle n'est pas renouvelée avant l'expiration de ce délai.

,   **2002.** L'obligation de la rénovation des hypothèques légales en faveur de l'interdit tombe sur le tuteur, le protuteur et le greffier de la préture, près de laquelle se trouvera en ce moment le registre de la tutelle dudit interdit, sous les peines comminatoires de l'art. 1984.   ,

,   **2003.** L'obligation de la rénovation, pour conserver les effets des inscriptions précédentes, cesse dans le cas de purgation légale provenant d'un titre d'acquisition aux termes de l'art. 2042, et, dans le cas d'expropriation forcée, par l'inscription de l'hypothèque légale, provenant de la vente aux enchères, contre l'acquéreur, pour le payement du prix, conformément à l'art. 2089.   ,

2239   **2004.** L'inscription de l'hypothèque légale de la femme conserve son effet pendant le mariage et pour l'année successive au renouvellement du même, sans qu'il y ait besoin de rénovation.   ,

»   **2005.** Pour obtenir la rénovation, on présente au conservateur deux bordereaux conformes à ceux de la précédente inscription, contenant la déclaration, que l'on entend renouveler l'inscription originaire.   »

»   Le bordereau de l'inscription, qui doit être renouvelé, tient lieu de titre.   »

»   Seront observées par le conservateur les dispositions contenues en l'article 1988.   »

»   **2006.** Si, à l'époque de la rénovation, les immeubles hypothéqués figurent depuis trois mois dans les registres de l'impôt, comme étant passés aux héritiers ou aux ayants-cause du débiteur, la rénovation doit aussi être faite contre ces derniers, avec les indications prescrites au numéro de l'art. 1987, pour autant qu'elles résultent des dits registres de l'impôt.   »

SECTION V.

Du rang que les Hypothèques ont entre elles.

2114   **2007.** L'hypothèque produit son effet et prend rang du   2134
2115   jour de son inscription, lors même qu'il s'agit d'un contrat
2116   pour prêt, où l'argent est déboursé postérieurement.

»   **2008.** Le rang des inscriptions est déterminé par le numéro d'ordre. Cependant, si plusieurs personnes présentent simultanément le bordereau pour obtenir inscription contre la même personne ou sur les mêmes immeubles, ces bordereaux seront inscrits sous le même numéro d'ordre, et on fera mention de cette circonstance dans le reçu que le conservateur doit livrer à chacun des requérants.   »

2236   **2009.** Les hypothèques inscrites au même numéro et sur les mêmes immeubles concourent entre elles sans distinction de rang.   »

2237 a.   **2010.** L'inscription de la créance sert pour faire colloquer au même degré les frais de l'acte, ceux d'inscription et de rénovation, et les frais ordinaires qui doivent se faire pour la collocation dans le jugement d'ordre.   »

2237   L'inscription d'un capital produisant intérêt, si le taux y est indiqué, donne aussi droit à la collocation au même rang des intérêts des deux années antérieures et de la courante, au jour de la transcription de l'acte de commandement fait aux termes de l'art. 2085, outre les intérêts successifs, sans préjudice des inscriptions particulières prises pour les autres arrérages qui seraient dus, et qui produiront leur effet du jour de leur date.   »

»   Les parties intéressées peuvent même, par une conven-   »

tion expresse, étendre l'hypothèque de la créance et les effets de la même à des frais judiciaires plus grands que ceux énoncés, pourvu qu'on en prenne la relative inscription.

» **2011.** Le créancier ayant hypothèque sur un ou plu- »
sieurs immeubles, et qui se trouverait en perte, parce qu'on aurait payé sur le prix des mêmes un créancier antérieur, dont l'hypothèque s'étendait sur d'autres biens, est censé être subrogé dans l'hypothèque qui appartenait au créancier payé, et il peut faire faire l'annotation relative, comme il est établi en l'art. 1994, à l'effet d'exercer l'action hypothé-caire sur les mêmes biens, et d'être préféré aux créanciers postérieurs à son inscription. Le même droit appartient aux créanciers qui se trouvent en perte ensuite de cette subro-gation.

» Cette disposition s'applique aussi aux créanciers perdants »
ensuite du privilége établi en l'art. 1962.

» **2012.** Dans les cas de purgation et d'expropriation for- »
cée, les droits des créanciers hypothécaires restent inva-riablement fixés par l'inscription de l'hypothèque légale en faveur de la masse des créanciers, conformément aux art. 2042 et 2089.

SECTION VI.

De l'effet des Hypothèques relativement au Tiers possesseur.

2284 **2013.** Le tiers détenteur de l'immeuble hypothéqué, qui 2167
2285 ne remplit pas les formalités établies à la Section X du pré- 2168
sent Chapitre pour purger sa propriété, demeure obligé à délaisser l'immeuble sans aucune réserve, à moins qu'il ne préfère de payer les créances inscrites et leurs accessoires, conformément à l'art. 2010.

2286 **2014.** Si le tiers possesseur ne délaisse pas l'immeuble 2169
ou ne paye pas les créances, chaque créancier ayant une hypothèque efficace peut faire vendre l'immeuble.

2286 Cependant la vente ne pourra avoir lieu que trente jours 2169
après que le commandement fait au débiteur aura été justifié au tiers détenteur, avec sommation de payer ou de délaisser l'immeuble.

2287 **2015.** Le tiers détenteur, qui a fait transcrire son con- 2170
trat d'acquisition, et qui n'a pas été appelé dans l'instance, qui a précédé la condamnation du débiteur, est admis, dans le cas où cette condamnation est postérieure à la transcrip-tion, à opposer au créancier toutes les exceptions, qui n'au-raient pas été opposées par le débiteur, si elles ne sont pas purement personnelles à celui-ci.

al.   Il pourra aussi, dans tous les cas, opposer les exceptions » que le débiteur aurait encore le droit d'élever après la condamnation.

al.   Ces exceptions toutefois ne suspendront point le cours » des délais établis pour purger l'immeuble.

2290   **2016.** Le délaissement de l'immeuble soumis à hypothèque peut être fait par tous les tiers détenteurs, qui ne sont pas personnellement obligés à la dette, et qui ont la capacité d'aliéner, ou qui sont dûment autorisés à cet effet.   2172

»   Ce délaissement ne préjudicie pas aux hypothèques constituées par le tiers possesseur et dûment inscrites.   »

2295   **2017.** Les servitudes, les hypothèques et autres droits réels, que le tiers détenteur avait sur l'immeuble, renaissent après le délaissement ou après l'adjudication faite par lui, tels qu'ils lui appartenaient avant son acquisition.   2177

2291 2ᵉ partie   **2018.** Jusqu'à ce que la vente aux enchères ait été opérée, le tiers détenteur peut toujours reprendre l'immeuble, en payant toute la dette, conformément à l'art 2013, et les frais.   2173 2ᵉ partie

2292   **2019.** Le délaissement de l'immeuble s'opère par une déclaration faite au greffe du tribunal compétent pour la subhastation ; il en est délivré certificat par le greffier   2174

al.   Sur la demande de toute partie intéressée, le tribunal nomme un administrateur à l'immeuble délaissé, en contradictoire duquel la vente sera faite ou poursuivie, dans les formes réglées pour les expropriations.   al.

»   Le tiers détenteur est gardien de l'immeuble délaissé, jusqu'à ce qu'il ne soit consigné à l'administrateur.   »

2293   **2020.** Le tiers détenteur est tenu des détériorations causées à l'immeuble par sa faute grave, au préjudice des créanciers hypothécaires, et ne peut invoquer contre eux aucun droit de retenue pour des améliorations qu'il aurait faites.   2175

al.   2175

»   Il aura droit cependant de faire réserver sur le prix une portion correspondante aux améliorations qu'il aurait faites après la transcription de son titre, jusqu'à concurrence de la somme moindre, qui résulte entre ce qui a été dépensé et ce qui a été amélioré au jour du délaissement ou de la vente aux enchères.   »

2294   **2021.** Les fruits de l'immeuble hypothéqué ne sont dus par le tiers détenteur qu'à compter de la sommation de payer ou de délaisser ; et si les poursuites commencées ont été abandonnées pendant un an, ils ne sont dus qu'à compter de la transcription de la sommation qui sera renouvelée.   2176

»   En cas de purgation de la part du tiers détenteur, les »
fruits ne sont dus que du jour de la transcription du commandement, ou, à défaut, du jour de la notification faite
conformément aux art. 2043 et 2044.

2297   **2022.** Le tiers détenteur, qui a payé la dette hypothé- 2178
caire, délaissé l'immeuble, ou subi l'expropriation, a une
action en indemnité contre son auteur.

al.   Il a pareillement une action par subrogation contre les »
tiers détenteurs d'autres immeubles hypothéqués à la même
dette; il ne peut cependant agir que contre ceux, dont les
acquisitions sont postérieures en date à la sienne, et il peut
faire opérer l'annotation relative, conformément à l'art. 1994.

»   **2023.** Si le tiers détenteur est débiteur, par suite de son »
acquisition, d'une somme actuellement exigible, qui suffise
au payement de tous les créanciers inscrits contre les propriétaires antérieurs, chaque créancier peut l'obliger au
payement, pourvu que le titre d'acquisition ait été transcrit.

»   Si la dette du tiers détenteur n'était pas actuellement exi- »
gible, ou si elle était inférieure, ou différente de ce qui est
dû aux dits créanciers, ceux-ci peuvent également, pourvu
qu'ils soient tous d'accord, demander qu'il leur soit payé,
jusqu'à concurrence de leur créance respective, ce que ce
détenteur doit dans les formes et les termes de son obligation.

»   Dans aucun de ces deux cas on ne peut éviter le paye- »
ment en offrant le délaissement de l'immeuble; mais, une
fois que le payement est fait, l'immeuble est censé libéré de
toute hypothèque, y comprise celle du vendeur, et le tiers
détenteur a droit d'obtenir la radiation des inscriptions relatives.

SECTION VII.
De la Réduction des Hypothèques.

2259   **2024.** La réduction des hypothèques s'opère soit en les 2161
restreignant à une partie seulement des biens indiqués dans
l'inscription, soit en réduisant le montant de la somme pour
laquelle l'inscription a été prise.

»   **2025.** La demande de réduction des hypothèques n'est 2161 a.
admise ni pour la quantité des biens, ni pour la somme, si
celles-ci ont été fixées par convention ou par jugement.

2260   **2026.** Les hypothèques légales, excepté celles qui sont »
2261 indiquées dans les numéros 1 et 2 de l'art. 1969, et les hy-
2262 pothèques judiciaires doivent être réduites sur demande des
2263 parties intéressées, si les biens compris dans l'inscription

2266 ont une valeur excédant la sûreté que l'on doit fournir, ou si la somme déterminée par le créancier dans l'inscription dépasse d'un cinquième celle qui est déclarée due par le juge.

2267 **2027.** La valeur des biens est réputée excédante, lors- 2162 qu'elle excède d'un tiers le montant des créances inscrites augmenté des accessoires, conformément à l'art. 2010.

2268 **2028.** Les frais nécessaires pour la réduction sont tou- » jours à la charge du requérant.

al. Cependant, si la réduction a lieu pour excès dans la dé- » termination de la créance faite par le créancier, les frais sont à sa charge.

al. Les frais de justice pour des contestations qui seraient » soulevées, sont à la charge de celui qui succombe, ou bien ils sont compensés suivant les circonstances.

SECTION VIII.
De l'Extinction des Hypothèques.

» **2029.** Les hypothèques s'éteignent : 2180
2298 1. Par l'extinction de l'obligation ; 1°
» 2. Par la destruction de l'immeuble grevé, sauf les droits » résultant de l'art. 1951 ;
2300 3. Par la renonciation du créancier ; 2°
2302 4. Par le payement du prix total dans les formes établies 3° par la loi dans les jugements d'ordre ;
» 5. Par l'expiration du terme auquel elles ont été limitées ; »
» 6. Par l'accomplissement de la condition résolutoire, qui » y aurait été apposée.
2301 **2030.** Les hypothèques s'éteignent pareillement par la 4° prescription. Quant aux biens qui sont au pouvoir du débi- 2180 teur, cette prescription s'accomplit avec la prescription de la al. 1 créance, et quant aux biens possédés par un tiers, elle s'ac- 2180 quiert par le seul laps de trente ans, en conformité des règles al. 2 établies au titre : De la Prescription.
2299 **2031.** Les hypothèques renaissent avec la créance, si le » payement vient à être déclaré nul.
2200 a. **2032.** Lorsque l'hypothèque renaît, si l'hypothèque pré- » cédente n'a pas été renouvelée, elle ne prend rang que du jour de la nouvelle inscription.

SECTION IX.
De la Radiation des Inscriptions.

2270 **2033.** La radiation consentie par les parties intéressées 2157

2271 et al. sera effectuée par le conservateur sur présentation de l'acte portant le consentement du créancier. **2158**

Pour cet acte on observera les dispositions des art. 1978, 1989 et 1990.

2272 **2034.** Celui qui n'a pas la capacité de libérer le débiteur, ne peut consentir à la radiation, qu'en l'assistance des personnes dont l'intervention est requise pour opérer la libération. »

2273 **2035.** Le père, le tuteur, et tous autres administrateurs, lors même qu'ils ont l'autorisation d'exiger et de libérer le débiteur, ne peuvent consentir à la radiation de l'inscription prise pour sûreté d'une créance, si celle-ci n'est pas payée. »

2277 **2036.** La radiation sera aussi effectuée par le conservateur, lorsqu'elle est ordonnée judiciairement par sentence ou ordonnance passée en force de chose jugée. **2159**

2278 Elle sera ordonnée lorsque l'hypothèque ne subsiste pas, ou lorsque l'inscription est nulle, **2160**

2276 **2037.** S'il a été convenu ou ordonné que la radiation n'ait lieu que sous la condition d'une nouvelle hypothèque, ou d'un nouvel emploi, ou autre, la radiation n'aura lieu qu'en fournissant au conservateur la preuve qu'on a satisfait aux conditions imposées. »

2281 **2038.** En cas de radiation totale ou partielle, celui qui la requiert doit déposer au bureau du conservateur l'acte qui y donne lieu. »

al. La radiation ou la rectification d'une inscription se fera en marge de cette inscription, avec indication du titre par lequel on y a consenti ou qui l'a ordonnée, ainsi que la date à laquelle elle s'effectue ; elle sera signée par le conservateur. »

2282 et als. **2039.** Si le conservateur refuse de procéder à la radiation d'une inscription, le requérant peut recourir au tribunal civil, qui pourvoira en chambre de conseil, après avoir entendu le ministère public, comme aussi après avoir entendu d'office le conservateur dans ses observations écrites. »

2282 On peut porter la sentence du tribunal en appel et en cassation, conformément aux lois générales et en observant les formes de procédure susdites. »

2282 Le tribunal peut ordonner que les personnes, qui sont présumées intéressées, soient appelées ; en ce cas, ou lorsque la demande est faite directement en contradictoire des personnes intéressées, on observe les formes de la procédure sommaire, après avoir entendu le ministère public. »

SECTION X.

Du Mode de purger les Immeubles des Hypothèques.

2040. Tout acquéreur, qui n'est pas tenu personnellement à payer les créanciers hypothécaires, a le droit de
purger les immeubles de toute hypothèque inscrite antérieurement à la transcription de son titre d'acquisition.

2309 **2041.** Il a ce droit, même après la notification du commandement avec la signification mentionnée en l'art. 2014,
pourvu que dans les vingt jours suivants il fasse transcrire
son titre, s'il n'était pas encore transcrit, et qu'après quarante jours à compter de la notification du commandement,
il remplisse les prescriptions des art. 2043 et 2044.

2042. L'acquéreur ne peut être admis à instituer un
jugement d'ordre avant d'avoir fait inscrire en faveur de la
masse des créanciers du vendeur l'hypothèque légale pour
sûreté du payement du prix de la vente, ou de la valeur déclarée, conformément au numéro 3 de l'article suivant.

2306 **2043** L'acquéreur fera notifier, par le ministère d'un   2183
huissier, aux créanciers inscrits, au domicile qu'ils auront
élu, ainsi qu'au précédent propriétaire :

1°   1. La date et la nature de son titre ;   1°
2°   2. La nature et la situation des biens, avec le numéro du   1°
cadastre ou autres désignations, telles qu'elles résultent dudit
titre ;
3°   3. Le prix stipulé ou la valeur déclarée, s'il s'agit de fonds   1°
reçus à titres lucratifs, ou dont le prix n'a pas été déterminé ;
4°   4. La date de la transcription ;   2°
       5. La date et le numéro d'ordre de l'inscription men-
tionnée dans l'article précédent ;
5°   6. Un tableau sur trois colonnes, de toutes les inscriptions   3°
existantes sur lesdits biens et prises contre les précédents
propriétaires avant la transcription.

al. 1   Dans la première colonne on indiquera la date des ins-   3°
al. 2   criptions ; dans la seconde, les nom et prénoms des créan-   3°
al. 3   ciers ; dans la troisième, le montant des créances inscrites.   3°

2307   **2044.** Dans l'acte de notification, le tiers détenteur doit
al. 1   élire domicile dans la commune où siège le tribunal, dans
2307   le ressort duquel doit se faire la publication, et faire l'offre
        de payer le prix ou la valeur déclarée.   2184

al. 2   Extrait sommaire de cette notification sera inséré dans le
journal des annonces judiciaires.

2308   **2045.** Dans les quarante jours qui suivront la notifi-   2185 cation et l'insertion susdites, chaque créancier inscrit ou chaque caution a droit de faire vendre les biens aux enchères, à la charge de remplir les conditions suivantes :

<table>
<tr><td>n. 1</td><td>1. Que cette notification sera signifiée, par le ministère d'un huissier, au nouveau propriétaire, au domicile par lui élu, comme il est dit ci-dessus, ainsi qu'au précédent propriétaire;</td><td>n. 1
n. 3</td></tr>
<tr><td>n. 2</td><td>2. Que la réquisition contiendra soumission du requérant de porter ou faire porter le prix à un dixième en sus de celui qui aura été stipulé ou déclaré;</td><td>n. 2</td></tr>
<tr><td>n. 3</td><td>3. Que l'original et les copies de cette réquisition seront signés par le requérant, ou par son fondé de procuration expresse;</td><td>n. 4</td></tr>
<tr><td>n. 4</td><td>4. Qu'il offrira caution jusqu'à concurrence du cinquième du prix augmenté comme sus;</td><td>n. 5</td></tr>
<tr><td>al.</td><td>L'omission de l'une des conditions ci-dessus prescrites emporte la nullité de la réquisition.</td><td>al.</td></tr>
<tr><td>2312</td><td>2046. A défaut, par les créanciers, d'avoir requis la mise aux enchères dans les délais et les formes prescrites par l'article précédent, la valeur de l'immeuble demeure définitivement fixée au prix stipulé dans le contrat, ou déclaré par le nouveau propriétaire.</td><td>2186</td></tr>
<tr><td>2312</td><td>Ledit immeuble est libéré des hypothèques relatives aux créances qui ne peuvent être payées sur le dit prix.</td><td>2186</td></tr>
<tr><td>2312</td><td>Relativement aux autres hypothèques, l'immeuble est libéré à mesure que les créanciers, qui seront en ordre de recevoir, seront payés, ou que le prix sera consigné dans les formes indiquées par le Code de procédure civile.</td><td>2186</td></tr>
<tr><td>2312 a.</td><td>2047. Les termes fixés par l'article précédent ne pourront jamais être prorogés.</td><td>»</td></tr>
<tr><td>2313</td><td>2048. En cas de réquisition pour la vente aux enchères, on observera, tant pour les actes préparatoires que pour la vente elle-même, les formes prescrites par les lois sur la procédure civile.</td><td>2187</td></tr>
<tr><td>2314</td><td>2049. L'adjudicataire sera tenu, au-delà du prix de son adjudication et de tous les frais y relatifs, de restituer au précédent acquéreur les frais du contrat, ceux de la transcription, ceux de l'inscription prescrite par l'art. 2042, ceux des certificats délivrés par le conservateur, ceux de notification et d'insertion dans le journal.</td><td>2188</td></tr>
<tr><td>2314</td><td>Sont aussi à la charge du même acquéreur les frais faits pour obtenir les enchères.</td><td>2188</td></tr>
<tr><td>2315
et al.</td><td>2050. Si le tiers détenteur devient lui-même adjudicataire, il n'est pas tenu de faire transcrire l'acte d'adjudication.</td><td>2189</td></tr>
</table>

20

2315
etal.
La libération en faveur des adjudicataires a lieu en conformité de l'art. 2046.

2316
2051. Le désistement du créancier requérant la mise aux enchères ne peut, lors même qu'il payerait le montant de la soumission, empêcher la publication, si ce n'est du consentement exprès de tous les autres créanciers inscrits.
2190

2317
2052. L'acquéreur, qui se sera rendu adjudicataire, aura recours contre le vendeur, pour le remboursement de ce qui excède le prix stipulé dans le contrat, et pour les intérêts de cet excédant, à compter du jour de chaque payement.
2191

2319
2053. Dans le cas où le titre du nouveau propriétaire comprendrait des meubles et des immeubles, ou plusieurs meubles, les uns hypothéqués, les autres libres, ou grevés d'inscriptions différentes, situés dans le même ou dans divers ressorts de tribunaux civils, aliénés pour un seul et même prix, ou pour des prix distincts et séparés, soumis ou non à la même exploitation, le prix de chaque immeuble frappé d'inscriptions particulières et séparées sera déclaré dans la notification du nouveau propriétaire, par ventilation du prix total exprimé dans le titre.
2192

al.
Le créancier surenchérisseur ne pourra, en aucun cas, être contraint d'étendre sa soumission ni sur le mobilier, ni sur d'autres immeubles que ceux qui sont hypothéqués à sa créance, sauf le recours du nouveau propriétaire contre son auteur, pour l'indemnité du dommage qu'il éprouverait, soit de la division des objets de son acquisition, soit de celle des exploitations.
al.

TITRE XXIV.

DE LA SÉPARATION DU PATRIMOINE DU DÉFUNT
DE CELUI DE L'HÉRITIER.

»
2054. Le droit de séparation du patrimoine du défunt d'avec celui de l'héritier, dont est cas en l'art. 1032, appartient aussi aux créanciers ou légataires, qui ont déjà une autre garantie sur les biens du défunt.
»

»
2055. La séparation a pour objet de payer, avec le patrimoine du défunt, les créanciers et les légataires de celui-ci, s'ils ont demandé la séparation, de préférence aux créanciers de l'héritier.
»

1101
2056. Les créanciers et les légataires qui auraient fait novation en acceptant l'héritier pour débiteur, n'ont pas droit à la séparation.
879

2057. Le droit de séparation ne peut s'exercer que dans 880
le terme péremptoire de trois mois à compter du jour de et al.
l'ouverture de la succession.

» **2058.** L'acceptation de la succession avec bénéfice d'in- »
ventaire ne dispense pas les créanciers du défunt et les
légataires qui veulent se prévaloir du droit de séparation,
de l'obligation d'observer ce qui est prescrit par le présent
titre.

» **2059.** Pour les meubles, le droit de séparation s'exerce »
en en faisant la demande judiciaire.

1102 **2060.** Pour les immeubles, ledit droit s'exerce par l'ins- »
cription de la créance ou du legs sur chacun desdits immeubles au bureau des hypothèques du lieu où ils sont situés.

» L'inscription s'opère dans les formes prescrites par »
l'art. 1987, en y ajoutant le nom du défunt et celui de l'héritier, s'il est connu, et la déclaration que cette inscription
est prise à titre de séparation des patrimoines.

» Pour cette inscription la présentation du titre n'est pas »
nécessaire.

» **2061.** Relativement aux meubles déjà vendus par l'hé- »
ritier, le droit de séparation comprend seulement le prix
qui n'a pas encore été payé.

» **2062.** Les hypothèques inscrites sur les immeubles de »
la succession en faveur des créanciers de l'héritier, et les
aliénations desdits immeubles, même transcrites, ne préjudicient en aucune manière aux créanciers du défunt et des
légataires qui ont obtenu la séparation dans ledit terme de
trois mois.

» **2063.** La séparation des patrimoines ne profite qu'à ceux »
qui l'ont demandée, et ne change pas, relativement aux biens
du défunt, la condition juridique et originaire qu'ils avaient
entre eux, en suite de leurs titres respectifs et de leurs droits
de préférence.

» **2064.** L'héritier peut empêcher ou faire cesser la sépa- »
ration en payant les créanciers et les légataires, ou en donnant caution pour le payement de ceux dont le droit serait
suspendu par une condition, ou par un délai, ou serait contesté.

» **2065.** Toutes les dispositions relatives aux hypothèques »
sont applicables au droit dérivant de la séparation des patrimoines régulièrement inscrits sur les immeubles de la
succession.

TITRE XXV.

DE LA PUBLICITÉ DES REGISTRES ET DE LA RESPONSABILITÉ
DES CONSERVATEURS.

2320 **2086.** Les conservateurs des hypothèques sont tenus **2196**
de délivrer à tous ceux qui le requièrent, copie des transcriptions, des inscriptions et des annotations, ou certificat
qu'il n'en existe aucune.

al. Ils doivent aussi permettre aux parties de prendre con- ,
naissance de leurs registres aux heures fixées par les règlements ; mais il n'est permis à personne de prendre lui-même
copie des transcriptions, inscriptions ou annotations.

, Les conservateurs doivent pareillement délivrer copie des ,
documents dont les originaux sont déposés dans leur bureau, ou dans les actes d'un notaire, ou dans des archives
publiques hors du ressort du tribunal dont ils dépendent.

2321 **2087.** Les conservateurs sont responsables des dom- **2197**
mages résultant :

1° 1° De l'omission, sur leurs registres, des transcriptions, 1°
des inscriptions, et des annotations relatives, comme aussi
3° des erreurs commises dans ces opérations ; ,

2° 2° De l'omission dans leurs certificats d'une ou plusieurs 2°
transcriptions, inscriptions ou annotations, comme aussi des
3° erreurs commises dans les mêmes, à moins que l'erreur ne ,
provienne de désignations insuffisantes, qui ne pouvaient
leur être imputées ;

" 3° Des radiations indûment opérées. ,

2322 **2088.** Dans le cas qu'il y ait une différence quelconque **2198**
entre les résultats des registres et ceux des copies ou des
certificats délivrés par le conservateur des hypothèques, on
s'en tiendra aux registres, sauf la responsabilité du conservateur pour tout dommage qui serait résulté des inexactitudes des dites copies ou des dits certificats.

2323 **2089.** Les conservateurs ne peuvent, dans aucun cas, **2190**
pas même sous prétexte de défauts dans les bordereaux,
refuser ou retarder de recevoir le dépôt des titres qui leur
seront présentés, ni de faire les transcriptions, inscriptions
ou annotations requises, ni même d'expédier les copies ou
certificats demandés, sous peine des dommages et intérêts
des parties, à l'effet de quoi elles pourront faire dresser
sur-le-champ par un notaire ou par un huissier, assisté de
deux témoins, les procès-verbaux relatifs.

»   Les conservateurs peuvent cependant refuser de rece-   »
voir les bordereaux et les titres qui seraient écrits en caractères inintelligibles, et ils ne peuvent les recevoir lorsqu'ils n'ont pas les qualités requises par les art. 1935, 1978,
1979 et 1990.

»   **2070.** Les conservateurs ne peuvent recevoir aucune   »
demande de transcription ou d'inscription, sauf aux heures
fixées par le règlement, pour tenir le bureau ouvert au
public.

2321   **2071.** Les conservateurs sont tenus d'avoir un registre   2200
2ᵉ péri.   général, c'est-à-dire d'ordre, sur lequel ils annoteront, jour
par jour, au moment de la remise, tous les titres qui leur
seront consignés pour la transcription, l'inscription ou l'annotation.

al. 1   Ce registre, divisé en autant de cases, indiquera le numéro   »
d'ordre, le jour de la demande, la personne qui l'aura présentée, avec désignation de celle pour qui elle l'a faite, les
titres remis avec les bordereaux, l'objet, c'est-à-dire si c'est
pour transcription, inscription ou annotation, et les personnes contre lesquelles celles-ci doivent se faire.

al. 3   Aussitôt après la remise d'un titre, d'un acte, ou d'un bor-   2200
dereau, le conservateur en donnera reçu sur papier libre à
celui qui l'aura présenté, sans frais. Ce reçu contiendra
l'indication du numéro d'ordre.

2324   **2072.** Outre le registre général, le conservateur doit   »
1ʳᵉ péri.   tenir des registres particuliers :

»   1. Pour les transcriptions ;   »
»   2. Pour les inscriptions soumises à rénovation ;   »
»   3. Pour les inscriptions non soumises à rénovation ;   »
»   4. Pour les annotations.   »
»   Les autres registres ordonnés par les règlements.   »

2325   **2073.** Le registre général et les registres des transcrip-   2201
tions, des inscriptions, et des annotations seront paraphés,
sur chaque feuillet, par le président ou par le juge du tribunal civil, dans le ressort duquel est établi le bureau. On
indiquera, dans le verbal, le nombre des feuillets et le jour
où ils auront été paraphés.

al. 1   Ces registres seront écrits de suite, sans laisser aucun   2203
espace en blanc, et sans interligne ni addition. Les mots
rayés devront être approuvés par le conservateur à la fin de
chaque feuillet, avec sa signature et l'indication du nombre
des mots rayés.

al. 1   Ces registres seront clos et signés, à la fin de chaque jour,   2201
par le conservateur.

al. 2   Il est rigoureusement prohibé de faire aucune interver- »
sion dans les dates, dans les feuillets et les numéros.

2326   **2074.** Les registres sus-énoncés ne pourront être trans- »
portés hors du bureau du conservateur, si ce n'est en vertu
d'un décret d'une Cour suprême, lorsque la nécessité en
serait reconnue, et moyennant les précautions qu'elle déterminera au besoin.

2327   **2075.** Les conservateurs sont tenus de se conformer, 2202
dans l'exercice de leurs fonctions, à toutes les dispositions
du présent Titre, ainsi qu'aux autres dispositions des lois qui
2327   les concernent, sous peine d'une amende qui pourra être 2203
portée à deux mille livres.

TITRE XXVI.

DE L'EXPROPRIATION FORCÉE DES IMMEUBLES,
DE L'ORDRE ET DE LA DISTRIBUTION DU PRIX ENTRE
LES CRÉANCIERS.

CHAPITRE PREMIER.
De l'Expropriation forcée.

2328   **2076.** Le créancier peut, pour obtenir le payement de 2204
ce qui lui est dû, poursuivre la subhastation de l'immeuble
appartenant en propriété à son débiteur, et lorsqu'il est
hypothéqué pour la sûreté de sa créance, il peut aussi le
faire subhaster après qu'il est passé en propriété à autrui.

2333   **2077.** La subhastation d'une part indivise d'un immeuble 2205
ne peut se faire, avant la division, que sur instance de celui
qui n'est pas créancier de tous les copropriétaires.

2334   **2078.** Le créancier, qui veut procéder à exécution sur 2206
et al. les immeubles, n'est point tenu de discuter les meubles de 2207
2335 son débiteur.

2336   **2079.** Les actes d'exécution sur les biens dotaux doi- 2208
vent se faire en contradictoire du mari et de la femme. et a.1-2

2337   **2080.** Le débiteur ne peut, sans le consentement du 2209
débiteur, faire subhaster les immeubles qui ne sont pas
hypothéqués en sa faveur, que lorsque les biens hypothéqués pour sa créance ne sont pas suffisants.

2339   **2081.** L'exécution sur les immeubles ne peut être pour- 2213
suivie qu'en vertu d'un titre exécutoire pour une dette certaine et liquide.

al.   La vente aux enchères ne peut avoir lieu, si la dette, 2213 quelle que soit sa nature, n'a pas été déterminée avant en une somme d'argent.

2340   **2082.** Le cessionnaire d'un titre exécutoire ne peut pour- 2214
suivre l'exécution qu'après avoir notifié la cession au débiteur.

2342   **2083.** L'expropriation est valide, quoiqu'elle ait eu lieu 2216
pour une somme plus forte que la créance, sauf le droit au
remboursement de l'excédant.

2343   **2084.** Toute poursuite en expropriation d'immeubles 2217
doit être précédée d'un commandement de payer, fait à la
2347   requête du créancier dans les formes établies par les lois de al.
la procédure civile.

»   Le commandement doit contenir l'indication des biens sur »
lesquels on veut poursuivre l'expropriation, avec les indications prescrites par l'art. 1979.

2344   **2085.** Le commandement sera transcrit au bureau des »
hypothèques de chacun des lieux où sont situés les biens qui
doivent être subhastés.

al.   Dès la date de la transcription, les fruits des biens indi- »
qués dans le commandement sont distribués conjointement
au prix des mêmes biens ; le débiteur ne pourra plus aliéner
ni les biens, ni les fruits, et il en demeurera en possession
comme séquestre judiciaire, à moins que le tribunal, sur la
requête d'un ou plusieurs des créanciers, ne croie convenable de nommer un autre séquestre.

»   Le tribunal peut autoriser le séquestre à louer les biens »
pour le temps et aux conditions, qui seront par lui déterminés, après avoir entendu le débiteur, s'il a été nommé un
autre séquestre, et, en tous cas, après avoir entendu les
créanciers poursuivants.

        Si l'instance en expropriation a été abandonnée pour l'es-
pace d'une année, cesseront les effets indiqués au premier
alinéa de cet article.

»   **2086.** Les fruits et les intérêts dus par le tiers posses- »
seur, conformément à l'art. 2021, sont aussi distribués avec
le prix des immeubles.

»   **2087.** Après que le créancier, qui a hypothéqué sur »
plusieurs immeubles, a reçu la notification indiquée dans
l'art. 2043, s'il agit d'un jugement d'ordre, ou la notification
du ban d'enchères, s'il s'agit d'expropriation forcée, il ne
peut plus, sous peine des dommages, renoncer à son hypothèque sur un de ces immeubles, ni s'abstenir volontairement de poursuivre son instance dans le jugement d'ordre,
dans le but de favoriser un créancier aux dépens d'un autre
antérieurement inscrit.

2345   **2088.** Si un créancier n'ayant pas hypothèque demande »
la subhastation de biens non compris dans une seule et même
exploitation, et d'une valeur évidemment supérieure à celle
nécessaire pour le payement de sa créance et des créances
hypothécaires inscrites sur les mêmes biens, le tribunal, sur
instance du débiteur, pourra limiter la subhastation aux
biens jugés suffisants.

»   **2089.** Après l'adjudication, le greffier du tribunal est »
tenu de faire inscrire, dans le terme de dix jours, aux frais
de l'adjudicataire, l'hypothèque légale résultant de l'acte
d'adjudication, sur les biens adjugés, en faveur de la masse
des créanciers et du débiteur, sous peine d'une amende qui
peut être portée à mille livres, et du remboursement des
dommages et intérêts.

CHAPITRE II.

De l'Ordre et de la Distribution du prix entre les créanciers.

2349   **2090.** Par l'ouverture du jugement d'ordre il se fait lieu   2218
au rachat des cens et des rentes perpétuelles, et toutes les
créances non encore échues deviennent exigibles. Cependant, si ces créances ne produisent pas intérêt, la somme
colloquée sera déposée dans la caisse des dépôts judiciaires,
et les intérêts seront payés à qui de droit.

»   Pour les rentes ou redevances viagères, on colloquera une   2218
somme correspondante, pour les intérêts, à ces mêmes
rentes ou redevances, à moins que les créanciers postérieurs
ne préfèrent d'en assurer le payement d'une manière valable.
Cette somme est reversible aux créanciers après l'extinction
de la rente viagère.

»   **2091.** La collocation des créances éventuelles et conditionnelles n'empêche pas le payement des créanciers postérieurs, pourvu qu'ils donnent caution pour la restitution   2218
des sommes perçues, s'il en est besoin.

2351   **2092.** Après la collocation des créanciers privilégiés »
et hypothécaires, s'il reste encore une partie du prix, celle-ci
sera distribuée aux autres créanciers comparus, au prorata
de leurs créances, sauf la préférence établie à l'art. 1963,
et, à défaut d'autres créanciers, elle sera payée au débiteur.

al.   Si cependant il s'agit d'un tiers détenteur exproprié, ce »
reste de prix sera payé à celui-ci, et il en sera fait imputation
sur ses droits envers son auteur.

TITRE XXVII.

DE LA CONTRAINTE PAR CORPS.

2099   **2093.** La contrainte par corps ne peut être ordonnée   2063
que sur instance des parties intéressées, et dans les cas et
les formes déterminés par la loi.

2109   Toute stipulation contraire est nulle.   2063

2100   **2094.** La contrainte par corps sera ordonnée :   2059

n. 1 et 3   1. Contre le débiteur pour l'accomplissement des obliga-   a. 1, 2, 3
»   tions qui dérivent de violence, de dol, ou de rapine, quoique   2060 n. 2
le fait ne constitue pas un crime ou un délit;

n. 3   2. Contre celui qui a volontairement contrevenu à des   2061
inhibitions judiciaires, pour l'accomplissement des obligations provenant du fait de la transgression;

n. 4, 5, 7, 8   3. Contre celui qui a entre ses mains, par l'exercice de   2060
fonctions publiques, ou par commission judiciaire, des do-   n. 3, 4, 6, 7
cuments, des papiers, de l'argent ou autres objets, pour le
refus de représenter, consigner et restituer ces objets,
lorsque la représentation, consignation, ou restitution en
aura été ordonnée.

2101   **2095.** La contrainte par corps peut aussi être ordonnée   »
1, 2, 3, 4 par l'autorité judiciaire, en tenant compte des circonstances,
contre les comptables de l'Etat, des provinces, des communes, des hospices et autres établissements publics, comme   »

2102   aussi contre leurs agents et préposés, pour de l'argent et
des objets dont ils seraient déclarés responsables, quand
même il n'y aurait pas dol.

2112   **2096.** La contrainte par corps est prohibée pour une   2065
n. 1   somme en principal moindre de cinq cents livres.

2112   **2097.** La contrainte par corps est aussi défendue :   »

n. 2, 3   1. Contre les mineurs et les femmes, sauf les dispositions   2064
du Code de commerce;

n. 3   2. Contre les personnes qui ont accompli l'âge de soixante-   2066
cinq ans;   et al.

»   3. Contre les héritiers du débiteur.   »

2113   **2098.** La contrainte par corps ne peut être prononcée   »
contre le débiteur au profit :

n. 1   1. Du conjoint;   »

n. 2   2. Des ascendants, descendants, frères et sœurs, des al-   2066
liés au même degré, des oncles et des neveux.

2114   **2099.** En aucun cas, la contrainte par corps ne pourra   »
être exécutée contre le mari et contre la femme simultanément pour la même dette.

» La femme en est exempte si le mari s'est obligé solidairement avec elle.

» **2100.** La contrainte par corps ne peut être ordonnée » pour l'exécution des sentences prononcées par des arbitres, sauf les dispositions du Code de commerce.

2111 **2101.** La contrainte par corps doit être ordonnée dans » le jugement qui prononce la condamnation.

2111 **2102.** La durée de la contrainte par corps ne peut être » moindre de trois mois, ni excéder deux ans.

» L'autorité judiciaire, en fixant la durée de la contrainte » par corps, doit tenir compte des circonstances de fait et de la valeur de l'obligation.

2118 **2103.** Le débiteur, qui a subi la contrainte par corps, » ne peut plus être arrêté ni retenu pour les dettes contractées avant son arrestation et qui étaient exigibles au moment de son élargissement, sauf que, pour ces dettes, il y ait lieu à une contrainte plus longue que celle qui a été subie. En ce cas, on devra lui tenir compte de celle-ci dans la fixation de la durée de la nouvelle arrestation.

2115 **2104.** Le débiteur incarcéré peut obtenir son élargisse- » ment en payant le quart de la dette et les accessoires, et en donnant pour le surplus une caution qui soit déclarée suffisante, avant l'arrestation, par l'autorité judiciaire qui a prononcé le jugement; après l'arrestation, par le tribunal civil, dans le ressort duquel le débiteur est incarcéré.

2116 L'autorité judiciaire accordera au débiteur la suspension » de la contrainte pour le délai qu'elle jugera nécessaire au payement du restant de la dette.

2117 A l'expiration de ce délai, le créancier, qui n'aura pas été » payé, pourra exercer de nouveau la contrainte par corps pour l'exécution intégrale de la condamnation, sans préjudice des sûretés qu'il a reçues pour la suspension de la contrainte par corps.

TITRE XXVIII.

DE LA PRESCRIPTION.

CHAPITRE PREMIER.

Dispositions générales.

2354 **2105.** La prescription est un moyen d'acquérir un droit 2219 ou de se libérer d'une obligation par un laps de temps et sous des conditions déterminées.

2304   **2106.** Pour acquérir moyennant la prescription, il faut 2229
une possession légitime.

2335   **2107.** On ne peut renoncer à la prescription, que lors- 2220
qu'elle est accomplie.

2357   **2108.** Celui, qui ne peut aliéner, ne peut renoncer à la 2222
prescription.

2358   **2109.** Le juge ne peut suppléer d'office la prescription 2223
qui n'est pas opposée.

2359   **2110.** La prescription peut être opposée même en ins- 2221
tance d'appel, à moins que la partie, qui avait le droit de
l'opposer, n'y ait renoncé.

2356   **2111.** La renonciation à la prescription est expresse ou 2221
tacite ; la renonciation tacite résulte d'un fait, qui soit in-
compatible avec la volonté de se prévaloir de la prescription.

2360   **2112.** Les créanciers, ou toute autre personne ayant in- 2225
térêt à ce que la prescription soit acquise, peuvent l'opposer,
encore que le débiteur ou le propriétaire y renonce.

2361   **2113.** La prescription n'a pas lieu pour les choses qui 2226
ne sont pas dans le commerce.

2362   **2114.** L'État, pour ses biens patrimoniaux, et tous les 2227
corps moraux sont soumis à la prescription, et peuvent l'opposer, comme les particuliers.

CHAPITRE II.

Des Causes qui empêchent la prescription.

2371   **2115.** Ceux qui possèdent pour autrui, et leurs succes- 2236 et a.
2372   seurs à titre universel, ne peuvent prescrire en leur faveur. 2237
2371 a.   Sont possesseurs pour autrui, le fermier, le dépositaire, 2236 a.
l'usufruitier, et généralement tous ceux qui détiennent pré-
cairement la chose.

2373   **2116.** Néanmoins, les personnes énoncées dans l'article 2238
précédent peuvent prescrire, si le titre de leur possession
se trouve interverti, soit par une cause venant d'un tiers,
soit par la contradiction qu'elles ont opposée au droit du
propriétaire.

2374   **2117.** Ceux, à qui les fermiers, dépositaires et autres 2239
détenteurs précaires ont cédé la chose à titre de propriété,
peuvent prescrire.

2375   **2118.** On ne peut prescrire contre son titre, en ce sens 2240
que l'on ne peut point se changer à soi-même la cause et le
principe de sa possession.

2376   On peut prescrire contre son titre, en ce sens que l'on 2241

peut, par la prescription, acquérir la libération de l'obligation que l'on a.

2119. Aucune prescription ne court :

2387	Entre conjoints ;	2253
»	Entre la personne qui a la puissance paternelle et celle	»
	qui y est soumise ;	
2386	Entre le mineur ou l'interdit et son tuteur, jusqu'à ce que	2252
	la tutelle n'ait cessé, et que le compte en ait été définitive-	
	ment rendu et approuvé ;	
2386	Entre le mineur émancipé, ou le majeur mis sous conseil	2252
	judiciaire, et leur curateur ;	
2386	Entre les personnes que la loi soumet à l'administration	2252
	d'autrui, et celles à qui l'administration est confiée.	

2120. La prescription ne court pas :

2386	Contre les mineurs non émancipés et les interdits pour in-	2252
	firmité d'esprit, ni contre les militaires en activité de ser-	
	vice en temps de guerre, lors même qu'ils ne seraient pas	
	absents du royaume ;	
2391	A l'égard des droits qui dépendent d'une condition, jus-	2257
al. 1	qu'à ce que la condition arrive ;	al. 1
al. 2	A l'égard d'une action en garantie, jusqu'à ce que n'ait eu	al. 2
	lieu l'éviction ;	
2388	A l'égard du fonds dotal appartenant à la femme, et du	2255
et 1544	fonds spécialement hypothéqué pour la dot et pour l'exécu-	
	tion des conventions matrimoniales, pendant la durée du	
	mariage ;	
al. 3	A l'égard de toute autre action, dont l'exercice est sus-	al. 3
	pendu par un terme, jusqu'à ce que ce terme ne soit échu.	
»	**2121.** Les causes d'empêchement énoncées dans l'ar-	»
	ticle précédent n'ont pas lieu, dans la prescription de trente	
	ans, relativement au tiers possesseur ou d'un droit réel sur	
	un immeuble.	
»	**2122.** La suspension de la prescription en faveur d'un	»
	des créanciers solidaires ne profite pas aux autres.	

CHAPITRE III.

Des Causes qui interrompent la prescription.

2377	**2123.** La prescription peut être interrompue naturelle-	2242
	ment ou civilement.	
2378	**2124.** Elle est interrompue naturellement, lorsque le	2243
	possesseur est privé, pendant plus d'un an, de la jouissance	
	de la chose.	
2379	**2125.** Elle est interrompue civilement par une citation	2244

2380 en justice, lors même qu'elle est faite devant un juge incom- 2244
pétent, par un commandement ou une saisie, signifiés à
celui qu'on veut empêcher de prescrire, ou par tout autre
acte, qui le mette en demeure de remplir l'obligation.

   »   La citation ou la comparution volontaire pour la concilia- 2245
tion interrompt la prescription, lorsqu'elle est suivie de la
demande judiciaire faite dans les deux mois à compter du
jour de la comparution devant le conciliateur, ou de celui
de la non-conciliation.

   »   **2126.** Pour interrompre la prescription, la demande »
judiciaire peut être faite contre le tiers, afin de faire déclarer l'existence du droit, quand même celui-ci serait suspendu
par un terme ou par une condition.

   »   **2127.** L'inscription et la rénovation de l'hypothèque »
n'interrompent pas la prescription de celle-ci.

2381   **2128.** L'interruption est regardée comme non avenue : 2247
al. 1   Si la citation ou la signification est nulle pour incompé- al. 1
tence de l'officier qui l'a exécutée, ou par défaut de forme ;
al. 2   Si le demandeur se désiste de sa demande ;   al. 2
al. 3   S'il laisse périmer l'instance ;   al. 3
al. 4   Si la demande est rejetée.   al. 4
2382   **2129.** La prescription est aussi interrompue civilement, 2248
lorsque le débiteur ou le possesseur reconnaît le droit de
celui contre lequel il prescrivait.

2383   **2130.** La signification des actes énoncés en l'art. 2125, 2249
faite à un des débiteurs solidaires, ou la reconnaissance du
droit faite par un de ceux-ci, interrompt la prescription
contre les autres, et même contre leurs héritiers.

al. 1   La signification de ces mêmes actes faite à un des héritiers al. 1
du débiteur solidaire, ou la reconnaissance du droit faite
par cet héritier, n'interrompt pas la prescription à l'égard
des autres cohéritiers, quand même la créance serait hypothécaire, si l'obligation n'est indivisible.

al. 2   Ces actes ou ces reconnaissances n'interrompent la pres- al. 2
cription, à l'égard des autres co-débiteurs solidaires, que
pour la part de la dette dont cet héritier est tenu.

al. 3   Pour interrompre la prescription pour le tout, à l'égard al. 3
des codébiteurs solidaires, il faut la signification des actes
sus-mentionnés à tous les héritiers du débiteur décédé, ou
la reconnaissance de tous ces héritiers.

   »   **2131.** Tout acte, qui interrompt la prescription en faveur »
d'un des créanciers solidaires, profite également aux autres
créanciers.

2384   **2132.** La signification d'un acte d'interruption faite au 2250 débiteur principal, ou la reconnaissance du droit faite par celui-ci interrompt aussi la prescription contre la caution.

CHAPITRE IV.
Du Temps requis pour prescrire.

SECTION PREMIÈRE.
Dispositions Générales.

2305 **2133.** La prescription se compte par jours et non par, 2260 heures.

al. Dans les prescriptions qui s'accomplissent par mois, le 2261 mois est toujours composé de trente jours. et al.

2306 **2134.** La prescription est acquise à l'échéance du der- 2260 nier jour du terme. in fine.

SECTION II.
Des Prescriptions de trente et de dix ans.

2397 **2135.** Toutes les actions, tant réelles que personnelles, 2262 sont prescrites par trente ans, sans qu'on puisse opposer le défaut de titre, ou la mauvaise foi.

2398 **2136.** Le débiteur d'une rente ou d'une redevance an- 2263 nuelle quelconque, qui doit durer plus de trente ans, doit fournir à ses frais, à son créancier, sur sa demande, un titre nouveau, après vingt-huit ans de la date du dernier titre.

, **2137.** Celui, qui acquiert de bonne foi un immeuble ou 2265 un droit réel sur un immeuble, en vertu d'un titre, qui ait » été dûment transcrit et qui ne soit pas nul pour défaut de 2267 forme, le prescrit en sa faveur par dix ans, à compter de la date de la transcription.

SECTION III.
Des Prescriptions plus courtes.

2399 **2138.** Les actions des hôteliers et des traiteurs, à raison 2271 du logement et de la nourriture qu'ils fournissent, se pres- al. 1 crivent par six mois.

2400 al 4 **2139.** Se prescrivent par un an les actions : 2271 al. 3

2400 Des professeurs, maîtres et répétiteurs de sciences, litté- 2271 rature et arts, pour les leçons qu'ils donnent au jour et aux mois ;

al. 1 Des huissiers, pour le salaire des actes qu'ils signifient et 2272 des commissions qu'ils exécutent ; al. 1

al. 2	Des marchands, pour le prix des marchandises qu'ils vendent aux personnes qui ne font pas commerce ;	2272 al. 2
al. 3	Des personnes qui tiennent des pensionnats ou maisons d'éducation et d'instruction de tout genre, pour le prix de la pension et de l'instruction de leurs pensionnaires, de leurs élèves et apprentis ;	2273 al. 3
al. 4	Des domestiques, des ouvriers et des journaliers, pour le payement de leurs salaires, fournitures et journées de travail.	2271 al. 2 2272 al. 4
2401	**2140.** Se prescrivent par trois ans les actions :	2172 al. 5
2401	Des professeurs, maîtres et répétiteurs de sciences, littérature et arts, dont l'appointement est convenu pour plus d'un mois ;	2272 al. 3 2ᵉ part.
al. 1	Des médecins, chirurgiens et apothicaires, pour leurs visites, opérations et médicaments ;	2272
al. 3	Des avocats, procureurs et autres personnes qui se chargent de la défense des procès, pour le payement de leurs frais et honoraires. Les trois ans courent à compter du jugement ou de la conciliation des parties, ou depuis la révocation des procureurs. A l'égard des affaires non terminées, ils ne peuvent former de demandes pour leurs frais et honoraires, qui remonteraient à plus de cinq ans ;	2273
2402	Des notaires, pour le payement de leurs frais et honoraires. Les trois ans courent du jour de la date de leurs actes ;	»
»	Des ingénieurs, architectes, mesureurs et liquidateurs, pour le payement de leurs honoraires. Les trois ans courent du jour où leurs travaux sont achevés.	»
2403	**2141.** La prescription, dans les cas ci-dessus, a lieu quoiqu'il y ait eu continuation de fournitures, services et travaux.	2274
al.	Elle ne cesse de courir que lorsqu'il y a eu reconnaissance de la dette par écrit, ou une citation en justice, qui ne soit pas périmée.	al.
2404	**2142.** Néanmoins, ceux, auxquels ces prescriptions seront opposées, peuvent déférer le serment à ceux qui les opposent, sur la question de savoir si la chose a été réellement payée. Le serment pourra être déféré à la veuve, si elle y a intérêt, et aux héritiers ou tuteurs de ces derniers, s'ils sont mineurs, pour qu'ils aient à déclarer s'ils ne savent pas que la chose soit due.	2275 et al.
2405	**2143.** Les secrétaires et greffiers des tribunaux, les avocats et procureurs, et les autres personnes chargées de la défense des procès, sont déchargés de l'obligation de rendre compte des pièces relatives à un procès, cinq ans après qu'il a été jugé ou autrement terminé.	2276 et al.

2406	Les huissiers, après deux ans depuis la remise des actes, sont pareillement déchargés d'en rendre compte.	al.
2407	On pourra cependant déférer aussi le serment aux personnes désignées dans cet article, pour qu'elles aient à déclarer, si elles retiennent les actes et les pièces, ou si elles savent où ils se trouvent.	»
2408 al. 4	**2144.** Se prescrivent par cinq ans :	2277 al. 4
2408	Les annuités des rentes perpétuelles et viagères ;	2277
al. 1	Celles des pensions alimentaires ;	al. 1
al. 2	Les loyers des maisons, et le prix de ferme des biens ruraux ;	al. 2
al. 3	Les intérêts des sommes dues, et généralement tout ce qui est payable par année, ou à des termes périodiques plus courts.	al. 3
2410	**2145.** Les prescriptions énoncées dans la présente section courent aussi contre les militaires en activité de service en temps de guerre, et contre les mineurs non émancipés et les interdits, sauf leur recours contre le tuteur.	2278
2411 al.	**2046.** L'action du propriétaire ou possesseur de meubles, pour revendiquer la chose volée ou perdue conformément	2279 al.
2412	aux art. 708 et 709, se prescrit par le terme de deux ans.	2280
2413	**2147.** Pour toutes les prescriptions au-dessous de trente ans, et qui ne sont pas mentionnées dans la présente et la précédente section, on observera aussi les règles qui les concernent particulièrement.	»

VICTOR-EMMANUEL.

G. VACCA.

TABLE

CODE CIVIL ITALIEN.

CODE CIVIL.

LIVRE PREMIER.

Des Personnes.

LIVRE SECOND.

Des Biens, de la Propriété, et de ses différentes
modifications.

LIVRE TROISIÈME.

Des manières d'acquérir et de transmettre la Propriété et les autres droits sur les choses.

ERRATUM

Page 342, 3ᵉ colonne, avant-dernière ligne, en regard de l'art. 154 du Code Piémontais, au lieu de 166, al. 1, lisez : **166 et al. 1.**

1

TABLE COMPARATIVE

ENTRE LE

CODE CHARLES-ALBERT

ET LE

CODE ITALIEN.

CODE piémontais	CODE Italien.	C. P.	C. I.	C. P.	C. I.	C. P.	C. I.
TITRE préliminaire.	DISPOSITIONS générales.	Lre 1er.	Livre 1er.	36	»	51	»
Art. 1	Art. »	18	1	al.	»	52	»
2	»	al. 1	»	37	»	53	»
al.	»	al. 2	»	al. 1	»	al. 1	»
3	»	19	4	al. 2	»	al. 2	»
4	»	20	5 et 6	38	11 al. 1	54	»
al.	»	21	9	39	11 al. 2	55	»
5	»	22	7	40	14	56	»
6	»	23	7 al. 1er.	al.	al.	al.	»
7	»	24	8	41	»	57	»
8	1	al. 1	»	42	»	58	»
al.	al.	al. 2	8	43	»	59	»
9	»	25	2	44	»	60	377 al. 2
al. 1	»	26	3 et 10	al. 1	»	al.	»
al. 2	»	al. 1	3 et 10	al. 2	»	61	363
10	»	al. 2	3 et 10	al. 3	»	62	404,405
al.	»	27	3 et 10	al. 4	»	63	364
11	2	28	»	al. 5	»	al.	al.
12	11	29	dispos. gén. 10	al. 6	»	64	367
al. 1	7 al.	30	» 10	al. 7	»	al.	»
al. 2	6	31	» 10	al. 8	»	65	365
13	12	32	» 10	45	»	66	16
14	3	33	»	46	»	67	17
15	al.	L. Ier.		47	»	68	17 al.
16	»	34	11 n.2	48	»	al.	17 al.
al. 1	»	al. 1	»	49	»	69	17a. in fin.
al. 2	»	al. 2	»	al. 1	»	70	»
al. 3	»	al. 3	»	al. 2	»	71	18
17	»	35	11 n. 3	50	»	al.	al. 1 et 2
				al.	»		

C. P.	C. I.	C. P.	C. I.	C. P.	C. I.	C. P.	C. I.
72	»	103	46	129 al.	»	154 a,2	al. 2
73	»	104	47	130	134	155	167
74	923	al.	»	al.	»	156	168 et al.
75	19	105	»	131	136	157	169
76	20-21	106	53	132	»	158	170
77	21	al. 1	63	133	136	159	171
78	al.	al. 2	»	134	135 n. 1	160	172
79	22	al. 3	»	135	136	al. 1	al. 1
80	23	al. 4	81	136	135 n. 3	al. 2	al. 2
81	»	107	54	al.	»	al. 3	al. 3
82	24	108	55 et s.212 a	137	134 al.	al. 4	al. 4
83	23 a,1,2.25	109	67 al. 1,2	138	137	al. 5	al. 5
84	26 al. 1,2	110	»	139	par exclus. 134	161	120
al. 1	al. 1,2	111	»	140	148	162	»
al. 2	26	112	67	al.	150	163	173
85	27	al.	al. 2	141	»	al.	al.
86	22	113	»	142	154-155	164	174
87	»	114	117-118	al.	154-155	al.	al.
88	28	115	116	143	135 n. 2	165	175
89	29	al.	al.	144	148	166	176
al.	al. 2	116	138	145	57-128 al.	167	»
90	30	al.	al. 1,2	146	»	168	»
al. 1	31	117	147	147	»	169	177
al. 2	31	al.	»	al.	»	170	178
al. 3	al. 1	118	139	148	»	al.	al.
al. 4	al. 2	119	140	149	770	171	179-194 al.
91	29 al.	n. 1	n. 1	al.	»	172	180-195
92	32	n. 2	n. 2	150	»	n. 1	180 n. 1
93	36-37	120	140	al.	»	n. 2	» n. 2
94	34	121	141	151	159	n. 3	» »
95	33	122	143	al.	162	173	195
96	39	123	144	152	164	n. 1	195
97	40	124	145	al.	163	n. 2	195
98	35	al.	145	153	161	al.	195
99	42	125	130	n. 1	n. 1	174	»
100	43	126	132	n. 2	n. 2	175	196
al.	al.	127	131,132	n. 3	n. 3	176	194-197
101	44	128	132 al.	154	166, al. 1	al.	197
102	45	129	134	al. 1	al. 1		

C. P.	C. I.	C. P.	C. I.	C. P.	C. I.	C. P.	C. I.
177	198	203	214	226	229 n. 2, 3, 4	251	236
al. 1	198	204	215	227	229 n. 1	al.	»
al. 2	198	n. 1	n. 1	228	229 n. 3	252	273 n. 1
al. 3	198	n. 2	n. 2	229	229 n. 4	253	237
178	201	205	216	230	230		238 n. 2
179	199 et al.	206	»	n. 1	n. 3	al. 1	238
180	181	207	218	n. 2	n. 1	al. 2	327 al. 1
al.	180	208	219	n. 3	n. 2		238 al. 2
181	182	al. 1	219	n. 4	»	254	239
182	183	al. 2	219	231	224	255	»
183	185-186	209	217 al. 1	al. 1	»	256	»
184	188	al.	» al. 2	al. 2	234	257	244
185	189	210	220	232	224	258	»
n. 1	193 n. 3	211	220 al.	233	224 al. 227	259	»
n. 2	189	al.	»	234	»	260	245
186	190	212	221	235	231-232	261	(249, 250, 251,
al.	al.	al. 1	al. 1	236	241		(257 et al.
187	193	al. 2	223	237	232	al.	250
al.	n. 3	al. 3	222	238	311	262	251
188	202	213	»	al. 1	311	al.	»
al.	208 al.	al.	»	al. 2	»	263	»
189	203	214	222	239	233	al. 1	»
al.	203	215	222	al. 1	233	al. 2	»
190	204	216	222	al. 2	233	264	253
al.	»	217	222	240	»	265	254
191	205	al.	222	241	317	266	»
192	206	218	222	al.	»	al.	»
193	207	219	222	242	»	267	255
194	208	al.	222	243	»	al.	»
al.	209	220	222	244	240	268	255 2e part.
195	»	221	222	245	242	269	255; al. 2e part.
196	210	222	222	al. 1	»		
197	212	al.	222	al. 2	»	270	258
198	211 et al.	223	222	246	235	271	251-258
199	212 al.	224	228	al.	»	272	258
200	»	al.	228	247	220 al. 2, 3	273	260
al.	»	225	»	248	242	al.	260
201	»	al. 1	232	249	247	274	»
202	213	al. 2	»	250	242		

C. P.	C. I.	C. P.	C. I.	C. P.	C. I.	C. P.	C. I.
275	»	298	275	319	286	344	296 al.
276	261 et al.	299	275	320	283	al. 1	301 al.
al. 1	248 2e part.	al.	»	321	282	al. 2	»
al. 2	261 al. 2	300	275	al.	»	345	302
277	262	301	275	322	281 in fin.	al.	304
278	266	al.	275	323	»	346	303-331
279	264	302	268	324	289	al.	303 al.
280	265	n. 1	»		290 et al.	347	305
al.	al.	n. 2	n. 2	325	332	al. 1	305
281	264 al.	n. 3	n, 2 et 4	al.	290	al. 2	»
282	259 al.	n. 4	n. 1	326	»	348	306
283	259 al.	n. 5	n. 3	al.	»	al.	al.
284	267	303	269 n. 1	327	288	349	307
285	»	304	269	328	291	al.	al.
al.	259 al.	n. 1	n. 3	al.	295	350	»
286	»	n. 2	n. 3	329	291	351	308
287	272	305	270	330	291 al.	al.	al.
al. 1	»	al.	270	331	296	352	309
al. 2	»	306	»	al. 1	»	al.	309
al. 3	»	al.	»	al. 2	»	353	311
al. 4	n. 3	307	271	al. 3	297 al.	al.	311
al. 5	n. 4	al.	»	332	301	354	»
al. 6	n. 5	308	271 al. 2	333	297 al.	al.	»
al. 7	»	309	»	334	297 al.	355	312
288	273	al. 1	»	al.	297 al.	al.	»
al. 1	n. 6	al. 2	»	335	297 al.	356	213
al. 2	n. 7	310	»	al.	297 al.	357	314
289	273 n. 7	311	277	336	296	358	316
290	273 n. 7	al.	»	al.	298	359	317
al.	273 n. 7	312	278	337	296	360	318
291	274	al.	»	al.	»	361	319
292	273 n. 2	313	279	338	296	362	319
293	273 n. 3	314	280	al.	»	al.	»
294	273 n. 5	315	300	339	»	363	321
295	273 n. 5	al.	300	340	296	364	321 al.
296	273 n. 4	316	281	al.	»	365	»
al. 1	273 n. 4	al.	al.	341	296	366	322
al. 2	»	317	385	342	296	367	323 et al.
297	»	318	286 al.	343	»	368	324

C. P.	C. I.	C. P.	C. I.	C. P.	C. I.	C. P.	C. I.
369	339	401	411	413	421	443	438 al.
370	326-339a.	al. 1	411	414	422	444	439
371	326 infin.	al. 2	»	415	423	al.	al.
372	»	402	410	al.	al.	445	694
373	»	403	412	416	424	446	695
374	»	al.	al.	417	424	447	696
375	»	404	413	418	425	448	»
376	327 al. 1	al. 1	»	419	428	449	443
377	327	al. 2	al. 1	420	427	450	444
378	327 al. 2	al. 3	al. 2	421	427	451	444 al. 1
379	»	al. 4	al. 3	422	428	al. 1	» al. 2
380	339	al. 5	al. 4	423	429	al. 2	» al. 3
381	»	al. 6	al. 5	424	»	al. 3	» al. 3
382	»	al. 7	al. 6	425	430	452	445
383	»	al. 8	al. 7	426	»	453	703
al. 1	»	al. 9	al. 8	427	»	454	701
al. 2	»	al. 10	al. 9	al.	»	455	704
al. 3	»	al. 11	al. 10	428	»	456	704
384	328-335	al. 12	al. 11	al.	»	al. 1	706
al.	341	al. 13	al. 12	429	»	al. 2	706
385	336	al. 14	414	430	»	al. 3	705
al.	336	405	414 al. 1	al.	»	457	446
386	337	al. 1	» al. 2	431	»	458	440
387	»	al. 2	» al. 2	al. 1	»	al. 1	447
388	330	al. 3	» al. 3	al. 2	»	al. 2	447 al.
389	330	406	415	432	431	459	par anal. 699
390	330 al.	al. 1	al. 2	433	»	460	448
391	333	al. 2	al. 3	434	432	461	449
392	329 et al.	al. 3	al. 4	435	433	462	450
393	»	al. 4	al. 1	436	432 al. 434	al. 1	al. 1
al.	»	al. 5	al. 1	al.	»	al. 2	al. 2, al. 3
394	334	407	»	437	435	463	452
395	338-342	408	416	438	»	464	451
396	»	409	417	439	436	465	451
397	406	410	418	440	437	465	453
398	407	al.	al.	441	438	al.	al.
399	408	411	419	al. 1	al.	466	454
400	408	al.	»	al. 2	al.	al.	al.
al.	409	412	420	442	438 al.	467	455
						al.	455

C. P.	C. I.	C. P.	C. I.	C. P.	C. I.	C. P.	C. I.
468	456	501	486	523	509	547	530
469	457	502	487	al. 1	al. 1	548	531
470	458	al.	488	al. 2	al. 2	549	»
al. 1	al.	503	489	al. 3	»	550	532
al. 2	al.	504	490	524	510	551	536
471	459	505	492	al.	al.	al. 1	al. 1
472	460	506	493	525	511	al. 2	al. 2
473	461	507	493 al.	526	512	552	537
al.	461	508	494	527	513	553	538
474	462	509	494	al.	al.	554	539
475	463	510	494 al. 1	528	515	555	540
al.	al.	al.	» al. 2	al. 1	al. 1	556	541
476	464	511	495	al. 2	al. 2	557	542
477	465	al. 1	495	al. 3	al. 3	558	543
478	466	al. 2	al. 1	al. 4	al. 4	al.	al.
479	467	al. 3	al. 2	al. 5	al. 5	559	544
480	468	al. 4	al. 3	529	516	560	545
481	470	512	496	al. 1	al. 2	561	441
482	469	al.	496	al. 2	al. 1	562	442
483	471	513	497	al. 3	516	563	682
al.	al.	514	498 et al. 1	530	518	al. 1	al. 1 et 2
484	472	al. 1	al. 2	531	517	al. 2	al. 3
485	473	al. 2	al. 4	532	»	564	533
486	474	al. 3	al. 5	533	»	565	534
487	475	515	499	534	519	al.	al.
488	477	al.	al.	535	520	566	535
489	478	516	500	al.	al.	567	535
490	478	517	501	536	»	al.	535
491	478	al.	501	537	529	568	546
492	476	518	504	538	525	569	547
493	479	al. 1	504	539	526	al. 1	al. 1
494	480	al. 2	504	540	»	al. 2	al. 1
495	481	519	502-503	al.	»	al. 3	»
al.	»	al.	505	541	521	570	548
496	1558	520	506	542	»	571	549
497	483	521	507	543	522-523	al.	al.
498	482	al. 1	507	544	524	572	550
499	484	al. 2	507	545	528	573	551
500	485	522	508	546	527	574	552
al.	491			al.	527	575	553

C. P.	C. I.	C. P.	C. I.	C. P.	C. I.	C. P.	C. I.
576	554	598	574	623	599	648	629
al.	al.	599	575	624	600	649	630
577	555	600	576	625	601	al. 1	»
578	556	al.	576	626	602	al. 2	al.
579	557	601	577	627	603	650	629
580	558	602	578	al.	604 et al.	651	632
581	559	al.	al.	628	599	652	633
582	560	603	579	629	605 et al.	653	634
583	561	n. 1	n. 1	630	609	654	639
584	562	al. 1	al. 1	al.	612	al.	al.
al. 1	al. 1	al. 2	al. 2	631	615	655	635
al. 2	al. 2	n. 2	n. 2	632	614 et al.	656	636
al. 3	al. 3	al.	al.	633	608	al. 1	al. 1
al. 4	al. 3	n. 3	n. 3	634	616	al. 2	al. 2
al. 5	563	al. 1	n. 3	635	»	657	639
al. 6	al. 4 et 5	al. 2	al.	636	616 al.	al.	640
al. 7	»	604	580	637	»	658	641
al. 8	al. 5	605	581	al. 1	»	al.	al.
585	663 infin.	606	582	al. 2	»	659	643
586	565	607	583	638	617	660	644
587	566	608	584	al. 1	al. 1	661	645
al.	al.	al. 1	al. 1	al. 2	al. 2	al. 1	al. 1
588	565	al. 2	al. 2	639	618	al. 2	al. 2
589	568	609	585	al. 1	al. 1	662	646
590	569	al.	al.	al. 2	al. 2	663	648
al. 1	al. 1	610	586	640	619	664	649
al. 2	al. 2	611	587	641	620	665	650
591	570	al.	al.	al. 1	al. 1	al.	650
592	571	612	588	al. 2	al. 2	666	651
al. 1	al. 1	613	589	642	621	667	652
al. 2	al. 2	614	590	al.	al.	al.	al.
593	572	615	591	643	622	668	700
594	»	616	593, 594	al.	al.	669	662
595	»	617	593 al. 1	644	623	670	663
596	»	618	593 al. 1	645	624	671	664
al.	»	619	595	al. 1	al. 1	672	665
597	573	620	596	al. 2	al. 2	673	666
al. 1	al. 1	621	597	646	625	674	667
al. 2	al. 2	622	598	647	626	675	668
al. 3	al. 3						

C. P.	C. I.	C. P.	C. I.	C. P.	C. I.	C. P.	C. I.
676	669	702	»	719	805	740	»
677	670	al.	»	720	806	741	»
678	671	703	»	al.	al.	al.	»
679	672	al.	»	721	»	742	»
680	710 al. 1	704	»	al.	»	743	»
681	710 al. 2	al. 1	»	722	807	744	774, 776
682	711	al. 2	»	723	807 al. 1	745	777
al. 1	711	al. 3	»	al.	807 al. 1	746	»
al. 2	711	705	764, 724	724	807 al. 2	747	778
al. 3	710	al. 1	724 al. 1	725	808	748	779
683	712	al. 2	724 al. 2	726	809	al.	»
al.	al.	al. 3	»	727	809 al.	749	780
684	713	al. 4	»	al.	809 al.	750	782
al.	al.	706	»	728	810	751	783
685	714	al.	»	729	811	al. 1	al. 1
al.	al.	707	767	al.	al.	al. 2	al. 1
686	715	708	768	730	821	al. 3	al. 2, 3, 4
al. 1	715	709	764, 725	731	822	al. 4	al. 6
al. 2	»	n. 1	725 n. 1	al.	al.	al. 5	al. 7
687	716	n. 2	»	732	823	al. 6	al. 8
688	717	n. 3	725 n. 2	733	824	752	784
689	717 al.	n. 4	» n. 4	734	825	753	785
690	718	n. 5	» n. 3	735	826	754	788
691	719	710	727	736	826 al. 1	al.	al.
692	»	711	728, 765	al.	» al. 2	755	786 et al. 1
al.	»	al.	728 al.	737	»	al.	al. 2
693	720	712	769	738	»	756	787
694	»	713	769 al.	n. 1	»	757	922
695	720 al.	al.	» al.	n. 2	»	al. 1	al. 1
696	759	714	»	n. 3	»	al. 2	al. 2
697	760	al.	»	n. 4	»	al. 3	al. 3 et 4
698	760	715	»	n. 5	»	758	»
al.	al.	al. 1	»	n. 6	»	759	775
699	761	al. 2	»	n. 7	»	760	»
700	762	716	»	739	»	al. 1	»
701	763	717	»	n. 1	»	al. 2	»
al. 1	n. 1	718	773	n. 2	»	761	»
al. 2	»	al. 1	al.	n. 3	»	al.	»
al. 3	n. 2	al. 2	»	al.	»	762	»
al. 4	n. 3					763	»

C. P.	C. I.	C. P.	C. I.	C. P.	C. I.	C. P.	C. I.
764	»	788	796	816	839	846	872
765	»	al. 1	al. 1	817	840	847	873
al. 1	»	al. 2	al. 2	818	841	848	874
al. 2	»	789	797	al.	al.	849	875
766	»	790	798	819	843	al.	al.
al. 1	»	791	»	al.	al.	850	»
al. 2	»	792	799	820	848	851	846
767	»	al.	al.	821	849	852	863
768	»	793	800	822	850	853	864
769	»	794	801	al. 1	al. 1	854	865
770	»	795	802	al. 2	al. 2	n. 1	n. 2
771	»	796	803	823	851	n. 2	n. 1
772	»	797	dispos. gén. 9	824	852	n. 3	866
773	»	al.	»	825	853	855	867
774	»	798	»	826	854	al.	al.
al.	»	799	»	827	892	856	877
775	»	al.	»	al.	al.	al.	»
776	»	800	771	828	893	857	876
al. 1	»	801	772	829	894	858	847
al. 2	»	802	804	830	890	al.	al.
777	»	803	827	831	891	859	878
al.	»	804	»	832	888	al.	al.
778	789	805	»	al. 1	al. 1	860	868
al. 1	al. 1	806	»	al. 2	al. 2	al.	»
al. 2	al. 2	al.	»	833	889	861	869
779	790 al.	807	830	834	844	al. 1	»
780	»	al. 1	834	al.	al.	al. 2	al.
781	790	al. 2	834 al.	835	842	862	855
782	791	808	831, 832	836	»	863	856
al. 1	791	809	829	al.	»	864	879
al. 2	al. 1	al.	al.	837	845	865	880
al. 3	al. 2	810	828	838	857	866	881
783	792	811	»	839	858	867	882
784	793	812	»	840	859	868	»
785	794	al.	»	841	860	869	883
al.	al.	813	835	842	861	al.	al.
786	»	814	837	843	862	870	884
787	795	al.	al.	844	870	al. 1	885
		815	838	845	871	al. 2	al.

C. P.	C. I.	C. P.	C. I.	C. P.	C. I.	C. P.	C. I.
871	886	897	»	928 al.	733 al.	953	748, 817
872	887	898	»	929	734	954	749
873	895	al.	»	al. 1	»	955	750
874	»	899	908 al. 3	al. 2	»	956	751
al. 1	»	900	»	930	735	957	752, 767
al. 2	»	al.	»	931	736	al.	752 al.
al. 3	»	901	908 al. 2	al.	al.	958	752al. infin.
875	895 al.	902	»	932	737	al.	»
876	896	903	»	933	737 al.	959	753, 812
877	897	904	»	934	738	960	754, 755
al.	al.	al.	»	935	739	al.	756
878	898	905	909	al.	al.	961	755 al. 757
al.	al.	906	910	936	740	962	758
879	899	907	911	al.	al. 1	963	923
al.	»	908	916	937	»	964	924
880	900	909	917	al. 1	»	965	924
881	901	910	918	al. 2	»	al. 1	924
882	»	911	919	al. 3	»	al. 2	924
883	»	912	920	938	741	al. 3	924
884	»	913	921	939	741 al.	966	924
al.	902	914	720 al.	940	742	al. 1	924
885	833	915	721	941	742 al.	al. 2	924
886	915	916	722	942	»	al. 3	924
al. 1	»	917	49	943	»	967	925
al. 2	»	918	49 al.	944	»	968	927
887	»	919	50	945	»	969	928
888	»	al. 1	al. 1	946	»	970	928
al. 1	»	al. 2	al. 2	al.	»	971	928
al. 2	»	920	51	947	»	al.	928
889	903	921	51 al.	al. 1	»	972	»
890	904	922	725, 764	al. 2	»	973	»
891	»	al. 1	725 n. 4	948	»	974	»
892	905	al. 2	728 et al.	949	743	975	»
893	908 al. 4	923	»	950	744, 815	al.	»
au mili.		924	729	951	745	976	926
894	»	925	730	al. 1	816	977	»
895	908	926	731	al. 2	745 al.	al. 1	»
896	908 al. 1	927	732	al. 3	746	al. 2	»
al.	»	928	733	952	747	978	»

C. P.	C. I.	C. P.	C. I.	C. P.	C. I.	C. P.	C. I.
979	929	1010	955	1038	681.984	1065	999
980	»	al.	al.	al. 1	984 al.	al. 1	al. 1
981	»	1011	956	al. 2	»	al. 2	al. 2
982	930	1012	957	1039	985	al. 3	al. 3
983	»	1013	958	1040	»	1066	1000,680
984	930	al.	al.	al. 1	»	1067	1001
al.	»	1014	959	al. 2	»	1068	1002
985	»	1015	960	1041	»	1069	1003
986	932	1016	961	1042	»	1070	1004
al.	al.	1017	962	al.	»	al.	al.
987	933	al.	al.	1043	986	1071	1005
988	934	1018	964	1044	»	al.	al.
al. 1	al. 1	1019	963	al.	»	1072	1006
al. 2	al. 2	1020	965	1045	»	al.	al.
989	»	1021	966	1046	»	1073	1007
990	935	1022	967	al.	»	al.	al.
991	936	1023	968	1047	»	1074	1008
992	937	n. 1	al. 1	1048	987	1075	1009
993	838	n. 2	al. 2	1049	988	1076	1010
994	939	1024	969	al.	al.	1077	1011
995	940	al. 1	al. 1	1050	989	1078	1012
996	941	al. 2	969, a. 2.	1051	990	1079	1013
997	942		970	al.	al.	1080	1014
998	944	1025	971	1052	991	al.	al.
al.	al.	1026	972	1053	992	1081	1015
999	945	1027	973	al.	al.	1082	1016
al.	al.	1028	974	1054	993	1083	1017
1000	946	1029	975	1055	994	1084	1018
1001	947	1030	976	1056	995	1085	1019
1002	948	al.	al.	1057	996	1086	1020
1003	949	1031	977	al.	al.	1087	1021
al.	»	al.	al.	1058	997	1088	1022
1004	943	1032	978	1059	998	1089	1023
1005	950	1033	979	1060	»	1090	1024
1006	951	1034	980	1061	»	1091	1025
1007	952	1035	981	1062	»	al.	al.
al.	»	1036	982	al.	»	1092	1026
1008	953	1037	983	1063	»	al. 1	al. 1
1009	954			1064	»	al. 2	al. 2

C. P.	C. I.	C. P.	C. I.	C. P.	C. I.	C. P.	C. I.
1093	1027	1124	»	1151	1052	1177	»
1094	»	al. 1	»	al. 1	al. 1	1178	»
1095	1028	al. 2	»	al. 2	al. 2	1179	»
al.	al.	al. 3	»	al. 3	»	1180	»
1096	1029	1125	»	1152	»	1181	1068
1097	1030	1126	»	1153	1053	1182	»
1098	1031	al.	»	1154	1055	1183	»
1099	»	1127	1057	al.	»	1184	»
1100	1032	al.	al.	1055	1091	1185	»
1101	2056	1128	1058	al.	al.	1186	»
1102	2060 2057	1129	»	1056	1092	1187	»
1103	»	1130	1059	al.	al. 2	al.	»
1104	1033	al. 1	al. 1	1157	1093	1188	»
1105	1034	al. 2	al. 4	1158	1094	al.	»
1106	1035	1131	»	1159	1095	1189	1098
al.	al.	1132	»	1160	1096	1190	1099
1107	1036	al.	1060	1161	1078	1191	1100
al.	al.	1133	1062	1162	1079	1192	1101
1108	1037	al.	al.	1163	1081	al.	1101
al.	al.	1134	»	al. 1	al. 1	1193	1102
1109	1038	1135	»	al. 2	al. 2	1194	1103
al.	al.	1136	»	al. 3	al. 3	al.	al.
1110	1039	al.	»	1164	»	1195	1104
al.	al.	1137	1063	1165	1082	al. 1	al. 1
1111	1040	1138	1064	al.	al.	al. 2	al. 2
1112	1041	1139	»	1166	»	al. 3	al. 3
1113	1042	1140	1065	1167	1088	al. 4	al. 4
1114	1043	1141	1066	al.	1089	1196	1108
1115	1044	1142	1067	1168	1087	1197	1109 1110
1116	1045	1143	1069	1169	1083	al.	1110 al.
al.	al.	1144	»	al.	al.	1198	1111
1117	1046	1145	1070	1170	1185	1199	1112
1118	1047	1146	1071	1171	1186	al.	1112
al.	al.	al.	al.	1172	»	1200	1113
1119	1048	1147	1072	1173	»	1201	1114
1120	1049	1148	1073	1174	1084	1202	1309 al. 2
1121	1050	al.	al.	1175	1090	1203	1115
1122	1051	1149	1074	1176	»	al.	»
1123	1056	1150	1076	al.	»	1204	»
al.	1056						

C. P.	C. I.	C. P.	C. I.	C. P.	C. I.	C. P.	C. I.
1205	»	1234	1222	1267	1167	1292	1188
1206	1128	1235	1220	1268	1168	al.	al.
1207	1129	1236	1221	1269	1169	1283	1189
1208	1128 et al.	1237	»	1270	1170	1294	1190
1209	1127	1238	1235	1271	1171	1295	1191
1210	1105	1239	1226	1272	1158	al.	al.
1211	1106	1240	1227	al. 1	»	1296	»
al. 1	al. 1	1241	1228	al. 2	»	1297	1192
al. 2	al. 2	1242	1229	1273	1163	1298	1193
al. 3	al. 4	1243	1230	al. 1	al. 1	al.	al.
al. 4	al. 5	1244	1231	al. 2	al. 2	1299	1194
1212	»	al. 1	al.	al. 3	al. 3	1300	1195
1213	»	al. 2	al.	al. 4	al. 4	1301	1196
1214	»	1245	1232	1274	1158 al.	al. 1	al. 1
1215	»	al.	1232	al.	1164	al. 2	al. 2
al.	1107	1246	1233	1275	1165	1302	1197
1216	»	al.	al.	al. 1	al. 1	1303	1198
1217	»	1247	1131	al. 2	al. 2	1304	1199
1218	1116	1248	1132	1276	1172	al.	al.
1219	1117	1249	1133	1277	1174	1305	1200
al.	al.	1250	1134	1278	1175	1306	1201
1220	1118	1251	1135	1279	1176	1307	1202
al.	al.	1252	1136	1280	1177	1308	1202
1221	1119	1253	1137	1281	1178	1309	1203
1222	1120	1254	1138	1282	1179	1310	1204
1223	1121	1255	1139	1283	1180	al.	al.
1224	1122	1256	1130	al. 1	al. 1	1311	1205
1225	1123	1257	1234	al. 2	al. 2	n. 1	»
al.	1123 al 124	1258	1235	1284	1181	n. 2	n. 1
1226	1124	al. 1	al. 1	al. 1	al. 1	n. 3	»
1227	1219	al. 2	»	al. 2	al. 2	n. 4	n. 2
1228	1224	1259	1157	1285	1182	n. 5	n. 3
al.	al.	1260	1159	1286	1183	al.	al.
1229	1125	1261	1159	1287	1184	1312	1206
al.	1125.1219	1262	1159	1288	1185	1313	1206 al.
1230	1223	1263	1160	al.	al.	1314	1207
1231	»	1264	1161	1289	»	al. 1	1207
1232	1126	1265	1162	1290	1186	al. 2	al.
1233	1218	1266	1166	1291	1187	1315	1208

23

C. P.	C. I.	C. P.	C. I.	C. P.	C. I.	C. P.	C. I.
1316	1209	1337	1249	1356	»	1380	1285
1317	1210	al.	al.	1357	»	1381	1286
al.	al.	1338	1250	1358	»	1382	1287
1318	1211	1339	1251	1359	»	al.	al.
1319	1212	1340	1252	al.	»	1383	1288
al.	al.	n. 1	n. 1	1360	»	1384	1289
1320	1213	n. 2	n. 2	1361	»	n. 1	n. 1
1321	1214	1341	1253	al. 1	»	n. 2	n. 2
1322	1215	n. 1	n. 1	al. 2	»	n. 3	n. 3
1323	1216	n. 2	n. 2	1362	»	1385	1290
al.	al.	n. 3	n. 3	al. 1	»	al. 1	1290
1324	1236	n. 4	n. 4	al. 2	»	al. 2	al.
al. 1	al. 1	1342	1254	1363	1267	1386	1291
al. 2	al. 2	1343	1255	n. 1	n. 1	al.	al.
al. 3	al. 3	1344	1256	n. 2	n. 2	1387	1292
al. 4	al. 4	1345	1257	n. 3	n. 3	1388	1293
al. 5	al. 5	1346	1258	1364	1368	1389	1294
al. 6	al. 6	al.	al.	1365	1269	1390	1295
al. 7	al. 7	1347	1259	1366	1270	1391	1296
al. 8	al. 8	al.	1259 et a.	1367	1271	1392	1297
al. 9	al. 9	1348	1260	1368	1272	al. 1	al. 1
1325	1237	n. 1	n. 1	1369	1273	al. 2	al. 2
al.	al.	n. 2	n. 2	al.	al.	1393	1298
1326	1238	n. 3	n. 3	1370	1274	al. 1	al. 1
al.	al.	n. 4	n. 4	1371	1275	al. 2	al. 2
1327	1239	n. 5	n. 5	1372	1276	al. 3	al. 3
1328	1240	n. 6	n. 6	1373	1277	1394	1299
al.	al.	n. 7	n. 7	al. 1	al. 1	1395	1300
1329	1241	1349	1261	al. 2	al. 2	al.	al.
al.	al.	n. 1	n. 1	1374	1278	1396	1301
1330	1242	n. 2	n. 2	al.	al.	1397	1308
1331	1243	n. 3	n. 3	1375	1279		1303 n. 1,2,3
1332	1244	n. 4	n. 4	1376	1281	1398	»
1333	1245	1350	1262	al.	1281	1399	1305 al.
1334	1246	1351	1263	1377	1280	1400	»
al. 1	»	1352	1264	1378	1282	1401	»
al. 2	»	1353	1265	al. 1	1282	1402	1306
1335	1247	1354	1266	al. 2	1283	1403 inf.	1310
1336	1248	1355	»	1379	1284	1404	1307

C. P.	C. I.	C. P.	C. I.	C. P.	C. I.	C. P.	C. I.
1405	»	1429	1321	1452	»	1473 n.1	1363 n. 1
1406	1304	al.	al.	1453	»	n. 2	n. 2
1407	1302	1430	1322	1454	1341	1474	1364
al.	al.	1431	1324	al.	al.	al.	al.
1408	1312	1432	»	1455	1342	1475	1365
1409	»	al. 1	»	1456	1343	1476	1366
1410	1313	al. 2	»	1457	1344	1477	1367
1411	1315	al. 3	»	1458	1345	1478	1368
1412	1314	al. 4	»	1459	1346	1479	1369
n. 1	n. 1, 5, 4	1433	»	1460	1347	1480	1370
n. 2	n. 6	al.	»	al.	al.	al.	»
al.	n. 4 in fine.	1434	1325	1461	1348	1481	1372
n. 3	»	al. 1	»	al.	al.	1482	1371
n. 4	»	al. 2	al.	n. 1	n. 1	1483	1373
1413	»	1435	1326	n. 2	n. 2	al. 1	al. 1
1414	»	1436	1327	n. 3	n. 3	al. 2	al. 2
1415	1316	1437	1328	n. 4	1348	al. 3	al. 3
1416	1317	1438	1329	1462	1349	al. 4	al. 4
al.	al.	1439	1330	1463	1350	al. 5	al. 5
1417	1318	n. 1	n. 1	n. 1	n. 1	1484	1374
al.	al.	n. 2	n. 2	n. 2	n. 2	1485	1375
1418	367	1440	1331	n. 3	n. 3	n. 1	n. 1
1419	»	al.	al.	n. 4	n. 4	n. 2	n. 2
1420	»	1441	1332	1464	1351	al.	al.
1421	»	1442	1333	1465	1352	1486	1376
1422	»	1443	1334	al.	1353	1487	1377
1423	»	1444	1335	1466	»	al.	al.
1424	»	1445	1336	1467	1354	1488	»
n. 1	»	1446	1337	1468	1355	al. 1	1097
n. 2	»	1447	1338	1469	»	al. 2	»
al.	»	al.	1339	1470	1356	al. 3	1097
1425	»	1448	»	al. 1	al.	al. 4	»
al.	»	1449	1333 al.	al. 2	1360	1489	1140
1426	»	1450	1340	al. 3	al. 1	1490	1141
al.	»	al.	al.	al. 4	al. 2	al.	1141
1427	»	1451	»	1471	1361	1491	1142
al. 1	»	al. 1	»	al.	al.	1492	1143
al. 2	»	al. 2	»	1472	1362	1493	1144
1428	1320	al. 3	»	1473	1363	1494	1145

— 356 —

C. P.	C. I.	C. P.	C. I.	C. P.	C. I.	C. P.	C. I.
1495	1146	1524	1395	1545	1408	1573 al.	1433 al.
al.	al.	1525	»	1546	1418	1574	1434
1496	1147	al. 1	»	1547	1418 al. 2	1575	1435
1497	1148	al. 2	»		1420	1576	1436
1498	1149	1526	»	1548	»	1577	1437
1499	1150	al. 1	»	al. 1	»	1578	1438
1500	1151	al. 2	»	al. 2	»	1579	1439
1501	1152	1527	1396	al. 3	»	1580	1440
1502	1153	1528	1397	1549	1420 al.	al.	al.
al. 1	al. 1	1529	1398	1550	»	1581	1441
al. 2	al. 3	1530	1399	1551	»	1582	1442
al. 3	al. 4	al. 1	al. 1	al. 1	»	al.	al.
al. 4	al. 5	al. 2	al. 2	al. 2	»	1583	1443
1503	1154	1531	1400	1552	1422	al.	al.
1504	1155	al.	al.	1553	1421	1584	1444
1505	699	1532	1401	1554	1424 1423	1585	1445
1506	698	1533	1402	1555	»	al. 1	al. 1
1507	698 al.	1534	1403	1556	1409	al. 2	al. 2
1508	1378	al.	al.	1557	1410	1586	1446
1509	1379	1535	1404 1405	1558	1411	1587	»
1510	1380	1536	»	al.	al.	1588	1447
1511	1381	al.	»	1559	1412	1589	1448
1512	1382	1537	»	al.	»	1590	1449
1513	1383	1538	»	1560	1413	al. 1	al. 1
al.	al.	al.	»	1561	1414	al. 2	al. 2
1514	1384	1539	1406	1562	1415	1591	1450
al.	al.	al. 1	»	al.	al.	1592	1451
1515	1385	al. 2	1406	1563	1416	al.	al.
1516	1386	al. 3	al.	al.	al.	1593	1452
1517	1388	1540	»	1564	1417	1594	1453
1518	1390	n. 1	»	1565	»	1595	»
1519	1389	n. 2	»	1566	1425	al.	»
al.	al.	n. 3	»	1567	1426	1596	»
1520	1391	al.	»	1568	1427	al. 1	»
al.	»	1541	»	1569	1428	al. 2	»
1521	1392	1542	»	1570	1429	1597	1454
al.	»	1543	1407	1571	1430	1598	1454 al. 1
1522	1393	al.	al.	1572	1431	1599	1454 al. 2
1523	1394	1544	2120 al. 4	1573	1433	1600	1455

C. P.	C. I.	C. P.	C. I.	C. P.	C. I.	C. P.	C. I.
1601	1456	1624	1473	1654	1504	1680	1530
1602	»	al.	al.	al.	al.	1681	1531
al. 1	»	1625	1474	1655	1505	al. 1	al. 1
al. 2	»	1626	1475	1656	1506	al. 2	al. 2
al. 3	»	al. 1	1475	1657	1507	1682	1532
1603	1457	al. 2	1475	1658	1508	1683	1533
al. 1	al. 1	al. 3	1475	1659	1509	1684	»
al. 2	al. 2	al. 4	1475	al. 1	»	1685	»
al. 3	al. 3	1627	1476	al. 2	»	al.	»
al. 4	al. 4	1628	1477	al. 3	»	1686	1534
al. 5	al. 5	1629	1478	ul. 4	»	al.	»
1604	1458	1630	1479	1660	1510	1687	1535
al. 1	al. 1	1631	1480	1661	»	al. 1	al. 1
al. 2	al. 2	1632	1481	al.	»	al. 2	al. 2
1605	»	1633	1482	1662	1512	1688	1536
1606	1459	1634	1483	1663	1514	1689	1536 al.
1607	1460	1635	1484	1664	1515	1690	1537
1608	1461	1636	1485	1665	1516	1691	»
al.	al.	1637	1486	al.	ul.	al. 1	»
1609	»	n. 1	n. 1	1666	1517	ul. 2	»
al.	»	n. 2	n. 2	al.	»	1692	»
1610	1462	n. 3	n. 3	1667	1518	1693	»
1611	1463	n. 4	n. 4	1668	1519	1694	1538
1612	1464	1638	1487	1669	1520	al.	al.
1613	1465	1639	1488	1670	1521	1695	»
al. 1	al. 1	1640	1489	1671	1521 al.	1696	1539
al. 2	al. 2	1641	1490	1672	1522	1697	1540
al. 3	al. 3	1642	1491	1673	1523	1698	1541
1614	1466	1643	1492	1674	1524	1699	1542
1615	1467	1644	1493	al.	al.	1700	1543
1616	1468	1645	1494	1675	1525	1701	1544
1617	»	1646	1495	al.	al.	al. 1	al. 1
1618	»	1647	1497	1676	1526	al. 2	al. 2
1619	1469	1648	1498	al.	al.	1702	1545
1620	1469 al.	1649	1499	1677	1527	1703	1545 al. 1
1621	1470	1650	1500	al.	al.	1704	1545 al. 2
al.	al.	1651	1501	1678	1528	1705	1546
1622	1471	1652	1502	al.	al.	1706	1547
1623	1472	1653	1503	1679	1529	1707	1548

C. P.	C. I.	C. P.	C. I.	C. P.	C. I.	C. P.	C. I.
1707 n1	1548 n. 1	1728	1576	1756	1601	1780	1622
n. 2	n. 2	al.	al.	1757	1601	al. 1	»
n. 3	n. 3	1729	1577	1758	1602	al. 2	al.
1708	1549	al.	al.	1759	1603	1781	1623
1709	1550	1730	1578	1760	1574	1782	1624
1710	1551	1731	1579	al.	al.	1783	1625
1711	1552	1732	1580	1761	1604	al.	al.
1712	1554	al. 1	al. 1	al. 1	al. 1	1784	1626
al.	al.	al. 2	al. 2	al. 2	al. 2	1785	1647
1713	1555	1733	1581	al. 3	al. 3	al.	al.
1714	1568	1734	1581 al.	al. 4	al. 4	1786	1648
al. 1	1568	1735	1582	al. 5	al. 5	1787	1649
al 2	1568	1736	1583	1762	1605	al.	al.
1715	1569	n. 1	n. 1	1763	1606	1788	1650
1716	1570	n. 2	n. 2	1764	1607	1789	1651
1717	»	1737	1584	1765	1608	1790	1652
al. 1	»	1738	1585	al. 1	1608	1791	1653
al. 2	1647	1739	1586	al. 2	1608	al.	al.
al. 3	»	1740	1588	al. 3	al.	1792	1654
al. 4	»	1741	1588 al.	1766	1609	1793	1655
al. 5	»	1742	1589	1767	1610	al.	al.
al. 6	»	al. 1	al. 1	1768	1611	1794	1656
1718	»	al. 2	al. 2	1769	1612	1795	1657
al.	»	1743	1590	1770	1613	1796	1758
1719	1571	al. 1	al. 1	1771	1614	al.	al.
al.	al. 1	al. 2	al. 2	1772	1615	1797	1659
1720	1571 al. 2	1744	1591	al.	al.	al.	al.
1721	»	1745	1592	1773	1616	1798	1660
1722	»	1746	1593	1774	1587	1799	1661
1723	»	1747	1594	al.	»	al. 1	al. 1
al.	»	1748	1595	1775	1617	al. 2	al. 2
1724	»	1749	1596	al. 1	al. 1	1800	1664
1725	1573	1750	1597	al. 2	al. 2	al.	al.
al. 1	al.	1751	1599	1776	1618	1801	1627
al. 2	al.	1752	»	al.	al.	n. 1	n. 1
1726	1572	1753	»	1777	1619	n. 2	n. 2
1727	1575	1754	»	al.	al.	n. 3	n. 3
n. 1	n. 1	1755	1600	1778	1620	1802	1628
n. 2	n. 2	al.	al.	1779	1621	1803	»
n. 3	n. 3			al.	al.		

C. P.	C. I.	C. P.	C. I.	C. P.	C. I.	C. P.	C. I.
1803 a.1	»	1835	1677	1862	1704	1888	1729
al. 2	»	al. 1	al. 1	1863	1705	n. 1	n. 1
al. 3	»	al. 2	al. 2	1864	1706	n. 2	n. 2
1804	»	al. 3	al. 3	1865	»	n. 3	n. 3
1805	1629	al. 4	al. 4	1866	1707	n. 4	n. 4
1806	1630	1836	1678	1867	1708	n. 5	n. 5
1807	1631	1837	1679	1868	1709	1889	1730
1808	1632	1838	1680	al.	al.	1890	1731
1809	1633	1839	1681	1869	1710	al. 1	al. 1
1810	1634	1840	1682	al. 1	al.	al. 2	al. 2
1811	1635	1841	1683	al. 2	1710 in fine.	1891	1732
1812	1636	al. 1	al. 1	1870	1711	1892	1733
1813	1637	al. 2	al. 2	1871	1712	1893	1734
1814	1638	1842	1684	1872	1713	al.	al.
1815	1639	1843	1685	1873	1714	1894	1735 et a.
1816	1640	al.	al.	1874	1715	1895	1736
1817	1641	1844	1686	al. 1	al. 1	1896	»
1818	1642	1845	1687	al. 2	al. 2	1897	»
1819	1643	1846	1688	1875	1716	al. 1	»
1820	1644	1847	1689	1876	1717	al. 2	»
1821	1645	1848	1690	al.	al.	al. 3	»
1822	1646	1849	1691	1877	1718	al. 4	»
1823	1665	1850	1692	al.	al.	1898	1805
1824	1666	al.	al.	1878	1719	1899	1806
al. 1	al. 1	1851	1693	al.	al.	1900	»
al. 2	al. 2	al. 1	al. 1	1879	1720	1901	»
al. 3	al. 3	al. 2	al. 2	al.	al.	1902	1807
al. 4	al. 4	1852	1694	1880	1721	al.	al.
1825	1667	1853	1695	1881	1722	1903	1808
1826	1668	1854	1696	1882	1723	1904	1809
1827	1669	1855	1697	n. 1	n. 1	1905	1810
1828	1670	1856	1698	n. 2	n. 2	1906	1811
1829	1671	al.	al.	n. 3	n. 3	1907	1812
1830	1672	1857	1699	n. 4	n. 4	1908	1813
1831	1673	1858	1700	1883	1724	1909	1814
1832	1674	1859	1701	1884	1725	1910	1815
1833	1675	al.	al.	1885	1726	1911	1816
1834	1676	1860	1702	1886	1727	1912	1817
al.	al.	1861	1703	1887	1728	1913	1818

C. P.	C. I.	C. P.	C. I.	C. P.	C. I.	C. P.	C. I.
1914	1819	1942	1782	1966	1848	1996	1876
1915	1820	al.	»	al.	al.	al. 1	al. 1
1916	1821	1943	1783	1967	1849	al. 2	al. 2
al.	al.	al. 1	al. 1 et 2	1968	1850	1997	1877
1917	1822	al. 2	al. 3	1969	1851	al.	al.
al.	al.	1944	1784	1970	1852 et al	1998	1102
1918	1823	1945	1785	1971	1853	al. 1	(nl.
1919	»	n. 1	n. 1	1972	1854	al. 2	nl.
1920	»	n. 2	n. 2	al.	al.	al. 3	al.
1921	»	n. 3	n. 3	1973	1855	al. 4	al.
1922	»	n. 4	n. 4	al. 1	al. 1	al. 5	al.
al.	»	1946	1786	al. 2	al. 2	al. 6	»
1923	»	al.	al.	1974	1856	1999	1802
al. 1	»	1947	»	1975	1857	2000	1803
al. 2	»	1948	1788	1976	1858	al.	al.
1924	»	1949	1835	1977	1859	2001	1804
n. 1	»	1950	1836	1978	1860	2002	1789
n. 2	»	al.	al.	al.	al.	2003	1790
1925	»	1951	1837	1979	»	2004	1791
1926	1824	1952	1837	1980	1861	2005	1792
1927	1825	1953	1837 al. 1	1981	1862	2006	1793
1928	1826	al.	al. 2	1982	1863	2007	1794
1929	1827	1954	1838	1983	1864	al.	al.
1930	1828	1955	1839	1984	1865 in fine.	2008	1795
1931	1828	1956	1840	1985	1865	2009	»
al.	al.	1957	»	1986	1866	2010	»
1932	»	1958	»	1987	1867	2011	1796
1933	1829	1959	1841	1988	1868	2012	1797
1934	1830	al.	al.	1989	1869	2013	1798
1935	1834	1960	1842	1990	1870	2014	1799
1936	1831	1961	1843	1991	1871	al.	al.
al. 1	al. 2	1962	1844	1992	1872	2015	1800
al. 2	al. 2	n. 1	n. 1	1993	1873	2016	1801
1937	1832 1833	n. 2	n. 2	1994	1874	2017	»
1938	1778	n. 3	n. 3	1995	1875	2018	1737
1939	1779	n. 4	n. 4	n. 1	»	al. 1	»
al.	al.	1963	1845	n. 2	n. 1	al. 2	1738
1940	1780	1964	1846	n. 3	n. 2	2019	1739
1941	1781	1965	1847			2020	1740
al.	»						

C. P.	C. I.	C. P.	C. I.	C. P.	C. I.	C. P.	C. I.
2021	1741	2046	1900	2069 n.3	1919 n. 3	2096	1777
al.	al.	al. 1	al. 1	n. 4	n. 4	al.	al.
2022	1742	al. 2	al. 2	n. 5	n. 5	2097	1772 al.
2023	1743 et a.	2047	1901	2070	1920		in fine.
2024	1745	al.	1901	al.	al.	2098	»
al.	al.	2048	1902	2071	1925	2099	2093
2025	1746	2049	1903	2072	1926	2100	2094
al.	al.	2050	»	2073	1927	n. 1	n. 1
2026	1647	2051	1904	al.	1927	n. 2	»
2027	1748	2052	1905	2074	1928	n. 3	a.1,2
n. 1	n. 1	al.	al.	2075	»	n. 4	n. 3
n. 2	n. 2	2053	1906	2076	1929	n. 5	n. 3
al.	al.	al.	al.	2077	1930	n. 6	»
2028	1749	2054	»	2078	1931	n. 7	n. 3
2029	1750	2055	»	2079	1921	n. 8	n. 3
2030	1751	2056	»	al.	»	n. 9	»
2031	1752	2057	1907	2080	1922	2101	2095
al.	al.	2058	1908	2081	1923	n. 1	2095
2032	1753	2059	1909	2082	1924	n. 2	2095
al.	al.	al.	al.	2083	1764	n. 3	2095
2033	1754	2060	1910	2084	1765	n. 4	2095
2034	1755	2061	1911	al. 1	»	2102	2095
2035	1756	2062	1912	al. 2	»	2103	»
2036	1757	al.	al.	2085	1766	n. 1	»
al. 1	al. 1	2063	1913	al.	al.	n. 2	»
al. 2	al. 2	2064	1914	2086	1767	n. 3	»
al. 3	al. 3	2065	1915	al. 1	al.	2104	»
2037	1758	al. 1	al. 1	al. 2	»	2105	»
2038	1759	al. 2	al. 2	2087	1768	2106	»
2039	1760	al. 3	al. 2 in fine.	2088	1769	al.	»
2040	1761	al. 4	al. 3	2089	1770	2107	»
al.	al.	2066	1916	2090	1771	2108	»
2041	1762	2067	1917	2091	1772	n. 1	»
2042	1762 in fine.	2068	1918	al.	al.	n. 2	»
2043	1763	al.	al.	2092	1773	n. 3	»
2044	1898	2069	1919	al.	1773	n. 4	»
2045	1809	n. 1	n. 1	2093	1774	2109	2093 al.
al.	al.	n. 2	n. 2	2094	1775	2110	»
				2095	1776	2111	2101 2102
				al.	»		

C. P.	C. I.	C. P.	C. I.	C. P.	C. I.	C. P.	C. I.
2112	2096	2137 al.1	1889 al. 1	2157	1958	2167	»
n. 1	2096	al. 2	al. 2	al. 3	n. 3 al. 3	2168	1967
n. 2	2097 n. 1	2138	1890	al. 4	n. 3 al. 4	n. 1	n. 1
n. 3	2097 n.1 et 2	2139	1314 n. 4	al. 5	n. 3 al. 5	n. 2	n. 2
al.	»	al. 1	1891	al. 6	n. 3 al. 6	n. 3	n. 3
2113	2098	al. 2	1895	n. 2	n. 6	n. 4	»
n. 1	n. 1	al. 3	»	n. 3	n. 7	n. 5	n. 4
n. 2	n. 2	2140	1892	n. 4	»	2169	»
2114	2099	al.	al.	al. 1	»	2170	1969 n. 4
2115	2101	2141	1893	al. 2	»	al. 1	1969 al. 1
2116	2101 al.	al.	al.	al. 3	»	al. 2	1969 al. 2
2117	»	2142	1894	n. 5	n. 8	2171	»
2118	2103	2143	1896	n. 6	n. 9	al. 1	»
2119	»	2144	1897	al.	»	al. 2	»
al.	»	al.	1897	n. 7	n. 10	2172	»
2120	»	2145	1948	n. 8	n. 11	2173	»
2121	»	2146	»	al.	»	al.	»
2122	»	2147	1949	2158	»	2174	1969 n. 3
2123	»	2148	1950	n. 1	»	al.	»
2124	1878 1891	2149	»	al.	»	2175	»
2125	1878	2150	1952 1953	n. 2	1969 n. 1	2176	»
al.	1801 2139	2151	1953 al.	al.	»	2177	1970
2126	1879	2152	1954	n. 3	1969 n. 2	2178	1970
2127	1880	2153	»	al.	»	2179	1970
al.	al.	2154	»	n. 4	»	3180	1972
1128	1881	al.	»	2159	»	2181	1973
2129	1882	2155	1955	2160	»	2182	»
2130	1883	al.	al.	2161	1959	2183	1986
2131	1884	2156	1956		1959 al.	2184	1974
al.	al.	n. 1	n. 1	al.	1960 al. 3	2185	1975
2132	»	n. 2	n. 2	2162	1961	2186	1976
2133	1885	n. 3	n. 3	2163	1964	2187	1978
al.	al.	n. 4	»	al. 1	al. 1	2188	1990
2134	1886	n. 5	n.4 in fine	al. 2	al. 2	al.	1990
al.	al.	n. 6	n. 4	2164	1965	2189	1979
2135	1887	2157	1958	2165	1968	al.	»
2136	1888	n. 1	n. 3 al. 1	2166	»	2190	1977
al.	al.	al. 1	n. 3 al. 2	al. 1	»	2191	1980
2137	1889	al. 2	»	al. 2	»	2192	1966

C. P.	C. I.	C. P.	C. I.	C. P.	C. I.	C. P.	C. I.
2193	1992	2212	»	2236	2009	2255 a.1	»
2194	»	2213	»	2237	2010 al.	al. 2	»
n. 1	»	al.	»	al.	2010	2256	»
n. 2	»	2214	2007	2238	2001 et n.	al. 1	»
n. 3	»	2115	2007	2239	2001	al. 2	»
n. 4	»	al. 1	2007	2240	»	al. 3	»
al.	»	al. 2	2007	al. 1	»	2257	2000
2195	»	2216	2007	al. 2	»	al.	2000
n. 1	»	al.	2007	al. 3	»	2258	1999 et al. 1
n. 2	»	2217	»	al. 4	»	al. 1	al. 2
n. 3	»	2218	»	al. 5	»	al. 2	al. 3
al.	»	al.	»	al. 6	»	2259	2025
2196	»	2219	»	2241	»	2260	2026
al. 1	»	al.	»	2242	»	2261	2026
al. 2	»	2220	»	2243	1987	2262	3026
al. 3	»	al.	»	al.	al.	2263	2026
2197	»	2221	1982 al. 2	n. 1	n. 1	2264	»
al.	»	2222	»	n. 2	n. 2	al.	»
2198	»	2223	1983 1984	n. 3	n. 3	2265	»
al.	»	al. 1	1983 1984	n. 4	n. 4	al.	»
2199	»	al. 2	1984 al.	n. 5	n. 5	2266	2026
2200	»	al. 3	1983 1984	n. 6	n. 6	2267	2027
al. 1	»	2224	»	n. 7	n. 7	al. 1	»
al. 2	»	2225	»	2244	1995 et n.	al. 2	»
2201	»	2226	1982 al. 1	2245	»	al. 3	»
al.	»	al. 1	»	2246	»	2268	2028
2202	»	al. 2	1982	al.	»	al.	al. 1 et 2
2203	»	2227	»	2247	»	2269	»
2204	»	2228	»	2248	»	2270	2033
al.	»	2220	1984	2249	»	2271	2033
2205	»	2230	1984	2150	1996	al.	2033
2206	»	al.	1984	2251	»	2272	2031
2207	»	2231	1984 al.	2252	1997	2273	2035
2208	»	al.	1984 al.	2253	1988	2274	»
2209	»	2232	1983 al.	2254	»	2275	»
2210	»	al.	1983 al.	al. 1	»	2276	2037
al.	»	2233	»	al. 2	»	2277	2036
2211	»	2234	»	al. 3	1990	2278	2036 al.
al. 1	»	2235	1981	2255	1991	al. 1	»
al. 2	»	al.	»				

C. P.	C. I.	C. P.	C. I.	C. P.	C. I.	C. P.	C. I.
2278a.2	1998	2302	2029 n. 4	2320	2066	2341	»
al. 3	1998 al.	2303	»	al.	al.	2342	2083
2279	»	al. 1	»	2321	2067	2343	2084
2280	»	al. 2	»	n. 1	n. 1	2344	2085
2281	2038	2304	»	n. 2	n. 2	al.	al.
al.	al.	al.	»	n. 3	n. 1 et 3	2345	2088
2282	2039	2305	»	al.	»	2346	»
al. 1	2039	2306	2043	2322	2068	2347	2084
al. 2	2039	n. 1	n. 1	2323	2069	2348	»
al. 3	2039	n. 2	n. 2	2324	2072 2071	al. 1	»
2283	»	n. 3	n. 3	al. 1	2071 al. 1	al. 2	»
2284	2013	n. 4	n. 4	al. 2	»	2349	2090
2285	2013	n. 5	n. 6	al. 3	2071 al. 2	2350	»
2286	2014	al. 1	al.	2325	2073	2351	2092
2287	2015	al. 2	al.	al. 1	al. 1 et 2	al.	al.
al. 1	al. 1	al. 3	al.	al. 2	al. 3	2352	»
al. 2	al. 2	2307	2044	2326	2074	al. 1	»
2288	»	al. 1	2044	2327	2075	al. 2	»
2289	»	al. 2	al.	al.	»	2353	»
2290	2016	2308	2045	2328	2076	2354	2105
2291 2p.	2018	n. 1	n. 1	2329	»	2355	2107
2292	2019	n. 2	n. 2	2330	»	2356	2111
al.	al. 1	n. 3	n. 3	al. 1	»	2357	2108
2293	2020	n. 4	n. 4	al. 2	»	2358	2109
al.	2020	al.	al.	al. 3	»	2359	2110
2294	2021	2309	2041	2331	»	2360	2112
2295	2017	2310	»	al.	»	2361	2113
al. 1	»	2311	»	2332	»	2362	2114
al. 2	»	2312	2046a.1 et?	al.	»	2363	685
2296	»	al.	2047	2333	2077	2364	686, 2106
2297	2022	2313	2048	2334	2078	2365	687
al.	al.	2314	2049 et al.	al.	2078	2366	687 al.
2298	2029 n. 1	2315	2050 et al.	2335	2078	2367	688
2299	2031	al.	2050 et al.	2336	2079	2368	689
al.	2032	2316	2051	2337	2080	al.	689
2300	2029 n. 3	2317	2052	2338	»	2369	691
2301	2030	2318	»	2339	2081	2370	693 et al.
al. 1	»	2319	2053	al.	al.	2371	2115
al. 2	»	al.	al.	2340	2082	al.	al.

C. P.	C. I.	C. P.	C. I.	C. P.	C. I.	C. P.	C. I.
2372	2115	2384	2132	2396	2134	2405	2143
2373	2116	2385	»	al.	al.	2406	2143 al. 1
2374	2117	2386	2119a.3,4,5	2397	2135	2407	2143 al. 2
2375	2118		2120 a. 1	2398	2136	2408	2144 al. 1
2376	2118 al.	2387	2119 a. 1	2399	2138	al. 1	al. 2
2377	2123	2388	2120 a. 4	2400	2139 al. 1	al. 2	al. 3
2378	2124	al.	»	al. 1	al. 2	al. 3	al. 4
2379	2125	2389	»	al. 2	al. 3	al. 4	2144
2380	2126	2390	»	al. 3	al. 4	2409	»
2381	2128	2391	»	al. 4	al. 5	2410	2145
al. 1	al. 1	al. 1	2120 al.2	al. 5	2139	2411	707
al. 2	al. 2	al. 2	al. 3	2401	2140 al. 1	al.	2146
al. 3	al. 3	al. 3	al. 5	al. 1	al. 2	2412	2146
al. 4	al. 4	2392	»	al. 2	2140	2413	2147
2382	2129	al.	»	al. 3	al. 3	2414	»
2383	2130	2393	»	2402	2140 al.4	al.	»
al. 1	al. 1	2394	»	2403	2141	2415	»
al. 2	al. 2	2395	2133	al.	al.	al.	»
al. 3	al. 3	al.	al.	2404	2142		

LETTRES-PATENTES

20 JUIN 1837

sur la tenue des Registres destinés à constater l'état civil.

L. P.	C. I.	L. P.	C. I.	L. P.	C. I.	L. P.	C. I.
Art. 1	350, 357, 356	5	355	10	403 et al.	14	376 et al.
		6	354	11	»	15	378
2	352, 358	7	360	12	374, 375	16	378
3	353	8	362 et al.		378 al.	17	379
4	358 a. 359	9	366, 402	13	374, 375, 378 et al.	18	383

L. P.	C. I.	L. P.	C. I.	L. P.	C. I.	L. P.	C. I.
18 n. 1	383 al. 1	27	»	36	367	44	»
n. 2	»	al.	»	al.	367	45	388, 393
n. 3	al. 2	28	398, 399	37	367 al.	46	390, 394
n. 4	al. 3	29	398		368 a. 1,2,3	47	»
n. 5	al. 4	al.	399	al.	»	48	»
n. 6	al. 5	30	400	38	368 al.	49	»
n. 7	»	31	398, 400	39	»	50	365
19	96	32	380	al. 1	»	al.	al.
20	100 et al. 101	al.	380 et al.	al. 2	»	51	365 al.
21	385	33	396	40	»	al.	»
22	387 et al.	al.	396	al.	»	52	401
23	387	34	381	41	»	53	»
24 in fine	395	al. 1	381	42	371, 372, 373	al.	»
25	»	al. 2	»	43	377	54	358 al.
26	»	35	381	al.	al.	55	»
						56	»

ERRATUM

Page 375, 2ᵉ colonne, 12ᵉ ligne, en regard de l'art. 924 du Code Napoléon, au lieu de 1972 et al. 2, lisez : **1092 et al. 2.**

TABLE COMPARATIVE
ENTRE LE
CODE NAPOLEON
ET LE
CODE ITALIEN.

CODE napoléon.	CODE italien.	C. N.	C. I.	C. N.	C. I.	C. N.	C. I.
TITRE préliminaire.	DISPOSITIONS générales.	18	11 al. 2	36	354	62	382
Art. 1	Art. 1	19	14	37	351	63	70 et al.
al. 1	1	al.	al.	38	352 al.	64	72 al.
al. 2	al.	20	13, 15	al.	352 al.	65	77
2	2	21	11 n. 3	39	353	66	89
3	11	22	»	40	356	67	»
al. 1	7 al.	23	»	41	357	68	90
al. 2	6	24	»	42	358 et al.	69	79 a. 4 et 5
4	»	25	»	43	360	70	79 a. 1, 80
5	»	al. 1	»	44	361	71	80 al.
6	12	al. 2	»	45	362 et al.	72	78 a. 1 et 2
Liv. 1er	Liv. 1er.	al. 3	»	46	364, 366	73	79 al. 3 / 81 al. 1
7	»	al. 4	»	47	367	74	93
8	»	al. 5	»	48	368	75	94
9	8	al. 6	»	49	369	76	383
10	4	al. 7	»	50	404	n. 1	n. 4
al.	6	al. 8	»	51	365 s. in fi.	n. 2	»
11	3, 10	26	»	52	405	n. 3	n. 2
12	9	27	»	53	365 al.	n. 4	n. 3
13	»	28	»	54	»	n. 5	»
14	dispos.gén. 10	al.	»	55	371, 372	n. 6	n. 4
15	» 10	29	»	56	373	n. 7	»
16	»	30	»	al.	al. 2	n. 8	n. 6
17	11	31	»	57	374	n. 9	»
n. 1	n. 2	32	»	58	377	77	385
n. 2	11, n3.21	33	»	al.	al. 1 et 2	78	386
n. 3	»	al.	»	59	380 et al.	79	387
n. 4	11, n. 1	34	352	60	381	al.	al.
al.	»	35	355	61	»	80	388

C. N.	C. I.	C. N.	C. I.	C. N.	C. I.	C. N.	C. I.
80 al. 1	»	116	23	148	63	183	109 et al.
al. 2	»	117	»	149	63 al. 1	184	104
81	389	118	25	150	64	185	110
82	390	119	24	al.	al.	186	111
al.	al.	120	21, 26 a.1 et 3	151	67	187	»
83	394	121	22	152	67	188	113
84	393	122	»	153	67	189	113
85	395	123	26 et a. 2 in fin	154	67	190	114
86	396		et a. 3 in fin	155	67	191	104 al. 1
87	»	124	26 al. 4	156	124	192	123, 126
al.	»	al.	»	157	125 in fin.	193	124 a. 126
88	398	125	28	158	66	194	117
89	398	126	29	159	66 al.	195	118
90	398	al. 1	al. 2	160	65	196	119
91	398	al. 2	»	161	58	197	120
92	398	127	30,31 et a 1	162	59 n. 1,2	198	122
93	400	al.	31 al. 2	163	59 n. 3	199	»
94	398	128	29 al. 1	164	68	200	
95	398	129	36.37 in fin	165	93	201	116
96	398	130	34	166	71	202	116 al.
97	398	131	33	167	71	203	138
98	398	132	39	168	71	204	204
99	401	133	40	169	78	205	205
100	402	134	41	170	100 et al.	206	140 et n 1,2
101	403	135	42	171	101	207	140
102	16	136	43	172	85	208	143
103	17	137	44	173	82	209	144
104	17 al.	138	45	174	83	210	145
105	17 al in fi	139	»	n. 1	n. 1	211	145 al. 1
106	»	140	37	n. 2	n. 2	212	130
107	»	141	46	175	84	213	131
108	18 al. 1,2	142	47	176	88	214	131 et 132
109	»	143	»	177	»	215	134
110	923	144	55	178	»	216	»
111	19 et al.	145	68 al	179	91	217	134, 135 n 2
112	20,21 et a	146	»	180	105	218	136
113	21	147	56	al.	al.	219	136 et al.
114	»			181	106	220	135 n. 3
115	22			182	108	al.	»

C. N.	C. I.	C. N.	C. I.	C. N.	C. I.	C. N.	C. I.
221	135 n. 1	257	»	290	»	322	173
222	135 n. 1	258		291	»	al.	al.
223	134 al.	259		292	»	323	174
224	135 n. 1	260		393	»	al.	al.
225	137	261		394	»	324	175
226	par excl. 134	262		295	»	325	176
227	148	263		296	»	326	»
n. 1	148	264		297	»	327	»
n. 2	148	265		398	»	328	177
n. 3	148	266		299	156	329	178
228	57	267		300	156 al. 1	330	178 al.
229	150	268		301	»	331	179,180 n.1,2
230	150 al.	269		302	154	332	»
231	150	270		303	155	333	194 et al.
232	151	271		304	»	334	181
233	»	272		305	»	335	195
234	»	273		306	149	336	182
235	»	274		307	»	337	183
236	»	275		308	»	al.	»
237	»	276		309	»	338	184, 185, 186 et 187
238	»	277		310	»	339	188
239	»	278		311	»	340	189
240	»	279		312	159	341	190
241	»	280		al.	162	al. 1	al. 1
242	»	n. 1		313	164, 165	al. 2	al. 2
243	»	n. 2		314	161	342	193
244	»	n. 3		315	169	343	202
245	»	281		316	166 et a.1	344	204
246	»	282		al. 1	al. 2	al.	208 al.
247	»	283		al. 2	al. 3	345	»
248	»	n. 1		317	167	a. in fine.	208 al.
249	»	n. 2		318	168 et al.	346	206, 209
250	»	n. 3		319	170	347	210
251	»	284		320	171	348	212,60
252	»	285		321	172	al. 1	60 n. 1
253	»	286		al. 1	al. 1	al. 2	60 n. 2
254	»	287		al. 2	al. 2	al. 3	60 n. 3
255	»	288		al. 3	al. 3	al. 4	60 n. 4
256	»	289		al. 4	al. 4		
				al. 5	al. 5		

C. N.	C. I.	C. N.	C. I.	C. N.	C. I.	C. N.	C. I.
349	211 et a.212	381	222	407	251	431	273 n. 7
350	212 al.	382	222	al.	»	al.	»
351	210,737a.	al.	223	408	252 et a.1	432	274
al.	212 al.	383	222	al. 1	»	433	273 n. 2
352	212 al.	384	228	al. 2	»	434	273 n. 3
353	213	385	230	409	253	435	273 n. 5
354	214	n. 1	n. 3	410	254	al.	273 n. 5
355	215 n.1,2	n. 2	n. 1	411	»	436	273 n. 4
356	216	n. 3	n. 2	al.	»	al. 1	273 n. 4
357	»	n. 4	»	412	255	al. 2	»
358	218	386	232	al.	»	437	»
359	219	387	229 n.1,4	413	255	438	275
al.	al. 1 et 2	388	240	414	255 al. in f.	439	275
360	217 al. 1	389	224	415	258	al.	275
al.	217 al. 2	al.	224 a.234	416	251,258	440	275
361	»	390	220 al. 3 / 231	417	»	441	275
362	»	391	235	al.	»	al.	275
363	»	al.	»	418	»	442	268
364	»	392	235	419	»	n. 1	n. 2
al.	»	n. 1	235	420	»	n. 2	n. 2
365	»	n. 2	235	al.	266	n. 3	n. 1
366	»	393	236	421	265	n. 4	n. 3
367	»	al.	»	al.	al.	443	260 n.1,2 / 270 et al.
368	»	394	273 n. 1	422	264 al.	444	269
369	»	395	237	423	259 al.	n. 1	n. 3
al.	»	al.	238	424	266 al.	n. 2	n. 3
370	»	396	239	425	267	445	
371	220	397	242	426	»	446	271
372	220 al. 1	398	242 al.	al.	259 al.	al.	»
373	220 al. 2	399	»	427	272	447	271 al. 2
374	221	400	»	al. 1	n. 1, 2, 3	448	»
375	222	401	»	al. 2	n. 4	al. 1	»
376	222	402	»	al. 3	»	al. 2	271 al. 1
377	222	403	»	al. 4	n. 5	449	»
378	222	404	»	al. 5	»	450	277
al.	222	405	241, 245	428	273	al. 1	»
379	222	406	250 et a.1,2 / 251,249	al.	n. 6 et 7	al. 2	300
380	222			429	n. 7	451	281, 282
				430	n. 7		

C. N.	C. I.	C. N.	C. I.	C. N.	C. I.	C. N.	C. I.
451 al.	285 et s. 1,2	475	309 et al.	510	»	527	416
	286	476	310	511	334	528	417
452	290 et al.	477	311	512	338, 512	529	418
	in fine.	al.	al.	513	339	al.	al.
453	»	478	312	514	339 al.	530	1564
al.	»	al.	»	al.	»	al. 1	1557
454	291	479	»	515	»	al. 2	1557
al.	295	al.	»	516	406	531	419
455	291	480	316, 314	517	407	532	420
456	291 al.	481	317	518	408	533	433
457	296	482	318	519	408	534	423
al. 1	»	483	319	520	411	al. 1	al.
al. 2	»	484	319	al. 1	411	al. 2	al.
al. 3	297 al.	al.	»	al. 2	411	535	421
458	301	485	321	521	410	al.	424
459	297 al.	486	321 al. 2	522	413 al. 12	536	424
al.	»	487	»	al.	al. 12	537	435
460	297 al.	488	323 et al.	523	412 al.	al.	434
al.	296	489	324	524	413	538	427
461	296	490	326	al. 1	»	539	428
462	»	491	326 in fin.	al. 2	al. 1	540	429
463	296	492	»	al. 3	al. 2	541	429
al.	»	493	»	al. 4	al. 3	542	432
464	296 al.	494	»	al. 5	al. 5	543	»
465	296	495	327 al. 1	al. 6	al. 6	544	436
466	»	496	327	al. 7	al. 7	545	438
al. 1	»	497	327 al. 2	al. 8	al. 8	546	443
al. 2	»	498	»	al. 9	al. 9	al.	443
467	296 al.	499	339	al. 10	al. 10	547	444
al.	301 al.	500	»	al. 11	al. 4	al. 1	444
468	279	501	»	al. 12	414	al. 2	444
469	302	502	328, 335	525	414 al. 1	548	445
470	303, 331	503	336	al. 1	al. 2	549	703
al.	303 al.	504	337	al. 2	al. 2	550	701
471	305 et al. 1	505	»	al. 3	al. 3	al.	701
al.	al. 2	506	330	526	415	551	446
472	307 al.	507	330	al. 1	al. 2	552	440
473	»	508	333	al. 2	al. 3	al. 1	447
474	308	509	329 et al.	al. 3	al. 4	al. 2	al.
al.	al.						

C. N.	C. I.	C. N.	C. I.	C. N.	C. I.	C. N.	C. I.
553	448	584	444 al. 2	610	509	636	530
554	449	al.	al. 3	611	508	637	531
555	450	585	480	612	»	638	»
al. 1	al. 1	al.	480	al. 1	»	639	532
al. 2	al. 2 et 3	586	481	al. 2	509 al.	640	536
556	453	587	483	al. 3	509 al.	al. 1	al. 1
al.	al.	588	482	613	510 et al.	al. 2	al. 2
557	454	589	484	614	511	641	540
al.	al.	590	485	615	512	642	541
558	455	al.	491	616	513	643	542
al.	al.	591	486	al.	al.	644	543
559	456	592	487, 488	617	515	al.	al.
560	457	593	489	al. 1	al. 1	645	544
561	458	594	490	al. 2	al. 2	646	441
562	460	595	492, 493	al. 3	al. 3	647	442
563	461	596	494	al. 4	al. 4	648	682
564	462	597	494	al. 5	al. 5	649	533
565	463	598	494 al. 1	618	516	650	534
al.	al.	al.	al. 2	al. 1	al. 2	al.	al.
566	464	599	495	al. 2	al. 1	651	535
567	465	al. 1	495 et a. 1,2	619	518	652	535
568	466	al. 2	al. 3	620	517	al.	535
569	467	600	496	621	»	653	546
570	468	601	497 et al.	622	»	654	547
571	470	602	498 et n. 1	623	519	al. 1	al. 1
572	469	al. 1	al. 2	624	520 al.	al. 2	al. 1
573	471	al. 2	al. 3	al.	520	655	548
al.	al.	al. 3	al. 4	625	529	656	549
574	472	603	469	626	525	657	551
575	473	604	601	627	526	658	553
576	474	605	501	628	»	659	554
577	475	al.	501	629	»	660	555
578	477	606	504	630	521	661	556
579	478	al. 1	504	al.	»	662	557
580	478 al.	al. 2	al.	631	528	663	559
581	478 al.	607	505	632	522, 523	664	562
582	479	608	506	633	524	al. 1	al. 1
583	444 al. 1	609	507	634	528	al. 2	al. 2
al.	444 al. 1	al. 1	507	635	527	al. 3	al. 3
		al. 2	al.	al.	al.		

C. N.	C. I.	C. N.	C. I.	C. N.	C. I.	C. N.	C. I.
665	663 in fin.	690	629	719	»	742	732
666	565	691	630	720	924	743	733 al.
667	566	al.	al.	721	924	744	734
668	566 al.	692	629	al. 1	924	al.	735
669	565	693	632	al. 2	924	745	736
670	568	694	633	722	924	al.	al.
671	579, n.1,2 et 3	695	634	al.	924	746	738
672	581	696	639	723	721 in fin.	al. 1	739 al.
al. 1	582	al.	al.	724	925, 927	al. 2	739
al. 2	582	697	639	725	»	747	»
673	569	698	644	al.	724	al.	»
674	574	699	643	n. 1	n. 1	748	740
al. 1	574	700	644	n. 2	n. 2	al.	740
al. 2	574	al.	al.	n. 3	n. 3	749	740
al. 3	574	701	645	726	»	750	741
al. 4	573, 574	al. 1	al. 1	727	725	al.	»
675	583	al. 2	al. 2	n. 1	n. 1	751	740
676	584	702	646	n. 2	n. 2	752	740 et 1,2 741 al.
ai.	al. 1	703	662	n. 3	»	753	740 al. 3 742
677	585	704	663	728	»	al.	742
678	587	705	664	729	727	754	»
679	588	706	666	730	728 et al.	755	742 al.
680	589	707	667	731	721	al.	742
681	591	708	668	732	722 in fin.	756	743
682	593, 594	709	671	733	»	757	744
683	593 al. 1	710	672	al. 1	»	al.	744, 815, 745, 816 et al.
684	593 al. 1	711	710 al. 1	al. 2	»	758	747
685	597	712	710 al. 2	734	»	759	817
686	616	713	711	735	49 et al.	760	746
al.	al.	714	»	736	50	761	»
687	»	al.	»	al. 1	al. 1	al.	»
al. 1	»	715	712	al. 2	al. 2	762	752 et al.
al. 2	»	716	714	737	51	763	752 a. in fin.
688	617	al.	al.	738	51 al.	764	»
al. 1	al. 1	717	719	al.	»	765	750
al. 2	al. 2	al.	715, 716, 717 et al.	739	729	766	»
689	618	718	923	740	730		
al. 1	al. 1			al.	730		
al. 2	al. 2			741	731		

C. N.	C. I.	C. N.	C. I.	C. N.	C. I.	C. N.	C. I.
767	755 a. 812	800	962 al.	825	986	854	1011
768	758	801	967	826	987	855	1012
769	»	802	968	827	988	856	1013
770	»	n. 1	n. 1		988 et al.,	857	1014
771	»	n. 2	n. 2	al.	989	858	1015
772	»	803	969	828	990	859	1016
773	»	al. 1	al. 1	al.	al.	860	1016. 1017
774	929	al. 2	al. 2	829	991	861	1018
775	»	804	970	830	992	862	1019
776	»	805	974	al.	al.	863	1020
al.	930	al.	»	831	993	864	1021
777	933	806	973	832	994	865	»
778	978 et a.l, 2	807	975	833	995	866	1022
779	935	al.	975	834	996	al.	»
780	936	808	976	al.	al.	867	1023
n. 1	937	al.	al.	835	997	868	1024
n. 2	937	809	977	836	998	869	1025
781	939	al.	al.	837	»	al.	al.
782	940	810	978	838	»	870	1027
783	942 et a.1, 2	811	980	839	»	871	»
784	944 et al.	812	981	840	»	872	1028
785	945	813	982	841	»	873	1029
786	946	814	983	842	999	874	1033 in fin.
787	947	815	681, 984	al. 1	al. 1	875	1030
788	948	al.	681 al. 1	al. 2	al. 2	876	1031
al.	al.	816	985	al. 3	al. 3	877	»
789	943	817	»	843	1001	878	1032
790	950	al.	»	844	1002	879	2056
791	954	818	»	845	1003	880	2057
792	953	ul.	»	846	»	al.	2057
793	955 et al.	819	»	847	1004	881	»
794	957	al.	»	al.	al.	882	»
795	959	820	»	848	1005 et a.	883	1034
al.	961	821	»	849	1006	884	1035
796	965	al.	928	al.	al.	al.	al.
al.	965 in fin.	822	986	850	»	885	1036
797	964	al.	986	851	1007	al.	al.
798	962	823	986	852	1009	886	1037 et a.
799	979	824	986	853	1010	887	1038
		al.	986			al.	al.

C. N.	C. I.	C. N.	C. I.	C. N.	C. I.	C. N.	C. I.
888	1039	912	»	943	1064	973	779
al.	al.	913	805 et al.	944	1066	974	780
889	1040	914	806 et al.	945	1067	975	788 al.
890	1041	915	807	946	1069	976	782, 783 et al. 1,2,6,8,7
891	1042	al.	al. 2	947	»		
892	1043	916	809	948	1070	977	784
893	»	917	810	949	1074	978	785
894	1050	918	811 et al.	950	1076	979	786 et a. 1,2
895	759	919	»	951	1071	980	788
896	899 al.	al.	»	al.	al.	981	799
al.	899	920	821, 1091	952	1072	982	800
897	1073	921	1972 et al.2	953	1078	983	802
898	895	922	822 et al.	954	1079	984	803
899	»	923	1093	955	1081	985	789
900	899, 1065	924	826 al. 2	al. 1	al. 1	986	789
901	1052 al. 1 / 763 n. 2,3	925	823	al. 2	al. 2	987	790
902	1052, 762, 764	926	824	al. 3	al. 3	988	791
903	763 n. 1	927	825	956	»	al. 1	791
904	763 n. 1	928	1094	957	1082	al. 2	al. 1
905	»	929	1095	al.	al.	al. 3	al. 2
al.	134 par excl.	930	1096	958	1088	989	792
906	1053	931	1056		1089	990	793
al. 1	1053,764, 724 n. 1	932	1057	959	1087 in fine.	991	796, 797
al. 2	1053,764, 724 n. 2	al.	al.	960	1083 et al.	992	796 al. 1
907	1053, 769	933	1058	961	»	993	796 al. 2
al. 1	1053, 769	al.	1058	962	»	994	»
al 2	1053,769a.	934	»	963	»	995	»
908	1053,768	935	1059	964	»	996	798
909	»	al. 1	al. 4	965	1084	997	771
n. 1	»	al. 2	al. 1	966	1090	998	794
n. 2	»	936	»	967	760 et al.	al. 1	al.
al.	»	al.	»	968	761	al. 2	794
910	1060	937	1060	969	774, 776	999	disp. prélim. 9
911	763a. 773	938	»	970	775	1000	»
al.	773 al.	939	»	971	777	1001	804
		940	»	972	781	1002	827
		al.	»		778	al.	»
		941	»	al. 1	al. 1	1003	»
		942	1063	al. 2	al. 2	1004	»
				al. 3			

C. N.	C. I.	C. N.	C. I.	C. N.	C. I.	C. N.	C. I.
1005	»	1031 a.1	908 al. 1	1065	»	1098	»
1006	925	al. 2	al. 2	1066	»	1099	»
1007	912 & al.1,2,3	al. 3	al. 3	1067	»	al.	»
al.	915	al. 4	al. 4	1068	»	1100	»
1008	»	1032	909	1069	»	1101	1098
1009	»	1033	910	1070	»	1102	1099
1010	»	1034	911	1071	»	1103	1100
al.	»	1035	917	1072	»	1104	»
1011	»	1036	920	1073	»	al.	1102
1012	»	1037	921	1074	»	1105	1101 in fine
1013	»	1038	892	1075	1044	1106	1101
1014	862	1039	890	1076	1045	1107	1103
al.	863, 864	1040	853	al.	al.	al.	al.
1015	865	1041	854	1077	1046	1108	1104
n. 1	n. 1	1042	893	1078	1047 et n.	al. 1	al. 1
n. 2	866	al.	893	1079	1048	al. 2	al. 2
1016	877	1043	891	1080	1049	al. 3	al. 3
al. 1	al.	1044	880	1081	»	al. 4	al. 4
al. 2	al.	al.	880	al.	»	1109	1108
al. 3	»	1045	»	1082	»	1110	1109 1110
1017	868	1046	890	al.	»	al.	1110
al.	»	1047	890	1083	»	1111	1111
1018	876	1048	»	1084	»	1112	1112
1019	847	1049	»	1085	»	al.	al.
al.	al.	1050	»	1086	»	1113	1113
1020	878	1051	»	1087	»	1114	1114
1021	837	1052	»	1088	1068	1115	1309 al. 2
1022	870	1053	»	1089	»	1116	1115
1023	845	1054	»	1090	»	al.	»
1024	»	1055	»	1091	»	1117	»
1025	903	1056	»	1092	»	1118	»
1026	906	1057	»	1093	»	1119	1128
al.	»	1058	»	1094	»	1120	1129
1027	907	1059	»	al.	»	1121	1128 al.
1028	904	1060	»	1095	»	1122	1127
1029	»	1061	»	1096	»	1123	1105
al.	»	1062	»	al. 1	»	1124	1106
1030	905	1063	»	al. 2	»	al. 1	al. 1
1031	908	1064	»	1097	»	al. 2	al. 2

C. N.	C. I.	C. N.	C. I.	C. N.	C. I.	C. N.	C. I.
1124 a.3	1106 al. 4	1154	1232	1184 a.1	1165 al. 1	1213	1198
al. 4	al. 5	1155	1233	al. 2	al. 2	1214	1199
1125	»	al.	al.	1185	1172	al.	al.
al.	1107	1156	1131	1186	1174	1215	1200
1126	»	1157	1132	1187	1175	1216	1201
1127	»	1158	1133	1188	1176	1217	1202 et a.
1128	1116	1159	1134	1189	1177	1218	1202 et a.
1129	1117	1160	1135	1190	1178	1219	1203
al.	al.	1161	1136	1191	»	1220	1204 et a.
1130	1118	1162	1137	1192	1179	1221	1205
al.	al.	1163	1138	1193	1180 et a.1	n. 1	»
1131	1119	1164	1139	al.	al. 2	n. 2	n. 1
1132	1120	1165	1130	1194	1181	n. 3	«
1133	1122	1166	1234	al. 1	al. 1	n. 4	n. 2
1134	1123	1167	1235	al. 2	al. 2	n. 5	n. 3
al. 1	al.	al.	»	1195	1182	al.	al.
al. 2	1124	1168	1157	1196	1183	1222	1206
1135	1124	1169	1159	1197	1184	1223	1206 al.
1136	1219	1170	1159	1198	1185	1224	1207
1137	1224	1171	1159	al.	al.	al.	1207 et a.
al.	al.	1172	1160	1199	»	1225	1208
1138	1125	1173	1161	1200	1186	1226	1209
al.	1125,1219a.	1174	1162	1201	1187	1227	1210
1139	1223	1175	1166	1202	1188	al.	al.
1140	»	1176	1167	al.	al.	1228	1211
1141	1126	1177	1168	1203	1189	1229	1212
1142	1218	1178	1169	1204	1190	al.	al.
1143	1222	1179	1170	1205	1191	1230	1213
1144	1220	1180	1171	al.	al.	1231	1214
1145	1221	1181	1158	1206	»	1232	1215
1146	»	al. 1	»	1207	1192	1233	1216
1147	1225	al. 2	»	1208	1193	al.	al.
1148	1226	1182	1163	al.	al.	1234	1236
1149	1227	al. 1	al. 1	1209	1194	al. 1	al. 1
1150	1228	al. 2	al. 3	1210	1195	al. 2	al. 2
1151	1229	al. 3	al. 4	1211	1196	al. 3	al. 3
1152	1230	1183	1158 al.	al. 1	al. 1	al. 4	al. 4
1153	1231	al.	1164	al. 2	al. 2	al. 5	al. 5
n. 1	al.	1184	1165	1212	1197	al. 6	al. 6
al. 2	al.						

C. N.	C. I.	C. N.	C. I.	C. N.	C. I.	C. N.	C. I.
1234 a. 7	1236 al. 7	1258	1260	1280	1276	1303	1299
al. 8	al. 8	n. 1	al. 1	1281	1277	1304	1300
al. 9	al. 9	n. 2	al. 2	al. 1	al. 1	al. 1	al.
1235	1237	n. 3	al. 3	al. 2	al. 2	al. 2	al.
al.	al.	n. 4	al. 4	1282	1279	1305	1308
1236	1238	n. 5	al. 5	1283	»		1303 n. 1,2,3
al.	al.	n. 6	al. 6	1284	»	1306	»
1237	1239	n. 7	al. 7	1285	1281	1307	1305 al.
1238	1240	1259	1261	al.	1281	1308	»
al.	al.	n. 1	n. 1	1286	1280	1309	»
1239	1241	n. 2	n. 2	1287	1282	1310	1306
al.	al.	n. 3	n. 3	al. 1	1282	1311	»
1240	1242	n. 4	n. 4	al. 2	1283	1312	1307
1241	1243	1260	1262	1288	1284	1313	»
1242	1244	1261	1263	1289	1285	1314	1304
1243	1245	1262	1264	1290	1286	1315	1312
1244	1246	1263	1265	1291	1287	al.	1312
al.	»	1264	1266	al.	al.	1316	»
1245	1247	1265	»	1292	1288	1317	1315
1246	1248	1266	»	1293	1289	1318	1316
1247	1249	1267	»	n. 1	n. 1	1319	1317
al.	al.	1268	»	n. 2	n. 2	al.	al.
1248	1250	1269	»	n. 3	n. 3	1320	1318 et al.
1249	1251	1270	»	1294	1290	1321	1319
1250	1252	al. 1	al. 1	al. 1	1290	1322	1320
n. 1	n. 1	al. 2	al. 2	al. 2	al.	1323	1321
n. 2	n. 2	1271	1267	1295	1291	al.	al.
1251	1253	n. 1	n. 1	al.	al.	1324	1322
n. 1	n. 1	n. 2	n. 2	1296	1292	1325	»
n. 2	n. 2	n. 3	n. 3	1297	1293	al. 1	»
n. 3	n. 3	1272	1268	1298	1294	al. 2	»
n. 4	n. 4	1273	1269	1299	1295	al. 3	1325
1252	1254 et al.	1274	1270	1300	1296	1326	al.
1253	1255	1275	1271	1301	1297	al.	1326
1254	1256	1276	1272	al. 1	al. 1	1327	1327
1255	1257	1277	1273	al. 2	al. 2	1328	1328
1256	1258	al.	al.	1302	1298	1329	1329
al.	al.	1278	1274	al. 1	al. 1	1330	1330 n. 1 e 2
1257	1259	1279	1275	al. 2	al. 2	1331	
al.	1259 et al.			al. 3	al. 3		

C. N.	C. I.	C. N.	C. I.	C. N.	C. I.	C. N.	C. I.
1332	1331	1350	1350	1370	»	1396	1383
al.	al.	n. 1	n. 1	al. 1	1097	al.	al.
1333	1332	n. 2	n. 2	al. 2	»	1397	1384 et al.
1334	1333	n. 3	n. 3	al. 3	1097	1398	1386
1335	»	n. 4	»	1371	1140	1399	1433 al.
n. 1	»	1351	1351	1372	1141	1400	1436
n. 2	1333 1334	1352	1352	al.	1141	1401	1435
al. 1	1338 in fine.	al.	1353	1373	1142	n. 1	1435
al. 2	1338 in fine.	1353	1354	1374	1143	n. 2	1435
n. 3	1338	1354	1355	al.	1143	n. 3	1435
n. 4	1338 in fite.	1355	»	1375	1144	1402	1435
1336	1339	1356	1356	1376	1145	1403	1435
n. 1	n. 1	al. 1	al.	1377	1146	al. 1	1435
n. 2	n. 2	al. 2	1360	al.	al.	al. 2	1435
al.	al.	al. 3	al. 1 et 2	1378	1147	1404	1435
1337	1340	1357	1363	1379	1148	al.	1435
al. 1	»	n. 1	n. 1	1380	1149	1405	1435
al. 2	al.	n. 2	n. 2	1381	1150	1406	1435
1338	»	1358	1364	1382	1151	1407	1435
al. 1	»	1359	1365	1383	1152	1408	1435
al. 2	»	1360	1366	1384	1153	al.	1435
1339	»	1361	1367	al. 1	al. 1	1409	1435
1340	»	1362	1369	al. 2	al. 3	n. 1	1435
1341	1341	1363	1370	al. 3	al. 4	n. 2	1435
al.	al.	1364	1372 et a. 2	al. 4	al. 5	n. 3	1435
1342	1342	1365	1373	1385	1154	n. 4	1435
1343	1343	al. 1	al. 1	1386	1155	n. 5	1435
1344	1344	al. 2	al. 2	1387	1378	1410	1435
1345	1345	al. 3	al. 3	1388	1379	al. 1	1435
1346	1346 et al.	al. 4	al. 4	1389	1380	al. 2	1435
1347	1347	al. 5	al. 5	1390	1381	1411	1435
al.	al.	1366	1374	1391	»	1412	1435
1348	1348	1367	1375	al. 1	»	al.	1435
al.	al.	n. 1	n. 1	al. 2	»	1413	1435
n. 1	n. 1	n. 2	n. 2	1392	»	1414	1435
n. 2	n. 2	al.	al.	al.	»	nl.	1435
n. 3	n. 3	1368	1376	1393	1434 au mil.	1415	1435
n. 4	1348	1369	1377	1394	1382	al.	1435
1349	1349	al.	al.	1395	1385	1416	1435
						al.	1435

C. N.	C. I.	C. N.	C. I.	C. N.	C. I.	C. N.	C. I.
1417	1435	1446	1421	1470 n.1	»	1496	»
1418	1435	al.	»	n. 2	»	al.	»
1419	1435	1447	1422	n. 3	»	1497	»
1420	1435	1448	1423	1471	»	al.	»
1421	1438	al.	»	al.	»	n. 1	»
al.	1438	1449	1424	1472	»	n. 2	»
1422	»	al. 1	»	al.	1446 in fine.	n. 3	»
al.	»	al. 2	al.	1473	»	n. 4	»
1423	»	1450	»	1474	»	n. 5	»
al.	»	al.	»	1475	»	n. 6	»
1424	»	1451	1443	al.	»	n. 7	»
1425	»	al. 1	1443	1476	»	n. 8	»
1426	»	al. 2	1443	1477	»	1498	»
1427	»	al. 3	al.	1478	»	al.	»
1428	»	1452	»	1479	»	1499	»
al. 1	»	1453	1444	1480	»	1500	»
al. 2	»	1454	»	1481	»	al.	»
al. 3	»	al.	»	al. 1	»	1501	»
1429	1439 1572	1455	»	al. 2	»	1502	»
1430	»	1456	1444	1482	»	al.	»
1431	»	al.	1444	1483	»	1503	»
1432	»	1457	1444	1484	»	1504	»
1433	»	1458	1444	1485	»	al. 1	»
1434	»	1459	1444	1486	»	al. 2	»
1435	»	al.	»	1487	»	1505	»
1436	»	1460	»	1488	»	1506	»
1437	»	1461	»	1489	»	al. 1	»
1438	»	al. 1	»	1490	»	al. 2	»
al.	»	al. 2	»	al.	»	1507	»
1439	»	1462	»	1491	»	al. 1	»
1440	»	1463	»	1492	»	al. 2	»
1441	1441	1464	»	al.	»	1508	»
1442	»	1465	»	1493	»	al.	»
al.	»	al.	»	n. 1	»	1509	»
1443	1418	1466	»	n. 2	»	1510	»
al.	al. 2	1467	»	n. 3	»	al. 1	»
1444	1419	1468	»	1494	»	al. 2	»
1445	»	1469	»	1495	»	1511	»
al.	1420	1470	1445	al.	»	1512	»

C. N.	C. I.	C. N.	C. I.	C. N.	C. I.	C. N.	C. I.
1513	»	1539	»	1563	»	1588	1453
al.	»	1540	1388	1564	1409	1589	»
1514	»	1541	»	al. 1	1409	1590	»
al. 1	»	1542	1389	al. 2	1409	al. 1	»
al. 2	»	al.	al.	1565	1410	al. 2	»
al. 3	»	1543	1391	al. 1	1410	1591	1454
1515	»	1544	1392	al. 2	1410	1592	al.
al.	»	al.	1395	1566	1411	1593	1455
1516	»	1545	1393	al.	al.	1594	1456
1517	»	1546	1394	1567	1412	1595	»
1518	»	1547	1396	1568	1413	n. 1	»
1519	»	1548	1397	1569	1414	n. 2	»
1520	»	1549	1399	1570	1415	n. 3	»
1521	»	al. 1	al. 1	al.	al.	al.	»
al.	»	al. 2	al. 2	1571	1416	1596	1457
1522	»	1550	1400	al.	al.	al. 1	al. 2
1523	»	1551	1401	1572	»	al. 2	al. 3
1524	»	1552	1402	1573	»	al. 3	al. 4
al. 1	»	1553	1403	al. 1	»	al. 4	al. 5
al. 2	»	al.	al.	al. 2	»	1597	1458
1525	»	1554	1405	al. 3	»	1598	»
al.	»	1555	»	1574	1425	1599	1459
1526	»	1556	»	1575	1426	1600	1460
1527	»	1557	1404	1576	1427	1601	1461
al. 1	з	1558	»	al.	»	al.	al.
al. 2	»	al. 1	»	1577	1428	1602	»
1528	»	al. 2	»	1578	1429	al.	»
1529	»	al. 3	»	1579	1430	1603	1462
1530	»	al. 4	»	1580	1431	1604	1463
1531	»	al. 5	»	1581	1433	1605	1464
1532	»	al. 6	»	1582	1447	1606	1465
1533	»	1559	1406	al.	»	al. 1	al. 1
1534	»	al.	1406	1583	1448	al. 2	al. 2
1535	»	1560	1407 et al.	1584	1449	al. 3	al. 3
al.	»	al.	al.	al. 1	al. 1	1607	1466
1536	»	1561	»	al. 2	al. 2	1608	1467
1537	»	al.	»	1585	1450	1609	1468
1538	»	1562	1408	1586	1451	1610	»
al.	»	al.	1408	1587	1452	1611	»

C. N.	C. I.	C. N.	C. I.	C. N.	C. I.	C. N.	C. I.
1612	1469	1641	1498	1671	1526	1699	1546
1613	1469 al.	1642	1499	al.	al.	1700	1547
1614	1470	1643	1500	1672	1527	1701	1548
al.	al.	1644	1501	al.	al.	n. 1	n. 1
1615	1471	1645	1502	1673	1528	n. 2	n. 2
1616	1472	1646	1503	al.	al.	n. 3	n. 3
1617	1473	1647	1504	1674	1529	1702	1549
al.	al.	al.	al.	1675	1530	1703	1550
1618	1474	1648	1505	1676	1531	1704	1551
1619	1475	1649	1506	al. 1	al. 1	1705	1552
al. 1	1475	1650	1507	al. 2	al. 2	1706	1554
al. 2	1475	1651	1508	1677	1532	1707	1555
al. 3	1475	1652	1509	1678	1533	1708	1568
al. 4	1475	al. 1	»	1679	»	al. 1	1568
1620	1476	al. 2	1509	1680	»	al. 2	1568
1621	1477	al. 3	»	1681	1534	1709	1569
1622	1478	al. 4	»	al.	»	1710	1570
1623	1479	1653	1510	1682	1535	1711	»
1624	1480	1654	»	al. 1	al. 1	al. 1	»
1625	1481	1655	»	al. 2	al. 2	al. 2	1647
1626	1482	al. 1	»	1683	1536	al. 3	»
1627	1483	al. 2	»	1684	1536 al.	al. 4	»
1628	1484	1656	»	1685	1537	al. 5	»
1629	1485	1657	»	1686	»	al. 6	»
1630	1486	1658	1512	al. 1	»	1712	»
n. 1	n. 1	1659	1514	al. 2	»	1713	»
n. 2	n. 2	1660	1515	1687	»	1714	»
n. 3	n. 3	al.	1516	1688	»	1715	»
n. 4	n. 4	1661	al.	1689	1538 al.	al.	»
1631	1487	1662	1517	1690	1539	1716	»
1632	1488	1663	1518	al.	»	1717	1573
1633	1489	1664	1519	1691	1540	al. 1	al. 1
1634	1490	1665	1520	1692	1541	al. 2	al. 2
1635	1491	1666	1521	1693	1542	1718	1572
1636	1492	1667	1521 al.	1694	1543	1719	1575
1637	1493	1668	1522	1695	1544	n. 1	n. 1
1638	1494	1669	1523	1696	1545	n. 2	n. 2
1639	1495	al.	1524	1697	1545 al. 1	n. 3	n. 3
1640	1497	1670	1525	1698	1545 al. 2	1720	1576
						al.	al.

C. N.	C. I.	C. N.	C. I.	C. N.	C. I.	C. N.	C. I.
1721	1577	1750	1601	1774	1622	1801 a.3	1666 al. 3
al.	al.	1751	1602	al. 1	»	al. 4	al. 4
1722	1578	1752	1603	al. 2	al.	1802	1667
1723	1579	1753	1574	1775	1623	1803	1668
1724	1580	al.	al.	1776	1624	1804	1669
al. 1	al. 1	1754	1604	1777	1625	1805	1670
al. 2	al. 2	al. 1	al. 1	al.	al.	1806	1671
1725	1581	al. 2	al. 2	1778	1626	1807	1672
1726	1581 al.	al. 3	al. 3	1779	1627	1808	1673
1727	1582	al. 4	al. 4	n. 1	n. 1	1809	1674
1728	1583	al. 5	al. 5	n. 2	n. 2	1810	1675
n. 1	n. 1	1755	1605	n. 3	n. 3	al.	»
n. 2	n. 2	1756	1606	1780	1628	1811	1677
1729	1584	1757	1607	1781	»	al. 1	al. 1
1730	1585	1758	1608	al. 1	»	al. 2	al. 2
1731	1586	al. 1	1608	al. 2	»	al. 3	al. 3
1732	1588	al. 2	1608	al. 3	»	al. 4	al. 4
1733	1589	al. 3	al.	1782	1629	al. 5	1676
al. 1	al. 1	1759	1610	1783	1630	al. 6	al.
al. 2	al. 2	1760	1611	1784	1631	1812	1678
1734	1590	1761	1612	1785	1632	1813	1679
al. 1	al. 1	1762	1613	1786	1633	1814	1680
al. 2	al. 2	1763	1649	1787	1634	1815	1681
1735	1588 al.	1764	1649 al.	1788	1635	1816	1682
1736	1609 per anal	1765	1614	1789	1636	1817	1683
1737	1591	1766	1615	1790	1637	al. 1	al. 1
1738	1592	al.	al.	1791	1638	al. 2	al. 2
1739	1593	1767	1616	1792	1639	1818	1684
1740	1594	1768	1587	1793	1640	1819	1685
1741	1595 et al.	al.	»	1794	1641	al. 1	al.
1742	1596	1769	1617	1795	1642	al. 2	»
1743	1597	al. 1	al. 1	1796	1643	1820	1686
1744	1599	al. 2	al. 2	1797	1644	1821	1687
1745	»	1770	1618	1798	1645	1822	1688
1746	»	al.	al.	1799	1646	1823	1689
1747	»	1771	1619	1800	1665	1824	1690
1748	1600	al.	al.	1801	1666	1825	1691
al.	al.	1772	1620	al. 1	al. 1	1826	1692
1749	1601	1773	1621	al. 2	al. 2	al.	al.
		al.	al.				

C. N.	C. I.	C. N.	C. I.	C. N.	C. I.	C. N.	C. I.
1827	»	1854	1718	1875	1805	1910	1779
1828	1693	al.	al.	1876	1806	1911	1783
al. 1	al. 1	1855	1719	1877	»	al.	al. 1 et 2
al. 2	al. 2	1856	1720	1878	»	1912	1785
al. 3	»	al.	al.	1879	1807	n. 1	n. 1
1829	1694	1857	1721	al.	al.	n. 2	n. 2
1830	1695	1858	1722	1880	1808	1913	1786
1831	1696	1859	1723	1881	1809	1914	1779 al.
1832	1697	n. 1	n. 1	1882	1810	1915	1835
1833	1698	n. 2	n. 2	1883	1811	1916	1836 et al.
al.	al.	n. 3	n. 3	1884	1812	1917	1837
1834	»	n. 4	n. 4	1885	»	1918	1837
al.	»	1860	1724	1886	1813	1919	1837 al. 1
1835	1699	1861	1725	1887	1814	al.	al. 2
1836	1700	1862	1726	1888	1815	1920	1838
1837	1701	1863	1727	1889	1816	1921	1839
al.	al.	1864	1728	1890	1817	1922	1840
1838	1702	1865	1729	1891	1818	1923	»
1839	1703	n. 1	n. 1	1892	1819	1924	»
1840	1704	n. 2	n. 2	1893	1820	1925	1841
1841	1705	n. 3	n. 3	1894	»	al.	al.
1842	1706	n. 4	n. 4	1895	1821	1926	1842
1843	1707	n. 5	n. 5	al.	al.	1927	1843
1844	1708	1866	1730	1896	»	1928	1844 et n. 1, 2, 3, 4
1845	1709	1867	1731	1897	1823	1929	1845
al.	al.	al. 1	al. 1	1898	1824	1930	1846
1846	1710	al. 2	al 2	1899	1825	1931	1847
al. 1	al. 1	1868	1732	1900	1826	1932	1848
al. 2	710 in fine.	1869	1733	1901	1827	al.	al.
1847	1711	1870	1734	1902	1828	1933	1849
1848	1712	al.	al.	1903	1828	1934	1850
1849	1713	1871	1735 et al.	al.	al.	1935	1851
1850	1714	1872	1736	1904	»	1936	1852 et al.
1851	1715	1873	»	1905	1829	1937	1853
al. 1	al. 1	1874	»	1906	1830	1938	1854
al. 2	al. 2	al. 1	»	1907	1831 et al. 1	al.	al.
1852	1716	al. 2	»	al.	al. 2	1939	1855
1853	1717	al. 3	»	1908	1834	al. 1	al. 1
al.	al.	al. 4	»	1909	1778	al. 2	al. 2
				al.	»		

C. N.	C. I.	C. N.	C. I.	C. N.	C. I.	C. N.	C. I.
1940	1856	1967	1804	1998	1752	2025	1911
1941	1857	1968	1789	al.	al.	2026	1912
1942	1858	1969	1790	1999	1753	al.	al.
1943	1859	1970	1791	al.	al.	2027	1913
1944	1860	1971	1792	2000	1754	2028	1915
1945	»	1972	1793	2001	1755	al. 1	al. 1
1946	1861	1973	1794	2002	1756	al. 2	al. 2
1947	1862	1974	1795	2003	1757	2029	1916
1948	1863	1975	»	al. 1	al. 1	2030	1917
1949	1864	1976	»	al. 2	al. 2	2031	1918
1950	1865 in fine.	1977	1796	al. 3	al. 3	al.	al.
1951	1865	1978	1797	2004	1758	2032	1919
1952	1866	1979	1798	2005	1759	n. 1	n. 1
1953	1867	1980	1799	2006	1760	n. 2	n. 2
1954	1868	al.	al.	2007	1761	n. 3	n. 3
1955	1869	1981	1800	2008	1762	n. 4	n. 4
1956	1870	1982	1801	2009	1762 in fine.	n. 5	n. 5
1957	1871	1983	»	2010	1763	2033	1920
1958	1872	1984	1737	2011	1898	al.	al.
1959	1873	al.	»	2012	1899	2034	1923
1960	1874	1985	1738	al.	al.	2035	1926
1961	1875	al.	al.	2013	1900	2036	1927
n. 1	»	1986	1739	al. 1	al. 1	al.	1927
n. 2	n. 1	1987	1740	al. 2	al. 2	2037	1928
n. 3	n. 2	1988	1741	2014	1901	2038	1929
1962	1876	al.	al.	al.	1901	2039	1930
al. 1	al. 1	1989	1742	2015	1902	2040	1921
al. 2	al. 2	1990	1743 et al.	2016	1903	al.	»
1963	1877	1991	1745	2817	»	2041	1922
al.	al.	al.	al.	2018	1904	2042	1925
1964	1102	1992	1746	2019	1905	2043	1924
al. 1	al.	al.	al.	al.	al.	2044	1764
al. 2	al.	1993	1747	2020	1906	al.	»
al. 3	al.	1994	1748 et n. 4 et 2	al.	al.	2045	1765
al. 4	al.			2021	1907	al. 1	»
al. 5	ai.	al.	al.	2022	1908	al. 2	»
al. 6	»	1995	1749	2023	1909	2046	1766
1965	1802	1996	1750	al.	al.	al.	al.
1966	1803	1997	1751	2024	1910	2047	1767
al.	al.						

C. N.	C. I.	C. N.	C. I.	C. N.	C. I.	C. N.	C. I.
2048	1768	2068	»	2096	1953 al.	2106	»
2049	1769	2069	»	2097	1954	2107	»
2050	1770	2070	»	2098	»	2108	»
2051	1771	2071	1878 1891	al.	»	2109	»
2052	1772	2072	1878 1891	2099	»	2110	»
al.	al.	2873	1879	2100	1955 et al.	2111	»
2053	1773	2074	1880	2101	1956	al.	»
al.	1773	al.	al.	n. 1	n. 1	2112	»
2054	1774	2075	1881	n. 2	n. 2	2113	»
2055	1775	2076	1882	n. 3	n. 3	2114	1964
2056	1776	2077	1883	n. 4	n. 4 in fine	al. 1	al. 1
al.	»	2078	1884	n. 5	n. 4	al. 2	al. 2
2057	1777	al.	al.	2102	1958	2115	1965
al.	al.	2079	»	n. 1	n. 3 et al. 1	2116	1968
2058	1772 al in fin	2080	1885	al. 1	n. 3 et al. 1	2117	»
2059	2094	al.	al.	al. 2	n. 3 al. 2	al. 1	»
al. 1	n. 1	2081	1886	al. 3	»	al. 2	»
al. 2	n. 1	al.	al.	al. 4	n. 3 al. 6	2118	1967
al. 3	n. 1	2082	1887 1888	n. 2	n. 6	n. 1	n. 1
2060	2094	al.	1888 al.	n. 3	n. 7	n. 2	n. 2
n. 1	»	2083	1889	n. 4	»	2119	»
n. 2	n. 1	al. 1	al. 1	al. 1	»	2120	»
n. 3	n. 3	al. 2	al. 2	al. 2	»	2121	1969
n. 4	n. 3	2084	1890	al. 3	»	al. 1	n. 4
n. 5	»	2085	1891	n. 5	n. 8	al. 2	n. 3
n. 6	n. 3	al.	1891	n. 6	n. 9	al. 3	»
n. 7	n. 3	2086	1892	n. 7	n. 10	2122	»
2061	2094 n. 2	al.	al. 1 et 2	2103	»	2123	1970
al.	»	2087	1893	n. 1	1969 n. 1	al. 1	»
2062	»	al.	al.	al.	»	al. 2	1972
2063	2093 et al.	2088	1894	n. 2	»	al. 3	1973
2064	2097 n. 1	2089	1895	n. 3	1969 n. 2	2124	1974
2065	2096	2090	1896	n. 4	»	2125	1976
2066	2097 n. 2 et 1	2091	1897	al.	»	2126	1975
al. 1	2097 n. 2	al.	1897	n. 5	»	2127	1978
al. 2	»	2092	1948	2104	»	2128	1990
al. 3	»	2093	1949	2105	»	2129	1979
2067	»	2094	1950	n. 1	1961	al.	1977
		2095	1952 1953	n. 2	»		

C. N.	C. I.	C. N.	C. I.	C. N.	C. I.	C. N.	C. I.
2130	»	2151	»	2180 n.3	2029 n. 4	2197 n.2	2067 n. 2
2131	1980	2152	1995	n. 4	2030	2198	2068
2132	1992	2153	»	al. 1	2030	2199	2069
2133	1966	n. 1	»	al. 2	2030	2200	2071 et al. 2
2134	2007	n. 2	»	al. 3	»	2201	2073 et al. 2
2135	»	n. 3	»	2181	»	2202	2075
n. 1	»	2154	2001	al.	»	2203	2073 al. 1 / 2075 in fine.
n. 2	»	2155	2000	2182	»	2204	2076
al. 1	»	2156	1999	al.	»	2205	2077
al. 2	»	2157	2033	2183	2043	2206	2078
al. 3	»	2158	2033	n. 1	n.1, 2 et 3	2207	2078
2136	1982	2159	2036	n. 2	n. 4	2208	2079
al.	1982 1984	al.	»	n. 3	n. 6 et al.	al. 1	2079
2137	1984	2160	2036 al.	2184	2044	al. 2	2079
2138	1984 al.	2161	2024	2185	2045	2209	2080
2139	1982 al. 2 / 1983 et al.	al.	2025	n. 1	n. 1	2210	»
2140	»	2162	2027	n. 2	n. 2	al.	»
2141	»	2163	»	n. 3	n. 1	2211	»
2142	»	2164	»	n. 4	n. 3	2212	»
2143	»	2165	»	n. 5	n. 4	2213	2081 et al.
al.	»	2166	»	al.	al.	2214	2082
2144	»	2167	2013	2186	2046 / al. 1 et 2	2215	»
2145	»	2168	2013	2187	2048	al.	»
al.	»	2169	2014 et al.	al.	»	2216	2083
2146	1981	2170	2015	2188	2049 et al.	2217	2084
al.	»	2171	»	2189	2050	al.	2084
2147	»	2172	2016	2190	2051	2218	2090 2091
2148	1987	2173	2018	2191	2052	2219	2105
al.	al.	2174	2019	2192	2053	2220	2107
n. 1	n. 1	al.	al.	al.	al.	2221	2111
n. 2	n. 2	2175	2020	2193	»	2222	2108
n. 3	n. 3	2176	2021	2194	»	2223	2109
n. 4	n.4, 5 et 6	2177	2017	2195	»	2224	2110
n. 5	n. 7	al.	»	al. 1	»	2225	2112
al.	»	2178	2022	al. 2	»	2226	2113
2149	1996	2179	»	2196	2066	2227	2114
2150	1988	2180	2029	2197	2067	2228	685
		n. 1	n. 1	n. 1	n. 1	2229	686, 2106
		n. 2	n. 3				

C. N.	C. I.	C. N.	C. I.	C. N.	C. I.	C. N.	C. I.
2230	687	2247 a.3	2128 al. 3	2259	»	2272 a.4	2139 al. 5
2231	687 al.	al. 4	al. 4	2260	2133 2134	al. 5	2140
2232	688	2248	2129	2261	2133 al.	2273	2140 al. 3
2233	689	2249	2130	al.	2133 al.	2274	2141
al.	689	al. 1	al. 1	2262	2135	al.	al.
2234	691	al. 2	al. 2	2263	2136	2275	2142
2235	693 et al.	al. 3	al. 3	2264	»	al.	2142
2236	2115	2250	2132	2265	2137	2276	2143
al.	al.	2251	»	2266	»	al.	al.
2237	2115	2252	2119 a.3,4,5	2267	2137 in fi.	2277	2144 al. 1
2238	2116		2120 al. 1	2268	702	al. 1	al. 2
2239	2117	2253	2119 al. 1	2269	702 al.	al. 2	al. 3
2240	2118	2254	»	2270	»	al. 3	al. 4
2241	2118 al.	2255	2120 al. 4	2271	2139 al. 1	al. 4	2144
2242	2123	2256	»	al. 1	2138	2278	2145
2243	2124	n. 1	»	al. 2	2139 al. 5	2279	707
2244	2125	n. 2	»	al. 3	2138, 2139	al.	2146 et 708
2245	2125 al.	2257	2120	2272	2140 al. 2	2280	3146 et 709
2246	2125	al. 1	al. 2	al. 1	2139 al. 2	2281	»
2247	2128	al. 2	al. 3	al. 2	2139 al. 3	al.	»
al. 1	al. 1	al. 3	al. 5	al. 3	2139 a. 4,		
al. 2	al. 2	2258	»		2140 al. 1		—
		al.	»				

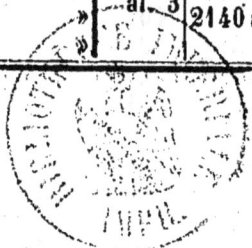

Annecy. —Typ. Burdet.

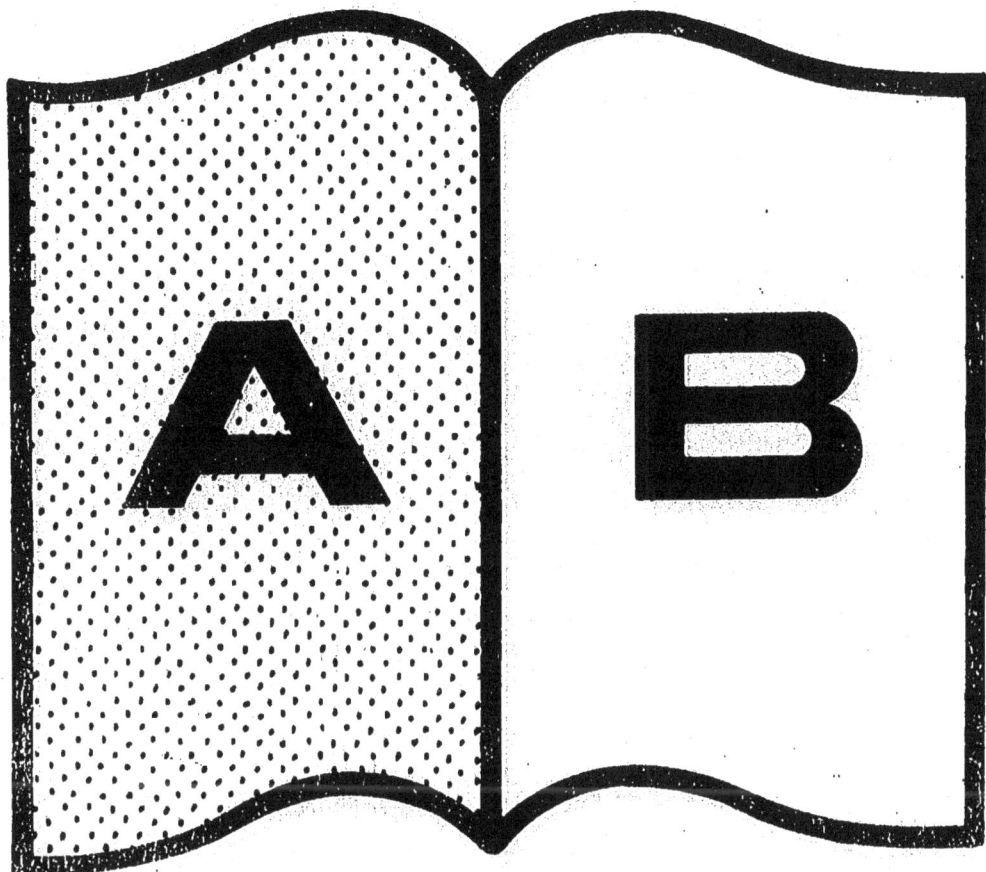

Contraste insuffisant

NF Z 43-120-14

www.ingramcontent.com/pod-product-compliance
Lightning Source LLC
Chambersburg PA
CBHW061108220326
41599CB00024B/3960